中国农业区域专业化发展研究

姚寿福　张　华　王伦强　袁春梅　著

科学出版社

北京

内 容 简 介

本书以农业区域专业化发展为主线,以农业供给侧结构性改革战略和"五大发展理念"为指导,采用规范分析与实证分析、定性分析与定量分析、历史分析与比较分析等方法,系统分析了我国农业区域专业化发展问题,特别是从理论与实证方面研究了区域比较优势、农村劳动力转移、规模经营、科技进步及制度创新等与农业区域专业化发展的关系,从理论上阐明了农业区域专业化发展的条件及其对现代农业发展的作用机制,提出了加快我国农业区域专业化发展的一系列对策和建议。

本书的读者对象为农业与农村经济科研人员、管理人员,也可供农学专业的研究生作为参考书使用。

图书在版编目(CIP)数据

中国农业区域专业化发展研究 / 姚寿福等著. — 北京: 科学出版社, 2019.3
ISBN 978-7-03-060840-6

Ⅰ.①中… Ⅱ.①姚… Ⅲ.①农业区-农业发展-研究-中国 Ⅳ.①F323

中国版本图书馆 CIP 数据核字 (2019) 第 048104 号

责任编辑:张 展 侯若男 / 责任校对:彭 映
封面设计:墨创文化 / 责任印制:罗 科

科学出版社出版

北京东黄城根北街16号
邮政编码:100717
http://www.sciencep.com

四川煤田地质制图印刷厂印刷

科学出版社发行 各地新华书店经销
*

2019 年 3 月第 一 版 开本:787×1092 1/16
2019 年 3 月第一次印刷 印张:16 1/4
字数:385 000

定价:108.00 元
(如有印装质量问题,我社负责调换)

序

在我国改革开放 40 年的大发展中，农业发挥了很大的作用，农民做出了很大的贡献。目前我国大部分农产品供应充裕，总体进入了小康社会。我国农业、农村发展的伟大成就得益于党中央、国务院对"三农"问题的高度重视、正确领导和精准施策。农业兴则基础牢，农村稳则天下安，农民富则国家盛。在我国社会经济发展进入新时代的大背景下，党的十九大适时提出了乡村振兴战略，在 2018 年中央一号文件中对乡村振兴战略的实施做出了全面部署，为"三农"问题的进一步有效解决指明了方向和路径。

改革开放以来，我国农业发展虽然取得了巨大成就，完全解决了近 14 亿人的吃饭问题，为我国总体进入小康社会做出了巨大贡献，但粮食安全问题仍未完全解决，农产品生产存在成本高、竞争力低，产量多、有效供给不足，资源与环境约束、可持续发展乏力等问题，特别在粮食市场存在产量增、进口多、库存大"三量齐增"的怪现象，出现农产品增产就频陷滞销、农业丰收却经常赔钱的怪圈。因此，以习近平同志为核心的党中央做出了农业供给侧结构性改革的战略决策。从宏观角度看，更存在着城乡发展不协调问题，农业、农村发展仍然很不充分，农业现代化成为我国现代化建设的突出短板。从微观角度看，农产品生产存在有效供给能力不足、供给方式落后的问题，难以满足日益强烈的高营养、无污染、保健化的要求。党的十九大提出的乡村振兴战略，为全面推进农业、农村发展和"三农"问题的有效解决指明了方向和途径，为最终实现全面建成小康社会、全面建设社会主义现代化的宏伟目标奠定了基础。

农业区域专业化就是农业生产的区域化布局、规模化经营、专业化发展。从历史经验、理论逻辑和未来趋势看，农业区域专业化发展将促进农民的职业化和组织化、农业经营的规模化、农业生产的工业化，成为我国现代农业发展和农业现代化进程的四大基础，为农业供给侧结构性改革以及为现代农业产业体系、生产体系和经营体系的构建提供支点，而乡村振兴战略的提出与实施为深入解决我国的"三农"问题提供了千载难逢的契机与关键切入点。

马克思曾指出，专业化就是生产力，这种生产力来自分工与协作，而不需要额外的投入。经济学鼻祖亚当·斯密曾指出，劳动分工与专业化是经济增长的源泉。世界著名农业经济学家、诺贝尔经济学奖获得者舒尔茨的研究也表明，农业是一个报酬递增的产业，并不像马尔萨斯所认为的报酬递减。报酬递增的源泉就在农业专业化生产和现代农业发展的过程中。因此，用工业发展的思维和专业化经营的方式来改造传统农业的发展，这样才能更好地转变农业的增长方式，提高农业的劳动生产率。《中国农业区域专业化发展研究》一书通过理论分析美国等发达国家或地区的农业现代化发展经验以及我国农业发展的实证研究等方面，充分论证了专业化发展是现代农业的重要内容，是农业现代化的重要推动力，在理论上很好地诠释了乡村振兴战略实施的必要性，也为推进我国农业供给侧结构性改革的进程提供了依据和方向。

我国是世界农业文明发源地之一，历史悠久，农业文明发达，专业化经营思想并不缺乏。美国土壤管理教授富兰克林·H.金在1911年出版的《四千年农夫》一书中指出，"中国农业兴盛不衰的关键在于农民勤劳、智慧、节俭，善于利用时间、空间提高土地利用率。这种时间、空间的有效利用便是农业专业化思想的一种简朴、实用的表现"。长期以来，特别是改革开放以来，从中央到地方的各级党和政府一直重视农业生产区域化专业化发展，出台了很多政策，形成了粮食等农产品主产区和优势产区、农业主体功能区、农业产业园区、现代农业园区、田园综合体等专业化生产区域，学界、业界和政府对农业专业化思想认识的深化和实践的重视，促进了农业区域专业化的发展。《中国农业区域专业化发展研究》一书的研究也证明了改革开放以来，我国的农业区域专业化发展水平有了很大的提高。

农业区域专业化发展是一个涉及内容广泛的课题。从《中国农业区域专业化发展研究》一书的研究内容来看，既有理论分析，更有实证检验，既有历史分析，更有事实研究，体现了研究的深度和高度。从该书的研究逻辑来看，厘清了农业区域专业化与农业现代化、农业机械化、农业工业化、农业产业化及农业供给侧结构性改革的关系。从该书的研究结论来看，作者认为农业区域专业化是促进传统农业向现代农业转变的重要催化剂，这与农业工业化具有本质上的一致性；作者认为发展农业区域专业化是加快农业机械化、促进农业产业化经营的基础条件之一，这对农业去库存、调结构、转方式、补短板、增效益、提高农产品有效供给具有重要的借鉴价值。

《中国农业区域专业化发展研究》一书对美国等发展农业区域专业化的历程的分析和成功经验的总结，以及对我国农业区域专业化发展历程及影响因素的分析，既显示了分析的历史维度，也彰显了作者丰富的历史知识。作者对发达国家或地区的成功经验总结很到位，从历史和事实方面证明了农业区域专业化是农业现代化的重要推动力；农业区域专业化发展的基础条件是经营规模扩大，内在动力是农业科学与技术；引导力是农民合作组织和农产品加工。这与马克思对资本主义农业的分析具有一致性，即农业科技发展和农业生产的工业化刺激了农业生产领域的专业化分工："由于这种集中（指土地），才能在农业中使用机器，实行大规模的劳动分工，并使英国的工业和商业同农业互相配合。"

《中国农业区域专业化发展研究》一书围绕我国农业区域专业化发展，运用定性与定量、文献研究与实证分析、历史分析与比较分析相结合的基本方法，从理论和实证两个方面全面和深入研究了区域比较优势、农村劳动力转移、农业规模经营、农业科技进步和涉农制度创新与我国农业区域专业化发展的关系及其作用机理。该书从理论上阐明了农业区域专业化发展的条件及其对现代农业发展的作用机制，使得农业区域专业化理论更加系统化，进一步丰富和完善了现代农业发展的理论体系。该书在实证研究过程中，大量采用了相关分析、回归分析、时间序列分析、协整方法等统计、计量方法，定量分析了区域比较优势、农村劳动力转移、规模化经营、农业科技进步与农业区域专业化发展之间的关系，以及各主要因素对农业区域专业化发展的影响程度，理论分析与实证研究密切结合，提高了结论的可靠性、科学性和对策建议的可行性。该书关于进一步强化区域比较优势、加快农村劳动力转移和推动农业规模化经营、加强农业科学研究和技术研发和政府应通过立法和补贴政策指导、激励农业发展等建议都具有可操作性和现实意义。这些政策建议对于加快我国农村劳动力转移、农业科技进步和提高农业适度规模经营以及提升政府部门对我国农业发展指导作用等具有较大的实践指导作用。总而言之，该书所研究的内容、所得到的结论和所提出的建议，对于加快推进我国农业区域专业化发展、深入推进农业供给侧结构性改革、保障粮食安全和提高农产品有效供给，加快我国现代农业发展等具有一定的理论指导和重要的参考价值。

在我国全面建成小康社会、全面建设社会主义现代化国家的关键节点，党的十九大提出了乡村振兴战略，2018 年的中央一号文件对实施乡村振兴战略做出了全面部署。乡村振兴战略是我国社会经济发展进入新时代后"三农"工作的总抓手，也是一个庞大的系统工程，其中产业兴旺是基础，也是关键。现代农业是一个社会化、开放性、商品性的产业，是一种实现了高度分工与专业化的农业，是一种实现了社会化大生产的产业。农业区域专业化发展可能就是乡村产业振兴的一个重要的契合点，因为发展农业区域专业化，有助于构建现代农业产业体系、生产体系和经营体系，加快推进农业供给侧结构性改革。

在我国现代化建设中，农业现代化仍然是短板，关于农业现代化发展还有很多问题需要深入研究。希望作者在此书出版的基础上继续对我国农业农村问题进行深入研究，为我国现代农业发展和农业现代化做出更多贡献。也希望此书的出版能引起农业经济管理部门和农业经济研究同行更多的关注，激荡出更多更好的农业发展政策和研究成果。

芜词拙笔，是为序。

郑景骥

2018 年 3 月于光华村

目　　录

第一章 绪 论

从全球和人类文明发展史的角度看，我国是在世界农业发展史上取得过高度成就的国家之一。从人类文明发展历史看，农业的高度发展成就了辉煌的华夏文明。改革开放以来，我国农业成就举世公认，农产品短缺问题已基本解决。我国的改革始于农业；统分结合农业经营体制的施行，唤醒了古老的中华大地和威严的东方雄狮，促进了农业基础地位的不断稳固，增强了我国农产品的供给能力，为我国社会经济大发展打下了坚实的关键性基础。1996 年是我国农业发展的转折年，因为这一年我国主要农产品长期短缺的情况结束了。许多人认为中国农业问题已基本解决，中国农业自此进入了一个新的发展阶段。但 2003 年 10 月开始的粮食等农产品价格的大幅上涨，又使人们开始担心粮食安全问题。虽然自 2004 年以来，我国粮食产量获得了连续 12 年的增长，但关于粮食安全问题的讨论仍然不绝于耳。以习近平同志为核心的党中央从战略高度重视农业问题，特别是粮食安全问题。习近平总书记从世情、国情、农情出发，提出了"以我为主、立足国内、确保产能、适度进口、科技支撑"的国家粮食安全新战略[1]。粮食安全新战略的核心内容可以总结为三个方面：一是藏粮于技，为粮食生产插上科技的翅膀；二是藏粮于地，保护好耕地；三是藏粮于民，发挥农户的粮食安全稳定器作用①。在 2016 年的全国"两会"新闻发布会上，农业部部长韩长赋称，"十三五"期间更重要的是稳定粮食产能[2]。

在党的领导下，我国目前已由全面建设小康社会进入了全面建成小康社会的新阶段；十八大以来，党中央多次强调要加快现代农业发展，增强粮食综合生产能力，确保国家粮食安全和重要农产品有效供给，促进农民收入持续较快增长[3]。如何加快现代农业发展，保障农产品有效供给？如何确保国家粮食安全？李克强总理提出了用工业的方式发展现代农业的思想[4]。这一思想为我国现代农业发展指明了方向。本研究着眼于农产品的有效供给，秉承农业工业化思想，探讨我国农业区域专业化发展问题。

第一节 研 究 背 景

党中央、国务院历来高度重视"三农"问题。中共中央、国务院曾在 1982～1986 年连续出台过关于"三农"问题的五个一号文件，有力地促进了我国农业增产、农民增收

---

① 在"十三五"规划建议的说明中，习近平总书记还对"藏粮于地"进行延伸，提出探索实行耕地轮作休耕制度。参见：瞿长福，乔金亮. 党的十八大以来全面实施国家粮食安全战略综述[EB/OL]. http://news.eastday.com/eastday/13news/auto/news/china/20160301/u7ai5345636.html.

和农村经济发展；2004 年以来，中央连续 15 年出台关注"三农"的一号文件(表 1-1)，显示了党解决"三农"问题的决心和意愿，而精准扶贫行动将使"三农"问题得到有效解决。

表 1-1　2004 年以来中央一号文件与关键词

年份	中央一号文件名称	关键词
2004	关于促进农民增加收入若干政策的意见	农民收入
2005	关于进一步加强农村工作提高农业综合生产能力若干政策的意见	农业综合生产能力
2006	关于推进社会主义新农村建设的若干意见	以工辅农
2007	关于积极发展现代农业扎实推进社会主义新农村建设的若干意见	现代农业产业体系
2008	关于切实加强农业基础建设进一步促进农业发展农民增收的若干意见	农业基础建设
2009	关于促进农业稳定发展农民持续增收的若干意见	农业稳定发展
2010	关于加大统筹城乡发展力度进一步夯实农业农村发展基础的若干意见	统筹城乡发展、资源要素向农村配置
2011	关于加快水利改革发展的决定	农田水利
2012	关于加快推进农业科技创新持续增强农产品供给保障能力的若干意见	农业科技创、保障农产品供给
2013	关于加快发展现代农业进一步增强农村发展活力的若干意见	现代农业、家庭农场
2014	关于全面深化农村改革加快推进农业现代化的若干意见	家庭农场资本下乡、农业现代化
2015	关于加大改革创新力度 加快农业现代化建设的若干意见	改革创新、农业现代化
2016	关于落实发展新理念加快农业现代化实现全面小康目标的若干意见	农业现代化、供给侧结构性改革、绿色发展、补齐短板、产业融合
2017	中共中央、国务院关于深入推进农业供给侧结构性改革加快培育农业农村发展新动能的若干意见	农业供给侧结构性改革、优化产业结构、乡村休闲旅游产业、特色村镇、农村金融创新
2018	关于实施乡村振兴战略的意见	农业供给侧结构性改革、农业农村优先发展、新型农业经营主体、三权分置、精准扶贫、人才

资料来源：中央一号文件[EB/OL].百度百科，http：//baike.so.com/doc/5405048-5642819.html.

2014 年我国粮食总产量达到 60709.9 万吨，棉花产量达到 616 万吨。尽管相关部门称中国连续 11 年增产[①]，不存在粮食危机，但关于粮食安全的话题经常见诸媒体、网络，对粮食安全问题的讨论一直不断。因为近年来，我国粮食进口量持续增加，不仅面临环境、资源等的硬约束，大部分农产品价格高于国际价格，而且我国已成为世界大豆最大进口国，大米和小麦第二大进口国，作为农业大国，确实值得深思。此外，农村和农民状况还没有得到有效改善，关于农村衰败的议论也很多，而且在课题研究实地调查过程中，我们发现除了大中型城市周边的农村较好外，其他地区的农村，尤其是距离中心城市较远的农

---

① 国家统计局关于 2015 年粮食产量的公告[EB/OL]. http：//news. xinhuanet. com/politics/2015-12-08/c_128510189. html.

村确实存在一些衰败景象，目前"三农"问题依然严峻[①]。因此在全面建设小康社会的过程中，无论从短期看还是从长期看，我国农业发展面临着一系列前所未有的挑战：如何转变农业生产方式，调整生产结构，加强科技创新，提高农业生产效率、质量和农业可持续发展能力？在工业化、城镇化加快发展的历史新阶段，如何更好地保障粮食安全和农产品的有效供给？为适应经济新常态，如何进一步统筹城乡发展、开拓农村经济发展空间，促进农业发展提质增效、增加农民收入？等等。这些问题可归结为如何加快我国农业生产方式的转变、现代农业发展。近年来，党中央立足"三农"实际，进一步完善了我国农业农村发展体制机制[5][②]，特别是农业供给侧结构性改革的战略部署[6][③]，进一步明确了我国农业改革与创新发展的重点和方向。

改革开放以来，我国农业现代化建设成就斐然。什么是农业现代化？一般表述为：从传统农业向现代农业转化的过程和手段，即农业不断应用现代工业、现代科学技术和现代经营管理方法等，不断提高农业生产力[7]。从国外发达国家或地区的历史与经验看，农业现代化本质上是生产方式的变革，即分工与专业化发展，具体表现为工业化生产方式在农业中应用，促进农业产业分工细化和链式发展[8]。正如李克强总理在河南长葛考察农业时所说，发展农业就是要"用工业的理念发展农业"[9]。从世界农业发展史看，生产方式的不断变革是农业发展的核心主线。

所谓农业区域专业化发展，其形式就是农业生产的区域化布局、规模化经营、专业化生产。早在新中国成立不久，我国就开始以农业区划促进区域专业化发展。但受各种因素干扰，农业区域专业化并未主导我国农业发展。20世纪80年代以来，学术界致力于从生产力布局、农业区划两大方面推进农业区域专业化发展，政府部门则从农业计划、农业规划方面促进农业区域专业化发展，中央多次提出要加快农业结构调整，特别是加入世界贸易组织（WTO）以来，多次提出要加快农产品生产向优势区域集中，在各级政府积极推动下，专业村、镇和一县一主业等不断增多，对农业生产的区域化布局、专业化生产起到了很大的推动作用。从目前来看，我国农业区域专业化虽然有了很大的发展，但总的来说还较慢，同时也存在着一些问题，如政府部门强制农户统一种植某种农作物等，而且政府部门采取的某些政策也具有反专业化发展的倾向[④]。我国在农业发展中也存在很多问题需要解决，从20世纪80年代中期到目前，我国农业发展中出现了很多非正常现象，首先是20世纪80年代中期至21世纪初期的近20年中的农产品大战，如"棉花大战""苹果大战""蚕茧大战""烤烟大战"等；2010年以后，又出现了"蒜你狠""豆你玩""姜你军""糖高宗""油你涨""苹什么""向钱葱"等各种农产

---

① 湖北省监利县棋盘乡原党委书记李昌平给时任国务院总理的朱镕基写了一封信，信中曾说"现在农民真苦，农村真穷，农业真危险"。参见：李昌平. 我向总理说实话[M]. 北京：光明日报出版社，2001。2004年出版的报告文学《中国农民调查》一书也对"三农"问题的严重性进行了全面的披露。参见：陈桂棣，春桃. 中国农民调查[M]. 北京：人民文学出版社，2004；王璠. 中国共产党解决"三农"问题的理论探索——自党十六大以来[J]. 西北农林科技大学学报（社会科学版），2012，12（2）：1-7. 另可参见：蒋高明. 中科院博导调查报告：千疮百孔的中国农村[EB/OL]. http://www. aiweibang. com/yuedu/142209909. html.

② 体制机制包括加大统筹城乡发展力度，增强农村发展活力；坚持和完善农村基本经营制度，构建集约化、专业化、组织化、社会化相结合的新型农业经营体系。

③ 农业供给侧结构性改革的核心内容是：提高农业供给体系质量和效率，使农产品供给数量充足、品种和质量契合消费者需要，真正形成结构合理、保障有力的农产品有效供给。

④ 这方面的例子很多，如地方保护主义、"米袋子"粮食省长负责制、不分地区差异地追求粮食自给等，均具有反专业化发展的倾向。

品一波又一波的涨价[10]，呈现出经济学中"蛛网理论"的典型特征；最近几年，大宗农产品又出现"高库存、高产量、高进口"问题。这些大战的发生、农产品价格的大幅上涨及其他问题，说明了我国农产品区域专业化发展的程度低且很不稳定，导致农产品不能满足消费、加工的需要，也缺乏农产品生产的可预期性；这些问题的存在不仅给农户带来了损失和农业资源的浪费，也使消费者的福利遭受了损失。

我们认为，加快农业区域专业化发展，通过产量的大致稳定，给生产传达一个比较稳定且可靠的预期，有助于缓解这些问题，促进农业生产的稳定、健康发展。那么，如何发展农业区域专业化生产？农业区域专业化发展有什么条件？是什么困扰着我国农业区域专业化的较快发展？这是本书研究要回答的问题。本书拟从分工与专业化的角度，对我国农业区域专业化发展的影响因素和有关问题进行较为系统的探讨，以期为我国现代农业发展贡献力量。

第二节　研究意义

经济增长是人类社会的一个古老而永恒的话题。但在很长一段历史中，对于经济增长的来源并没有一个清晰的答案。亚当·斯密在其《国富论》中第一次对经济增长的来源给出了一个清晰而明确的答案：分工是经济增长之源，是财富增长之源①，但斯密把分工看作是运输条件、运输效率的函数，因为运输条件好，就可以扩大商品的销售范围，获得更大的市场以促进分工。我们认为这种分析并不完全正确。杨小凯认为，分工与交易费用有关，如果交易费用很高则分工不会发生。古典经济学的集大成者李嘉图用比较优势分析了国际贸易的产生，但自马歇尔以来的新古典经济学不再分析分工、专业化与经济增长的关系，他们把这一关系当成了"公理"。新古典经济增长理论只分析了在技术不变条件下，资本、土地、劳动力等资源的优化配置问题，而把外生的、不能解释的技术进步，看作一种广为人知的"剩余"[11]。

在新古典经济学发展过程中，阿林·杨格继承了斯密思想，并提出了分工取决于分工的思想[12]。虽然杨格对斯密的分工理论作了精辟的阐述，但并没有在经济学界引起广泛共鸣②。英国经济史学家马克·布劳格在《经济理论的回顾》一书中把分工与专业化思想在经济学理论中销声匿迹一事称为一个谜。我们认为，对于经济学不研究分工与专业化问题的原因可能有以下两个：一是市场经济国家中，分工与专业化被看作是一种自然发生的事，因而不称其为"问题"，因为在自由发展的社会中，分工与专业化一般会自然发生、自我演进；二是很难收集到合适的数据对分工与专业化问题进行实证分析③。用

① 在斯密之前，许多学者，如色诺芬、柏拉图、配第等都对分工与经济增长之间的关系进行过分析。参见：鲁友章，李宗正. 经济学说史(第二版)[M]. 北京：人民出版社，1979：第一章至第四章。特别是配第对分工与劳动生产率的关系进行了比较精辟的分析，马克思在评论配第关于分工的见解时指出："配第也把分工当作生产力来阐述，而且他的构想比亚当·斯密还要宏大"。参见：马克思. 政治经济学批判[M]. 马克思恩格斯全集(第13卷)，北京：人民出版社，1962：42.
② 当然这是从总体上来说的，因为美国经济学家 W.A. 刘易斯在其1955年出版的《经济增长理论》一书中，对专业化问题进行了分析。他还认为，经济学家研究的主题是专业化和资本。参见：W.A. 刘易斯. 经济增长理论[M]. 梁小民译. 上海：上海人民出版社，1995：5，82-94.
③ 盛洪认为，在改革开放的头几年，工业生产的专业化协作问题曾成为一些经济理论工作者的热门课题，但由于分析该问题很困难，因而研究很快就转向了。参见：盛洪. 分工与交易[M]. 上海：上海人民出版社，1994：3.

分工思想重新解释经济学理论的杨小凯等经济学家,虽然建立了优美的数学模型,但他自己也认为他的理论很难验证,因为根本没有适合分工程度这个概念的统计数据[13]。正如哈耶克所说,在社会科学中一般把能测量的东西当作是重要的加以研究[14]。

20世纪80年代以来,一大批经济学家从古典经济学,特别是斯密和杨格的理论中找到了灵感,形成了新经济增长理论。诺贝尔经济学奖得主舒尔茨认为,报酬递增是经济发展、也是农业发展的本质特征。早在20世纪五六十年代,舒尔茨就已认识到了各国在提高农业劳动生产率方面的巨大差别,在农业发展最成功的那些国家,农业劳动生产率提高得比工业快得多[15],他认为,土地的自然特性并不能解释这种差异,例如,意大利、希腊和奥地利的人均可耕地比印度少,也比印度的贫瘠,但他们的农业年增长率(1952~1959年)分别达到了3%、3.3%和5.7%,而印度的年增长率仅为2.1%[15],舒尔茨认为,这种农业生产率的增长来自劳动分工与专业化及由此而积累的人力资本[11]。舒尔茨认为,我们对专业化问题没有进行深入研究,因此对专业化的认识很浅薄;对农业来说,由于没有可与制造业媲美的专业化,就认为农业生产中不存在专业化,这种观点是不正确的[11]①。

作为经济发展的本质特征,分工与专业化在美、法、荷等发达国家的农业中表现得非常明显。早在20世纪初,列宁在《俄国资本主义的发展》中对美国农业区域专业化有过精辟的论述,并评价说,从历史意义来说,美国发展农业区域专业化是一个巨大的进步力量,与宗法式农业比较,农业生产越来越多样化、合理化[16-17]。农业专业化程度的不断提高,极大地提高了农业生产效率和效益,丰富了农产品品种和供给。正是由于农业专业化的发展与深化,推动了美国现代农业发展,并一直是世界农业的领先者,成为世界农业强国[18]。这也是推动英、法、日等发达国家实现农业现代化的重要手段。

农业区域专业化与农业现代化、机械化、工业化等是什么关系?发展农业区域专业化有哪些重要的条件和影响因素?这些因素是如何影响的?政府如何推动农业区域专业化发展?这需要针对我国农业发展的实际情况从理论上做出回答,并形成具有针对性、可操作性的建议。

因此,本书的研究成果具有重要的理论与现实意义,一方面,采用定性与定量分析相结合的方法,基于经济学的一般理论与方法,应用产业经济学和经济地理学等学科的理论与方法,通过对现有文献资料的分析,充分吸收国内外专家、学者对分工、专业化及其与经济发展、农业发展等已有的研究成果,厘清了农业区域专业化的本质特征及其与农业现代化、农业工业化、农业供给侧结构性改革等之间的关系;通过国内外农业区域专业化发展的历史经验分析,有助于厘清并从理论上阐明影响农业区域专业化发展的主要因素及其机理。从逻辑上来说,影响农业区域专业化发展的因素依次为区域优势、农村劳动力转移、规模经营、技术进步等,并分析其影响机理。另一方面,在定性分析的基础上,收集我国农业生产数据,应用统计学、计量经济学的方法,采用相关分析、

① 杨小凯等也认为,在农业生产中分工不可能加深,如不可能让一些农民专业下种却不收割,而另一些农民专业收割而不下种,这种看法并不符合实际情况,美国农业生产中广泛实施的作业专业化就是这种分工的体现。参见:杨小凯,张永生. 新兴古典经济学和边际分析[M]. 北京:中国人民大学出版社,1999:147-149.

回归分析、协整方法等对农业区域专业化及其影响因素进行定量分析，增强了结论的可靠性和对策、建议的可行性、可操作性。

本书研究成果对我国转变农业发展方式、加快农业现代化步伐，对加快农村劳动力转移和农业科技进步、提高农业适度规模经营，对加快构建农业生产的区域化布局、规模化经营、专业化生产的经营体系，提高农业发展质量，对深入推进农业供给侧结构性改革战略、保障粮食等重要农产品有效供给等具有一定的指导作用和参考价值。也为"藏粮于地"设想的实施提供了易于操作的手段。

第三节　研　究　方　法

本书以马列主义、科学发展观理论为指导，以农业供给侧结构性改革、"四个全面"战略部署和"五大发展理念"为指引，以农业工业化、城乡统筹、创新发展等为内核，以农业区域专业化发展为主线，对我国农业区域专业化发展问题进行了比较系统的研究。

在具体研究中，采用了定性与定量、文献研究与实地调研、历史分析与对比分析相结合的方法，并运用统计、计量方法对农业区域专业化发展的有关影响因素进行了定量分析。定性研究方法主要用于对国内外有关分工与专业化、农业区域专业化等方面的已有研究文献资料的分析，具体分析了农业区域专业化与农业现代化、工业化等及农业供给侧结构性改革等之间的关系，农业区域专业化与区域优势、农村劳动力转移、规模经营、科技进步等之间的关系。历史分析与对比分析主要用于分析我国农业区域专业化发展历史及影响因素和发达国家的发展经验研究，并在影响因素分析中进行中外对比分析。实地调研方法主要通过对一些地区的考察，以掌握资料、数据。定量分析方法主要应用统计与计量经济学分析方法，具体包括相关分析、回归分析、协整分析等方法，定量分析了我国农业区域专业化发展与区域布局优势、农村劳动力转移、规模经营、科技进步等之间的关系，采用时间序列分析方法，通过建立协整模型，采用 Granger 检验，分析了一些农产品生产集中度很高的省份的各类生产要素对区域专业化发展的贡献度、长期影响，检验了各因素或生产要素与区域专业化发展之间的相关显著性。在书中，各种检验、计算结果、计算的模型均采用表格方式展示。

本书研究所涉及的数据来自《中国统计年鉴》《中国农业年鉴》《中国农村统计年鉴》《新中国农业 60 年统计资料》及各省份的统计年鉴等。

第四节　研　究　内　容

由于农业区域专业化的发展是一个涉及多个产业、多门科学、多个因素、多种技术、多个环节的综合性问题，因此具有复杂性。本书主要以种植业为对象，研究农业区域专业化的发展问题。本书研究以我国农业生产的区域专业化为主线，研究内容共分十章。第一章到第五章，主要研究内容有马克思主义者对农业区域专业化发展的有关重要论述、国内外专家学者的研究文献综述、与农业区域专业化发展有关的几个重要问题的探讨、发达国家农业专业化的发展经验和我国农业区域专业化发展的历程及影响因素；第六章到第十章分别研究了区域比较优势、农村劳动力转移、规模经营、科技进步、制度创新与农业区域专业化发展的关系，并对各个重要因素进行了定量分析，提出了相应的对策。

第一章 绪论。简略介绍本书的研究背景、研究意义、研究方法和研究内容。

第二章 农业区域专业化研究文献综述。本章主要从马列经典、古典观点、农业布局、农业区划、产业集聚、衡量指标六个方面对有关文献进行综述。马克思主义对农业区域专业化促进农业发展的作用给予了很高评价；国内外专家学者们的研究表明，农业专业化是农业发展的必由之路。结合产业组织理论等对农业区域专业化衡量指标进行了探讨，选择了集中度作为本研究项目研究农业区域专业化的衡量指标。

第三章 农业区域专业化有关问题的探讨。主要讨论农业区域专业化与农业现代化、农业机械化及农业供给侧结构性改革之间的关系。研究认为，农业区域专业化是农业现代化的本质特征、重要催化剂和推动力，与农业工业化在本质上是一致的；农业实行区域专业化生产是加快农业机械化、提升农业产业化经营水平的前提条件，对推进和深化农业供给侧结构性改革具有重要意义，既有助于推进农业生产方式转变，又有利于去库存、调结构、补短板，为实施"藏粮于地"提供了易于操作的手段，因而是实现农产品有效供给的重要途径。

第四章 农业区域专业化发展的国外经验与启示。本章在分析了美国等发达国家的农业区域专业化发展经验基础上，得到了以下具有一般规律性的启示：总体来说，农业区域专业化是发达国家实现农业现代化的重要推动力；对农业区域专业化发展来说，经营规模扩大是前提条件，农业技术进步、市场需求和农产品加工是重要引导力；政府的法律、政策则起着强化和稳定作用。

第五章 中国农业区域专业化发展历程及影响因素。本章以 1949 年之前、1949~1979 年和 1979 年之后三个时间段，分析我国农业区域专业化的发展情况，并探讨其原因。结论是我国在改革开放前的几千年的农业发展过程中，农业专业化发展缓慢的最根本的原因是政府的完全管制；在封建时期，主要是重农抑工商政策，在 1949~1978 年期间，主要是重工业优先发展战略。而改革开放以来，由于农业市场化程度的不断提高，从中央到地方各级政府的大力推动以及在比较利益的驱动下，我国农业区域专业化发展水平也获得了较快提高。

第六章 区域比较优势与农业区域专业化发展。本章在分析区域比较优势及其特点的基础上，对我国不同地区的农产品生产集中度与单产、成本收益之间关系的分析进行了定量分析，结果表明我国目前的农业专业化发展正呈现出向优势区域不断集中的趋势，但在发展过程中仍然有波动，这表明我国目前的农业区域专业化发展还不稳定；并提出了进一步发挥区域比较优势的对策。

第七章 农村劳动力转移与农业区域专业化发展。大幅度减少农村劳动力是扩大经营规模的前提，因而是农业区域专业化发展的根本。本章在分析专业化生产、迂回生产和就业岗位创造之间关系的基础上，总结了美国等发达国家农村劳动力转移的经验和我国农村劳动力转移历史，提出了从推力和拉力两方面促进农村劳动力转移的思路以及具体措施。

第八章　规模经营与农业区域专业化发展。在分析了专业化经济与规模经济关系的基础上，探讨了农业规模经营与农业专业化发展之间的关系，认为农业经营规模扩大是农业区域专业化发展的必要条件之一，并提出了基于专业化的规模经营的观点。我国农业区域专业化的进一步发展需要经营规模的扩大。

第九章　科技进步与农业区域专业化发展。首先从理论和实证方面分析了农业区域专业化与农业科技进步之间的相互促进关系，并对这种关系进行了计量分析，认为科技进步是农业区域专业化发展的重要内在推动力；在探讨我国农业科技进步缓慢的主要原因的基础上，认为加快我国农业科技进步的关键是改革现有的农业科研与推广体制，而建立一种与农业区域专业化相适应的柔性专业化科研和推广体系，另一个重要的方面是增加农业科研投入，加强农业科学基础研究。

第十章　制度创新与农业区域专业化发展。专业化的生产方式由于与市场交易相联系，与一、二、三产业相互交融，因而需要相应的制度来保障。目前，我国还存在一些不能满足农业区域专业化发展要求的体制，因此制度创新就很有必要。本章主要探讨了农业区域专业化发展与交易费用、农产品交易与流通制度、农民组织化、农业投入、农业保险等制度问题，并在各个问题分析的基础上，提出了一些对策。

参 考 文 献

[1]王守聪. 大力培育农垦国际大粮商推动农垦成为确保国家粮食安全的可靠支柱——深入学习贯彻习近平总书记关于国家粮食安全战略的重要论述[J]. 农场经济管理，2014(6)：4-7.

[2]江娜，刘婉婷. 韩长赋：“十三五”期间更重要的是稳定粮食产能[N]. 农民日报，2016-03-07(03).

[3]韩长赋. 解读中央农村工作会议[J]. 农家参谋，2010(1)：4.

[4]李克强. 用工业的方式发展现代农业[EB/OL]. http://news.xinhuanet.com/politics/2015-07/25/c_1116039600.html.

[5]张晓雯，丁弋元. 关于进一步深化农村改革的思考[J]. 成都行政学院学报，2014(1)：65-69.

[6]习近平. 推进农业供给侧结构性改革[EB/OL]. 凤凰财经，http://news.ifeng.com/a/20160310/47779690_0.html.

[7]孙丽丽. 加速农业现代化进程，推动现代化大农业发展[C]//黑龙江垦区现代化大农理论研讨会优秀论文集，2010.

[8]林国贤. 树立农业产业的企业化经营理念[J]. 科技资讯，2007(4)：62.

[9]肖楠. 李克强的“农心”与“农经”[J]. 政府法制，2015(7)：4-6.

[10]中国涨时代：“蒜你狠”“豆你玩”后“向钱葱”登场[EB/OL]. 第一财经，http://www.yicai.com/news/1546837.html.

[11]西奥多·W. 舒尔茨. 报酬递增的源泉[M]. 李海明，赵波译. 北京：北京大学出版社，2001：19.

[12]贾根良. 报酬递增经济学：回顾与展望(一)[J]. 南开经济研究，1998(6)：29-34.

[13]杨小凯. 当代经济学与中国经济[M]. 北京：中国社会科学出版社，1997：222.

[14]哈耶克. 似乎有知识[C]//诺贝尔经济学奖金获得者演讲集. 王宏昌编译. 北京：中国社会科学出版社，1997：220.

[15]西奥多·W. 舒尔茨. 改造传统农业[M]. 梁小民，译. 北京：商务印书馆，1999：6.

[16]薛向岭. 农业专业化对实现城乡经济均衡发展的有效性研究[D]. 重庆：重庆大学，2006.

[17]列宁. 俄国资本主义的发展[C]//列宁全集(第3卷). 北京：人民出版社，1972：276-278.

[18]尼·米·安德烈耶娃. 美国农业专业化[M]. 伍舒，译. 北京：农业出版社，1979：1.

第二章　农业区域专业化研究文献综述

古典经济学家，如威廉·配第、亚当·斯密等关注的焦点是分工对经济增长的作用。威廉·配第在《政治算术》一书中称劳动生产率的提高是由劳动分工引起的。配第以织布为例，说明了随着分工程度的提高，劳动生产率也随之提高，而生产成本则随之降低[1-2]。因此，配第第一个认识到分工对提高劳动效率、降低成本的作用，而斯密是第一个对分工与经济增长进行系统研究的经济学家[3]。马克思对分工与报酬递增之间进行了精辟的论述，不仅用分工概念深入分析了技术变迁，而且提出了一个报酬递增导致资本主义内在演进的宏大理论，他认为科学技术的发展是分工的结果[4]。产业革命以来的经济发展史已充分证明，经济发展的原因在于生产方式的不断变革，其本质特征就是分工与专业化的发展与不断深化[5]。

分工与专业化是古典经济学家分析解决问题的关键概念和主题，因此研究者众多，文献汗牛充栋。杨小凯从两条线对国外学者的分工与专业化研究做了一个全面、深刻的文献综述：一条线是以亚当·斯密、阿林·杨格和霍撒克为代表的研究专业化的方法，另一条线是以马歇尔为代表的新古典方法。杨小凯认为当代有三种研究专业化的方法，一是新贸易理论，二是新贸易和增长理论，三是解释分工的个人专业化、生产迂回程度和产品种类数三个侧面[6]。姚寿福在《专业化与农业发展》一书中，对分工、专业化与经济发展之间的关系，从 6 个方面进行了比较详细的综述，认为分工与专业化是经济发展的主线，其产生与发展在于机会成本的不同，既具有经济性，也具有非经济性[7]。

国内外学者从分工与专业化角度研究经济问题，主要研究对象是工业(制造业)企业以及贸易方面。在国内，用分工与专业化理论研究中国经济问题的文献也较多，盛洪从分工与交易的角度分析了中国工业经济(主要是机械工业)的非专业化发展问题①；贾良定用专业化理论研究了企业战略问题[8]；张永生用专业化理论研究了经济增长(主要是工业经济)与厂商规模之间的关系，结论是没有确定的关系[9]，等等。本章主要目的是对农业区域专业化有关研究文献进行梳理和综述。

从国内外的研究文献看，基于分工与专业化视角研究农业区域专业化发展的文献很少。古典经济学对农业发展中的分工与专业化给予了一定的关注，但新古典经济学在分析农业发展时，却基本上忽视了这一点，并把农业看作是边际报酬递减的典型产业，因此就有了马尔萨斯理论，但这与农业发展历史明显矛盾。国外还没查到专门研究农业区域专业化的文献，只是在分析经济发展历史时提到过这个问题[10]，或者是介绍美国农业区域专业化发展情况[11]。20 世纪 80 年代之前，国内学者对农业区域专业化问题主要是

---

① 盛洪认为，在中国改革开放的头几年，工业生产的专业化协作问题曾成为一些经济理论工作者的热门课题，但由于分析分工与专业化问题相当困难，因而研究很快就转向了。参见：盛洪. 分工与交易[M]. 上海：上海人民出版社，1994：3.

介绍国外的经验[12-13]；20 世纪 90 年代以来，我国专家学者对农业区域专业化的研究文献逐渐增多，但总体来看，文献不多，在 CNKI 中，以"农业专业化"为关键词只查到 1935 条，以"农业区划"为关键词查到 1941 条，以"农业布局"为关键词查到 947 条。由于农业生产对地理环境有很大的依赖性，因此从事地理研究的学者对农业生产的空间结构和区域布局等问题进行了研究①。从目前的文献来看，除了马列主义、古典经济学家外，对农业区域专业化的研究主要有三大方面：一是生产布局研究；二是农业区划与规划研究；三是产业集聚角度的研究。为方便归纳，分六个部分进行综述。

第一节　马列经典

分工与专业化是社会经济发展的本质特征，这在工业生产中体现得最显著，在目前发达国家或地区的农业生产中也比较明显。马克思主义者早就对分工与专业化、农业专业化发展给予了高度关注和重视。马克思主义认为，社会分工与专业化生产是社会生产力发展的结果，从原始社会到资本主义社会，生产力的发展推动着产业之间、各产业内部的分工与专业化日益深化和复杂化。马克思认为，农业内部的分工是资本主义工业生产力发展的结果，是工业技术在农业领域引起的最革命的作用[14]。马克思认为，专业化分工、协作与生产力发展是相互促进的，因为专业化分工与协作可以产生生产力，即"社会劳动的自然力"[14]。

马克思和恩格斯从分工的角度分析了农业技术进步。他们认为，农业技术进步来自农业科学研究，现代农业科学的发展使农业生产实现了从基于经验的古典农学到现代农业科学的飞跃；现代农业技术研发逐步以相关科学研究成果为依据，促进了农业技术的科学化[15]。在马克思看来，资本主义的工业化是推动小农生产向大农业生产转变的核心因素，因为工业化可以促进农业生产机械化，为农业提供化肥等工业品投入，进而促进农业生产的工业化[16]。农业科技发展和农业生产的工业化刺激了农业生产领域的专业化分工："由于这种集中（指土地），才能在农业中使用机器，实行大规模的劳动分工，并使英国的工业和商业同农业互相配合。"[17]②农业生产分工表现为纵向和横向两个方面，农业横向分工是劳动生产种类、农作物种植品种的单一化，即农业生产的区域专业化，纵向分工则是指农艺环节的专门化，即目前发达国家的作业（工艺）专业化；农业生产分工反过来又进一步推进了农业科技发展，农业科技进步与农业生产专业化具有相互促进关系。

列宁曾在《俄国资本主义的发展》一书中对此有过精辟的论述："这种专业化过程，把商品的各种加工过程彼此分离开来，创立了越来越多的工业部门。这种专业化过程也出现在农业中，建立了农业的日益专门化的区域（和农业生产体系），不仅引起

---

① 这方面的研究比较多，国内外几乎所有的经济地理学和农业地理学都涉及农业地区布局问题，但专门研究农业空间结构的著作也比较少。由于美国的农业专业化发展水平是世界上最高的，从事世界地理研究的学者对美国的农业空间结构问题进行了研究，但这种研究是一种静态和描述性的。参见：蒋长瑜，郑也. 美国农业空间结构研究[M]. 上海：华东师范大学出版社，1997.

② 参见：马克思，恩格斯. 马克思恩格斯全集(第 5 卷)[M]. 北京：人民出版社，1958：504.

农产品和工业品的交换，而且也引起各种农产品之间的交换。" [18]① 并评价说，从历史意义来说，美国发展农业专业化是一个巨大的进步力量，这种专业化生产比宗法式农业越来越多样化、合理化[19-20]。农业生产专业化使农业日益融入社会化生产体系，既丰富了农产品品种，提高了农产品品质，也促进了农业生产效率和效益的提高。美国农业在全球一直占据领先地位，很大程度上可归功于农业专业化[11]。实行专业化生产方式是美国农业现代化的关键推动力，同样也是英、法、日等国走上现代农业发展之路的重要促进力。

苏联在斯大林时期的农业发展特点是集体化，通过集体化改造小农生产，当然由于这种集体化生产方式并不是建立在生产力发展的基础之上，农业专业化水平也很低，因此并没有促进苏联农业的快速发展和农产品的充分供给。毛泽东同志虽然对我国农业发展提出了多种经营的思想，但实际实行的却是以粮为纲的生产模式；他认为落后的小农生产方式不变革，就不能发展农业生产力[21]，因此需要用集体化来改造小农，人民公社制度随之产生；毛泽东还主张大力发展农村工业，促进公社工业化和农业工厂化发展[22]。

邓小平同志曾说，"发展专业化与协作"是我国社会主义经济建设走快一点、省一点道路的重要手段[23]，邓小平同志虽然没有直接论述农业区域专业化发展，但在谈到我国农业改革与发展时曾提到两个飞跃，一是废除人民公社制度，实行家庭承包责任制；二是适应科学种田和生产社会化的需要，发展适度规模经营和集体经济。而第二个飞跃正是农业区域专业化发展的内容[24]，也是农业区域专业化发展的方向。在论述包产到户与集体经济关系时，邓小平同志曾说，这两者是一致的，包产到户发展了农业生产力，农村社会分工和商品经济发展起来后，集体化就会自然发展起来；农村中各种专业组或专业队的发展，会促进农村商品经济大发展[25-26]。邓小平的这一论述充分体现了马克思主义的生产力决定生产关系的基本观点。江泽民同志在党的十五大报告中指出：积极发展农业产业化经营，形成生产、加工、销售有机结合和相互促进的机制，推进农业向商品化、专业化、现代化转变[27]。胡锦涛同志十分关注我国农业现代化发展，他说，要大力推进农业和农村经济结构调整，充分发挥各地的比较优势，推进农业产业化经营，构建生产、加工、销售有机结合的高效农业产业体系[27]，农业结构调整的重点是提高农产品质量、效益和竞争力。总之，江泽民、胡锦涛都把农业产业化经营作为促进农业增效、农民增收和农村发展的关键点和重要手段。

习近平同志在各级领导岗位上都非常关心农业和农村发展、农民生活，对农业发展提出了很多具有战略性的思想。早在1990年，习近平就提出了发展大农业的思想，他说，大农业是一种多功能、开放式、综合性发展的立体农业，与自给自足的小农业相反，这一思想后来编入1992年出版的《摆脱贫困》一书中[28]。从现在来看，习近平同志所提出的大农业就是商品化农业、现代化农业。在福建工作期间，习近平就提出了包括粮食生产的区域化布局问题、综合开发问题、科技兴农问题、农村服务体系问题。在任浙江省委书记时，习近平就提出了"高效生态农业"发展战略，强调"绿水青山就是金

① 参见：列宁. 俄国资本主义的发展[C]//列宁全集(第3卷). 北京：人民出版社，1972：276-278.

山银山"，生态绿色发展一直是习近平同志的理念，2007 年 3 月习近平在《人民日报》撰文《走高效生态的新型农业现代化道路》；2013 年 11 月十八大之后，习近平在山东省农科院召开座谈会时，继续强调"要给农业插上科技的翅膀，加快构建适应高产、优质、高效、生态、安全农业发展要求的技术体系"[28]；2016 年他在黑龙江考察时提出了"生态就是生产力"[29]。由此可以看出，习近平"三农"思想是一脉相承的，而且不断发展，不断升华。习近平同志非常重视农民合作组织的发展及其对农业发展的作用，在浙江工作期间，推动浙江在全国率先颁布了地方性法规《浙江省农民专业合作社条例》，这在很大程度上加快了 2006 年《中华人民共和国农民专业合作社法》的出台；2006 年习近平进一步倡导农民专业合作、供销合作、信用合作"三位一体"，并在浙南瑞安市率先试验，亲自召开全省现场会进行经验总结和推广，在理论上拓展表述为"三重合作功能的一体化、三类合作组织的一体化、三级合作体系的一体化"，这是一种"大农合"（大规模综合性多层次农村合作组织）[28]。目前，"三位一体"的合作制理论已基本确立。我国农民组织化程度的提高对我国农业区域专业化发展必将起到极大的促进作用。2013 年的中央一号文件鼓励和支持家庭农场发展，推动农业适度规模经营；2014 年，习近平提出了"四个全面"战略布局；十八届五中全会，党中央又审时度势、高瞻远瞩，适应经济社会发展新常态，提出了"创新、协调、绿色、开放、共享"五大发展理念，要求农业现代化建设取得明显成效，之后又提出了农业供给侧结构性改革思路，其中的去库存、调结构，保障农产品的有效供给与农业区域专业化发展有非常密切的关系。

　　从马克思、恩格斯、列宁到习近平总书记，一代又一代的马克思主义者对农业发展都有很多具有战略性、创新性和科学性的精辟论述，对我国"三农"问题的破解提供了科学的思路，必将对我国农业现代化建设起到重要的推动作用。马克思提出的"专业化就是生产力""农业技术的科学化"等观点对本书研究具有很大的启发性。特别是习近平同志对我国农业短板的深刻认识、对我国农业发展的战略思考和粮食安全战略的科学阐述、基于我国"三农"问题实际而提出的"大农业""大农合""大农政"的战略构想和"生态就是生产力"的观点，不仅为我国农业现代化发展指明了方向，也必将对我国"三农"问题的解决、农业发展方式的转变、农业现代化的加速推进、农业竞争力的提高和广大农民的共同富裕，对农业区域专业化的发展等都将起到关键性的推动作用。

第二节　古典观点

　　对分工与专业化理论做出了开创性贡献的亚当·斯密，虽然对发现扣针生产的分工极为兴奋，并由此推断出分工为财富之源，但他对农业生产的分工发展却很不乐观。他说："农业由于它的性质，不能有像制造业那样细密的分工，各种工作不能像制造业那样判然分立。木匠的职业和铁匠的职业，通常是截然分开的，但畜牧者的业务与种稻者的业务，不能像前者那样完全分开"[30]。他推论说，由于农业不能分工，因此农业劳动生产率低于制造业，并且贫富国家间差异不大，斯密的这一结论早已被美国等发达国家的实践证明是错误的(表 2-1)。

表 2-1　若干国家 1960～1990 年农业和制造业劳动生产率年均增长率(%)

	劳动生产率年平均增长率		比较生产率的变化率
	农业(1)	制造业(2)	(1)-(2)
发达国家			
美国	3.6	3.3	0.3
英国	3.9	3.2	0.7
法国	5.7	3.6	2.1
德国	5.9	3.4	2.5
日本	5.1	5.5	-0.4
发展中国家			
韩国	3.4	7.1	-3.7
菲律宾	1.7	6.4	-4.7
印度	1.6	3.2	-1.6

资料来源：速水佑次郎. 发展经济学：从富裕到贫困[M]. 李周，译.北京：社会科学文献出版社，2003：90-91.

斯密之后，英国经济学家爱德华·威斯特(1782～1828)在 1862 年发表的《论资本用于土地，对谷物进口严加限制的失策》一书中也认为，由于劳动分工的发展和机器的运用不及制造业方便，因而农业劳动生产率低于制造业[30-31][①]。穆勒(1997)和马歇尔(1890)也表达了类似的看法。但美国经济学家亨利·查尔斯·凯里(1793～1879)在《社会科学原理》一文中指出，分工能够提高土地生产率，他根据当时农业生产的实际情况，用分工说明土地的生产能力具有巨大的潜力，并说，提高土地生产能力的关键是知识和分工协作[31]。一些草地居民，由于缺乏知识和分工协作的条件，因而成为"李嘉图-马尔萨斯学派"的追随者。凯里把土地生产力的提高归结于知识和分工协作，无疑是正确的，但他没有就如何增加知识和分工协作做出解释。

古典经济学创建时期，科学技术、化肥和机械工具等尚未在农业中得到应用，农业生产"完全以农民世代使用的各种生产要素为基础"[32-33]，农业生产率就很低。但随着科技的不断进步，农业分工与专业化已获得了相应的发展并逐步深化，从而促进农业生产率的不断提高。

德国经济学家约翰·冯·杜能(1783～1850)在《孤立国同农业和国民经济的关系》一书中详细分析了农业(种植业、林业、畜牧业)的生产布局问题。从专业化的角度看，杜能所分析的农业区位问题实际上就是农业的区域专业化问题。在一系列假定的基础上，杜能分析了在只有一个城市、周边为土壤肥力相等的农村的孤立国中的农业布局问题。杜能认为，在什么区位生产什么农产品有利完全取决于利润或地租，用公式表示为

① 杨欢进对农业报酬递增与递减及其原因进行了系统的分析，其中也涉及农业的分工与专业化问题。参见：杨欢进. 收益递减理论研究[M]. 北京：中国经济出版社，1990.

$$R = P - (C + T) \tag{2-1}$$

其中，R 为利润；C 为生产成本；P 为市场价格；T 为运费[35]。杜能根据该公式算出了各种农作物的最合理的生产区域，即得到了以城市为中心的 6 个有规则且界限明显的同心农业圈层（表 2-2）。

表 2-2　杜能的农业圈层

圈层	生产品种	产品特点	有利条件	不利条件	耕作特点
第一圈层：自由农作圈	蔬菜、水果、牛奶等鲜货为主，谷物为次	不宜于长途运输，极易腐败变质，市场售价与其新鲜程度密切相关	可以方便地从城市获得较充足肥料供应	紧靠城市，地租很高	高度集约化、连年种植
第二圈层：林业圈	木材、薪材	外形不规则，一车的运载量有限，不会腐败变质	不需像种菜那样耗用由城市补充的肥料	在单位面积上树木可能提供的产值较蔬菜少得多	
第三、四、五圈层：主要生产谷物	第三圈层以谷物为主，次为畜产品；第四圈层以畜产品为主，次为谷物；第五圈层以加工的畜产品为主	不易腐败变质	耗用肥料较少；离城市越远，地租越低	必须合理转作，农牧结合，以保持地力不致下降	第三圈层采用轮制；第四圈层采用轮作休耕制；第五圈层采用三圃农作制
第六圈层：畜牧圈	畜产品	畜产品大部分自给，少部分加工后销往城市	地租极低	距离城市太远	经营十分粗放
第六圈层以外：荒野					狩猎

资料来源：根据杜能的《孤立国同农业和国民经济的关系》一书整理。

为了更好地说明问题，可以把杜能的利润公式改写为：$R = E \times (P-C) - E \times k \times T$，其中 E 为产量，k 为生产地点与市场之间的距离。从中我们可以解出某一农作物生产利润为 0 的边界点，即 $k = (P-C)/T$（图 2-1）。农业经营的利润最大化是以固定的市场价格为前提的，因此图 2-1 中的斜线可以看作是一条斜率为 $-ET$ 的边际收入线，$E \times (P-C)$ 为最大利润点，而横轴则是边际费用线。当边际收入与边际费用相等时，即 $k = (P-C)/T$ 处，表

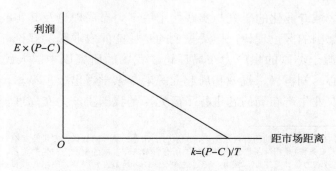

图 2-1　杜能农业圈层理论的几何解释

明经营者所获得的纯收入为最大，因此 k 值的不同决定着农业区域专业化的不同发展类型。在交通网络四通八达、交通工具日益现代化的今天，这个结论更为重要。

杜能的研究方法虽然很简单，但由此引申出的各种农作物的最优生产区位，为生产布局理论奠定了微观基础，也为农业区域专业化理论奠定了基础，目前仍是农业经营所遵循的依据。但毕竟现在的经济发展水平与杜能时代已不可同日而语，特别是随着科学技术的飞速发展，化肥、农用机械的广泛使用，交通运输业和通信技术以及贮藏技术的高度发展，农产品加工业的日益现代化，杜能的孤立国已日益为全球化经济所取代，因而制约农业布局的因素也发生了很大变化。显然杜能特别重视运费的成本分析方法已无法说明当今农业发展的地区布局问题。

第三节　农　业　布　局

现代农业布局学认为，任何农业专门生产区都是多个因素综合作用的产物，在不同的历史时期，不同的因素所起的作用也会随之变化。一般认为，农业布局受自然生态、社会经济和原有基础三大因素及其不同组合的影响①。农业布局的主要任务就是研究各农业生产部门或各单项农业生产的性质、特点及其对各种生产条件的一般和特殊的要求，并对不同区域各生产条件进行综合评价的基础上，确立农业布局项目，以发挥各地优势[34]。因此，农业布局是一种农业生产空间结构的再调整，其依据是已经变化了的农业生产部门或单项农业生产的性质与特点及自然、社会、技术等条件，因此它是一种静态的农业生产区域的划分，与农业区划的性质相当。中国的生产布局学(包括农业布局学)是从苏联引进的。其中心任务是专门研究生产分布规律[34]，起着计划手段的作用。这种布局理论与市场经济很难相容，因为市场变化很难在事前做出比较准确的估计。这也难怪，在我国改革开放逐步深化后，即进入 20 世纪 80 年代中后期特别是 90 年代以来，生产布局学也失去了其昔日的独特作用。但由于农业的特点决定了其生产的地域性，如在评价农业生产潜力和选择区域农业发展方向等方面；苏联的农业区域布局关注农业地带；美、德等西方国家在农业区域布局方面，更加强调农业商品性及专业化生产[35]。我国农业布局理论与方法综合了国外区划理论的优点，既强调区划，也强调区域专业化发展，因此对我国农业区域专业化发展起到了一定的推动作用。

我国的农业区域专业化的研究与实践始于生产力布局理论及其实践。这方面的研究虽然可以追溯到德国的区位理论，但最重要的是杜能的农业圈层理论，而生产力布局用于实践性操作则源于苏联的生产力布局理论。我国的研究以中国人民大学的几位老专家、老学者为核心。刘再兴、祝诚和周起业等老专家学者出版了多本著作，发表了很多文章对我国的工农业生产布局问题进行了研究，是我国生产力布局理论之源[36-37]。中国

---

① 自然生态条件是指与农业生产有关的所有自然因素，如水、土、光、热等的数量、质量及其组合而形成的农业生态环境。社会经济条件(或称人文条件)是指除了自然条件以外的所有影响农业发展的生产力与生产关系，经济基础与上层建筑因素，一般包括人口、劳动力条件，工业、城市、交通运输条件，市场条件，科学、技术与教育条件，农业经营管理体制，有关农业的各种方针政策等；农业原有基础即农业生产的历史与现状，主要包括农业发展的水平、速度与规模，农业生产结构、农业总体布局与土地利用状况及其历史变化情况等。

科学院地理研究所经济地理研究室在 20 世纪 80 年代初期出版了《中国农业生产布局》一书，对我国各区域的农业发展做了详细的布局[38]。郭玮对我国 20 世纪 90 年代的农业生产力布局变化的趋势进行了研究，并总结出了五大趋势，即农业生产力重心北移、粮食生产重心北移、畜牧业生产重心北移、水果蔬菜区域化明显和小麦生产稳定、水稻生产北移及玉米生产南移[39]。陈冬青对安徽省 20 世纪 90 年代的农业生产力布局的新变化进行了研究[40]。李靖和杨照等对我国"十五"以来的粮食生产力布局演变进行了研究，并分析了八大粮食产区的粮食生产在全国地位的消长，根据因素分解方法，2000～2013年全国粮食产量增加的最主要因素是单产效应，其次是规模效应，而结构效应除东北外均为负影响[41]。王军等对 20 世纪 90 年代中期以来我国生猪生产区域布局的变动进行了分析，研究表明，我国生猪生产区域布局由自然资源决定向经济—资源决定转变[42]。刘江和杜鹰对我国水稻、小麦、玉米等 15 项农产品的生产布局变化情况及存在的问题进行了研究，探讨了我国农业生产力布局调整的条件，提出了我国农业生产力布局的调整思路和八大农业区域的功能定位及发展重点[43]。

第四节　农　业　区　划

我国的农业区划、规划理论与方法主要来自美、法等发达国家。农业区划虽然与农业生产力布局有相似的地方，但生产力布局理论与实践主要侧重于把各产业、各类生产力落实到具体的区域；而农业区划、规划工作则主要在分析农业生产条件、生产历史等基础之上，对不同地区的农产品生产种类和优势品种等进行划分，指导各地发展具有优势的农产品。中华人民共和国成立后，我国先后开展了三次大规模的农业区划工作[①]，从农业生产实践来看，各地通过区划的编制并用于指导生产实践，使农业区域布局得到了优化，农业生产结构得到了调整，促进了农产品向优势区域的集中，推动了农业区域专业化发展，但农业区域结构雷同、区域专业化程度偏低、区域发展不平衡、产业化程度低等问题依然存在[44]。郭焕成和刘盛和在回顾以往农业区划经验和总结问题的基础上，对我国 21 世纪需要开展的 12 个农业区划问题进行了探讨[45]。很多专家学者还介绍了国外农业布局的理论和实践经验[46-48][②]。

21 世纪以来，农业区划工作转向农业功能区和农业产业园区的规划。为配合国家编制《全国主体功能区规划》，2007 年以来，农业区划正式开始农业功能区的区划工作[49]；罗其友和陶陶等探讨了农业功能区的区划理论与方法等[50]；陶陶和罗其友对农业的多功能性与农业功能分区进行了研究，把我国农业的主要功能分为农产品供给、就业和社会保障、文化以及生态 4 类[51]；罗其友等利用 2004～2006 年我国县级数据，

---

① 第一次是在 20 世纪五六十年代，但意见不统一，区划方案缺乏实用性；改革开放后不久开展了第二次农业区划工作，到 20 世纪 80 年代中期就基本完成了全国、各省市(区)、县的农业区划工作，出版了很多专著、规划报告，如：中国农业科学院农业自然资源和农业区划研究所. 中国农产品专业化生产和区域发展研究[M]. 北京：中国农业科技出版社，1993. 甘书龙，黄为鸾，傅绶宁，等. 四川省农业资源与区划(上、下篇)[M]. 成都：四川省社会科学院出版社，1986. 全国农业区划委员会《中国综合农业区划》编写组. 中国综合农业区划[M]. 北京：农业出版社，1981. 开办了专门的期刊，如《农业区划》《中国农业资源与区划》等为农业区划提供农业区划学术交流。

② 这方面的文献较多，就不一一例举了。

采用地图叠加法,把全国划分为东部、中部、西部和青藏四大功能区[52]。很多专家学者还对省份的农业功能区进行了划分,并分析了功能价值,如农业的休闲、旅游等功能[53-54]。农业功能区的研究对丰富农业发展内容起到了积极的作用,对农业区域专业化的发展也有一定的影响,如基于油菜籽、水果等区域专业化发展基础上的观光、旅游、休闲等农业与服务业的融合发展。

为了提高农产品产量和质量,确保农业稳定发展和粮食安全,我国各级政府以农业生产的区域规划与布局为基础,加强了对农业生产的调控,陆续出台了很多对我国农业区域化布局发展具有重要指导作用和战略性的规划文件[①],这些规划对我国农业区域专业化发展已经或将产生重要的影响,对我国粮食安全、生态安全和资源安全将带来积极的作用,促进我国农业发展和农产品产量的增长。

第五节 产业集聚

(一)产业集聚与地方化

自产业革命以来,产业的地理集中成为经济发展的一个显在特征。卡尔多(Kaldor)认为集聚产生递增规模收益,因为集聚可带来大规模生产的节约,更重要的是来自集聚生产本身增长的累积优势——技能和技巧的发展、思想和经验的交流以及生产工序的分工与专业化[55]。

最早对产业集聚现象给予关注的是马歇尔(1890～1916),他从外部规模经济的角度对集聚的产生进行了解释。他认为,产业集聚的好处是众多企业可以共享专业化的投入和服务、专业化的技术工人并获得其他企业外溢的技术和知识。德国学者构建区位理论研究集聚现象,形成了农业区位论、工业区位论等多种区位理论。区域经济学研究的也是区位对经济发展的作用[56]。胡佛分析了区位优劣的影响因素,并归结为地区性投入地区性需求、外部需求和外部输入等四大因素,在不同的区位,这四大因素的集合不完全一样,因而形成产业地理集聚和区域的不同分工[56-57]。

在地理学中,区位是一个包括自然条件与资源、社会经济历史等因子于一体的空间单位。其中自然条件与资源是引发产业集聚的基本力量,某一区位只能发展某一种产业,而不适合发展其他产业,如甘蔗只能在南方生产,而甜菜只能在北方种植。而社会文化因素引起的产业地理集中则具有偶然性和路径依赖[58],克鲁格曼还强调累积

---

① 2003 年 2 月,农业部发布了《优势农产品区域布局规划(2003～2007 年)》,确定了 11 种优先发展的优势农产品及其区域布局;农业部于 2007 年 7 月发布《特色农产品区域布局规划(2006～2015 年)》,对各种农产品的生产区域进行了较详细的规划与布局,着力点是推进"一村一品"建设和专业乡镇发展;2008 年 9 月,农业部又发布了《优势农产品区域布局规划(2008～2015 年)》,优势农产品扩大到 16 个,优势农产品生产区域增加到 58 个;2014 年 1 月,农业部发布《特色农产品区域布局规划(2013～2020 年)》,该规划共确定了特色蔬菜、特色果品、特色粮油、特色饮料等 10 类 144 个特色农产品的发展区域布局;2015 年 5 月,农业部、国家发展改革委等八部委联合发布了《全国农业可持续发展规划(2015～2030 年)》,该规划旨在推动农业可持续发展,保障我国的食物安全、资源安全和生态安全;农业部 2016 年 4 月公布的《全国种植业结构调整规划(2016～2020 年)》,针对粮、棉、油、果、菜、饲料六大类农产品,明确了其品种结构和区域布局的调整意见,以加快构建粮经饲统筹、种养加一体、一二三产业融合的发展格局。

因果关系在产业集聚中的特殊作用,如华尔街的金融业、好莱坞的娱乐业等[58-60]。因此,产业集聚发展也是一种地方化发展方式。由于产业集聚现象无处不在,产业集聚已日益引起经济学界的兴趣。企业战略学家波特认为,产业的地理集中是提高竞争力的重要因素。

(二)产业集聚与农业区域专业化

产业集聚一般遵循"物以类聚"的原则,形成产业发展的空间异质性和同一区域的专业化发展。斯蒂格勒指出,产业集聚区就是由相同类型的高度专业化厂商组成的地理区域,在美国和英国都是如此。农业生产(特别是种植业)总是与特定的区域相联系。不同的区域聚集着不同的自然生态因素、自然资源和劳动力、技术、资金等社会经济因素,从而形成了不同的农业生产空间类型。因此农业区域专业化生产与产业空间集聚在本质上具有一致性。

正是因为农业区域专业化生产与产业空间集聚在本质上具有一致性,因此很多专家学者从产业集聚角度对农业区域专业化发展问题进行了探讨。陶怀颖认为解决我国的农业发展问题,必须用工业化的思路谋划农业的发展,推进农业产业向区域集群化发展,提出了我国农业产业区域集群总体思路和主要目标,包括农业主导产业和主产区域的选择、布局,相关产业区域集群的发展重点[61]。王栋认为我国农业的家庭经营不仅很分散,而且生产具有短期行为,不能满足农业产业化经营要求,只有通过专业化生产分工和农业产业集聚才能解决[62]。徐锐钊通过对各省份油料作物的区域专业化发展的研究发现:东北三省的大豆主产区地位较为稳定;花生生产的集中度较高;油菜籽有向长江流域集中的趋势[63]。李二玲等的研究发现,在我国大陆的省域层次上,种植业的地理集聚明显,但大宗农产品的区域专业化程度较低,而经济作物的区域专业化程度很高[64]。邓宗兵等研究了我国种植业地理集聚问题,结果表明我国种植业具有显著的专业化集聚特征,这种集聚对产业成长的正效应显著,因此应加快发展特色专业化产业区[65]。肖卫东的研究发现,我国种植业呈现出明显的"中心—外围"空间分布模式且集聚程度较高[66]。王国刚等的研究发现,在资源、农业生产力和市场及政策的引导下,我国畜牧业集聚程度不断增强,且重心北移[67]。李二玲等的研究发现我国大豆生产的空间集聚程度经历了增加、减小、再增加、再减小的周期性变化,但专业化程度逐渐下降[68]。

有的专家学者从产业集聚角度对我国较大区域或省级农业区域专业化问题进行了研究。刘世薇和张平宇分析了东北地区主要农作物的集聚格局以及龙头企业的空间和行业布局特征,结果表明优势农作物具有不同的集聚态势,农业生产的专业化、区域化趋势明显[69]。李力和安玉发利用 Hoover 系数分析测定了 2000~2005 年内蒙古乳业、肉类加工业、毛绒加工业在各盟市的产业集聚水平及变动趋势,三个产业的专业化发展水平较低,但集聚较为明显[70]。有的专家对单个农产品的区域专业化发展问题进行了研究。如朱文哲以河南省周口市的蔬菜专业村为研究对象,探讨了蔬菜专业化影响因素及其作用效率,发现劳动力人数、科技能人和农业总产值对蔬菜专业化水平有显著影响,而劳动力多不利于蔬菜专业化发展[71]。

从现有的农业专业化、区域专业化的研究文献来看，都认为农业专业化是农业现代化发展的必要条件，是解决我国农业发展问题的重要途径；改革开放以来，我国农业区域专业化水平有了很大的提高，但也存在较大的波动。从农业区域专业化研究视角看，农业布局和农业区划方面的研究虽然具有综合性，但这两方面的研究都属于静态研究，都是基于对区域农业生产条件、资源、现有基础和社会经济条件等的评价，然后对农产品生产种类进行安排，因此是一种事先的区域专业化研究；产业集聚角度的研究，既具有农业布局和农业区划的客观基础，又具有产业属性和动态特征，更能反映区域专业化的发展现状和变化过程与变化趋势，也更符合农业区域专业化研究的目的。但从目前产业集聚角度的研究来看，也存在一些不足。主要有：①对我国农业区域专业化的研究大多是侧重于某一种农产品，如小麦、大豆或粮食，不够全面；很多研究只涉及某一个省份或地区，而缺乏全国性研究；有的虽然研究的范围涉及全国，涉及的农产品也比较全面，但研究的内容比较少，只是测定了一定时期内的专业化水平。②对农业区域专业化发展的影响因素研究，缺乏系统性和综合性；有的只是涉及某一个方面，如区域比较优势；有的只涉及生产条件。③从研究方法看，大多数文献只应用一些专业化测定指标对我国农业区域专业化发展水平进行了测定和比较，也有一些文献对区域专业化水平及其影响因素之间进行了相关分析和回归分析，但因素的分析不够全面，如农业规模经营、农业科研、农村劳动力转移与农业区域专业化发展等的关系也缺乏研究，这些也是本书的研究重点。

第六节　衡　量　指　标

对专业化的理解，可以从两个方面来看，一是从生产角度看，一个区域或企业实行专业化生产方式或专业化水平高，即意味着该区域或企业所生产的产品种类的减少；二是从产出的角度看，一个区域或企业实行专业化生产，则其生产的某种产品的产出量会增加，并在总产出中占较大比重，若在市场销售，其市场占有率也将较高。对分工的理解，则可以从社会的角度来看，如果一个地区的分工较发达，则该地区的劳动力所从事的工作种类会增加或从事某一种特定种类工作的劳动力会减少。因此，我们可以基于此来分析农业分工与农业区域专业化的衡量指标。

一、农业区域专业化衡量指标

农业区域专业化是农业生产的一种空间形态或地域结构。如果一个地区的农产品产量在全国所占的比重很大，则该地区在这种农产品生产方面的专业化水平很高，或者说该地区对该农产品就具有垄断地位。因此，我们可以用集中度来表示专业化程度。从现有文献看，产业集中度的衡量指标较多，可以概括为两大类：一类是用于衡量最大的几家企业所占市场份额的多少，即集中度比率；另一类是用于衡量企业规模分布的指标，如基尼系数、熵指数等[72-73]。

对于农业生产来说，区域专业化程度的差异一般表现为区域农业生产结构的不同和农产品产出量的多少。目前用于分析区域专业化程度的指标主要有集中度系数、Hoover系数、区位商、相似系数、产品输出率等。

在经济学中，"集中"一词一般用于描述下列三种产业发展状况：第一种是一个产业(或部门)中的竞争状况，即市场结构，如果一个产业只有一家企业，则没有竞争；第二种是一个产业(或部门)或社会经济中的企业规模分布状况，这种集中表现为市场或经济中的生产要素和产出被某些企业所控制的状况；第三种是人类经济活动或产业(部门)的地理分布情况。在产业经济学中，有产业集中和市场集中之分，前者是从生产要素和产出方面分析某一产业被企业控制情况，后者则是从市场的角度，分析某个市场被企业瓜分的情况，但在具体分析时，都用集中度表示。集中度是指某一个市场或产业中最大的 n 家企业的产出(如销售额、增加值等)占整个市场或产业总产出的比例，即集中度比率 CR_n，其计算公式为

$$CR_n = \frac{\sum_{i=1}^{n} X_i}{\sum_{i=1}^{m} X_i} = \sum_{i=1}^{n} S_i \tag{2-2}$$

式中，CR_n 为集中度比率；X_i 为某个市场或产业中第 i 个企业的产出；S_i 为第 i 个企业所占的市场份额；m 为全部企业数，即有 $m \geqslant n$。

根据美国经济学家贝恩和日本通产省对产业集中度的划分标准，市场结构的分类如表 2-3 所示。

表 2-3　美国经济学家贝恩对产业集中度与市场结构的划分标准

市场结构 ＼ 集中度	CR_4 /%	CR_8 /%
寡占 I 型	$CR_4 \geqslant 85$	—
寡占 II 型	$75 \leqslant CR_4 < 85$	$CR_8 \geqslant 85$
寡占III型	$50 \leqslant CR_4 < 75$	$75 \leqslant CR_8 < 85$
寡占IV型	$35 \leqslant CR_4 < 50$	$45 \leqslant CR_8 < 75$
寡占 V 型	$30 \leqslant CR_4 < 35$	$40 \leqslant CR_8 < 45$
竞争型	$CR_4 < 30$	$CR_8 < 40$

二、分工度的衡量指标

分工度(N)就是分工程度的一种度量指标。由于有分工就必须要有协作，只有这样经济系统才能维持运转。而协作是由从事交易的专业"经纪人"进行的，因此分工度可用专业"经纪人"的人数多少来表示。如果有 f 个专业"经纪人"，则所有"经纪人"的全部两两协作渠道就是 C_f^2，则完全协作经济系统的分工度可用式 $f = \frac{1}{2} \times (1 + \sqrt{1+4M})$ 计算，其中 M 为经纪人之间的流量数。杨小凯和威尔斯的研究表明，分工程度与商品化程度和贸易依存度之间存在正相关关系，因此他们认为分工程度可以用商品化程度或贸易依存度来衡量[74-75]。

三、农业分工与区域专业化衡量指标的选择

结合前面有关专业化和经济学、产业经济学对产业或区域集中的分析，在农业区域专业化衡量指标的选取时，我们主要考虑以下两个原则：一是衡量指标能够较好地反映区域集中状况；二是资料容易获得。由于农业生产的地区专业化程度高，意味着该地区生产的某种农产品在全国占有较大的比重，或从全国来说，该地区生产的这种农产品具有较高的集中度[76]。在农业地理学中，农作物生产的集中度也被用于划分农业生产的区域类型，因此采用集中度比率进行研究。集中度比率的计算方法为某一个区域（省份）的某种农产品的产量（或播种面积）占全国该种农产品总产量（总播种面积）的比重。

在农业生产中，一个劳动力可能从事不同种类的产品生产，因此要把从事不同种类农产品生产的劳动力分开来计算是不可能的；采用杨小凯的分工度衡量指标时，需要调查清楚所有的协作"经纪人"，这在农业生产中也是很困难的，而且分工度既复杂又难以计算。因此，我们采用非农业劳动力占农村劳动力的比重来衡量农村的分工度。

参 考 文 献

[1]张凌杰. 分工学说：柏拉图、斯密和马克思[D]. 兰州：兰州大学，2013.

[2]罗克灵. 马克思的分工理论及当代意义[D]. 贵州：贵州大学，2009.

[3]韩莉. 马克思产业组织思想探析[D]. 长春：吉林财经大学，2010.

[4]王立延. 中国经济发展的新兴古典经济学解释[D]. 西安：西安交通大学，2001.

[5]张伟伟. 产业革命再认识[J]. 天津纺织工学院学报，1998，17(6)：32-38.

[6]杨小凯. 分工与专业化——文献综述[C]//当代经济学与中国经济. 北京：中国社会科学出版社，1997：62-84.

[7]姚寿福. 专业化与农业发展[M]. 成都：西南交通大学出版社，2011：14-33.

[8]贾良定. 专业化、协调与企业战略[M]. 南京：南京大学出版社，2002.

[9]张永生. 厂商规模无关论[M]. 北京：中国人民大学出版社，2003.

[10]J. T. 施莱贝克尔. 美国农业史（1607—1972）[M]. 高田，松平，朱人，译. 北京：农业出版社，1981.

[11]尼·米·安德烈耶娃. 美国农业专业化[M]. 伍舒，译. 北京：农业出版社，1979.

[12]美国经济讨论会论文集编辑组. 现代美国农业论文集[M]. 北京：农业出版社，1980.

[13]刘振邦，李成林等. 主要资本主义国家的农业现代化[M]. 北京：农业出版社，1980.

[14]马克思. 资本论（第 1 卷）[M]. 北京：人民出版社，1972：509，552.

[15]马克思，恩格斯. 马克思恩格斯全集（第 25 卷）[M]. 北京：人民出版社，1974：867.

[16]马克思，恩格斯. 马克思恩格斯全集（第 5 卷）[M]. 北京：人民出版社，1958：504.

[17]郭新亮，杨绍安. 农业工业化、农民市民化是农村现代化的必经之路[J]. 西部论坛（陕西），2004，6(6)：32-34.

[18]薛向岭. 农业专业化对实现城乡经济均衡发展的有效性研究[D]. 重庆：重庆大学，2006.

[19]列宁. 俄国资本主义的发展[C]//列宁全集（第 3 卷）. 北京：人民出版社，1972：276-278.

[20]中共中央文献编委会. 毛泽东选集（第 3 卷）[M]. 北京：人民出版社，1996：70.

[21]中共中央文献编委会. 建国以来重要文献选编(第11卷)[M]. 北京:中央文献出版社,1995:601.

[22]邓小平. 邓小平文选(第2卷)[M]. 北京:人民出版社,1993:246-247.

[23]邓小平. 邓小平文选(第3卷)[M]. 北京:人民出版社,1993:355.

[24]中共中央文献编委会. 江泽民文献(第2卷)[M]. 北京:中央文献出版社,2006:24.

[25]中共中央文献编委会. 十四大以来重要文献选编(下)[M]. 北京:中央文献出版社,1999:1948.

[26]陈林. 习近平"三农"思想发展脉络[EB/OL]. 人民网. http://theory.people.com.cn/n/2015/1021/c40531-27723271.html.

[27]习近平在黑龙江考察调研 强调生态就是生产力[EB/OL]. http://news.xinhuanet.com/city/2016-06/17/c_129071218.html.

[28]宋县委,玄立平. 劳动分工与经济绩效——劳动分工理论的演进[J]. 商情,2010(11):55-56.

[29]杨欢进. 收益递减理论研究[M]. 北京:中国经济出版社,1990.

[30]张常荣. 黑龙江省现代农业发展研究[D]. 哈尔滨:黑龙江大学,2009.

[31]西奥多·W.舒尔茨. 改造传统农业[M]. 李周,译. 北京:商务印书馆,1999:4.

[32]余欣荣,罗莹. 技术创新与江西传统农业的改造[J]. 江西社会科学,2001(9):170-174.

[33]马兰,张曦. 农业区位论及其现实意义[J]. 云南农业科技,2003(3):3-5.

[34]刘再兴,祝诚,周起业,等. 生产布局学原理[M]. 北京:中国人民大学出版社,1984:245.

[35]罗其友. 农业区域协调评价的理论与方法研究[D]. 北京:中国农业科学院,2010.

[36]刘再兴. 90年代中国生产力的总体布局[J]. 中国国情国力,1992(3):12-17.

[37]刘再兴. 中国生产力总体布局研究[M]. 北京:中国物价出版社,1995.

[38]中国科学院地理研究所经济地理研究室. 中国农业生产布局[M]. 北京:农业出版社,1983.

[39]郭玮. 我国农业生产力布局的变化趋势及存在问题[J]. 调研世界,2000(1):32-34.

[40]陈冬青. 近十年来我省农业生产力布局的新变化[J]. 安徽省情省力,2000(8):10-11.

[41]李靖,杨照,吕翔,张忠明. "十五"以来我国粮食生产力布局演变研究[J]. 中国食物与营养,2015,21(4):27-30.

[42]王军,田露,张越杰. 中国生猪生产区域布局变动分析[J]. 中国畜牧杂志,2011,47(10):19-21.

[43]刘江,杜鹰. 中国农业生产力布局研究[M]. 北京:中国经济出版社,2010.

[44]陶红军,陈体珠. 农业区划理论和实践研究文献综述[J]. 中国农业资源与区划,2014,35(2):59-66.

[45]郭焕成,刘盛和. 二十一世纪我国农业区划研究的主要任务[J]. 中国农业资源与区划,1999,20(4):38-41.

[46]夏华丽,杜红梅. 农业区域专业化发展的美国道路及对我国的启示[J]. 北方经济,2010(4):66-69.

[47]邱建军,禾军. 国外主导农产品区域化专业化生产经营[J]. 中国农业资源与区划,2000,21(5):57-62.

[48]黄旭锋. 加拿大农业生产力的布局优化[J]. 世界农业,2013(8):93-97.

[49]杨坚. 在全国部分省(区、市)农业功能区划研讨会上的讲话[J]. 中国农业资源与区划,2007,28(6):1-5.

[50]罗其友,陶陶,高明杰等. 农业功能区划理论问题思考[J]. 中国农业资源与区划,2010,31(2):75-80.

[51]陶陶,罗其友. 农业的多功能性与农业功能分区[J]. 中国农业资源与区划,2004,25(1):45-49.

[52]罗其友,唐华俊,陶陶. 我国农业功能的地域分异与区域统筹定位研究[J]. 农业现代化研究,2009,30(5):519-523.

[53]雷锦霞,张霞. 山西农业多功能分区探析[J]. 科技情报开发与经济,2013,23(9):146-149.

[54]李俊岭. 东北多功能农业功能价值实证分析[J]. 中国农业资源与区划,2009,30(2):32-36.

[55]易先桥. 跨国公司与产业集聚[D]. 武汉:中南财经政法大学,2006.

[56]涂妍,陈文福. 古典区位论到新古典区位论:一个综述[J]. 河南师范大学学报:哲学社会科学版,2003,30(5):38-42.

[57]方远平,阎小培,陈忠暖. 服务业区位因素体系的研究[J]. 经济地理,2008,28(1):44-48.

[58]保罗·克鲁格曼. 发展、地理学与经济理论[M]. 蔡荣,译.北京:北京大学出版社,2000.

[59]滕田昌久,保罗·克鲁格曼,安东尼·J.维纳希尔斯.空间经济学:城市、区域与国际贸易[M].北京:中国人民大学出版社,2005.

[60]保罗·克鲁格曼.地理和贸易[M].刘国辉,译.北京:北京大学出版社,中国人民大学出版社,2000.

[61]陶怀颖.我国农业产业区域集群形成机制与发展战略研究[D].北京:中国农业科学院,2006.

[62]王栋.基于专业化水平分工的农业产业集聚机理研究[J].科学学研究,2007,25(S2):292-298.

[63]徐锐钊.比较优势、区位优势与我国油料作物区域专业化研究[D].南京:南京农业大学,2009.

[64]李二玲,朱纪广,李小建.2008年中国种植业地理集聚与专业化格局[J].地理科学进展,2012,31(8):1063-1070.

[65]邓宗兵,封永刚,张俊亮,等.中国种植业地理集聚的时空特征、演进趋势及效应分析[J].中国农业科学,2013,46(22):4816-4828.

[66]肖卫东.中国种植业地理集聚的空间统计分析[J].经济地理,2014,34(9):124-129.

[67]王国刚,王明利,杨春.中国畜牧业地理集聚特征及其演化机制[J].自然资源学报,2014(12):2137-2146.

[68]李二玲,位书华,胥亚男.中国大豆种植地理集聚格局演化及其机制[J].经济经纬,2016,33(3):37-42.

[69]刘世薇,张平宇.东北地区农业产业地理集聚格局研究[J].农业现代化研究,2013(5):591-596.

[70]李力,安玉发.地区生产专业化与产业集聚——内蒙古畜产品加工业集聚趋势分析[J].农业经济问题,2008(5):44-49.

[71]朱文哲.农业专业化生产时空演变研究[D].开封:河南大学,2015.

[72]魏后凯.市场竞争、经济绩效与产业集中[M].北京:经济管理出版社,2003:21.

[73]王俊豪.现代产业组织理论与政策[M].北京:中国经济出版社,2000.

[74]杨小凯.数理经济学基础[M].北京:国防工业出版社,1985:42-44.

[75]杨小凯.中国农村产权结构变化对商品化和生产力的影响[C]//杨小凯经济学文集.台北:翰卢图书出版有限公司,2001:338-370.

[76]王继权,姚寿福.专业化、市场结构与农民收入[J].农业技术经济,2005(5):13-21.

第三章　农业区域专业化有关问题的探讨

从马克思、恩格斯以来的马克思主义者对农业区域专业化都给予了高度肯定性评价，专家学者的研究也表明，农业区域专业化生产是农业生产方式的变革，是农业发展的必然趋势。那么，农业区域专业化与农业现代化、机械化等是什么关系？对农业供给侧结构性改革有什么影响？这是本章所要讨论的问题。

第一节　农业区域专业化与农业现代化

现代农业发展始于 20 世纪三四十年代。西方发达国家在 20 世纪 70 年代左右基本实现了农业的现代化[1]。从目前发达国家或地区农业现代化的表面现象看，高度商业化是其一大特点。因此，有人把农业商品化看作是农业现代化的实质和核心[2]，但我们认为，这只是一种外在表现形式和直观结果，而非其本质特征。从美国农业现代化发展的历史看，美国的农业发展虽然是从商品生产开始的，但农业现代化到 20 世纪初才起步。另外，我国在明清时期就已开始农业的商品化发展，但农业发展一直处于传统阶段，因此把农业商品化作为农业现代化的核心是值得商榷的[3]①。

在传统农业中，农业是一个自给自足的、独立性、封闭性的产业，生产资料和生产要素等都是自有的；生产手段主要是手工工具及畜力人力，在生产中主要依赖传统经验，从生产目的看，主要以满足生产及其家庭成员的生活需要为主，剩余部分才拿到市场进行交换，以换取必要的农具或其他物品（如盐、铁器等）；从劳动力使用方面看，一般是所有的家庭成员（包括儿童），凡是能参加劳动的都要参加劳动，而且除进行农业生产外，农民还要从事农产品加工、制作和修理工具、纺织等非农业生产。因此传统农业就是一种采用非专业化和非分工的生产方式进行生产的简单劳动，只有简单的商品生产和商品交换。

而现代农业则是一个社会化、开放性、商品性的产业，生产手段主要依赖现代工业提供的设备和化肥、农药、电力等现代工业提供的生产要素以及科学化的农业技术和管理方法，而且工农业之间、城乡之间、区域之间有大规模交换。现代农业的各种中间投入产品、各种劳务和服务以及其他生产要素等，不仅都已完全市场化，即由农场外的专业公司和组织生产供应，而且农民还大量地雇用服务[4-5]。如 1979 年美国农场的劳务外购率就高达 90%[2]。因此，现代农业是一种实现了高度分工与专业化的农业，也是一种实现了社会化大生产的产业。正是随着专业化的不断发展，农业商品率（销售额在生产额

① 黄宗智对我国明清以来的农业商品化及其为何没有导致资本主义农业的发展问题进行了分析和理论总结。

中的比重)也获得了不断的提高。如美国 1911 年的农业商品率就已达 70%,1930 年为 85%,1950 年为 91%,1977 年为 99.1%[6]。可见美国的农场主几乎将全部产品都投入市场了,这意味着农民的生活形式也日益商品化了。从美国等发达国家的经验看,农业区域专业化是推动美国现代农业发展的动力源。此外,现代农业的发展日益全球化,表现为农产品国际贸易的大幅度增长,2012 年进出口总额为 34012.94 亿美元,比 2000 年增长了 196.64%,即使是美国也大规模地进出口农产品(表 3-1),农产品的国际贸易体现的是农业的国际分工。

表 3-1　2000 年和 2012 年主要国家农产品国际贸易规模　　　　　　　　　单位:亿美元

国家或地区	进口额		出口额	
	2000	2012	2000	2012
世界	5954.29	17445.83	5511.82	16567.11
中国	195.44	1568.23	163.84	661.75
加拿大	152.72	379.09	347.89	628.34
美国	691.15	1418.49	714.08	1719.09
巴西	47.62	131.09	154.64	864.35
法国	301.42	654.70	369.39	786.76
德国	450.24	1113.05	292.75	917.57
荷兰	263.63	719.12	420.10	1032.71

资料来源:WTO Database.

马克思曾说,专业化就是生产力,这种生产力来自分工与协作,而不需要额外的投入[7]。因此,现代农业与传统农业的本质区别在于生产方式的不同,现代农业的本质特征就是农业的社会化分工与专业化发展,即工业化生产方式[8]。所谓农业全面现代化就是"在分工协作基础上采用工业化生产手段和先进的管理办法来经营农业"[9]。以色列经济学家拉南·魏茨对农业发展阶段的划分也说明了这一点(表 3-2)。

表 3-2　单位农场发展的四阶段特征

特征	发展阶段			
	自给农业	市场农业		
		多样化	专业化型	自动化型
人均收入/美元	130~450	650~2800	3000~5000	6500 以上
农场的部门结构	主要是粮食作物(不包括自给型种植园)	多样大田作物及畜牧业	一种主要部门及某些辅助活动	一种部门
生产目的	主要是家庭消费	直接消费,某些加工、供应家庭	直接销售加工	主要是加工
产值/美元	300~1000	2000~6000	10000~30000	50000 以上
增加值/产值/%	90~60	50~40	35~25	低于 20,依农场类型而定

续表

特征	发展阶段			
	自给农业	市场农业		
		多样化	专业化型	自动化型
每工作日投资/美元	2~6	15~35	50~85	350~500
技术水平：技术性质，每劳动日增加产值/美元	工业革命前 2~4	中等多样 5~15	高度专业化 15~30	自动化、计算机化 35以上
农民的专业技能	传统的、专门的	中等的、多样化	专业化	高度专业化
年劳动时间	季节性的(内在的不完全就业)	均衡的	依赖于农场类型	主要为季节性的(其余是农闲)
对社区组织的依赖	无足轻重	完全	部分	无足轻重
对辅助系统的依赖	部分	完全		至关重要

资料来源：拉南·魏茨. 从贫苦农民到现代化农民[M]. 杨林军，等译. 北京：中国展望出版社，1990：17.

第二节　农业区域专业化与农业机械化

对农业现代化的理解，虽然可以说是农业生产方式由小农生产向社会化大农业的转变，但我国一般把它概括为"四化"，并且把机械化放在首位，说明机械化对农业现代化的重要作用。农业机械化就是采用先进的机械设备代替人力、畜力，减少直接参与农业生产的劳动力，促进农业的产业分化与分工发展，提高生产效率。发达国家的农业现代化进程始于采用机械进行农业生产，而农业区域专业化是农业采用机械化生产的一个基础条件和重要推动力。因此，农业区域专业化应该是机械化的关键条件之一。

一、农业机械化能大幅度提高生产效率，降低成本

我国著名经济学家张培刚曾说，农业实施机械化生产对农业发展有重要影响，越早应用机械生产越好，因为机械化能够提高劳动生产率，降低生产成本[10]。目前我国农业存在的一个突出问题是生产成本过高，这不仅降低了其自身的竞争力，还弱化了其他产业的竞争力，影响了农产品加工企业的赢利能力，导致企业不愿在国内采购，又使库存增多，加大了收储的财政压力。农产品生产成本高，主要是劳动力成本高，因为用工成本上涨较快。与 2010 年比较，2013 年每亩(1 亩≈666.667 平方米)小麦的用工成本上涨了 93.44%，每亩玉米的用工成本上涨了 93.77%；2013 年小麦生产全国平均成本为每亩 760.86 元，而用工成本占 43.84%，玉米每亩生产成本为 815.08 元，其中用工成本占 52.38%(表 3-3)。因此，加快农业生产机械化发展已势在必行。采用机械化生产对降低生产成本有显著作用，棉花采摘是一个典型案例："十一五"期间，新疆兵团共引进拾花工 312.7 万人，棉花采摘用工成本 122.22 亿元[11]。2011 年，使用采棉机摘，一台采棉机不到 1 天就可采收 100 亩，每亩比人工采摘节约劳动力成

本 300 多元[12]。2015 年兵团棉花采摘已全面机械化，每亩棉花的机收费用比人工采摘节约劳动力成本 500 多元[13]。此外，通过机械化实现的精量播种、节水灌溉、化肥精施等农艺技术，也可使棉花生产进一步节本增效和增产[13]。

表 3-3　我国主要年份主要农产品的生产成本与用工成本情况①　　　　　　　单位：元/亩

农产品	成本	年份				
		1978	1990	2000	2010	2013
小麦	生产成本	56.00	115.45	284.85	497.18	760.86
	用工成本	26.64	40.60	79.00	172.43	333.54
玉米	生产成本	51.23	118.17	262.13	495.64	815.08
	用工成本	24.88	50.17	124.00	220.35	426.97
油菜籽	生产成本	—	104.26	223.92	419.67	744.54
	用工成本	—	53.94	130.00	257.02	535.82
稻谷	生产成本	—	151.80	319.18	426.99	957.83
	用工成本	—	59.65	146.00	184.54	489.31
棉花	生产成本	89.69	240.79	517.50	1148.14	1925.19
	用工成本	48.40	128.35	291.00	728.25	1359.84
大豆	生产成本	50.83	81.74	152.23	280.39	405.22
	用工成本	26.48	34.80	74.00	115.31	200.95

二、农业区域专业化是农业生产机械化的基础条件

从美国农业机械化发展历史看，农业区域专业化发展及其深化，是促进农业生产机械普遍采用的基础。20 世纪初，美国就已基本形成玉米、棉花、小麦等农业区域专业化生产格局，并开始采用机械生产，但数量很少，1920 年有拖拉机 24.6 万台，1930 年有92 万台，20 世纪 40 年代后才进入农业机械化快速发展时期，而在这个时候，美国的农业区域专业化已发展到了很高的水平。美国农业机械化加速发展时期，也是农业区域专业化定型和深化时期。正是农业区域专业化的发展加快了农业机械化步伐，而专用农机的研发与使用，又促进了农业生产专业化在内容上的拓展，形成了两者相互需求、相互促进的发展格局[14]。到 20 世纪 70 年代初，美国的农场专业化、作业(工艺)专业化已经基本完成，这时农业已经全面实现机械化生产，从 1970 年开始，拖拉机、谷物联合收割机和玉米脱粒机等数量开始减少，20 世纪 80 年代后进入机械化的自动化阶段，21 世纪则进入了智能化发展阶段。

我国的农业实践也表明，区域专业化农业发展是农业机械化的基础。没有较高水平的区域专业化发展，机械生产将会受阻，因为区域专业化发展为农产品的种植提供了一个标准，使农产品种植到采收能够使用机械作业。我国棉花机械化水平最高的是新疆生

---

① 注：1978 年的小麦生产成本与用工成本为三种粮食的平均数；1978 年的大豆生产成本与用工成本为两种油料的平均数。表中数据根据全国农产品成本收益资料汇编数据整理。

产建设兵团，因为其专业化水平很高，早在 20 世纪 90 年代，新疆生产建设兵团的棉花耕、种机械化率就达到了 100%，虽然 2001 年才开始推广机采棉，当年采收 28.2 万亩[11]，但发展很快，到 2013 年机收率已达 66%，2015 年基本实现了包括翻地、整地、播种、中耕、除草、施肥、喷药、排灌、收获等作业生产的全面机械化。从全国看，2013年棉花耕、种机械化率分别达到了 94.8%和 65.7%，但机收率仅为 11.46%；从全国三大棉花主产区机械化水平看，整个新疆(除新疆生产建设兵团)的机收率仅有 8%；黄河中下游不到 1%，长江中下游基本为零[15]。可喜的是，2014 年我国主要农作物耕种收综合机械化水平已突破 60%[16]，进入了现代农业发展新阶段。新疆生产建设兵团的经验表明，加快农业机械化发展需要农作物种植的标准化和种植水平的提高[15]，而农业区域专业化对种植标准化、管理标准化有重要的推动作用。

当然，区域专业化只是提供了机械化生产的必要条件，是否采用机械化生产，还取决于其他因素，如农机研发和制造水平、农机价格以及农机与农艺结合等，如新疆生产建设兵团在 20 世纪 90 年代到 21 世纪初期，棉花收获机械主要是从美国、俄罗斯等进口，价格高，影响了使用率，随着国产化程度的提高，价格下降，才开始普遍采用机械生产，后来又对棉花种植等农艺进行了标准化，推动了大范围的机械采棉。有人认为，我国山区、丘陵面积大，土地面积较小，会限制机械化生产，其实如果农业机械研发部门能够针对实际需要研发小型设备、智能机械设备，则山区、丘陵地区仍然可以采用机械进行生产。

第三节 农业区域专业化与农业工业化

工业化是一个常见的词，但目前对工业化的理解可能有些不全面。例如，一般指使现代工业在国民经济中占主要地位[17]①。我们知道，工业企业进行生产的重要特征有三个方面：一是生产在一个厂房中进行，即空间的高度集中化；二是工序分离，即不同的工人根据操作工序进行分工，实行操作的高度专业化；三是生产过程中必须进行有效合作，即生产的流水线化，这三个方面的有机结合就成为生产效率提高的源泉。因此工业化应该被理解为像工业企业那样进行生产或采用工业的生产方式。这种生产方式在斯密时代就已出现，虽然当时的工业生产还处于手工操作阶段，但斯密就已预见到了这种分工合作、专业化的生产方式所带来的劳动生产率的增长潜力。自第一次产业革命以来，工业化在物质和非物质生产过程中都得到了体现，促进了生产效率的不断提高和产品种类的日益增加。如各种工业产品的生产、各个产业的发展，都是采用分工发展所带来的结果，在协作的交易成本下降后的今天，一个企业甚至只生产一件产品的某一个部件，极大地增加了产量并提高了质量。因此斯蒂格勒在评价英国经济发展时曾说："英国的利益既来自'起步早'，也来自'起步大'"[18]。

农业工业化就是在农业生产中采用工业生产方式，即空间集中化、作业(或工艺)

---

① 我们认为，对工业化的这种理解是从数量上的理解，而不是从质上来理解工业化的特征。

专业化和生产流水线化。农业生产的空间集中化，也就是区域化布局、规模化生产，即在一个区域中只生产一种或两种农产品；农业生产的作业专业化，就是把农业生产的各个环节分离出来[19]，通过社会化服务业的发展，使各个环节实现分工和专业化发展，这是美国农业专业化的第三阶段，也是最高阶段；农业生产的流水线化，就是在农业生产的全过程中，各个环节通过有效合作，使各环节的作业顺利完成，因此，农业工业化与农业区域专业化具有一致性。当然，由农业生产的特点所决定，地域性较广，不可能像工业企业那样高度集中生产，因此不可能实现工业企业那样的高度分工与专业化生产。因为分工越细越复杂，对协作的要求就越高，需要支付的交易成本也就越高。

农业工业化的发展要求农民角色的转化，即由传统的农民转变为知识化、技术化的农业经营管理者[20-21]，因为现代农业的经营者需要对农业生产的全过程进行组织、协调和对农产品的销售进行管理，他们不仅要掌握农学、农艺、机械等技术方面的知识，掌握市场行情，进行价格和成本核算，还要与提供产前、产后和产中服务的公司签订合约。因此，在现代农业中，就工作性质和文化、科技素质而言，农场经营者与现代工业公司的经理人员已没有差别。

第四节　农业区域专业化与农业产业化

针对我国小农户很难适应大市场的状况，20 世纪 90 年代以来，作为一种连接小农户与大市场重要手段的农业产业化①经营方式被广泛推广。这种农业发展模式对农业发展产生了很多积极的影响。但从 1993 年开始首先在山东然后推广到全国各地的实践表明，产业化经营一直没有解决好公司(或龙头企业等)和农户之间的利益协调问题。

公司与农户是两个不同的利益主体，他们的利益协调取决于两者的地位和谈判能力，但农户因规模小、产量少，天然地处于劣势，利益很难获得保障。农民要在谈判中获得有利地位，只有提高其组织化程度。以美国为例，在内战后，为了与运输企业、垄断集团和高利贷等进行斗争，农民组织起来发展合作购买、销售和加工制造业等；1880年出现了西北部和南部的联盟，创立了很多合作企业；1902 年成立了农民协会；1914 年政府给予农民合作社以法律保障后，又促进了农民合作企业的发展，并使合作社成为农业一体化经营的一个重要载体[22]。

农产品流通体制改革滞后也是一个重要原因。以粮食生产、流通为例，粮食生产和技术推广由农业部门管，粮食的购、销、调、存由粮食储备部门管，粮食加工企业由轻工业部门管，粮食进出口则由外贸部门管，这么多的部门都有各自的利益，而农业的一体化、产业化经营各方面客观上需要分工、合作，需要协调发展，因此农业产业化经营进展不大也就不难理解了[23]。

---

① 农业本身就是一个产业，因此对"农业产业化"这个提法可能并不正确。笔者倾向于使用"农业工业化"一词，但从内容看，"农业产业化"与"农业工业化"虽有差别，但基本上是相近的，而且由于习惯原因，因此本书在这里也采用这一名称。

从国外来看，农业产业化经营中的利益联结主要是通过订单农业。20 世纪 30 年代，订单农业开始在欧美兴起，并成为农场主与销售、加工企业之间联结的主要方式[24]。国外的经验表明，订单农业在稳定农户收入、降低成本及交易费用、促进农业生产标准化等方面具有较大的优势[25]，但我国的情况却很不理想，订单农业的履约率只有 30%[26]。国外订单农业模式运行良好，主要是因为它们的区域专业化水平较高，农场主、农产品的运输和仓储和加工企业等均在一个合作社内，联系紧密，能够更好地协调各方的利益。而我国的农户、农产品运输和仓储及加工企业等都是小而散，缺乏内在的组织协调性，因此利益分配问题很难解决。我国订单农业发展不太理想的原因很多，很多人认为主要原因有我国农户多、规模小、信用差等。当然，农户多意味着合同的签订和执行要付出很高的交易费用；规模小则意味着农户经营成本高，如果市场价格略高于合同价格，农户为了获得多一点收入就可能会违约；这时如果公司要强制执行合同，特别是与小规模的农户打官司就得付出很高的交易费用。因此用法律手段很难解决这类违约问题。

我们认为，我国订单农业履约率低与区域专业化发展不够有关。按照很多专家学者的探讨、政府部门提倡的做法及农业产业化实践来看，这种经营模式是一种农工商一体化经营。而农工商一体化经营是农业区域专业化发展到一定阶段的产物[27]。目前，我国农业区域专业化发展程度低，而农户普遍采用的是小农生产方式，这种生产方式不可能使参与一体化经营成为农户的必需选择，因为规模小、产量低，对增加收入作用不大；另一方面，非专业化生产必然导致非标准化生产，这很容易被公司用作违约的借口。农民虽然在现实中很愿意与龙头企业签订种销合同，但期望值并不高。这可能反映了种销合作对以非专业化生产（可能还有规模小的因素）为主的农户来说不是很必要。因为合作的必要性是以专业化发展为前提的[28]。

为了进一步促进农业产业化发展，国务院 2012 年初专门发文，支持农业产业化龙头企业发展，并指出农业产业化是现代农业发展的方向，对农业产业化龙头企业给予了"重要主体""关键"和"重要作用"等评价[29]①。正如文件所指出的，也如国外的实践所表明的，龙头企业在构建现代农业产业体系中、在推进农业工业化发展中、在促进农民组织化中确实具有重要作用[30]，但这些作用的发挥，需要加快发展区域化专业化生产，需要解决好公司与农户的利益分配问题。

从国外的经验看，农产品加工业的发展前提，是农业区域专业化的高度发展，此外还需要发展加工专用农产品的规模化生产。正如我国一个赴美考察代表团在回国后曾说：国内专家学者、政府部门都把一体化经营看作是农业产业化经营的基本特征，但美国农业发展最主要的特点是专业化，专业化是一体化的基础[31]；农产品加工企业经营也一样，因为在竞争环境下，企业发展的核心是竞争力，而专业化分工是培育竞争力的重要途径[31]。解决产业化经营中的利益协调问题，需要在区域专业化发展的基础上，通过农民的自我组织、自我管理、自我发展，并通过国家立法等制度建设，使双方建立起"共担风险，共享利益"的共同体。

---

① 文件指出，龙头企业要集成利用资本、技术、人才生产要素，带动农户发展专业化、标准化、规模化、集约化生产，是构建现代农业产业体系的重要主体，是推进农业产业化经营的关键；支持龙头企业发展，对于提高农业组织化程度、加快转变农业发展方式、促进现代农业建设和农民就业增收具有十分重要的作用。

第五节　农业区域专业化与供给侧改革

进入 21 世纪以来，我国农业虽然实现了新中国成立以来粮食产量和农民收入双"十二连增"的伟大成就，但改革开放以来一直强调的农业生产结构调整问题没有得到有效解决，农业增长方式转变问题也没有得到有效解决，出现了生产量、进口量、库存量"三量齐增"的怪现象；出现了优质大豆等农产品供不应求，而玉米等农产品又供过于求的供求矛盾，出现了国内农产品价格不断走高，大大高于国际市场价格，而在收储政策的激励下，绝大多数农产品产量过剩，这不仅加重了财政负担，又浪费了有限的土地资源及其他资源，影响到农业的可持续发展。针对农业发展中存在的问题、矛盾与挑战，党中央高瞻远瞩，适时提出了农业供给侧结构性改革[32]，这项改革是当前和今后一个时期我国农业政策改革和完善的主要方向[33]。农业供给侧结构性改革的核心是农业生产结构调整，根本是转变农业发展方式和发展思路，重点是通过制度设计，保障改革顺利进行[34-35]。我们认为，加快农业区域专业化发展是实现我国农业供给侧结构性改革目标的一个重要手段。

一、农业区域专业化发展是转变发展方式的基础

转变农业发展方式就是要由追求数量转到数量质量效益并重、由依靠物质要素投入转到依靠科技创新、由粗放经营转到集约经营，走产出高效、产品安全、资源节约、环境友好的现代农业发展道路[36]。发展农业区域专业化本身就是农业发展方式的转变，而且是促成传统农业向现代农业转变的重要手段，因为实施农业区域专业化生产，就是在农产品最适宜的区域进行区域化布局和规模化、标准化生产。农业区域专业化发展可以方便农机作业，为机械化生产提供前提条件[37]，提高生产效率，降低生产成本，提高经济效益；为各种生产要素的供给和农产品的销售提供集中需求，节省收、储、销等交易费用，优化资源配置；可以为农业技术进步提供催化剂，加快农业科学研究和农业技术研发，提高农业技术研发的精准性和适宜性[38]，为农业技术的推广、应用提供集中化需求，从而节省推广、培训、应用等交易费用，加快农业技术进步；可以为各类生产要素的使用提供科学的方法，因为农产品的区域专业化生产能使耕种、化肥和农药的施用、灌溉、管理等提供统一的需求，就可以对这些需求进行科学研究，以提供最佳的方法，如节水灌溉、测土施肥等，提高利用效率，减少资源消耗；可以促进农产品生产的标准化和品牌化，由于同种农产品在同一个区域内生产，自然生态条件差异不大，就可以通过制定农产品的生产技术和管理标准，提高标准化生产程度；同时，在同一个区域中生产的农产品，其品质差异也小，这为农产品的品牌建设提供了物质基础，可以有力地促进农业的品牌化发展。发达国家的经验也已证明，农业实施区域专业化生产是加快现代农业发展的重要途径。

二、农业区域化发展可以提高农产品的有效供给

去库存是农业供给侧改革的重要项目。去库存有两种情况，一是对目前库存量很大的农产品，只有通过增加消费、减少生产和进口，以降低库存；二是未来的库存问题，即最佳库存问题，如果农产品的供给是有效供给，则各类农产品在品种、数量、质量等方面能够满足消费者需求，满足农产品加工企业的需要，这样就可以减少不必要的库存，这时的库存就是最佳库存。

我国玉米产量多，但仍然大量进口，导致库存大，如 2016 年 1~5 月进口了 284 万吨玉米，比上年同期增长了 60%，主要原因是国内玉米价格高、质量差[39]；另一个重要的原因是我国玉米深加工技术落后，不能使玉米得到更多的加工和增加更多的价值。在美国，除了饲用、食用外，玉米还用于生产能源和精细化工，玉米深加工已发展成庞大的产业[40]，能够加工出高附加值产品 4000 多种，其资源利用率达到了 99%，形成了"玉米产业经济"，既实现了玉米增值，提高了玉米价格，又创造了就业，增加了政府税收。因此，大力发展农产品深加工是去库存的一个重要方式，同时还可以增加农产品附加值和经济效益。

农业区域专业化发展可以在去库存方面发挥重要作用。农产品的生产与自然生态条件密切相关，每一种农产品都有其最适宜的生产区，实施农业区域专业化生产就是要使各类农产品在其最适宜的区域生产，加上科学的生产与管理技术，在最适宜的区域生产，不仅产出量大，而且质量也好，这样，既调整了生产结构，也保障了有效供给[41]。通过对加工专用的农产品实施区域专业化生产，可以为农产品加工企业提供质优而价低的原料，既可以去库存，又可以提高农产品的附加值，还可以促进农业的工业化生产。

农产品实行区域专业化生产还可以从另一个方面起到去库存。在实行农业区域专业化发展的情况下，农产品供应大致是基本稳定的。因此，可以根据消费需求，实施农产品产量、品种等的调控，为实施藏粮于地、实行耕地休耕提供了易于操作的手段[42]①，政府部门可以根据当时的生产、需求情况，发布供求信息，实现农产品生产的市场调控，达到去库存，调结构的目的，使农产品的库存保持最佳水平。

三、农业区域化发展可以起到补短板的作用

我国农产品生产与供应中的一个短板是农业基础设施较差，这需要通过加大投入和加大建设力度来解决；另一个短板是市场紧缺的农产品供应不足，即有效供给能力差。目前市场紧缺的农产品主要是绿色、有机、优质、安全和专用农产品。以大豆为例，国产大豆的缺点是成本高、出油率低，国内企业不采购，而是通过进口解决加工原料，这样就增加了库存。如果实施区域专业化生产方式，则可以在一定程度上降低生产成本，如果实现了

---

① 美国实施农地休耕制度已有 20 多年的历史，休耕后，使地力得到了恢复，提高了土地质量，保护了生态，减少了水土流失。美国实施农地休耕的出发点就是农产品去库存，以藏粮于地。参见：刘嘉尧，吕志祥. 美国土地休耕保护计划及借鉴[J]. 商业研究，2009（8）：134-136.

规模化生产，则成本会更低。现在我国已经研发出了出油率较高、产量高的新品种[43]①，如果得到大面积推广和种植，则既可以增加产量，又可以降低成本，为企业提供价廉质优的大豆，农民和企业取得双赢。

有效供给不足的还有专用农产品，如小麦、土豆、玉米等，这是制约我国农产品加工业发展的重要原因。我们认为，以区域专业化生产为核心，构建起地方化的科研体系，可以提高专用品种的研发针对性、适应性，开发出产量高、品质优的专用农产品，这样则既可以起到补短板的作用，又能起到生产结构调整的效果。

四、农业区域专业化发展与农业结构调整

加大农业结构调整力度是供给侧改革的核心。结构调整是一个老大难问题，自 1985 年起，从中央到地方一直在强调转变农业发展方式、调整生产结构，但一直未能很好地解决这个问题，对此，我们认为，农业区域专业化发展水平低是一个重要原因。农产品实行区域专业化发展可以在很大程度上起到生产结构调整、优化的作用。因为农产品实行区域专业化生产，就是在自然生态等各种生产条件最优的地区大规模生产最适宜的农产品，即把某种农产品集中在一个或几个最适宜该农作物品种生长的区域进行专业化生产，这本身就是一种优化了的生产结构，因此农业区域专业化发展既与生产结构调整具有目标的一致性，也有利于促进生产结构调整；当然，生产结构调整，还需要加强优质农产品品种的科研与培育。为了使结构调整获得更好的成效，还应该加快退耕还林还草还湿的力度，把不利于农产品生产的耕地用于林、牧业生产或生态修复，使农产品生产更有品质，更为安全，更加绿色。

参 考 文 献

[1]张敏. 现代农业利用外商直接投资问题研究[D]. 长春：东北财经大学，2005.

[2]宜杏云，王春法. 西方国家农业现代化透视[M]. 上海：上海远东出版社，1996.

[3]黄宗智. 中国农村的过密化与现代化[M]. 上海：上海社会科学出版社，1992.

[4]姜作培. 现代农业的基本特征和建设路径[J]. 经济问题，2007，334(6)：4-8.

[5]张克俊，桑晚晴. 新型农业经营体系的理论认识与构建路径研究[J]. 开发研究，2014(2)：94-98.

[6]王林生. 美国农业的"工业化"问题[C]//现代美国农业论文集. 北京：农业出版社，1980：158.

[7]马克思，恩格斯. 马克思恩格斯全集(第25卷)[M]. 北京：人民出版社，1974：425.

[8]蒋华权. 农业机械化与农业现代化建设思考[J]. 2011湖南科技论坛——农业机械化与农机工业分论坛论文集，2011.

[9]牛若峰. 农业产业化经营的组织方式和运行机制[M]. 北京：北京大学出版社，2000：220.

[10]张培刚，方齐云. 中国的农业发展与工业化[J]. 江海学刊，1996(1)：3-15.

---

① 如"张豆1号"的单位产量高于美国等国的水平。

[11]赵峰. 兵团机采棉发展背景、现状与发展前景[J]. 新疆农垦经济, 2011(1)：40 -41.

[12]刘世全. 棉花播种收获加工全程机械化[J]. 中国棉花加工, 2012(1)：48-48.

[13]新疆生产建设兵团棉花采收全程机械化[EB/OL]. 人民网. http：//xj. people. com. cn/n/2015/1008/c362096-26690009.
html[2016-05-04].

[14]尼·米·安德烈耶娃. 美国农业专业化[M]. 北京：农业出版社, 1979.

[15]棉花生产机械化——大面积推广受制机收短板[EB/OL]. 农机通讯社, http：//www. nongjitong. com/news/2014/358650.
html[2016-05-08].

[16]本报讯. 我国农作物耕种收综合机械的水平突破 60%[J]. 中国农资, 2014(50)：4.

[17]中国社会科学院语言研究所词典编辑室. 现代汉语词典[K]. 北京：商务印书馆, 1978：375.

[18]G. J. 施蒂格勒, 产业组织和政府管制[M]. 潘振民, 译. 上海：上海人民出版社, 1996：34.

[19]夏华丽, 杜红梅. 农业区域专业化发展的美国道路及对我国的启示[J]. 北方经济, 2010(7)：66-69.

[20]张春莲. 专业化分工视角下的新型农民成长机制研究[D]. 杭州：浙江师范大学, 2009.

[21]孟德拉斯. 农民的终结[M]. 李培林, 译.北京：社会科学文献出版社, 2010.

[22]R. D. 罗得菲尔德等. 美国的农业与农村[M]. 安子平, 陈淑华, 等译. 北京：农业出版社, 1983：13.

[23]陆学艺. "三农论"——当代中国农业、农村、农民研究[M]. 北京：社会科学文献出版社, 2002：218.

[24]何常青. 农业订单及其风险规避研究[D]. 长春：吉林大学, 2006.

[25]郭红东. 我国农户参与订单农业行为的影响因素分析[J]. 中国农村经济, 2005(3)：24-32.

[26]中国证监会期货监管一部. 订单农业中农户违约风险的解决对策研究 [EB/OL]. http://www. p5w.
net/stock/news/zonghe/201301/t4675205. html[2016-05-10].

[27]夏英, 牛英峰. 农业产业一体化理论及国际经验[J]. 农业经济问题, 1996, 17(12)：2-7.

[28]牛若峰, 夏英. 农业产业化经营的组织方式和运行机制[M]. 北京：北京大学出版社, 2000：35.

[29]国务院办公厅. 国务院关于支持农业产业化龙头企业发展的意见(国发〔2012〕10 号)[EB/OL]. http：//www. gov.
cn/zwgk/2012-03/08/content_2086230. html.

[30]丁力. 培育有竞争力的农业产业体系——关于美国农业的观察与思考[J]. 中国农村经济, 2001(8)：4-32.

[31]刘志扬. 美国农业专业化的发展成因与启示[J]. 经济与管理研究, 2003(3)：19-23.

[32]着力加强农业供给侧结构性改革[EB/OL]. http：//finance. ifeng. com/a/20151226/14138068_0. Shtml.

[33]推进农业供给侧结构性改革提高农业综合效益和竞争力[EB/OL]. http：//news. 163. com/16/0309/09/BHN4IP8T00014AED.
html[2016-05-12].

[34]"农业供给侧改革"到底是什么，一篇文章让你全看透[EB/OL]. http：//www. v4. cc/News-788717. html[2016-05-12].

[35]习近平：推进农业供给侧结构性改革[EB/OL]. http：//www. chinanews. com/ll/2016/03-10/7792542. shtml[2016-05-12].

[36]韩长赋. 坚定不移加快转变农业发展方式——学习贯彻习近平总书记在中央经济工作会议上的重要讲话精神[J]. 农村工
作通讯, 2014(23)：25-27.

[37]汪金敖. 论现代农业建设中的优势农产品布局区域化[J]. 湖南农业大学学报：社会科学版, 2007, 8(5)：15-17.

[38]陈广华, 钱东平, 王文娣, 等. 基于价值链理论的精准农业技术构成[J]. 农机化研究, 2008(10)：238-240.

[39]库存居高我国仍要进口玉米的原因[EB/OL]. http：//www. nongtewang. org/dongbeiyumi/new/2016-07-13/55480. html[2016-
07-20].

[40]丁声俊. 美国玉米深加工发展新趋势及其借鉴[J]. 粮食问题研究, 2007(6)：8-15.

[41]习近平为农业供给侧改革指明方向[EB/OL]. http：//www. camda. cn/html/37847. html[2016-06-02].

[42]刘嘉尧，吕志祥. 美国土地休耕保护计划及借鉴[J]. 商业研究，2009（8）：134-136.

[43]中国科学家培育出非转基因大豆品种：产量是转基因大豆的两倍[EB/OL]. http：//blog. sina. com. cn/s/blog_4b6ea0190102e
   8s2. html[2016-06-02].

第四章 农业区域专业化
发展的国外经验与启示

在国外,农业专业化的发展历史十分悠久。早在古希腊、古罗马时期,农业发展就已出现了专业化倾向。在当时的奴隶制庄园中,已出现了以葡萄、橄榄、蔬菜、花卉等经济作物为主的农产品专业化生产庄园[1]①。但古希腊、古罗马时期的农业专业化只是一种个别现象。资本主义性质的农业专业化是在工场手工业以后发展起来的,是伴随着工业革命而出现的农业生产方式,如英国"圈地运动"后形成了很多以养羊为主的专业化农场。美国是目前世界上农业现代化和专业化水平最高的国家。从历史上看,美国农业专业化发展经历了区域专业化、农场专业化和工艺专业化三个阶段,这三个阶段是随着美国社会、经济、技术的不断发展而逐渐演进的[2]。本章主要分析美国农业专业化的发展情况及其影响因素,并结合其他国家或地区的农业区域专业化发展情况[3]②,我们得到了几大启示。

第一节 美国农业区域专业化的发展历史

一、农业区域专业化的早期发展(17~18 世纪)

美国的农业专业化发展始于 17 世纪,发端于弗吉尼亚州③。当时,弗吉尼亚的种植园主和农场主们为生产欧洲人需要的农产品而费尽心思,但最后他们选定了一种非食品产品——烟草作为商业性产品生产。为了生产适合欧洲人口味的烟草,约翰·罗尔夫于1612 年成功地引进了各种烟草,特别是委内瑞拉的著名的奥利诺科品种,从此烟草工业开始在弗吉尼亚繁荣起来,并扩展到马里兰州和卡罗来纳州[4-5]。

在 17 世纪初,美国的粮食生产主要是自给,品种有玉米、黑麦、大麦、燕麦、荞麦和豌豆,但在 17 世纪中期,新英格兰和南部的农场主已经专门经营特定的作物——小麦,到 18 世纪时,美国中部成为小麦主产区,有"面包殖民地"之称。在北卡罗来纳州

---

① 李宗正,姚开建. 西方农业经济思想史[M]. 北京:中国物资出版社, 1996:20-21;另可参见:瓦罗. 论农业[M]. 北京:商务印书馆, 1982. 加图. 农业志[M]. 北京:商务印书馆, 1986.

② 法国、日本、荷兰、以色列等国的农业区域专业化发展也经历了比较长的时期,目前都达到了很高的专业化发展水平,而且已经处于稳定、成熟阶段。由于在阶段性成果《农业专业化发展研究——以成都市为例》中已详细介绍,这里简略。参见:张华,黄爽,姚寿福. 农业专业化发展研究——以成都市为例[M]. 成都:西南财经大学出版社, 2013.

③ 许多历史学家认为,美国的专业化农业始于 19 世纪,但美国经济学家施莱贝克尔认为,这是因为历史学家们忽视了弗吉尼亚、马里兰和卡罗来纳各州的种植园主和农场主,从而忽视了两个世纪的专业化农业。J. T. 施莱贝克尔. 美国农业史(1607—1972)[M]. 北京:农业出版社, 1981:37.

南部和南卡罗来纳州、佐治亚州的全部则形成了以玉米为主的农业区；为满足英国纺织业的需要，这三个州于 1690 年开始种植靛青，到 1747 年出口了价值 13.8 万英镑的靛青并发展为第二大专业化作物，虽然许多种植园把靛青与大米生产融合起来，但大部分产品由专门的种植园生产。在美国革命时期，更适合靛青生产的南美和印度抢走了美国农场主在英国的市场，迫使美国农场主缩减生产。1787 年前后，靛青种植园主改种棉花，由此开始了专业化生产转型。在轧棉机发明并投入使用后，棉花完全取代靛青，成为北卡罗来纳州的南部和南卡罗来纳州、佐治亚州的专业化品种，同时棉花种植也扩展到内地[4]。

由于当时道路路况不好和距离市场遥远，因此农产品的易腐易坏程度决定了农场主的生产品种，也限制了专业化的地区扩展。当时，在各殖民地之间的农产品贸易主要靠小帆船和独木舟，陆路主要是一些印第安人小道和动物小道，但大部分是赶牛道，因为牛、猪等牲畜一般是赶到城里销售的[4]。因此专业化程度较高的农产品主要为谷物、面粉、毛料、烟草、大米和靛青、食糖等不易腐烂的品种。直到 1810 年，专业化发展在地域分布上是有限的，大部分农场的商品率很低。

在 18 世纪，美国农业区域专业化特点是南棉与北粮。1793 年轧棉机的发明，南部棉花生产成本进一步降低，加上世界市场对棉花需求的激增，美国南部棉花生产越来越重要，而南部所需的粮食(玉米、小麦和咸肉)则由北部输入(图 4-1)。

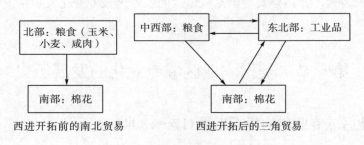

图 4-1 美国国内贸易格局的变化

二、西进运动与区域专业化的扩展(1812～1900 年)

美国历史上的西进运动，直接促进了农业区域专业化的迅速扩展。随着人口的大规模西迁，特别是铁路的发展和西进，小麦产区也逐步向西部扩展，从北达科他州到得克萨斯州的广大地区以及西海岸各州都成了重要的小麦产区，小麦生产带由此形成；玉米种植也由俄亥俄州扩展到艾奥瓦、密苏里等五个州，从而形成了玉米带；棉花的种植也从南部向西推进，使棉花带延伸到西南部的一些州。种植业的西进推动了西部畜牧业的大发展，形成了得克萨斯、堪萨斯、科罗拉多、怀俄明、蒙大拿等牧牛区；在落基山区各州则形成牧羊区。畜牧业的大发展，不仅为人们提供了高热量的食物，而且又反过来促进了种植业的更快发展。

西进运动还促进了已开发的东北部和南部地区的农业生产结构的调整。由于新开垦的西部地区在谷物和畜产品方面具有明显的竞争优势，迫使东北部各州的农场主转向城市居民所需的乳牛饲养、家禽饲养、蔬菜和水果栽培,从而形成了新的专业化生产区,如在东北部这个全美工业、城市和人口聚集地区以及大湖区发展成了牧草种植和乳牛饲养的专门化地区;大西洋中部沿岸地区以其良好的自然条件,形成了专门生产蔬菜的农业区域,太平洋沿岸地区(尤其在加利福尼亚州)形成了亚热带蔬菜、水果的专业化生产区域[6]。

西部开拓加速了美国农业商品化和区域专业化的进程,使美国农业在原来南北分工的基础上继续分化并扩展到全国,由此奠定了美国国内的贸易格局(图 4-1)。到 20 世纪初,美国农业区域专业化生产格局已基本形成,其中玉米带、棉花带、小麦带和牧草乳酪带等成为其主要骨架。

三、农业区域专业化的深化阶段(20 世纪 50 年代至今)

20 世纪以来,在机械、化学、生物三大技术的推动下,美国农业相继完成了两次革命,促进了传统农业向现代农业的转变。从分工与专业化的角度看,美国农业专业化的不断深化是实现上述转变的关键因素。

从 20 世纪初到 1940 年间,由于国内外对农产品需求急剧增长、受两次大战的影响而导致劳动力短缺,农业国际竞争日益激烈,美国逐步进入以机械化为主要目标的近代农业发展阶段,到1950 年,美国基本实现了农业机械化,完成第一次农业革命。与此同时,美国还进行了以杂交玉米为中心的生物技术革命和以增加农药、化肥施用量为中心的化学技术革命[7],促进了作物单产的明显增长,到 20 世纪 80 年代,美国完成了第二次农业革命,至此,美国实现了全盘机械化、化学化,完全进入了现代农业发展新阶段;之后,美国进入了以生物技术为主的第三次农业革命[8]。美国的农业生物技术包括研发复合种子、高效化肥、低毒低害型杀虫剂和除草剂,以及增加农作物抗病虫能力的基因技术等,这些技术的研发和应用,使美国农业在生产总投入基本不变的情况下,促进总产量和全要素生产率的快速增长,2011 年的总产量和全要素生产率水平是 1948 年的2.5 倍左右[7];同时,为了农业的可持续发展和环境保护,美国从 20 世纪 80 年代开始以免耕或少耕方式控制水土流失,并减少农药、化肥等的施用;2010 年后,美国又掀起了农业信息化技术革命,目前这一技术仍然在迅速发展之中[8]。20 世纪 50 年代以来,美国农业区域专业化发展格局没有太大变化,但农场规模扩大了,农场平均规模由 1950 年的 86 公顷提高到 2000 年的 195 公顷,此后有所下降,但 2012 年仍然高达 176 公顷;大于 1000 英亩的农场数量占总农场数量的比重也由 1950 年的 2.2%提高到 2012 年的8.22%;主要农牧产品的地区分布更加集中,区域专业化程度得到进一步提高,并表现出相当的稳定性(表 4-1 和表 4-2)。

表 4-1　美国主要农产品的生产集中程度

农产品	主要生产州	占全国百分比/%		农产品	主要生产州	占全国百分比/%	
		1990 年	2001 年			1990 年	2001 年
玉米	艾奥瓦、依利诺斯、内布拉斯加、印第安纳、俄亥俄	71.9	69.3	甜菜	明尼苏达、加利福尼亚、爱达荷、北达科他、密歇根	74.9	84.8
高粱	堪萨斯、内布拉斯加、得克萨斯、密苏里	82.3	81.2	亚麻	明尼苏达、北达科他、南达科他	100	—
燕麦	明尼苏达、北达科他、南达科他、艾奥瓦、威斯康星	61.6	62.3	蔬菜	加利福尼亚、佛罗里达、威斯康星、俄勒冈、华盛顿、明尼苏达	78.4	70.6
小麦	堪萨斯、北达科他、俄克拉荷马、华盛顿、蒙大拿、明尼苏达、得克萨斯、南达科他、爱达荷	67.6	70.0	花生	北卡罗来纳、得克萨斯、弗吉尼亚、亚拉巴马、佐治亚、佛罗里达、俄克拉荷马	84	97.4
水稻	阿肯色、加利福尼亚、路易斯安那、得克萨斯、密西西比	97.6	—	牛	得克萨斯、内布拉斯加、堪萨斯、加利福尼亚、艾奥瓦、威斯康星、俄克拉荷马、密苏里	48.7	62.4
大豆	艾奥瓦、依利诺斯、明尼苏达、印第安纳、密苏里、俄亥俄、阿肯色	71.8	70.2	奶牛	威斯康星、加利福尼亚、纽约、宾夕法尼亚	49.4	46.6
棉花	得克萨斯、加利福尼亚、阿肯色、得克萨斯、路易斯安那、密西西比、亚利桑那	83.5	73.3	猪	艾奥瓦、依利诺斯、明尼苏达、印第安纳、内布拉斯加、北卡罗来纳、密苏里	70.4	73.6
烟草	北卡罗来纳、南卡罗来纳、肯塔基、弗吉尼亚、佐治亚、田纳西	93.2	95.2	肉鸡	佐治亚、阿肯色、北卡罗来纳、密西西比、得克萨斯、亚拉巴马	67.3	65.4

资料来源：USDA.Agricultural Statistics，1991；USDA.Statistical Highlights，2002/2003.

表 4-2　美国主要农产品五个最大州的生产集中度

农产品	生产州	占全国百分比/%	
		1998～2002 年平均数	2012 年
玉米	艾奥瓦、依利诺斯、内布拉斯加、印第安纳、明尼苏达	64.8	59.73
高粱	堪萨斯、内布拉斯加、得克萨斯、密苏里、俄克拉荷马	86.8	80.91
燕麦	明尼苏达、北达科他、南达科他、艾奥瓦、威斯康星	53.9	46.78
小麦	堪萨斯、北达科他、俄克拉荷马、华盛顿、蒙大拿	50.1	52.55
水稻	阿肯色、加利福尼亚、路易斯安那、得克萨斯、密西西比	95.5	—
大豆	艾奥瓦、依利诺斯、明尼苏达、印第安纳	60.3	48.81
棉花	得克萨斯、加利福尼亚、阿肯色、密西西比、佐治亚	68.0	72.87
烟草	北卡罗来纳、南卡罗来纳、肯塔基、弗吉尼亚、田纳西	88.2	91.87
花生	北卡罗来纳、得克萨斯、亚拉巴马、佐治亚、佛罗里达	87.9	86.86
大麦	北卡罗来纳、艾奥瓦、华盛顿、蒙大拿、明尼苏达	76.6	77.65

资料来源：USDA.Agricultural Statistics（2003，2012）.

第二节　美国农场专业化与作业专业化发展情况

在区域专业化不断发展过程中，美国许多农场已由经营几种产品，发展到只经营一种农产品或专门生产中间产品，逐步形成了农场（部门）专业化和工艺（企业或部门）专业化[9]。

一、农场专业化

农场专业化（或部门专业化）就是一个农场专门生产一种或两种农产品，或者是某种农产品的某一个品种。根据美国农业普查标准，凡是一种农产品在其销售总额中占 50%以上的商业性农场，即为该农产品的专业化农场。据美国农业普查数据，专业化农场在美国商业性农场中所占的比例 1950 年为 87%，1964 年为 91%；而经营两三种农产品的农场所占比重由 1950 年的 13%下降到 1964 年的 9%[10]。从著名的"玉米带"三类典型农场的货币收入结构的变化趋势可以清楚地看出，在 1940 年到 1968 年间，美国农场专业化程度有了很大的提高（表 4-3）。在不同类型的农场之间经济差别很大，而在同一类型但规模不同的农场之间差别更大（表 4-4）。

表 4-3　美国农场专业化与收入结构（%）

	谷物、大豆农场		乳类、养猪农场		牛的育肥农场	
	1940 年	1968 年	1940 年	1968 年	1940 年	1968 年
农作物	—	4.1	—	33.0	—	2.1
牛	68.1	—	7.0	36.2	4.7	—
猪	92.5	5.1	13.5	7.0	61.0	3.3
乳类	6.7	0.8	9.1	—	66.0	—
食蛋	—	12.7	37.24	8.3	27.6	5.9
其他（包括政府补贴）	—	6.7	3.1	4.6	25.8	3.1

资料来源：王林生.美国农业的"工业化"问题[C]//现代美国农业论文集. 北京：农业出版社，1980：158.

表 4-4　按经济等级分类的各种专业化商品农场占比（1964 年）（%）

农场类型	按商品产值划分的农场类型					
	40000 美元以上	20000~39999 美元	10000~19999 美元	5000~9999 美元	2500~4999 美元	50~2499 美元
谷物农场	4.8	14.2	26.8	26.1	19.3	8.8
烟草农场	0.6	3.4	13.3	26.8	29.2	26.7
植棉农场	7.9	8.6	12	17.6	25.4	28.5
其他种植业农场	20.9	17.5	19.5	17.2	14	10.9

农场类型	按商品产值划分的农场类型					
	40000 美元以上	20000~39999 美元	10000~19999 美元	5000~9999 美元	2500~4999 美元	50~2499 美元
蔬菜农场	15.4	10.6	13.3	16.1	19.3	25.3
果树种植农场	14.2	14.6	19	20.6	19.2	12.4
养禽农场	23.4	23.4	21.8	14.6	9.6	7.2
牛奶农场	4.2	14.5	32	28.3	16.2	4.8
其他畜牧业农场	6.8	12	19.4	21.5	21.3	19
大放牧场	8.9	20.2	15.8	21	25.3	18.8
"混合"农场	4.3	9.7	21.5	26.5	24.6	13.4

资料来源：尼·米·安德烈耶娃. 美国农业专业化[M].北京：农业出版社，1979：64.

农场专业化最明显的例子是，1900 年美国四分之三的农场养奶牛，到 20 世纪 70 年代只有不到三分之一的农场有奶牛；过去中西部典型的综合农场，生产的玉米大部分自己用来喂牲口，现在很多农场专门生产商品玉米，自己不养牲口，而另有专业的畜牧农场专门饲养牲畜；20 世纪 70 年代的肉牛业，只有玉米带还按传统生产方式由一般农场肥育，而南部平原、加利福尼亚中央河谷和太平洋沿岸新发展的都是大规模的围栏肥育[11]。而且越来越多的农场专门生产一种产品的一个品种，如黄瓜生产，有的农场专门生产供鲜食用的黄瓜，有的专门生产腌渍用的黄瓜[12]。西红柿，有的生产制罐头用的品种，有的则生产调配凉拌菜的品种。

佛罗里达州种植土豆的农场都种植煮食用的土豆，而爱达荷州和北达科他州的土豆农场则专门生产烤食用的土豆。农场专业化是农业专业化的高级形式，它符合生产力发展的水平——工业化农业的要求[13]。到 20 世纪 80 年代，美国几乎所有的农场都实行了专业化经营，只有少数农场实行多种经营。到 20 世纪 90 年代，美国实行专业化生产的农场所占的比例一直非常高，棉花农场为 79.6%，蔬菜农场 87.3%，大田作物农场为 81.1%，园艺作物农场为 98.5%，果树农场为 96.3%，肉牛农场 87.9%，奶牛农场为 84.2%，家禽农场为 96.3%[14]。

二、作业专业化

工艺专业化（作业专业化或分段专业化、职能专业化或对象专业化），就是一个农场专门生产中间产品，完成最终产品生产整个工艺过程中的某一种生产作业[15]。如肉鸡生产，饲养种鸡、蛋鸡、雏鸡孵化、肉鸡肥育、肉鸡加工等都有专业化公司专门生产。农场主选择哪种作业，就与工业公司或商业公司订立生产合同。又如蔬菜和水果生产，一些农场专门生产种子，一些农场专门培育秧苗和树苗，还有一些农场专门生产一定种类和品种的蔬菜和水果[16]。其他如收获、初步加工（分等、洗涤、冷冻、包装）、运输、销售、罐头加工，以及把成品送达消费者，这些工序则由相应的专业公司或专业化销售组织完成。这种专业化公司很多，如种子供应有种子公司，防治病虫害有植保公司(全国有农用飞机 1 万架)，其他还有代为播种、中耕、施肥的服务公司，等等。工艺专业化的形成与工业化农业和发达的农工一体化条件下出现的社会分工加深密切不可分。这种工艺专业化使同一地区或全国的农场之间形成职能分工，如明尼苏达州的农场生产小猪，出售给玉米带各州去肥育。肉用养牛业，在西部和南部放牧区饲养小牛，在玉米带和邻近各州实行小牛强度肥育[17]。到 20 世纪 80 年代，全美国有一半的生猪在玉米带饲养，仅艾奥瓦州的猪肉产量就占全美的五分之一，该地区菜牛占全美的三分之一。在落基山东部放牧区繁殖的幼畜，喂养 7~8 个月后，达到 200 公斤就转卖到这里，用当地的玉米、青贮玉米和高粱作饲料进行强度育肥[17]6。

三、农工一体化

农场专业化和工艺专业化的发展，客观上要求与农业生产有关的所有环节紧密结合、有机联系，形成环环相扣的整体，这个整体就是农工商一体化或农工商综合体。农工商一体化是指农场生产同农业生产资料的供应、农产品的贮运与加工和销售等互相关联的各个环节的有机结合体，它是在专业化的基础上，把供产销更紧密地联系在一起的相互制约又相互促进的生产网络，也是 20 世纪 50 年代以来发达国家在农业工业化、现代化进程中形成的一种农业经营方式[16]。在具体的经营形式方面，美国的农工一体化主体主要有以下两种组织形式：

一是农工联合企业。即大公司直接拥有或租入土地，办农场，并将生产同产品贮运、加工、销售及机器设备等生产资料的供应一体化，即垂直一体化[18]。如加利福尼亚财团控制的德尔·蒙特公司，是世界上最大的果品蔬菜罐头公司，也是一个庞大的农工联合企业，在国内外经营 80 万亩土地，有 38 个农牧场，该公司在美国有 54 家加工厂，13 家罐头厂，一座海运码头，6 个卡车转运站，一个空运发货中心和 10 个分配中心，业务也扩展到西欧、日本和广大第三世界国家[19]。另一种形式是大公司与各类农场签订合同，进行横向一体化协作。从生产量占总产量的比例来看，在 1960~1990 年的 30 年间，美国农工一体化经营呈现一种稳定但稳中有升的态势，其比例由 1960 年的 12.2%上升为 1990 年的 18.4%，其中合同生产从 8.3%上升为 10.5%，纵向一体化由 3.9%上升到 7.9%。从产品种类看，畜禽、牛奶、水果和蔬菜等采用合同和纵向一体化经营的比例较高，而大田作物较少(表 4-5)。

表 4-5　美国农业一体化经营变化趋势(%)

项目	产销合同				纵向一体化			
	1960 年	1970 年	1980 年	1990 年	1960 年	1970 年	1980 年	1990 年
农作物	8.6	9.5	14.3			4.3	4.8	5.3
新鲜蔬菜	20.0	21.0	18.0	25.0	25.0	30.0	35.0	

续表

项目	产销合同				纵向一体化			
	1960 年	1970 年	1980 年	1990 年	1960 年	1970 年	1980 年	1990 年
加工蔬菜	67.0	85.0	83.0	83.0	8.0	10.0	15.0	15.0
马铃薯	40.0	45.0	60.0	55.0	30.0	25.0	35.0	40.0
柑橘	60.0	55.0	65.0		20.0	30.0	35.0	35.0
其他果品	20.0	20.0	35.0		15.0	20.0	25.0	25.0
甘蔗	24.0	31.0	40.0	37.5	7.0	68.5	60.0	62.5
甜菜	98.0	98.0	98.0	99.0	2.0	2.0	2.0	1.0
种子作物	80.0	80.0	80.0	80.0	0.3	0.5	10.0	10.0
畜产品	27.2	31.4	38.4		3.2	4.8	10.1	
鲜牛奶	95.0	95.0	95.0		2.9	2.1	1.4	
加工用牛奶	25.0	25.0	25.0		2.1	1.0	1.0	
肉用仔鸡	93.0	90.0	89.0		5.4	7.0	10.0	
火鸡	30.0	42.0	62.0		4.0	11.0	28.0	
农业总产值	8.3	9.3	10.3	10.5	3.9	4.8	7.4	7.9

资料来源：盖尔·克拉默，克拉伦斯·詹森. 农业经济学和农业企业[M]. 北京：中国社会科学出版社，1994：29.

二是农业合作社。美国农业合作社是由农场主联合投资兴办的供应生产资料和销售农产品的纵向一体化企业[20]，是一个集生产、营销、融资和仓储等多种功能于一体的组织，在经营内容方面，与我国的农业供销合作社类似。1970 年，美国共有 7790 个合作社，销售总额达 190 亿美元，为 1950 年的 2 倍多；到 20 世纪 80 年代，六分之五的农民至少参加一个合作企业[21]，到 90 年代初只有 4073 个，参加合作社的农民约有 410 万人；合作社销售的农产品占农业总产量的 37%，并为农场主提供 47%的农业投入品。2012 年合作社数量进一步减少到 2238 家，但销售额达近 2350 亿美元，税前净利润达 61 亿美元，资产规模达 829 亿美元，三项数据均达到历史最高水平；农业合作社已经成为美国农业经济的驱动力，因为合作社是农民所有和运营，销售利润更可能回归农村地区，并提供了 18.5 万个全职和兼职岗位[22]。

第三节　美国农业区域专业化发展与深化的因素分析

美国农业区域专业化的发展与深化是由多种因素促成的。正如美国印第安纳州立大学教授 R. 苏特所说："机械化、新的植物保护方法、杂交种子的采用、有保障的销售市场，所有这些近几年发展起来的因素使农场主有可能实行专业化，专门生产那些最适合该农场条件的农产品。"[10]这里我们主要从自然、市场、政策、科技、运输条件以及销售和农产品加工等方面对影响美国农业专业化发展的因素进行系统的分析。

一、自然条件

自然生态条件的区域差异是农业区域专业化形成和发展的基础。美国农业区域专业化的形成与发展与其优越的自然生态条件密切相关，其中比较重要的自然因素有土地资源、地形、土壤和气候等。美国耕地资源丰富，2012 年美国有 15511 万公顷（1 公顷=10000 平方米）耕地，占全球耕地面积的 11.1%，人均耕地 0.46 公顷，为世界耕地面积最丰富的国家；美国大平原地区由于降水量较少，而成为小麦主产区，而大平原南北的生长期长短不同使北部成为春小麦主产区，南部成为冬小麦主产区。佛罗里达、加利福尼亚中南部因其优越的亚热带气候条件而成为蔬菜、水果的专业化生产区域；玉米带的形成与发展更是与其优越的地形、气候和土壤条件分不开[①]。

在专业化农业生产区域内部，受自然条件局部差异的影响，专业化的程度也有所不同。以玉米带为例，从芝加哥向南到伊利诺伊州的中部，地形平坦、土壤肥沃，主要发展玉米和大豆生产，草场少，畜牧业成为次要产业；往南，地形起伏增大、土壤侵蚀加重，普遍实行玉米与牧草轮作，肉畜肥育业渐占优势；再往南，地形崎岖破碎，机械作业受限，以草场放牧为主，使放牧畜牧业成为农业生产的主体（图 4-2）。在有的地区，某些特殊的自然条件往往使该地区成为某种农产品的专一产区，如在路易斯安那州西南部，由于水源充足，底层土不透水，减少水分渗漏，使这一地区成为专门的水稻产区；在肯塔基州的蓝草盆地，由于其石灰质土壤含磷量特别高，对烟草种植十分有利，烟草的产量和质量都非常高，使该地区成为全美最大的 Burley 烟草供应地。畜牧业的生产也受自然条件的影响，美国乳酪业长期集中在东北部及五大湖地区，除接近主要消费市场外，另一个关键因素是这里冬寒夏凉，不仅生长期短，仅适于牧草种植，而且特别有利于奶牛的饲养和泌乳[②]。自然条件对农业专业化的影响还表现在专业化类型的选择上。对农业生产来说，优越的自然条件意味着适合多种农作物的生长。一个自然条件优越的地区，就拥有了专业化类型的多种选择，它不仅可以选择专业化生产市场价格高的农产品，以获得最大的利润，而且可以根据市场的变化做出专业化类型的变更，如加利福尼亚州的中央谷地，因自然条件优越，其专业化生产类型曾经历了放牧草场→大田谷物→经济作物→蔬菜水果→花卉园艺等的变化。而一个自然条件不好的区域，往往只能生产某一两种农产品，其专业化类型常常具有很大的稳定性，在价格下跌时只能遭受利润的损失，如果价格持续下跌，最终的结果是放弃生产。

[①] 在美国玉米带内，基本上是平原、肥沃的黑色土壤、有长达 180～200 天的生长期，高达 800～1000mm 的降水量，这些自然条件非常有利于玉米、大豆和草类等作物的生长。参见：尼·米·安德列耶娃. 美国农业专业化[M]. 伍舒，译. 北京：农业出版社，1979：24.

[②] 据测定，奶牛泌乳的最适温度为 10～18℃，在这一温度范围内奶牛的产奶量高，从而可以提高饲养的经济效率。

图 4-2　芝加哥玉米带内部的专业化差异与自然条件关系

当然，自然生态条件对农业专业化的影响并非一成不变。随时间推移，自然生态条件可能发生变化，特别是随着农业技术的进步，农业生产专业化类型会发生变化，如随着生物技术的发展，在一定程度上可以改变农作物的生态适宜性，从而扩展农作物的地区分布，促进专业化区域的扩展；畜牧业的工厂化生产，可以使畜牧业摆脱草场的制约，从而改变畜牧业生产的专业化区域和形式。

二、市场需求

在市场化条件下，经营农业是为了获得利润，而利润能否实现则由市场需求决定。在美国农业发展史上，市场规模的不断扩大对刺激农业专业化的发展与深化起到了强大的推动作用。在早期，国外市场的巨大需求对美国农业专业化的形成起了关键作用，在殖民地时期，面粉和小麦是主要出口产品。1763 年，纽约州出口了约 25 万桶面粉和面包，宾夕法尼亚州则出口了约 35 万桶，这些出口使得费拉德尔菲亚在 18 世纪发展成为一个巨大的航运、肉类罐头业中心和一个颇具规模的工商业中心[4]。

在 1783～1815 年，法国、英国、西班牙和荷兰等市场的巨大需求为美国农场主带来了可喜的利润。英国是美国粮食的首要市场，这一市场的需求使费城的面粉价格由 1784～1793 年的平均每桶 5.14 美元提高到 9.12 美元；在拿破仑战争期间，美国的谷物种植者也经历了可喜的繁荣。1793 年后，美国的棉花在欧洲贸易中逐渐占据重要位置，1805 年它占美国农产品出口价值的 30%，1820 年占 54%，到 1860 年更是上升到 75%。农产品输出是美国 19 世纪外汇收入的主要来源，其占出口总数的比例 1820 年为 83%，1870 年仍占 81%，并在 19 世纪的最后 30 年间达到顶峰[①]。但随着 19 世纪的结束，美国农场主对欧洲市场的需要开始下降。

美英战争(1812～1814 年)以及英法战争等使美国失去了进口工业品的能力，从而迫使美国发展制造业，由此促进了美国工业的发展和城市化[23]。1815 年后，除烟草和棉花继续依赖欧洲市场外，美国的城市已显示出了消费本国农产品的能力[4]。据估计，在国内市场出售的农产品占农业产量的比例由 1820 年的 25%增加到 1870 年的 55%；在 1898～1914

---

① 布鲁斯·F. 约翰斯顿，彼德·基尔比，等. 美国农业发展的精华[C]//郑林庄选编. 美国的农业——过去和现在. 北京：农业出版社，1980：9.

年间，由于人口激增，为了满足国内需求，不得不减少出口，因此，在这一时期，获利最多的是那些出口农产品最少的农场主，由于国内市场的巨大消费需求，使美国农场主经历了一次罕见的真正繁荣时期，即农业的"黄金时代"[4]。

一战爆发又为美国农产品扩大了市场，并为农场主带来了丰厚的利润，如小麦农场主的利润总额就由 1913 年的 5671.3 万美元增加到 1917 年的 64283.7 万美元，干酪出口额增加了一倍，而在整个 20 世纪只增长了 2 倍[4]；在 1945~1950 年，由于欧洲的农业生产条件遭到了全面的毁坏，食物供应短缺，又为美国农场主保持了活跃的市场。但到 1954 年，美国农产品出现了大规模的过剩，在这种情况下，美国国会 1954 年通过了《农产品贸易发展暨补助法案》（即《480 号公法》），1966 年后又以"粮食为和平"的名义为过剩农产品寻找市场[24]，该法案明显地促进了农产品的出口，由该法案带来的出口占出口总额由 1955 年的 73.5%上升到 1969 年的 81.8%；在出口结构中，大米和棉花是美国的主要出口产品，在 1946~1970 年，这两种产品的出口量分别约占生产量的 50%和 40%[4]。美国一直是世界农产品的主要出口国，1980 年占全球农产品出口总额的 18.32%，到 2014 年出口额达 1525 亿美元，比 1980 年增长了 255.30%。

三、交通运输

美国农业地区专业化的发展与深化，与交通运输的发展是紧密相关的。因为只有发展运输才能将农产品从产区运往消费区。二战前，美国就已形成了完整的运输网络，其中铁路和水路是农产品运输的主要方式。二战后，公路的修建和网络化，使公路成为农产品的主要运输方式。

早在 19 世纪，国外市场的巨大需求就刺激了美国国内运输业的发展，反过来又促进了国内和国际贸易。伊利运河的建成（1825 年）、密西西比河上汽船运输的发展（1812 开始，1860 年后重要性的凸显）、铁路和海洋运输的发展（1847 年后）等使得美国的大量剩余农产品能够运往东部的城市和国外市场[4]。铁路修建同西进一样在美国历史上是空前的。1830 年只有 23 英里（1 英里≈1.6093 千米）的铁路运营，1860 年已达 53.1 万千米，并在 1916 年形成了全国铁路网，2011 年铁路里程达 22.48 万千米，而且从 1981 年到 2014 年，铁路货运运费下降了 43%[①]，铁路货运大幅度增加，对农业区域专业化生产起到了推动和固化作用。1800~1860 年，小麦生产区域的西移，主要得益于水运和铁路运输的大发展。但铁路比运河在影响农场主选定生产专业化种类方面有更大的作用，特别是对易腐坏产品、乳制品和蔬菜生产者具有极为直接的影响，例如，随着铁路的发展，铁路沿线发展起了商业性奶牛业，并很快成为农业专业化最为突出的部门之一。新鲜水果和蔬菜的生产者也从铁路受益，例如，纽约市的蔬菜和水果供应原来局限于城市的近郊，但纽约和新泽西这个"花园州"之间的铁路在 19 世纪 40 年代开通后，促使供应来源的增加，特别快车迅速运送蔬菜到城市，农场主们开始生产许多园艺品种，特别是草莓的生产。随着铁路向南部延伸，19 世纪 50 年代，纽约州可以从弗吉尼亚、南北卡罗

---

① 美国铁路货运里程数称雄世界[EB/OL]. 美国驻华大使馆官方微博. http://blog.sina.com.cn/s/blog_67f297b00102wmhl.html[2016-05-20].

来纳和佐治亚等地获得蔬菜和水果，使这些地区的蔬菜农场和果园繁荣起来；1851 年，冷藏牛奶可以从北部的纽约州运到波士顿，工业制成品也可以很便宜地运往西部，从而降低了生产资料价格，使农场主获得了更多的利润，因此，如果没有铁路，农业专业化发展可能受到极大的局限[4]。进入 20 世纪 20 年代，汽车已成为主要交通运输工具，到 70 年代有硬质路面公路达近 600 万千米，形成了四通八达的公路网，促进了农业专业化和社会化的发展①。到 2001 年美国公路总里程达 623 万千米[25]，其中高速公路有 8.8 万千米，2011 年有高速公路达 26.4 万千米，但 2013 年的收费高速公路仅为 9500 千米[26]。

　　20 世纪 50 年代以来，铁路、公路的建设与交通运输业的发展对农业专业化的深化起到了强有力的推动作用。因为现代化交通运输网络的形成，使各类市场紧密地联系在一起，便利了农业专业化生产区域之间的各类物资的流通，也缩短了农产品从农场到销售终端的时间，提高了农产品竞争力，既促进了区域专业化的深化，也使农场专业化和工艺专业化的发展成为可能，并逐渐得到强化。当然，交通运输业的发展也会强化市场竞争，使有的地区失去原有的优势，如美国东北部的农业相对地位在战后不断下降就是因为来自其他地区竞争的结果。

　　美国的农业发展得益于有效率的运输业，而后者又来自包括轮船、小舟、火车、卡车等各种运输方式和起卸机、仓库、冰箱、金属桶罐、木箱和口袋等仓储业的分工与合作。正是在交通运输业的推动下，各地区充分利用自然条件、各农场充分利用自身的优势组织更大规模的专业化生产成为美国农业发展的最重要的特征。

　　农产品大多为鲜活产品，冷藏保鲜设备和冷链物流体系成为农产品运输过程中保鲜的关键环节。保鲜技术早在 19 世纪后期就有所发展，但二战后保鲜技术进步更为迅速，并在火车、轮船和汽车上普及，并形成了完善而通畅的冷链物流网络，有效降低了农产品流通环节的损耗[27]②。目前美国有冷藏保鲜车约 20 万辆，农产品冷藏保鲜车占货运汽车比重为 0.9%，大型冷藏卡车已成为易腐坏农产品运输的主体，冷藏运输率超过 80%[27]。从 20 世纪 70 年代开始，一些高价值的农产品，如花卉、园艺产品等，则由航空进行远距离运输。在现代科技的强力支持下，发达的交通网络和较低的流通成本，可以使农产品跨区域大流通，扩大了市场范围，推动了美国农产品的区域专业化、农场专业化和工艺专业化发展，特别是新鲜产品的区域专业化生产，如佛罗里达州和加利福尼亚州是新鲜蔬菜最大的两个生产州，加利福尼亚州还大量生产加工用蔬菜，而中西部以北的州则大量生产罐头用豆类和甜玉米，西北部的州以及纽约州主产冷冻蔬菜和马铃薯[28]。

---

① 兆伊政，利广安. 美国那样为什么发达[C]//现代美国农业论文集. 北京：农业出版社，1980：4.
② 美国的具体做法有以下四个方面：一是选用优良耐储存的农产品品种，使农产品质量得到保证，如西红柿和葡萄品种；二是采用先进的保鲜技术，延长保鲜期；三是建立完备的冷链，新鲜产品收获即进入冷链冷藏储存，直至销售给消费者始终不离开冷链；四是建立健全物流网络，通过发达的交通和仓储网络，新鲜农产品能很快从产地运送到零售商店和消费者手中。参见：中国驻美国经商参处. 美国农产品流通基本情况[EB/OL]. 中华人民共和国商务部中国商品网. http://ccn. mofcom. gov. cn/ad/show. php?id=8093[2016-05-15].

四、农业技术

农业技术是专业化生产不断加强和深化的重要推动力。美国农业经济学家 D.哈撒韦认为，巨大的技术进展引起或促进了农场和地区专业化。他在《农业经济进步问题》一书中说："第二次世界大战期间，特别是在战后，技术条件和经济条件的变化，导致了更大型的专业化农场的形成。……各个地区和各个农场的农业生产专业化程度日益提高，它们越来越集中生产最适合于该地该单位条件的产品。"这些技术进展主要表现在灌溉方法、机械化、生物技术和耕作方法等几个方面。

灌溉方法的改进是美国西部农业繁荣的重要原因，也对西部的农业专业化生产项目带来了变化，如哥伦比亚河水利工程的建设使哥伦比亚高原东部和南部的干旱情况得到了有效的改善，使这些地区由过去载畜量不高的农场变成了小麦专业生产区，成为"西部的小麦带"；南大平原地区地下水的开发利用，使这一地区的大量麦田变成了高产植棉田。1982 年灌溉面积为 4900.24 万公顷，到 2012 年增加到 5582.22 万公顷，增长了13.91%，灌溉面积占农场总面积的比重由 1982 年的 4.97%提高到 2012 年的 6.10%[①]。

在 1830～1860 年发展起来的新技术和新农具在 19 世纪 60 年代得到广泛采用，即大部分农活由畜力代替人力操作，使美国发生了第一次农业革命，促使农场主更加侧重商品性、专业化生产[29]。美国于 20 世纪 20 年代开始广泛使用内燃拖拉机和汽车。以内燃拖拉机为例，1911 年美国农场拥有 4000 台，1920 年为 24.6 万台，1930 年为 92 万台，1940 年为 160 万台，到 1950 年达 340 万台[30]。二战以来，农业机械化的普及和大型机械的采用促使小块农田的归并和自然条件差的地区农用地的减少，导致生产品种的集中化，促进了地区专业化的深化。因为机械化水平的提高，要求农业生产必须在更大面积和更平整的土地上进行，而大量地形破碎、土地贫瘠的小块农田被废弃，从而促进农业生产向自然条件更优越的地区集中，如美国"老棉花带"的棉花专业化生产的变化[30]。

生物技术对农业专业化的影响更为明显。在种植业方面，生物技术的进步不仅能显著提高农产品的单产，还促进了新品种的开发，扩展了农作物的分布地区，也促进了农业区域专业化的发展范围[6]，以美国"玉米带"为例，1940 年，玉米带的玉米单产为2511 千克/公顷，随着杂交玉米的培育和推广，到 1960 年单产达到 8159 千克/公顷，而且杂交玉米还提高了其抗病害能力，拓宽了其生态适应幅度，即拓宽了玉米的种植范围，最终加强了二战后玉米带内玉米的专业化生产和玉米带的北移。此外，耕作方法的改进也对农业专业化的地区变化产生影响。如玉米带推广玉米与大豆轮作，提高了大豆在玉米带中种植面积的比重；大豆种植有固氮作用，可以使地力得到恢复和提高，还可以提高农场的收入。

---

① USDA. 2012 Census of Agriculture. Publications. Http://www.agcensus.usda.gov/Publication/2012.[2016-05-15].

五、农业政策

1930 年以前，美国的农业政策主要是辅助性的。20 世纪 30 年代的"大萧条"促成了政府对农业的直接干预，其标志是罗斯福"新政"，在 30 年代，美国国会通过了三个农业法案，即《农业调整法》(1933)、《土壤保持和国内分配法》(1935) 和《新农业调整法》(1938)[31]，这三个法案经过后来不断的修改、补充和完善，至今仍是美国农业法律体系的基础。二战后，政府的作用不断加强，1954 年通过了《480 号公法》，该法案目前仍是美国对外粮食贸易的基本法。此后的政策主要是为了控制生产过剩。1956 年建立"土地银行"；20 世纪 70 年代的政策主要由限耕、限售、灾害补贴和价格支持等组成；80 年代主要有《实物补偿计划》(1983) 和《食品保障法》(1985) 等。

从 20 世纪 30 年代开始，美国还制定了一系列法律，使美国在农产品流通领域形成了非常完善的法律体系，既有综合性法律，如《2008 年食品、自然保护和能源法案》，又有产品分级和植物品种保护法律，如《美国棉花标准法》，还有市场保护和促进、市场信息、运输服务、新鲜农产品和食品安全等方面的法律，使农产品从"农场到餐桌"的每一个环节都有法律保护[27]。

美国农业政策的主要目的一直是控制生产过剩，扩大国外市场，而市场的不断扩大是专业化程度不断提高的必要条件，因此农业政策与农业专业化的发展具有很强的相关关系(表 4-6)。美国的农业政策对区域专业化的发展与深化的影响具体表现为降低了农场主的经营风险，因为有了一系列政策对农业生产的支持，大大降低了农场主选择专业化生产的风险，促进了农场主选择利润高的品种进行专业化生产，在政府政策的支持下，农场主在农业信贷、生产资料供给和农产品销售等方面都有了可靠的保障，提高了农场主对专业化生产的投入能力，也减少了农场主对生产过剩所带来的损失的担忧，即使价格较低，也能从政府获得高额的补偿，从而促进了原先进行多种经营的农场主转向专业化生产。总之，20 世纪 50 年代以来，美国农业支持政策与法律的不断完善，成为促进美国农业区域专业化不断加强、农场专业化和工艺专业化获得发展和不断深化的重要原因。特别值得一提的是 1996 年，克林顿政府通过了《联邦农业改善和改革法》(或称为《农业自由法》)，因为该法律首次把政府对农业的支持和补贴同农产品价格脱钩，成为"固定直接支付政策"，但到 2002 年，布什政府又通过了《2002 年农场安全与农村投资法》(或称《新农业法》)，修正了《农业自由法》，该法律设立了"营销援助贷款和贷款差价支付""直接支付"或"直接补贴"和"反周期支付"三道保护线，为美国农业发展构建了严密的收入安全保护网[32]。2008 年又通过了《2008 年食品、自然保护和能源法案》和 2014 年《2014 年农业法案》等对联邦政府对农业的投入做了明确规定[33]。

对农业和农业区域专业化发展影响比较大的还有农业保险。在 19 世纪末到 20 世纪初，美国就有私人保险公司开展农业保险，但 1938 年，美国国会颁布的《美国联邦农作物保险法》后，才使农业保险的发展有法律保障，也为联邦政府开展农作物保险业务提供了法律依据[34]。随着农业发展的变化，经过了很多次修改，在 2014 美国实施的新农业法案中取消了农业直补，但扩大了农业保险覆盖范围，并提高了补贴额度，更加突出了保险在防范农业生产风险中的作用[35]。农业保险的发展使农场主在遭遇风险时能够得到补偿，这就为农业区域专业化发展减轻了经营压力，因为农业专业化发展面临着更高的风险。

表 4-6　美国农业政策与农业区域专业化发展

政策类别	主要特点	适用农产品	对农业专业化的影响
限耕	分配和限制农场主生产某些农产品的最大面积	目前只适用于花生和烟草	促进了有关农产品的生产区域和生产面积的固定化。这是美国花生和烟草的地区专业化生产格局长期不变的主要原因。也导致专业化生产区域的阶段性波动
限售	对某些农产品实行配额销售，常与限耕政策同时执行	目前只适用于花生和烟草	
休耕（土地银行）	农场主通过与政府签订合同，自愿对严重过剩的农产品生产所用的耕地实行休耕，由此可得到政府的实物或货币补贴		由于该政策与水土保持结合起来，对土壤侵蚀比较严重的地区的专业化生产影响较大
直接收购	政府为支持某些农产品的价格，而采取的以最低的保证价格从市场上收购任何数量的剩余农产品	主要用于购买乳酪制品和牛奶	对乳酪业的地区分布起了稳定作用。如二战后，虽然乳酪业有不断集中的趋势，但变化不大
价格补贴和出口补贴	政府为各种主要农产品确定固定的目标价格（保证价格），如果市场价格低于此价格，政府就给享受补贴的农场支付其差额	玉米、大豆等	价格补贴，特别是出口补贴对专业化生产起到了强化作用，玉米、大豆的专业化程度的提高与此密切相关
无追索权贷款（抵押贷款）	凡同政府签订限制生产合同的农场，作物收获后，如市场不好，农场主可以暂不出售这些农产品，而以其抵押从信贷公司获得贷款，产品计价高于市场价，如市场好转且市价高于计价，则农场主可出售产品并偿还贷款，如市价低于计价，则农场主把抵押的农产品以计价转交政府，以冲抵贷款本息	小麦、大麦、燕麦、黑麦、玉米、高粱、大豆、大米、花生、烟草、糖、蜂蜜等	对专业化生产起到了稳定作用
进口配额	政府对某些农产品进口的数量进行严格控制，以保护农场主的利益	乳酪制品、食糖、棉花、花生等	对已有的专业化生产格局起到了稳定作用
补贴生产要素	政府出资修建和维修水利设施、修造梯田、平整土地等		刺激干旱地区农业发展，改善自然条件差的地区的生产条件，促进了农业生产地区范围的扩大

资料来源：1. 蒋长瑜，郑也. 美国农业空间结构研究[M]. 上海：华东师范大学出版社，1997：107-113.
　　　　　2. 薛伯英，曲恒昌. 美国经济的兴衰[M]. 长沙：湖南人民出版社，1988：118-135.

六、营销方式变革

美国农业商业化发展虽然很早，但由于农民们把"勤俭自奉"当成一种美德，而且"对购买自己能够生产的东西的行为加以指责"，这限制了已取得的专业化程度[①]，因此

---

① 布鲁斯·F. 约翰斯顿等. 美国农业发展的精华[C]//郑林庄选编. 美国的农业——过去和现在. 北京：农业出版社，1980：10.

直到 19 世纪初期，美国农业仍具有"半自给"性质。在 1820～1870 年，由于国内外市场的扩展和农业现金收入的增长，美国农业完成了从满足自身需要的农业经济到为市场而生产的转变，而促成这一转变的是专业化商人的出现与发展。在这之前，流动摊贩是农产品生产者和零售商或消费者之间的重要联系渠道，但随着营业额和市场规模的扩大，专业化的经纪人开始在商品量较大的地方出现，如牲畜商；他们在城市中发展了牛、马、猪等大型牲畜集市这种专业化设施，农场主还与牲畜经纪人（包括批发商、屠宰商等）签订买卖合同以减少价格波动[4]。在销售大量棉花和小麦等主要农作物的地区还出现了买卖商品现货和期货的商品交易所，如新奥尔良棉花交易所（建于 1837 年之前），芝加哥谷物贸易局（1848 年）等，而大规模商品交易所的发展始于纽约产品交易所（1862 年）和纽约与奥尔良的棉花交易所（1871 年），随后，各种农产品交易所也出现在其他城市，交易所的出现虽然使农场主和商人之间多了一个投机商，但为双方减少了价格投机[4]。南北战争后，交易所和其他销售方式已取代了中间商，此后，鸡蛋、乳制品和蔬菜等商品交易所也相继出现了，但交易所的发展主要取决于中间商处理等级划一的大宗商品的能力，农产品加工业和运输业的技术革新帮助他们提高了这种能力。

随着城市化水平的提高和依靠远距离的食品供应，产生了乡村汇集点，他们把农产品收集和整理后，成批地运往终点站批发中心（消费中心），再由后者分配到食品零售商手中[36]，这促进了运输、批发、经纪和零售等行业专业化程度的提高和从业人员的成倍增长。杂货店、肉市场、面包房和其他食品专门商店大量涌现；1882 年连锁商店的出现以及 1913 年开始的自动售货法带来了更大的变化；零售联营组织和采用低价政策的无人售货商店通过联合许多小商店减低了采购、贮存、广告和投资等费用，从而降低了食品的价格。1947 年，无人售货原则扩展到了鲜肉的销售，这引发了销售易腐食品的革命，并改变了采购方法，很多农产品直接从农场运送到零售终端，如鸡蛋、家禽、水果和蔬菜等大量经过长距离运输，从乡村直接运交零售商，这种直接采购方法减少了许多中间环节，降低了交易费用，促进了农产品价格的进一步下降。

二战后，美国超级零售连锁店获得了大发展，并统治了食品零售业和垄断了食品收购。1957 年，超级市场的零售额占 20%，到 1969 年则已上升到了 52.4%[4]。随着超级市场市场势力的增大，特别是零售部门与批发、加工商的联合，不仅促进了食品价格的下降和零售连锁业的集中，而且可以对农产品生产者和产品供应商提出自己的要求，使产品符合自己和商标的规格[37]，从而促进了农产品生产的标准化。到 1990 年，美国食品杂货店的数目为 17 万个，比 1954 年减少了 39.3%，其中 20 家最大食品杂货连锁店的销售额约占 40%，这些食品的农场价值为 1010 亿美元，而销售系统的增加值达 3610 亿美元。由此可以看出，美国农业专业化的发展与农产品销售系统组织上的不断创新密不可分。

七、农产品加工业

农产品加工业从农场中独立出来并不断集中和专业化是美国农业区域专业化发展的又一个重要影响因素。食品加工是应用大规模生产机器和生产方法的先驱，流水线操作开始于肉类屠宰加工；灭菌控制开始于乳品业，农产品加工技术的进步使小麦农场主、棉花种植园主、奶牛场主和蔬菜农场主等都获得了好处。

在 19 世纪之前，农产品加工主要在农场进行。随着加工技术的发明，如干酪制作技术、保鲜和冷藏技术等，罐头业从 19 世纪初开始发展起来，但在 1783～1865 年间，最大的进展是把干酪制作从农场移到工厂，干酪厂很快沿运输线建立起来，到 19 世纪 70 年代，大部分商业性干酪都已由专业化干酪商制作[4]，而制罐技术的进步和罐头工业的发展又为大批蔬菜和水果开辟了市场，这导致了机械耕作的专业化发展[4]。食品加工技术方面的巨大变化是 1914～1945 年快速冷冻法的发明，由于快速冷冻食品比罐头食品更接近新鲜食品的质量，因此冷冻食品（家禽、鱼、肉、蔬菜等）的销售量从 1934 年的 1000 万磅（1 磅=0.453592 千克）猛增到 1938 年的 2.5 亿磅[4]。市场对加工食品需求的不断增加，一方面促进了食品制造商致力于开发新产品，并使产品的花样品种更趋精致，另一方面又促进了食品制造商扩大规模，提高专业化水平，这导致了食品制造商数目的减少和食品加工业的集中，如在 1947～1967 年，食品制造商数目减少了 1/3，而平均产值则增加了 175%。1967 年美国有 3 万家食品制造厂，但其中 9000 家的产量就占整个食品工业的 2/3[37]；到 70 年代，大多数食品都要经过工厂处理阶段。这使发展得更大、更少的食品制造商拥有了更大的采购权力，即能够对农产品供应商在质量、标准、交货时间、价格等提出更多的特定的要求，从而促进了农产品的规格化、标准化生产，并使农业专业化与农业标准化形成良性循环，相互促进。发达的农产品加工业成为美国农业专业化发展的重要推进器。目前，美国已成为全球农产品加工业最发达的国家之一，80%以上的农产品都是经过加工后销售的，使农产品增值达到 5 倍以上；不仅生产规模大，集约化程度高；产加销衔接紧密，利益分配机制完善；技术装备先进，经营管理规范；政府重视科研投入，产出效率高[38]。

总的来说，农业生产的专业化发展促进了美国资本主义的真正发展。美国在建国一百年之时就成了世界头号的农业国，而且保持至今，这“在很大程度上是由于它的农业实现了专业化”，“在科学技术革命时代，要做到农产品高产和物美价廉，要提高农业劳动生产率，专业化是一个重要的技术上、组织上的前提和手段。”[10, 39]二战前，美国农产品产量的提高主要靠扩大农业用地实现，二战后则主要靠提高单产，而单产的提高与专业化的发展和深化密切相关。据统计，1945～1987 年，美国农业用地面积虽然从 4.56 亿公顷下降为 4.05 亿公顷，但各种农产品产量却获得了大幅度提高，据美国经济学家 G. 约翰逊、L. 哈斯特、J. 斯图尔特等估计，美国战后农产品产量的增加有 40% 来源于农业专业化的深化；另据苏联经济学家 A. 图卢普尼科夫估计，美国肉用养牛业因专业化使牛肉增产了 560 万吨，占总产量的一半[10]。

美国农业劳动生产率一直提高很快，但二战后的增长速度更快。以单位工时产量衡量，1970 年的每一人时的产品生产指数较 1950 年提高了 2.3 倍；从每一个农业劳动力生产的粮食能供养的人数看，1870 年 5.0 人，1940 年为 10.7 人，到 1978 年提高到了 59 人，2015 年达到 218 人；从美国农业生产力指数看，则由 1965 年的 75 提高到了 1994 年的 136（表 4-7）；从农业生产的耗费与产出之间的关系看，美国农业的快速增长是一种低耗费的增长，如在 1940～1970 年间，美国农业产量增加了 75%，而综合生产耗费量却只增加了 17%，单位综合农业耗费的农产品产出量增加了 50%[10]，这表明这期间的农业增长是由质量型的要素决定的，其中具有决定意义的两个因素是资本有机构成的提高和生产的专业化，而这两个因素又是紧密地联系在一起的。

表 4-7　1965～1994 年美国农业生产力指数[①]

年份	1965	1970	1975	1960	1982	1985	1990	1994
生产力指数	75	74	85	88	100	110	122	136

注：农业生产力指数是农场产出指数与农场投入指数的比率。
资料来源：USGPO：Agricultural Statistics（1980，1985，1997）。

美国的实践证明，农业实行专业化生产，可以充分利用自然条件和自然资源；扩大了经营规模，有利于充分发挥农业机械的作用，有利于采用现代农业科学技术，便于积累生产经验和经营管理，有利于降低生产费用和提高劳动生产率，有利于提高产品的产量和质量，特别是可提供大批量的标准化和商品化农产品[40]。

第四节　发达国家农业区域专业化发展的启示

美国农业发展的历史表明，分工与专业化是促进现代农业发展的一个重要因素。虽然优越的自然条件在美国农业发展中占有重要地位，但只有在市场需求的刺激下才能使这种自然优越性发挥出来，成为经济优越性。正是英国等海外市场的巨大需求刺激并促进了美国农业的商业化、专业化发展，而商业化、专业化农业反过来促进了农业发展，农业商业化、专业化的进一步发展又刺激了交通业、加工业等发展，并形成相互促进的良性发展格局。交通建设与交通运输业的发展为农业区域专业化的发展开辟了市场，降低了工业投入品的价格；农产品销售方式和加工业的专业化发展不仅为农产品开辟和创造了市场，而且在农产品销售和加工业在对农产品市场取得统治地位后，促使农业生产走上了标准化发展道路。当然这一切的发展离不开农民的组织化与政府政策的支持。政府的各种政策主要体现在为农业区域专业化的发展提供金融支持、农业技术支持、帮助农场主改善生产条件和开拓农产品市场等方面。这些因素的共同作用不仅对农业专业化起到了巩固作用，而且促进了专业化发展形势由低级到高级的演进（图 4-3）。

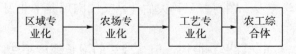

图 4-3　美国农业专业化的发展进程

① 贾生华，张宏斌. 农业产业化的国际经验[M]. 北京：中国农业出版社，1999：39.

美国农业区域专业化虽然发展很早，并在 19 世纪末初步成型，但农场专业化到 20 世纪 30 年代仍不发达，原因是缺少必要的技术基础，农产品生产和销售过程中的各个环节之间难以形成有效的、紧密的经济联系。但农业区域专业化以及部分已实行专业化生产的农场对专用农业机械的需求，加上当时工业生产已有了一定的基础，共同推动了农业的机械化、化学化、电气化，这从根本上改变了农业生产的性质，使农业日益进入机器生产阶段，随之实现了农业生产的工艺专业化和形成了以流水线作业为特征的农业综合体（agribusiness）。农业综合体的出现标志着农业发展的工业化阶段的到来，这时农业同工商业之间的偶然的市场联系已开始为直接的合同关系所取代。

同样地，英国、法国、日本、荷兰、以色列等国的农业区域专业化发展也经历了比较长的时期，目前都达到了很高的专业化发展水平，而且已经处于稳定、成熟阶段[3]；这些国家通过农业区域专业化发展有力地加快了农业现代化进程，提高了农业生产效率，增加了农业效益，提高了农民收入，发展了农村经济。从美国、法国等发达国家发展农业区域专业化的历史与经验中，我们可以得到如下启示。

一、农业经营规模扩大是农业区域专业化发展的前提条件

从美国、法国等发达国家来看，扩大经营规模是发达国家或地区农业区域专业化、农业现代化发展的重要前提条件，而且农场规模迅速扩大时期与农业区域专业化快速发展时期重叠。因为农地经营规模扩大，可以降低生产成本，促进生产的标准化，方便机械化作业，也降低机械的使用成本；可促进农业技术的推广与转化，使用技术后也可产生明显的效益，从而增加农民收入。

如法国，土地过度零碎一直是阻碍农业发展的大问题。法国大革命后，形成了广泛的小土地私有制度；二战后，法国政府开始注重土地规模效益，从 20 世纪 50 年代开始实行土地集中政策，1960 年成立了"土地整治与农村安置公司"，专门负责收购小块农地，并通过土地整理，转卖给大农场主，加快了土地集中过程，减少农场数量，扩大农场规模，全国农场总数由 1970 年的 142 万个减少到 1980 年的 113 万个，拥有 50 公顷以上土地的大农场的比重由 8%上升为 13%[41]；2007 年农场数量进一步减少到 52.74 万个，按 2012 年农用地 1829 万公顷计算，平均规模为 34.68 公顷，农地集中使大农场和大合作社逐步取代小农经济，为农业区域专业化发展创造了条件，也极大地促进了现代农业发展步伐[42]。英国的"圈地运动"为养羊业的规模化、专业化发展创造了条件。美国也一样，1935 年后，美国农场数量大幅度减少，由 1935 年的 681.4 万个减少到 1970 年的 294.9 万个，农场平均规模由 62.6 公顷增加到 151.3 公顷，1960 年、2012 年的平均农场规模比 1950 年分别扩大了 47.67%和 104.65%。

日本 2011 年有耕地 456.1 万公顷，人均 0.036 公顷；日本的耕地很少，而人口多，二战结束后，由于没收地主土地分配给农民，致使耕地经营规模普遍很小，农户数由 1941 年的 549.9 万户增加到 1950 年的 605.7 万户，都府县的经营 1 公顷以下的农户增

加，而经营 2 公顷以上的农户占总农户的比重由 7.2%下降到 4.1%[①]；但从 1960 年开始，农户数量减少，规模逐步扩大，农户数由 1960 年的 605.7 万户，减少到 1995 年的 265.1 万户和 2011 年的 156.1 万户，到 2011 年经营 10 公顷以上的农户占总农户的 60.5%。而 1960 年后也是农业专业化快速发展时期。20 世纪六七十年代，日本单一生产某一类农作物的农户占农村总户数的 77.7%，到 1994 年，农业专业化经营得到进一步发展，专业化生产农户占到总农户的 76.4%，主要农产品的商品率一般在 95%左右。

从各国的情况看，农业经营规模的扩大源自农村劳动力的大规模转移和农用化肥、农药、机械的广泛使用以及政策的推动。如美国建立了比较完整的农业法律体系，并采用信贷支持、政策引导、利息调节和农业差别补贴等引导农地规模扩大[43]。日本于 1962 年后多次修改《农地法》，对经营规模、农地流转逐步放开，加上农协的促进和农业经营法人资格的放宽以及以农业保护的名义扶持经营大户[44]；其他国家也一样。

我国自 1987 年中央在《把农村改革引向深入》中提出适度规模经营以来，农业规模经营一直是专家学者研究的议题，也是政府部门关注的重点之一，2009 年以来的中央一号文件都要求农地承包权流转，加快了我国土地流转速度，流转的土地规模快速增加，家庭农场、农民合作社等有了很大发展。但从目前来看，为了有效扩大农业经营规模，需要通过立法、差别化补贴和保险、金融服务等综合方法，促进农村劳动力的转移。

二、农业科学与技术的发展是农业区域专业化发展的内在动力

现代农业是建立在农业科学研究基础之上的，农业技术研发是以科学研究成果为依据的，即农业技术的科学化，这与传统农业的技术开发完全不同，传统农业是经验化的农业技术。如法国早在 1946 年就成立了农业科学院，有工作人员近 1 万人，近年年度预算达 30 多亿法郎，其主要任务是为法国农业现代化提供基础研究和应用研究[42]。美国农业专业化发展的经验说明，大力投资农业科研、农技推广和农业教育，可以为农业的机械化、科学化和现代化提供条件。美国建立了一种既有分工又有合作，还具有开放性的一体化农业科研与推广体系，科研、技术开发、教育与推广各部分工作交叉，科研人员既从事科研，也从事技术研发、教学与推广。其中农学院起着核心和领导作用，研发与推广机构以区域设置，使技术成果具有地方性和针对性，能够很好地满足农业生产的需求。虽然发达国家的农业科研体制各有特点，但都具有分工与协作的关系，科研机构设置都具有地方化特色。发达国家的农技推广还负责科技培训，提高了农业技术成果转化率。另外，发达国家的农业科研资金投入很多，投入强度达到 2%以上，技术设备先进，所以农业科技进步快，科技对农业产出的贡献大。

而我国的农业科技体系城镇的条块分割、"九龙治水"、封闭运行等缺陷一直没有得到有效解决，而且投入又少，如 2014 年农业科研投资强度只有 0.21%，农业研究与开发的经费占全部研究与开发经费的比重只有 0.93%。因此，2012 年的中央一号文

---

① 日本都府县的农户占全国的 97%，因此具有代表性。日本农户和耕地经营规模数据来自日本统计局网站. http: //www. stat. go. jp/[2016-05-17].

件把农业科技创新放在首位，为"藏粮于技"提供了重要保障。为了进一步促进农业科技创新，需要切实按照党中央的部署，加大科技体制改革力度，结合农业供给侧改革，构建起因地制宜、既有分工又有合作的科技创新体系，增加科技成果的有效供给；增加科技投入，改善科研与推广条件以及科技人员的待遇，政府应该更多地承担起科研投入的责任；加强对农民的农业科学和技术知识培训，使科技成为农业和区域专业化发展的加速器。

三、合作组织和农产品加工是农业区域专业化发展的内在引导力

农业生产一般都以家庭经营为主，家庭经营始终面临着小农户与大市场的矛盾。无论是农产品销售，还是农用物资与资本的投入，如果以单个农户或家庭面对大市场，要付出很高的交易费用，因此需要各种合作组织把农户组织起来，增强农户的谈判能力；农产品一般都是新鲜产品，保质期很短。如果没有发达的加工业的支持，很多农产品不易储存和运输，附加值也低，农产品加工业的发展提高了农产品的可运性和可储存性及附加值。

从发达农业国家来看，农村合作组织的类型很多，但都是自愿组织、非营利性、自我服务的自有自享的法人团体[①]。虽然美国的农业合作社是非营利法人团体，但只是对内部社员而言是非营利的，对非社员可以收费赢利，而且美国的合作社经常通过兼并方式扩大规模，因此合作社的数量有所减少，但规模有所扩大。2006 年有合作社 2675 个，社员 260 万人[②]；2012 年则减少到 2238 家，注册会员 210 万人，销售额近 2350 亿美元，税前净利润达 61 亿美元，资产规模达 829 亿美元，均创历史最高水平；其中最大的农业合作社 CHS 公司，2012 年营收高达 406 亿美元[③]。美国的农业合作社是一个集生产、保险、营销、融资、仓储、运输和加工等多种功能于一体的组织，由合作社加工的农产品占总量的 80%，农民所使用的化肥和农药中 44%来源于合作社，农民获贷款中的40%来源于合作社[45]。

发达国家的农业合作社为自愿组织团体，为农民所有和运营，因此可以更好地协调各方的利益，真正建立起"利益共享，风险共担"的利益共同体，推动了农业的工业化发展，也促进了现代农业发展不断得到提升。如美国，区域专业化发展程度很高，农产品加工企业又为合作社所有，加上加工技术先进，因此农产品加工业很发达，玉米、小麦等农产品加工业都发展成了庞大的产业体系，合作社的销售利润更可能再回到农村，支持农业发展。

国外农业合作社的发展都离不开政府的指导，但政府主要是通过立法来规范其发展，如美国构建了农业合作社发展的法律体系，有关法律多达 85 部[20]；法国也制定了

---

① 如美国的合作社按服务功能可以分为三类：一是以提供农产品加工、销售和农产品市场信息为主的销售和加工合作社；二是以供应农用物资、农用化学品、种子等为主的供应合作社；三是以提供农机、运输、仓储、播种、烘干等服务为主的服务合作社。按服务区域可分为基层合作社、区域合作社和跨区域合作社。

② 因为一个农场主可以加入几个合作社，因此社员数多于农场主数量。参见：李健，阮建雯，郭兴昱. 美国农业合作社的研究[J]. 世界农业，2013（12）：145-148.

③ 美国农业合作社 2012 年销售额创历史新高[EB/OL]. 新华网. http://news. xinhuanet. com/world/2013-0/24/c_117850981. html.

《合作社调整法》《合作社总章程》等多部法律引导、规范合作社的发展。

目前我国的农民合作社还处于发展的初期阶段，都是地方性的基层合作社，主要经营内容是购买农用物资和销售农产品。借鉴发达国家的经验，未来我国农民合作社的发展应该主要以法律来规范其发展，鼓励农民自行组织农民合作社；在基层合作社发展的基础上，鼓励扩大规模，扩大服务区域，使某些合作社发展成为区域性、跨区域甚至全国性的合作组织。在合作社经营内容方面，要通过立法、财说政策等，扩大农民合作社的经营项目和内容，使各类合作社可以开展农产品生产、营销、融资、仓储、运输和加工等经营项目，目前特别是要鼓励发展以农产品加工、营销、市场信息服务及仓储、运输为核心业务的合作社，使农民合作社和农产品加工成为我国农业区域专业化发展的引导力量。

四、政府引导、激励是农业区域专业化发展的重要保障

美国等发达国家的农业区域专业化发展经验还表明，政府在农业区域专业化发展中起到了关键作用，起到了引导和激励作用。

政府在对农业与农业区域专业化发展引导和激励方面，主要是通过立法，制订相关法律予以推动。无论是规模扩大，还是财政补贴，无论是社会服务还是农业保护，无论是农业生产还是农产品销售，无论是农业科技发展还是农民合作社发展，等等，无不是通过法律规范，使各项工作都有法可依。美国自 1933 年制定《农业调整法》以来，不断根据社会经济发展变化，制定涉及农业各个方面的法律，对于基本的农业法，一般每隔 5 年调整一次，形成了比较完整的农业法律，如美国仅为了合作社发展就有 80 多部法律。通过法律，加强了农产品品质、产量、耕地（如农地休耕制度等）及环境等保护；使财政补贴更具效力，美国财政补贴项目很多，包括直接补贴、反周期补贴、销售贷款收益、农业贷款补贴、科研投入、农业灾害补贴与农业保险等，但都在农业法律中进行了规定。

另一个方面是，各国都建立了很完善的农业服务体系。如美国一般每 5 年进行一次农业普查，调查农场数量、农产品生产、农场收入、农业保险等农场数据；政府收集国内主要农产品的市场价格信息，还收集国际农产品市场价格和贸易信息等，并形成分析报告，免费向社会公布，建设了农产品供求等网站，降低了农场主的信息收集等成本，便于农场生产决策和政府的宏观调节。

与发达国家比较，我国与农业发展有关的法律很少，目前的粮食直补、各种农业补贴还是以政策、文件的形式下发、执行，在农业信息化建设方面还处于初级阶段，农业统计数据也不尽人意。因此，今后我国的农业发展要通过制定相应的法律，使农业各项业务、各个环节纳入法制化，以法律促进农业和农业区域专业化发展。

参 考 文 献

[1]李宗正，姚开建，等. 西方农业经济思想史[M]. 北京：中国物资出版社，1996：20-21.

[2]蒋书娇. 美国农业专业化初探及启示[J]. 世界农业，2009(6)：37-40.

[3]张华，黄爽，姚寿福. 农业专业化发展研究——以成都市为例[M]. 成都：西南财经大学出版社，2013：75-104.

[4]J. T. 施莱贝克尔. 美国农业史(1607—1972)[M]. 北京：农业出版社，1981：37-38.

[5]蒋慕东，王思明. 烟草在中国的传播及其影响[J]. 中国农史，2006，25(2)：30-41.

[6]李莉. 美国蔬菜产业的现代化[J]. 农村实用技术，2003(7)：42.

[7]美国的第三次农业革命[J]. 河南科技，1987(1)：37.

[8]王琛，吴敬学. 美国农业技术进步经验及启示[J]. 世界农业，2014(6)：19-23.

[9]农业区域专业化研究课题组. 国外农业区域专业化发展进程及其政策措施[J]. 中国农业资源与区划，2003，24(6)：1-7.

[10]尼·米·安德列耶娃.美国农业专业化[M]. 伍舒，译.北京：农业出版社，1979：46.

[11]徐广华. 美国农业发展与现代化[C]//现代美国农业论文集. 北京：农业出版社，1980：45.

[12]梁涛. 美国家庭农场发展现状及启示[J]. 农村金融研究，2013(12)：10-15.

[13]李志远，李尚红. 美国的家庭农场制给予的启示与我国农业生产组织形式的创新[J]. 经济问题探索，2006(9)：64-68.

[14]李治民，徐小青. 中国与美国农业生产方式的比较[EB/OL]. 江苏农产品批发市场网. http：//www. jsnjw. com. cn/Item/8832. aspx.

[15]王舜卿. 专业化是我国农业发展的必然趋势[J]. 中国农业资源与区划，1994(1)：27-31.

[16]贾生华. 国外农业现代化过程中的农工商一体化[J]. 江西农业经济，1991(2)：12-15.

[17]兆伊政，利广安. 美国农业为什么比较发达[C]//现代美国农业论文集. 北京：农业出版社，1980：7-8.

[18]姚顺波，张雅丽. 论农业产业化[J]. 开发研究，1999(3)：39-40.

[19]冯海发. 国外现代农业的发展趋势及其启示[J]. 红旗文稿，2004(7)：26-29.

[20]潘盛洲，冯海发. 国外农业产业化经营的一些情况[J]. 前线，2002：25-34.

[21]丁浩金. 对美国农业生产增长原因的一些看法[C]//现代美国农业论文集. 北京：农业出版社，1980：99.

[22]王宗凯. 美国农业合作社 2012 年销售额创历史新高[EB/OL]. 新华网. http：//news. xinhuanet. com/world/2013-10/24/c_117850981. htm.

[23]陈永祥. 1812 年的战争与美国的经济独立[J]. 广州大学学报：(社会科学版)，2002，1(8)：30-34.

[24]黄达伟. 美国农业保护政策对我国的启示[J]. 亚太经济，2001(5)：29-32.

[25]李迁生. 美国高速公路管理概况[J]. 运输经理世界，2002(2)：52-54.

[26]美国驻成都总领事馆. 美国高速公路收费现状一览[EB/OL]. http://blog. sina. com. cn/s/blog-7a1152se0102wdij.html[2016-05-10].

[27]2014 年国外农产品冷链物流发展情况[EB/OL]. 中国产业信息网，http://www. chyxx. com/industry/201511/358467. Html.

[28]中国驻美国经商参处. 美国农产品流通基本情况[EB/OL]. 中华人民共和国商务部中国商品网，http：//ccn. mofcom. gov. cn/ad/show. php?id=8093.

[29]尤厄尔·P. 罗伊.美国农业简史[C]//郑林庄选编. 美国的农业——过去和现在. 北京：农业出版社，1980：3.

[30]蒋长瑜，郑也. 美国农业空间结构研究[M]. 上海：华东师范大学出版社，1997：23.

[31]马莉. 美国三十年代大危机与罗斯福"新政"[D]. 石家庄：河北大学，2003.

[32]从美国立法看美国的农业保护[EB/OL]. http：//www. china. com. cn/xxsb/txt/2006-11/27/content_7414865. htm[2016-05-20].

[33]以美国 2014 年及 2008 年农业法案为例简析美国联邦政府对农业的财政投入 [EB/OL]. http：//www. mof. gov. cn/mofhome/tfs/zhengwuxinxi/faguixinxifanying/201404/t20140422_1070165. html[2016-05-20].

[34]郑志冰. 借鉴农业保险国际经验 支持河南农业保险发展[J]. 中国财经信息资料，2011(33)：39-44.

[35]美国农业保险的发展历史及经验[EB/OL]. http：//futures. hexun. com/2014-07-28/167028171. html[2016-05-20].

[36]陈丽芬. 美日农产品流通体系发展变迁及其规律分析[J]. 中国市场营销，2010(1)：4-12.

[37]艾伦·B. 保罗等. 规模庞大的食品销售系统[C]//郑林庄选编.美国的农业——过去和现在. 北京：农业出版社，1980：83-84.

[38]宗锦耀，李树君，李增杰，等. 美国农产品加工业现状及启示[J]. 农村工作通讯，2014(20)：60-62.

[39]郭新亮，杨绍安. 农业工业化、农民市民化是农村现代化的必经之路[J]. 西部论坛：陕西，2004(6)：32-34.

[40]王继权，姚寿福. 专业化、市场结构与农民收入[J]. 农业技术经济，2005(5)：13-21.

[41]李自成. 解决"三农"问题关键在深化农村土地产权制度改革[J]. 湖湘论坛，2004，17(5)：80-82.

[42]高升，洪艳. 国外农业产业集群发展的特点与启示——以荷兰、法国和美国为例[J]. 湖南农业大学学报：社会科学版，2010，11(2)：66-70.

[43]王丽娟，黄祖辉，顾益康，等. 典型国家(地区)农地流转的案例及其启示[J]. 中国农业资源与区划，2012，33(4)：47-53.

[44]张士云，江激宇，栾敬东，等. 美国和日本农业规模化经营进程分析及启示[J]. 农业经济问题，2014，35(1)：101-109.

[45]邵喜武. 美国农业合作社发展的成功经验及对中国的启示[J]. 世界农业，2013(1)：3-5.

第五章　中国农业区域专业化
发展的历程及影响因素

　　我国是世界上农业资源和农产品种类最丰富的国家之一，在过去几千年的农业发展历史中，曾取得过辉煌的成就，创造了华夏文明，对世界农业发展做出了重要贡献。在历史上，我国农业无论是农业生产田间管理，还是农产品的品种培育和收储管理，如常平仓制度①和农业生产技术②，等等，都一直处于世界先进水平，但在 20 世纪 80 年代以前的几千年发展过程中，我国农业、农村经济发展一直表现为一种"有增长无发展"的格局，农民一直过着贫困的生活，黄宗智称之为农业的"过密化"增长[1]，其实质就是农业、农村的非分工与专业化发展。改革开放后，才打破了这种"过密化"增长方式，使我国农业由非专业化向专业化发展的转变。本章主要从历史演变的角度，从改革开放前后两个时期对我国农业区域专业化的发展及其因素进行分析，对农业区域专业化发展中存在的问题和未来发展进行探讨。

第一节　改革开放前：农业区域专业化发展缓慢

一、1949 年以前的地域扩展与农业区域专业化发展

（一）农牧业开发时期（公元 581 年以前）

　　据考古资料推知，大约在新石器时期，我国就已出现了原始的农作物栽培和牲畜饲养。进入文明时代后，我国农业最早在黄河中下游两岸平原、河谷和盆地等自然条件比较优越的地区（今河南、陕西和山东一带）发展起来。春秋时期，由于铁制农具的出现与推广、使用，特别是犁铧的应用以及畜力的使用，促进了农业耕作技术的重大变革，农业地域开始向西、北扩展，到战国晚期，已形成了三个不同的农业区：①畜牧农业区主要在长城附近和西北部；②森林经济区，包括江淮以南及秦岭和陇西；③农业经济区，以"三河"地区（相当于今以洛阳为中心的大河南北地区）为中心形成当时较为集约经营的农业经济区。秦汉时期，又向西特别是向南（长江流域）推进，并出现了许多灌溉农业区，江淮之

---

① 常平仓制度是王安石设计的粮食收储制度，该制度对我国的灾荒救济等以保障社会稳定起到了重要作用，是我国对世界的一大贡献，美国等各国都借鉴该制度建立类似的制度。参见：李超民. 大国崛起之谜：美国常平仓制度的中国渊源[M]. 北京：中央编译出版社，2014.

② 美国学者富兰克林·H. 金对包括中国在内的东亚农业耕作技术进行了描述与分析，认为推广这些耕作技术可以增进全人类的福祉。参见：富兰克林·H. 金.四千年农夫[M]. 程存旺，石嫣，译. 北京：东方出版社，2011.

间和长江下游地区已成为重要的粮食产区。

(二)南方农业发展与区域专业化初现(公元 581~1271 年)

魏晋南北朝时期,我国经历了两次大规模的人口南移,促进了南方农业的大发展[2],原产越南的占城稻得到大范围种植,形成了南方水稻粮食产区。随着耕作技术的提高和灌溉水利工程的大规模修建,南方的水稻产量得到大幅度提高,从唐代中叶开始,南方成为我国最重要的粮食生产区域。宋代以后,我国养蚕业已由北方移到南方,由分散趋于集中,江浙的太湖流域、四川成都平原和广东珠江三角洲地区三大养蚕基地已初具雏形。在唐代,由于饮茶习惯的逐渐普及,全国已形成了 15 个著名的产茶区,制茶业也达到了较高的水平,并向国外输出[3]。从宋代开始,糖成为普遍销售的新商品,其主要产区有福建、四明、番禺、广汉、遂宁等五郡[2]。麻的种植一直很分散,在棉花传入我国之前,家家户户都种麻并生产纺织品。

(三)农业商品化促进农业地域分工(公元 1271~1949 年)

在宋代,我国商品经济获得了较大的发展;明清时期,商品性农业又获得了更大的发展。明代中叶以后,大多数农产品逐渐商品化农业地域分工开始出现。如在明代,植桑和养蚕是重要的农业商品生产之一,当时的浙江、南直隶(今江苏、安徽和上海市)和四川是桑蚕生丝的集中产区[2]。茶、甘蔗的栽培和制茶、制糖仍然是明、清两代的重要商品生产领域,但它们的产区都有了不同程度的扩大。如陕西、四川等地也有了产茶区;甘蔗的栽培区在清初已扩展到江浙一带,但仍以广东为主。随着纺织工业的发展,染料植物(主要是蓝靛)的栽培又成为一种新的商品,在明代,蓝靛生产主要集中在福建,其后逐渐推广到全国各地。烟草在明末由吕宋传入我国福建,并扩散到江南一带,继而推广至全国。总之,在明清两代,农业商品化无论在广度还是在深度上都获得了较过去更大的发展,形成了各种农产品商品性较高的集中产区。

鸦片战争后,受外国资本影响,东部沿海地区的棉纺织工业逐步发展,促进了东部商品性和局部地区的农业专业化发展。但从全国来看,一直到 1949 年,小农经济的自给性、分散性和闭塞性普遍存在,在农产品生产方面,实行以粮食为主的"小而全"的生产方式,在土地利用方面,一般是大部分土地种粮食,一部分土地种棉、麻,小部分土地种油料、烟草和蔬菜,有条件的还种一些瓜、果,在非耕地上种树栽竹,形成了"万物俱全"的农业生产格局。在不同的地区,由于自然、经济和技术条件的差别,农作物种类虽有所不同,但以粮食作物为主,兼顾其他作物的生产格局,在所有的农耕区几乎都是大同小异的[4]。

二、1949~1979 年的以粮为纲的单一化发展

1949 年后,我国迅速建立了社会主义的集体所有制和全民所有制的农业,同时采取了一系列的措施改善生产条件,发展农业生产的措施使农业生产得到了迅速的恢复和发

展(表 5-1)。

表 5-1　1949～1979 年分时期农业增长情况(%)

农产品	1949～1957 年	1958～1962 年	1963～1965 年	1966～1976 年	1977～1979 年
农业总产值	85.3	-19.9	37.2	51	17.21
粮食	46.5	-17.97	21.58	47.18	17.45
棉花	269	-54.3	79.73	-2.03	7.71
油料	63.4	-52.2	18.9	10.56	60.19
猪牛羊肉	81.1	-51.3	84.02	205.9	36.12
水产品	86.8	-26.9	30.7	57.7	-8.31

注：水产品 1949～1957 年的计算基年为 1952 年。
资料来源：根据《新中国农业 60 年统计资料》数据整理。

由于受到国内外政治形势的影响，全国"深挖洞，广积粮"，实行"以粮为纲"的农业发展战略。在农业区域专业化发展方面，表现为全国粮食生产的单一化，生产结构极不合理，区域专业化发展严重畸形。在大农业方面，以种植业(主要是粮食)为主的特征非常明显(表 5-2)。在播种面积方面，1952 年粮食作物占总播种面积的 87.8%，1979 年仍高达 80.3%。

表 5-2　1949～1979 年我国农业产值结构变化(%)

产业	1949 年	1952 年	1979 年
农业	82.5	83.1	76.4
林业	0.6	0.7	3.2
牧业	12.4	11.5	16.0
副业	4.3	4.4	3.0
渔业	0.2	0.3	1.4

资料来源：根据《新中国农业 60 年统计资料》数据整理；以农业总产值为 100%.

畜牧业以养猪为主，牛、羊、鸡等家畜家禽规模和产量均很少，1979 年，养猪业产值约占畜牧业总产值的 55%；从肉类产量看，1979 年猪肉产量占肉类总产量的 95%。林业主要为用材林，而经济林和防护林比重仅占 6.6%；水产品生产以海洋捕捞为主，海水产品一直占绝对优势，在 1979 年的 431 万吨水产品中，海产品占 74%，渔业产量的 80%以上由浙江、广东、山东、辽宁、福建等 7 个沿海省份提供，但这种生产集中是自然经济的结果。上述情况表明，改革开放前，我国对农业资源的开发利用水平较低，如我国具有丰富的淡水资源，但淡水养殖却仅占 26%。

在这一时期，为配合新工矿区、新城市的发展，有计划地建立了一批新的农业基地和一系列国有农场，也在一定程度上促进了农业区域专业化的发展。如为保证加工业发展所需的原料，各地建立了一些集中度较高的农产品生产基地，如棉花、油料、烤烟和热带作物集中产地等。同时，为满足城市生产生活需要，在各城市郊区有计划地发展蔬菜、肉、蛋、奶等专业化生产。

三、1979 年以前我国农业区域专业化发展慢的原因

从前文的历史回顾可以看出，我国在 1979 年以前的几千年农业发展过程中，农业专业化发展只集中在个别地区和个别品种，自然经济一直占主导地位。对于我国农业专业化的不发展问题，我们可以从"杨格定理"和"斯密定理"中得到解答。斯密指出，分工与专业化受市场大小的影响，而杨格则强调，市场大小取决于分工水平。农产品大多为消费品，因此农产品的商品率取决于农业生产的劳动生产率和消费市场规模。但在我国几千年的农业发展中，社会分工程度一直不高，这就限制了农产品市场的扩展，而农产品市场狭小也就从需求方面抑制了农业向专业化方向发展。

(一)分工程度低抑制市场规模扩大

在相当长的历史时期中，中国经济在世界上一直处于相对领先地位，因此社会分工也相对较发达。早在殷商时期，商业和商人已成为相对独立的部门和从业者，这说明当时已完成了第三次社会大分工；在春秋战国时期，已有"百工"之说，这说明手工业已成为一个独立的部门，其内部也已有了相当细密的分工；在秦汉时期，我国已出现法律上的自由雇佣工人，即出现了以出卖劳动力为生的劳动者；唐宋时期的城市内部已有相当程度的分工，到明清时期已有"三百六十行"之说[2]。从秦汉到明清时期，我国一直存在着规模较大的手工业作坊，少则数百人，多者数千人。在这些作坊中也存在着相当细密的分工[5]。但由于这种手工业作坊主要为官办作坊，仅限于内部交换，因此其发展不可能促进市场规模的扩大和社会的广泛分工，不可能由这些作坊派生出众多的工商业行业，不可能促进农村劳动力的转移，当然也就无助于农业经营规模的扩大和农业专业化的发展。如我国城市化水平在唐代到明代的 9 个世纪中一直维持在 10% 左右[6]。1933年，全国有人口 5.108 亿人和劳动力 2.323 亿人，但农村人口和劳动力就分别占 75.7% 和83.2%[7]。到 1949 年我国城市化水平又下降到了 10.6%[8]。

我国历史上分工程度低是长期实行重农抑工商政策的结果[1]，这一政策在西汉得到充实，为历代继承并加以完善[2]。重农抑工商政策的核心是：①农业是国计民生的根本，而工商业不仅是非生产性的，而且其存在和发展对国计民生有害；②农民是唯一的生产者，但他们的生活却很贫苦，而从事工商业的人是不生产的，但他们却过着奢侈的生活，这种反常现象必须加以纠正和改变。为使这一政策收到预期效果，历代封建王朝都

---

① 对我国历史上的重农抑工商政策虽然存在争论，如吴晓波在《中国历代经济变革得失》一书中就认为我国历史上并没有重农抑工商问题，历史上的经济改革都是围绕计划管理(垄断)与市场竞争这个主题，但从实际情况来看，城乡分割、鼓励农业而限制工商业发展也是客观存在的。但历史来看，限制城镇发展、市场交易和工商业发展也是客观存在的。参见：吴晓波. 中国历代经济变革得失[M]. 杭州：浙江大学出版社，2013.

② 西汉时期的具体政策有贬低商人的社会地位，并加以各种形式的人身侮辱；加重商人的赋税负担，使他们无利可图或获利不多；实行"均输平准"等统购统销的国营商业政策，同时又对盐、铁、酒等商品实行政府专卖政策(即禁榷制度)来垄断最有利的商业项目，缩小商人的营运范围；改变币制，使商人所积累的大量货币财富贬值或丧失；发布命令直接没收商人的财产，等等。参见：傅筑夫. 中国经济史论丛(下)[M]. 北京：三联书店，1980：615-621.

严格实施三大制度，即禁榷制度、土贡制度和官办工业制度[①]。因此，重农抑工商政策从根本上抑制了分工与专业化的发展[2]，因为这些制度使商业资本不能转化为产业资本，产业分化和社会分工发展也就缺乏重要的催化剂。商业资本由于没有有利可图的投资渠道，便纷纷用于购买土地，从而在我国经济史上出现了持续不断的土地兼并浪潮，使历代王朝陷入"繁荣—崩溃"的怪圈[9]，同时也抑制了工业发展和城市化水平的提高，使大多数人口和劳动力固化在农村和农业上，从事农业(主要是种植业)生产。这一政策的另一个后果是限制了"专业化商人"的发展。马克思认为，欧洲的变革发端于"特殊的商人阶级"的形成[10]；希克斯(1969~1987)认为，"专业商人"是促成市场经济形成与发展的中间力量[11]。我国虽然在春秋战国时期就已形成了商人阶层，在漫长的历史过程中也出现过一批著名的商人，但都不是"专业化商人"，而是"红顶商人"，如胡雪岩等。特别是从 16 世纪开始，徽商、晋商和陕商等十大商帮又相继形成[12]，但我国的商人自古以来都是假借封建政府的力量形成和发展的特权商人[7]。一直到明清时期，商人都未专业化，而且受家族经营模式的限制和经济、政治制度的影响，商业制度虽有创新，但没有发展成为普遍性的制度，如股份制、货币制度等。因此这种商业发展对社会的分工没有起到多大的作用。

在封建时期，商人所运输的产品主要是粮食和棉花，但数量很少。粮食是农民个体生产的，而且大部分来自地主的租谷，均非为销售而生产，只在有剩余时销售；而棉花和棉布也是由农户生产的，这种商品流通方式对小农生产方式起到了固化和强化作用。小农生产方式就是一种自给性、封闭性的非专业化生产方式[13]，这种生产方式能够有效地利用所有的生产要素，维持人口众多条件下的充分就业和生活，但这种生产方式的局限性和副作用也是明显的，其中最重要的副作用是阻碍了自由劳动力市场的形成，阻碍着手工业特别是棉纺织工业从种植业中分离出来，使之成为我国工业化的先导产业，从而阻碍着市场对分工与专业化的促进作用。

1949 年后，我国实行重工业优先发展战略，在资本稀缺情况下，就必须采用计划手段，按产业的优先次序进行配置，这需要设计一套制度才能保证计划的实施，因而出现了城乡分割的户籍登记制度、价格和外汇管制制度、农产品统购统销制度以及城镇就业、福利制度等[14]。这些制度的实施不仅使城乡之间而且在城乡各自内部均画地为牢，阻碍了包括劳动力在内的各种资源的流动和合理配置，使各产业之间和各产业内部畸轻畸重，产业发展总是处于失调、调整、再失调、再调整的恶性循环之中。这是一种人为地割断产业分工发展的战略，其对我国经济发展的负面影响已有目共睹[②]。同时，我国农业生产力水平较低，为保证重工业优先增长目标的实现，又不得不在全国推行"以粮为纲"的农业发展方针和限制市场交易的制度，从而进一步阻碍了农业区域专业化发展和农业、农村内部的分工发展[15]。

[①] 禁榷制度就是禁止私人经营某种或某些工商业，对重要的工商业(如盐、铁等)实行政府垄断；土贡制度是统治阶级把所需要的各种生活必需品、奢侈品等不通过市场交易，而直接以贡的方式获得；官办工业制度就是政府自设作坊或工场，自行制造那些不能通过贡的方式获得的物品，如高贵和精美的奢侈品、公用物品和军需品等。

[②] 盛洪对我国改革之前的工业(尤其是机械工业)的非专业化发展与效率问题进行了分析。参见：盛洪. 分工与交易[M]. 上海：上海三联书店，上海人民出版社，1994.

(二)市场规模小制约农业商品化

农产品市场有地方小市场、城市市场、区域市场、国内市场、国际市场等五类[16]。地方小市场是小生产者之间调剂品种和余缺的市场，为买而卖，属于自然经济范畴，其发展只能强化自给自足；我国古代的城市市场虽然发达，但只限于农村向城市提供农产品，是一种单向的供给；区域市场由自然条件和共同习俗形成，因此其发展只能反映较小区域的自然差异。区域专业化生产是面向全国甚至全球市场的规模化生产，因此全国市场的形成与发展是区域专业化发展的必要条件，因此，我们可以从长距离贸易的数量与增长率方面验证我国农产品的消费规模和农业地区分工发展情况[15]。

在宋代以前，我国的长途贩运贸易虽很活跃，但除了官营和专卖品(如盐、铁等)外，主要是奢侈品和土特产(如渔、猎产品等)贸易[15]。这些产品是由自然条件决定的，因而其发展不是分工与专业化生产的结果。从明中叶起，长途贩运贸易转向了以粮食为主的民生用品。但在明代，我国粮食贸易主要集中于地方市场；当时主要输入粮食的地区有北方、长三角、福建和安徽徽州，输出的地区主要有江西南部和安徽江北一带，但粮食的长距离贸易量不大[15]。据估计，在明后期，大约为1000万石(1石=100升)，价值折银约为850万两(1两=50克)[17]。由于南粮北运的主要是漕粮，安徽徽州为缺粮地区，这两地的粮食贸易并不能反映地区分工的程度。只有长三角地区和福建因经济作物和手工业较发达而输入粮食，在一定程度上反映了地区分工发展。棉花种植起于明代且主要集中在河南、山东，由于当时织布集中在江苏南部一带，因而棉花和棉布的长距离运输都较频繁，但贸易量不大。因为当时棉布最大的产地松江府的棉布上市量也不超过2000万匹(1匹=13.33米)，合银约为330万两[17]。除粮食和棉花外，丝和丝织品也是运销的对象。明代的商品丝主要集中在浙江潮州府和四川保宁府，这两地也是蚕茧的产地；丝织品的生产主要集中在苏州、杭州一带，其上市量也仅在30万匹左右，合银30万两[17]。到了清代，农产品的长距离贸易有了进一步的发展。但到鸦片战争前，商品贸易的基本格局与明代差别不大(表5-3)。从商品值看，仍以粮食为主，其次是棉布和茶叶；从商品率看，棉花已超过粮食。从这一贸易格局可看出，当时的市场贸易结构是以粮食为基础、以布(和盐)为主要对象的小生产者之间的交换。

表5-3　鸦片战争前主要商品市场估计

	商品量	商品值		商品量占产量/%
		银/万两	比重/%	
粮食/亿斤	245.00	16333.30	42.14	10.50
棉花/万担	255.50	1277.50	3.30	26.30
棉布/万匹	31517.70	9455.30	24.39	52.80
丝/万担	7.10	1202.30	3.10	92.20
丝织品/万担	4.90	1455.00	3.75	—
茶/万担	260.50	3186.10	8.22	—
盐/亿斤	32.20	5852.96	15.10	
合计		38762.40	100	

资料来源：吴承明.中国的现代化：市场与社会[M].北京：三联书店，2001：140.

注：1斤=0.5千克；1担=50千克；1匹=13.33米；1两=50克。

鸦片战争后，国内市场迅速扩大，农产品的商品率也有所提高，其中商品率较高的是桑蚕业、粮食、棉花、茶叶等几种。据估计，桑蚕业的商品率由甲午战争前的18%提高到 1919 年的近 50%；粮食的商品率也由 1840 年的 10%提高到 1920 年的21.6%。但总的来说，商品化速度很慢，1840～1894 年的 54 年间，粮、棉、茶、蚕四种产品的商品值年均增长率仅为 1.65%，1894～1920 年的 26 年间虽然有所加速，但粮食、大豆、烟草、棉花、茶叶、蚕茧等六项农产品的商品值年均增长率也仅为 4.18%。按 1894 年价格计算则只有 1.68%；到 1936 年，在埠际贸易总额中，农产品只占24%，而粮食的贸易值仅占 6.8%[17]。这表明，在到 20 世纪 40 年代的漫长岁月中，我国农产品商品率一直较低[15]。

1949 年后，我国实行了国家收购制度，基本上不存在农产品市场交易。如果以收购量占农产品总产量的比重作为衡量商品率的指标，我国当时的农产品商品率是很低的，特别是粮食商品率更低（表 5-4）。由于粮食商品率很低，使农业难以支撑起庞大的非农业人口，支撑起较高的城市化水平。对 1949～1979 年间粮食商品率与城市化水平的回归分析表明，其相关系数为 0.8324。因此在当时实行严格的户籍制度，并在农业生产中强调粮食生产的重要性可能是正确的政策选择。但以粮为纲和限制农产品市场交易的政策所产生的副作用也是明显的。因为它抑制了区域优势的发挥，进而影响到农村劳动力的分工和农业区域专业化发展，致使粮食等商品率低。

表 5-4 1952～1978 年主要农产品收购量占总产量的比重（%）

年份	粮食	棉花	食用植物油
1952	20.8	84.1	—
1960	35.6	90.5	84.9
1965	25	96.3	66.4
1970	22.7	89.7	55.4
1978	20.3	94.3	55.9

资料来源：根据《新中国农业 60 年统计资料》数据整理。

（三）中国农业专业化不发展的其他原因

我国农业专业化的不发展除受制于市场规模狭小外，还受到人口压力、技术停滞、交通条件等因素的影响。

（1）人口压力。我国人口在秦汉时期就已达 2000 万[18]；明代以后，人口又进入了加速增长阶段，由 1400 年的约 6500 万增长到 1800 年的近 4 亿，增长了约 6 倍；1933 年接近 5 亿人；人均耕地面积也由 1400 年的 5.69 亩递减到 1933 年的 2.94 亩[19]。据帕金斯研究，从明初到 1949 年，我国人口增加了 7 至 9 倍，而粮食产量也增长了几乎相同的倍数，因此人口增长是推动产量增长的主要动力。在 1949～1980 年期间，我国人口增长更为迅速，人口总数由 1949 年的 5.4 亿增长到 1980 年的 9.9 亿。由于人多地少，生存压力大，因此在古代就已形成的以粮食为中心的农业发展格局，一直延续到现代。

（2）技术停滞。在强大的人口压力下，我国农民早就发展出了复种套种、精耕细作、集约经营的农业耕作技术体系，因此我国古代以来的粮食单产一直呈现出比较稳定的增长态势，并在唐代达到了 334 斤的平均水平，但单产变化并不大，如 1970 年的单产水平与秦汉时期基本相当；1980 年的单产水平与清朝后期也相差不大，这主要是由农业技术停滞造成的（表 5-5）。据帕金斯研究，在 14 世纪到 20 世纪 50 年代的 6 个世纪中，我国农业技术基本上没有变化；从粮食增产的两大贡献因素来看，1400 年以来单产对总产量的贡献份额递减，而耕地面积的贡献递增（表 5-6）。

表 5-5　中国耕地粮食单产的变化情况[①]　　　　单位：斤/亩

时期	秦一汉	东晋一南朝	北朝	唐	宋	元	明	清朝后期	1931年	1936年	1950年	1970年	1980年
平均	264	257	257.6	334	309	338	346	367	—	—	157	268	366
南方水稻	250	263	—	344	387	387	368	347	336	355	282	454	552

注：表中数值为各年代社会相对安定时期的平均亩产（除 1950 年、1970 年和 1980 年外）。1950 年、1970 年和 1980 年的水稻亩产为全国平均数。

资料来源：中华人民共和国农业部计划司. 中国农村经济统计大全（1949—1986）[M].北京：农业出版社，1989：146，148，150-151.

表 5-6　我国历史上单产量和耕地面积对粮食增产的贡献份额（%）

指标	1400～1770 年	1770～1850 年	1914～1957 年
单产的增长	42	47	24～45
耕地面积的扩大	58	53	76～55
合计	100	100	100

资料来源：德·希·帕金斯.中国农业的发展[M]. 宋海文，等译. 上海：上海译文出版社，1984：40.

在技术停滞条件下，劳动力的增长就成为农业产量增长必不可少的条件。冀朝鼎在《中国历史上的基本经济区与水利事业的发展》一书中指出："对于中国的社会经济制度来说，在当时的技术条件下，体力劳动就成了中国农业中最重要的生产要素。这样就使得官僚、地主阶级必然把促进人口的增长作为其经济政策的基础之一。"[20][②]这种主要由劳动和资本投入推动的增长方式也是 1949～1978 年的农业增长主调。在 1949～1978 年期间，农业总产出提高了 2 倍，由 1949 年的 326 亿元增加到 1978 年的 981 亿元；土地生产率指数 1979 年比 1952 年提高了 1.06 倍，但劳动生产率几乎没有变化，1978 年仅比 1952 年增长了 24%。从劳动力资本投入看，1949 年每亩耕地投入劳动力 0.085 人，资本 4.38 元，到 1980 年则分别达 0.138 人和 16.47 元（表 5-7）。

---

① 1950 年之前的数据来自：吴慧. 中国历代粮食亩产研究[M]. 北京：农业出版社，1985：194；
② 冀朝鼎.中国历史上的基本经济区与水利事业的发展[M]. 朱诗鳌，译. 北京：商务印书馆，2014：27. 还可参见：孟晰，白南生. 结构变动：中国农村劳动力的转移[M]. 杭州：浙江人民出版社，1988：230.

表 5-7　1949～1980 年我国农业每亩土地投入情况

年份	每亩耕地劳动力投入/(人/亩)	每亩耕地资本投入/(元/亩)
1949	0.085	4.38
1955	0.083	6.88
1960	0.076	5.83
1970	0.135	9.77
1978	0.135	14.85
1980	0.138	16.47

资料来源：中华人民共和国农业部计划司. 中国农村经济统计大全(1949—1986)[M].北京：农业出版社，1989.

（3）交通条件。交通运输是市场扩大的助推器。我国地域辽阔、国土开发历史悠久，在很长一段历史时期中，是世界上交通运输业比较发达的国家之一。在秦始皇时代，就开辟了驰道，促进了区间物资交易，汉代开辟了通往西域的"丝绸之路"，但在铁路发明与运营以前，主要的交通路线是水运。在明代，最重要的国内贸易是沿大运河和沿赣江南下两广的南北贸易，大运河的运输主要是因为北方是政治中心，但北方出产产品品种和数量有限，因而漕船把粮食等运往北方后，一般都是空船回南方；长江沿线贸易主要集中在下游，因为上游河滩险要，很危险；在清代，由于大运河的整治远不如元朝和明朝，南北向贸易大受影响，但东西向的贸易有了大发展，其中沿长江的东西向贸易有了更大的发展。我国的海外贸易虽然在宋代有较大的发展，通商 50 多个国家，进出口商品数百种，但由于海禁，明清时期的海外市场规模比宋代缩小了[17]。

鸦片战争后，又出现了近代化的水上运输业，但主要控制在外国列强的手中。到 1949 年，全国的轮船总吨位仅为 116 万吨，远洋运输仍是空白，内河通航里程 7.36 千米，为全国河道总长度的 17%。我国的铁路建设从 1881 年开始，但进展一直不大，到 1919 年铁路总长只有 10963 千米[21]，而到 1950 年却只有 22512 千米[19]；1949 年的铁路密度仅为 22.72 公里/万平方公里。陆路运输方面，虽然开辟了很多驿道，但很多地区因为山高路远，长途运输很少。我国的公路建设和汽车运输业是从 1902 年开始的，但到 1913 年才修建了 50 千米的公路，1949 年为 8.07 万千米，有一半多的县城不通公路。航空运输开始于 1929 年，其发展也主要受外国资本控制，到 1936 年，航空线路总长为 22000 多千米[4]。

1949 年后，我国交通运输业获得了较快发展，到 1980 年，全国交通运输网的总长度已达 123.91 万千米，比 1949 年增长了 6.6 倍，其中铁路增长 2.36 倍，公路增长 10.85 倍，内河航运增长 1.6 倍，民航航线增长 16.82 倍，但总的运输网密度仅为 0.13 公里/万平方公里。因为粮食、煤和各种工业品的运输已使运输业不堪重负，交通运输业发展的严重滞后使商品流通受到了抑制，也限制了不同地区人们之间的交流与合作，并进一步强化了农业的农户和地区自给自足式生产与消费，从而也抑制了农村人口和劳动力的转移，抑制了农业专业化的发展。

（4）城镇发展与工业化战略。我国历史上城镇的性质与发展道路与欧洲完全不同。欧洲中世纪的城市发展工商业，并与农村庄园经济共存，两者通过分工发展，形成农工商相互需求、城乡互动的二元社会经济结构[15]。而我国在长达 2000 多年中一直处于"王制"统治之下，实施这种统治的地方就是城市，因而社会经济结构始终是一元的，"城是国家机器的一个组成部分，是'权威'的一个有效工具。"我国兴建城市的目的是为了政治统治和军事防御，而非工商业发展[22]。即使是工商业很发达的镇，由于政府不需要其扩大，因而一直是镇，如景德镇、顺德镇等。我国古代城中的市场也都是由政府设立的，虽然北宋以后的朝代废除了对市场交易区域、时间等的严格规定，但市场内的一切活动仍然在市政官吏的直接监督之下，进入城市营业的工商业者都必须经过官府的批准，不符合抑工商业政策要求的一律不准生产和销售[15]。因此，我国古代以来的城市虽然有所发展，而且也发展出很多世界级的繁华城市，如长安、洛阳、开封等，但一直没有起到引领、促进工商业发展并催化社会经济分工与专业化发展的作用。

我国自古以来的工商业发展基本上都掌握在政府手中，如官办工业等。而近代的工业化也是如此(如"洋务运动")。"1850 年以来百来年间，中国发生的工业化主要是自上而下的，或移自国外，或由政府举办，没有出现像近代英国那样由小城镇把大城市(主要是通商口岸)与农村联系起来的状况。"[1]。在民国时期，虽然民族工商业也获得了较快的发展，但受到日本的军事侵略、帝国主义的经济侵略及其他因素的影响，没有出现持续发展的格局，如张謇在南通的实业发展情况。由此可以看出，我国历史上这种自上而下的工业化模式是重农抑工政策的必然结果，也是社会分工不发达，从而限制农民分工发展和农业专业化发展的主要原因。

农业中的林业、渔业和牧业与自然条件的联系很紧密，因此在改革开放之前，渔业主要以海洋或江河捕捞为主，牧业也以草原为主，专业化程度表面很高，但实际上这不是一种市场化的专业化发展，而是一种自然经济；虽然猪养殖业比较普遍，但主要以散养为主，因此专业化程度也不高。

综合上面的分析，可以得出这样的结论：自古以来，我国一直是一个以农为本的国家，历代王朝都非常重视农业，但重视的是粮食的增长，而非农业发展，因为受时代的局限或某种战略的需要，没有认识到农业的分业和劳动力的分工发展对经济发展的重要作用，人为地抑制农业与工商业、农村与城镇的互动，虽然农业增长养活了大量人口，但这种"过密化"增长不仅没有促进农业发展，也阻碍了社会经济发展。因此重农也就成了害农的根源。

第二节　改革开放后：农业区域专业化发展提速

改革开放后，我国农业和农村经济发展逐步走上了"有发展的增长"的良性增长轨道，这一增长格局被黄宗智称为农业的"反过密化"增长，其实质就是农业和农村的分工与专业化的发展形势。农业生产方式的转变始于农业生产承包制的实施，使农户成了自己的边际劳动的剩余索取者，激发了农户的劳动热情[23]。同时，政府对农产品价格和农产品(特别是粮食)流通体制进行了改革，诱导了农民提高劳动生产率，促进了农业的跳跃式发展，取得了几千年来所不曾有过的辉煌成就，农业专业化也获得了实质性发展。农业承包责任制还使农村劳动力在农业生产空闲之时，可从事其他经济活动，获得分工发展利益，大幅提高了农产品产量和农民收入。粮食产量由 1978 年的 30476.5 万吨增加到 2013 年的 60194 万吨（图 5-1），主要农产品供应实现了由短缺到相对剩余的转变；农民人均纯收入由 1978 年的 133.57 元增加到 2013 年的 8895.9 元。农村劳动力的分工发展促进了农民收入的增长，计算表明，1978～2013 年农村非农劳动力数量与农村人均纯收入之间高度相关（相关系数为 0.927）。

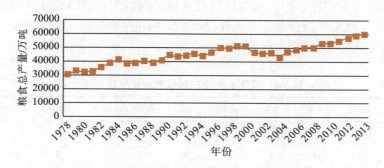

图 5-1　1978～2013 年我国粮食产量变化情况

资料来源：《中国统计年鉴》（1978～2013 年）。

一、农业区域专业化的发展与变化

（一）种植业的区域专业化发展

种植业区域专业化的发展就是在一个区域只种植一两种农作物，因此其发展变化反映的是耕地资源的配置和以比较利益原则进行的生产结构调整。据此，我们可以用各省份某种农作物播种面积占全国同类作物总播面的比例（播面集中度）及其变化来表示该种农作物的地区专业化发展程度及其变化。

改革开放以来，我国的耕地资源利用遵循着区域比较优势的动态变化而调整。种植业生产正逐步向专业化分工、区域化布局方向发展。国际经验表明，从事粮食生产的农户只有达到相当大的规模才能获得较好的收益。根据中国农业科学院对农业生产区域的区划标准[24]，利用各年中国统计年鉴的数据，计算了各区域各类主要农产品播种面积占全国同类农作物播种面积的比重（即集中度）见表 5-8。从表 5-8 中各区域各类主要农产品播种面积的集中度变化可以看出，东北区人均耕地面积较多，因此我国的粮食生产出现了由南方向北方尤其是东北转移。1978～2013 年，东北区的粮食插面集中度提高了 4.5 个百分点，其中水稻提高了 12 个百分点，但大豆、蔬菜和瓜果均有较大幅度下降；华北区的小麦种植面积所占比重上升了 10 个百分点，但大豆、棉花以及蔬菜和瓜果均有不同程度的下降；华东区的小麦播种面积占总播种面积的比重上升了 7.5 个百分点，但棉花和其他作物均大幅度下降；华中区的油料比重上升了 12 个百分点，蔬菜瓜果上升了 3.6

个百分点；华南区的蔬菜和瓜果播种面积占总播种面积的比重上升了 9.4 个百分点，其他作物上升了 31.4 个百分点；西南区的大豆、油料、蔬菜和瓜果及其他作物均有较大的上升；西北区玉米、大豆和棉花等播种面积占总播种面积的比重均有上升，其中棉花上升了 37.5 个百分点；晋陕区主要是棉花下降比较多。

油料生产则表现出向西南和华中集中的趋势。在所有农作物中，大豆、棉花和蔬菜的地区变化更为显著。大豆生产正在向西南和西北集中，但仍以东北为主，其中西南提高了 12.2 个百分点，西北提高了 10.7 个百分点，晋陕地区提高了 1.8 个百分点。华北虽然仍是我国棉花的主产区，但其重要性日益式微，而西北(主要是新疆)的棉花生产在全国的地位提升了 37.5 个百分点，成为我国第一大棉花生产基地。蔬菜和瓜果生产则向西南、华南等南方省份集中(表 5-8)。

表 5-8　我国农业生产区域专业化变化(%)

地区	年份	粮食	水稻	小麦	玉米	大豆	薯类	棉花	油料	蔬菜和瓜果	其他
东北	1978	13	3	8	27	39		2	9	22	5
	1995	13	6	5	28	30	4.5	0	3	9	15
	2002	11	10	1	26	31		0	6	7	5
	2013	17.5	15	0.6	30.8	32.2	4.8	0	5.2	4.7	3.1
华北	1978	22	2	38	32	24		38	22	26	6
	1995	22	3	40	32	17	18	44	21	21	8
	2002	22	3	45	31	12		46	22	27	6
	2013	21.6	2.9	48	26.7	9.2	9.1	31.8	20.4	14.2	5.7
华东	1978	14	23	12	4	15		22	14	10	26
	1995	13	15	15	5	9		20	18	14	16
	2002	12	19	16	5	11		16	18	15	12
	2013	12	17.8	19.5	3.7	15.1	3.6	10.6	10.8	11.2	1.2
华中	1978	13	31	5	3	6		18	14	10	40
	1995	12	31	5	3	3	9.9	15	23	15	22
	2002	11	29	4	3	7		21	21	15	18
	2013	11.5	31.4	4.7	2.6	5.3	8.2	15.2	26	13.6	6.4
华南	1978	10	26	3	3	4		0	12	9	9
	1995	9	23	1	3	5	9.6	0	6	20	22
	2002	8	21	0	3	4		0	6	16	25
	2013	6.4	16.8	0	2.3	3.5	10.3	0	5.3	18.4	40.4
西南	1978	14	14	11	16	5		6	13	9	9
	1995	15	15	12	15	12	29.8	3	13	14	17
	2002	16	17	12	14	13		1	13	12	20

地区	年份	粮食	水稻	小麦	玉米	大豆	薯类	棉花	油料	蔬菜和瓜果	其他
西南	2013	14.6	14.9	8.3	11.4	17.2	39.8	0.4	17.6	17.6	37.9
西北	1978	7	0	14	5	1		3	12	8	5
	1995	9	1	13	8	12	8.1	14	11	3	13
	2002	10	1	12	11	12		24	10	4	14
	2013	10.8	0.8	11.6	14.8	11.7	18.4	40.5	11.7	7.97	3.6
晋陕	1978	7	0	9	9	4		10	4	6	3
	1995	6	1	9	7	7	7.2	14	5	3	2
	2002	6	1	9	8	6		3	4	3	2
	2013	5.7	0.4	7.3	7.8	5.8	5.9	1.4	3.1	6.7	1.2

（二）农产品生产集中度的省际差异

为了从更小的区域来分析区域专业化的变化，我们以省（自治区、直辖市）为单位，分析各省份在 1980～2013 年的农产品生产集中度及其变化。选择 1980 年为基年，主要是因为在这一年是改革开放之初。各省份的农产品生产集中度，既反映了各省份的农产品生产在全国的地位，也集中反映了各省在农产品生产方面的资源、技术等比较优势。因此不同时期农产品生产集中度的变化能够反映各省份农业区域比较优势和区域专业化的发展变化。

1. 粮食生产集中度的变化

从表 5-9 的粮食生产集中度变化，可以发现：①我国粮食生产以北方为主，且有进一步向北方省份集中的趋势，如黑龙江、吉林、河北、内蒙古等。②在 1980～2013 年间，集中度位列前 10 位的省份变化不大，只有广东的粮食生产退出了前 10 位；前 10 个粮食主产省份的集中度之和呈逐步提高态势，1980 年为 60.70%，2013 年进一步上升到 64.71%，区域专业化程度有所提高。③单个省份的生产集中度都不高，均在 10% 以下，因为我国人口多，耕地少，粮食生产为各级政府不得不重视的大问题，加上粮食品种较多，因此粮食生产集中度较为均匀（表 5-9）。稻谷生产集中度方面，由于水稻生产对水热条件要求高，因此一直是南方的重要粮食生产品种，位列前 10 位的省份变化不大，湖南一直位列第一，只有浙江、福建逐步退出前 10 位，黑龙江、云南则进入前 10 位，特别是黑龙江的稻谷生产地位上升最快；位列前 10 的主产省份的合计集中度有所下降，但下降幅度不大，1980 年为 84.77%，2013 年下降到 79.39%（表 5-10）。

表 5-9　1980～2013 年前 10 个省（自治区、直辖市）粮食产量集中度变化（%）

地区	1980 年	地区	2010 年	地区	2013 年	1980～2013 年	2010～2013 年
四川	8.11	河南	9.95	黑龙江	9.97	5.41	0.80
江苏	7.54	黑龙江	9.17	河南	9.49	2.79	-0.46
山东	7.44	山东	7.93	山东	7.52	0.08	-0.41
河南	6.70	江苏	5.92	吉林	5.90	3.22	0.70
湖南	6.63	四川	5.90	江苏	5.69	-1.85	-0.23
广东	5.64	安徽	5.64	河北	5.59	0.84	0.14
湖北	4.79	河北	5.45	四川	5.63	-2.48	-0.27
河北	4.75	湖南	5.21	安徽	5.45	0.91	-0.19
黑龙江	4.56	吉林	5.20	湖南	4.86	-1.77	-0.35
安徽	4.54	湖北	4.24	内蒙古	4.61	3.37	0.66

资料来源：《中国统计年鉴》（1980～2013 年）、各省（自治区、直辖市）统计年鉴（1980～2013 年）。

表 5-10　1980～2013 年前 10 个省（自治区、直辖市）稻谷产量集中度变化（%）

地区	1980 年	地区	2010 年	地区	2013 年	1980～2013 年	2010～2013 年
湖南	13.88	湖南	12.80	湖南	12.58	-1.30	-0.22
广东	11.60	江西	9.49	黑龙江	10.91	10.34	1.49
江苏	8.78	黑龙江	9.42	江西	9.84	1.35	0.35
江西	8.49	江苏	9.24	江苏	9.44	0.66	0.20
四川	8.63	湖北	7.96	湖北	8.23	0.81	0.27
浙江	8.41	四川	7.72	四川	7.61	-1.02	-0.11
湖北	7.42	安徽	7.07	安徽	6.69	1.16	-0.38
广西	7.20	广西	5.73	广西	5.68	-1.52	-0.05
安徽	5.53	广东	5.42	广东	5.13	-6.47	-0.29
福建	4.83	浙江	3.31	云南	3.28	0.51	0.13

资料来源：《中国统计年鉴》（1980～2013 年）、各省（自治区、直辖市）统计年鉴（1980～2013 年）。

　　小麦生产一直以北方为主，位列前 5 位的主产省份的集中度均表现出上升趋势，这 5 个省份都是小麦生产的优势地区，因此是一种向优势地区集中的趋势，从前 10 个省份的合计集中度看，1980 年为 81.29%，2010 年上升到 92.33%，2013 年为 92.94%（表 5-11）。

表 5-11　1980～2013 年前 10 个省（自治区、直辖市）小麦产量集中度变化（%）

地区	1980 年	地区	2010 年	地区	2013 年	1980～2013 年	2010～2013 年
河南	16.13	河南	26.76	河南	26.46	10.33	-0.3
山东	13.88	山东	17.87	山东	18.20	4.32	0.33
江苏	10.22	河北	10.68	河北	11.38	4.42	0.70

地区	1980 年	地区	2010 年	地区	2013 年	1980～2013 年	2010～2013 年
四川	7.43	安徽	10.48	安徽	10.92	4.75	0.44
黑龙江	7.15	江苏	8.75	江苏	9.03	-1.19	0.28
河北	6.96	新疆	5.41	新疆	4.94	1.08	-0.47
安徽	6.17	四川	3.71	四川	3.46	-3.97	-0.25
湖北	4.83	陕西	3.51	湖北	3.42	-1.41	-0.44
陕西	4.17	湖北	2.98	陕西	3.20	-0.97	0.31
甘肃	4.35	甘肃	2.18	甘肃	1.93	-2.42	-0.25

资料来源：《中国统计年鉴》（1980～2013 年）、各省（自治区、直辖市）统计年鉴（1980～2013 年）。

　　玉米生产也一直以北方为主，因此生产集中度位列前 10 位的省份以北方居多，且有进一步向北方集中的趋势，特别是向东北区集中，东北区的集中度由 1980 年的 26.85%上升到 2010 年的 30.91%和 2013 年的 34.57%，而四川则由第 4 位下降到第 9 位；前 10 个主产省份的合计集中度几乎没变化，1980 年为 81.71%，到 2013 年略降至 80.28%（表 5-12）。

表 5-12　1980～2013 年前 10 个省（自治区、直辖市）玉米产量集中度变化（%）

地区	1980 年	地区	2010 年	地区	2013 年	1980～2013 年	2010～2013 年
山东	13.19	黑龙江	13.11	黑龙江	14.72	6.41	1.61
河北	10.59	吉林	11.31	吉林	12.70	4.60	1.39
辽宁	10.44	山东	10.90	内蒙古	9.47	7.25	1.2
四川	9.78	河南	9.22	山东	9.00	-4.19	-1.9
河南	8.51	河北	8.51	河南	8.22	-0.29	-1.00
黑龙江	8.31	内蒙古	8.27	河北	7.80	-2.79	-0.71
吉林	8.10	辽宁	6.49	辽宁	7.15	-3.29	0.66
陕西	4.39	山西	4.32	山西	4.37	0.17	0.05
山西	4.20	四川	3.77	四川	3.49	-6.29	-0.28
云南	4.20	云南	3.46	云南	3.36	-0.84	-0.10

资料来源：《中国统计年鉴》（1980～2013 年）、各省（自治区、直辖市）统计年鉴（1980～2013 年）。

　　大豆生产主产区一直在以东北区为主的北方，1980～2010 年，生产集中度位列前 10 位省份的生产集中度大部分为上升趋势，其中河南上升了 11.09 个百分点，但由于市场原因，到 2013 年出现下降的省份增多；集中度位列前 10 的省份的合计集中度出现了下降，由 1980 年的 83.42%下降到 2010 年的 80.65%和 2013 年的 77.53%（表 5-13）。

表 5-13　1980～2013 年前 10 个省（自治区、直辖市）大豆产量集中度变化（%）

地区	1980 年	地区	2010 年	1980～2010 年	地区	2013 年	1980～2013 年
黑龙江	27.70	黑龙江	38.79	11.09	黑龙江	32.36	4.66
河南	11.60	内蒙古	8.84	7.27	内蒙古	10.02	8.45

续表

地区	1980 年	地区	2010 年	1980～2010 年	地区	2013 年	1980～2013 年
山东	10.60	安徽	7.94	1.71	安徽	8.95	2.72
吉林	7.61	吉林	5.74	-1.87	河南	6.10	-5.50
辽宁	6.73	四川	3.52	0.94	四川	4.33	1.75
安徽	6.23	河南	5.73	-5.87	江苏	3.93	-0.47
江苏	4.40	江苏	3.96	-0.44	吉林	3.80	-3.81
河北	3.71	云南	1.80	0.92	山东	3.00	-7.6
四川	2.58	陕西	2.63	0.37	云南	2.66	1.78
陕西	2.26	湖北	1.70	0.25	辽宁	2.38	-4.35

资料来源：《中国统计年鉴》(1980～2013 年)、各省(自治区、直辖市)统计年鉴(1980～2013 年)。

2. 经济作物生产集中度的变化

从油菜籽的生产集中度看，位列前 10 的主产省份的合计集中度有所上升，由 1980 年的 85.20%上升到 2010 年的 86.00%和 2013 年的 86.12%，变化最大的是浙江，1980 年的集中度为 11.41%，但 2010 年就很低了，而湖北则由 1980 年的 4.87%(第 8 位)上升到 2010 年的 17.80%和 2013 年的 17.32%，不过前 5 位主产省份基本稳定(表 5-14)。

表 5-14　1980～2013 年前 10 个省(自治区、直辖市)油菜籽产量集中度变化(%)

地区	1980 年	地区	2010 年	1980～2010 年	地区	2013 年	1980～2013 年
四川	24.41	湖北	17.80	12.93	湖北	17.32	12.45
浙江	11.41	四川	15.70	-8.71	四川	15.50	-8.91
安徽	11.41	湖南	12.70	6.66	湖南	13.46	7.42
江苏	8.52	安徽	10.20	-1.21	安徽	8.99	-2.42
湖南	6.04	江苏	8.60	0.08	江苏	7.83	-0.69
贵州	5.66	河南	6.80	1.18	河南	6.21	0.59
河南	5.62	江西	4.90	3.14	贵州	5.66	0
湖北	4.87	贵州	3.90	-1.76	江西	4.87	3.11
上海	4.03	陕西	2.80	-0.43	云南	3.51	1.75
陕西	3.23	重庆	2.60	—	重庆	2.77	—

资料来源：《中国统计年鉴》(1980～2013 年)、各省(自治区、直辖市)统计年鉴(1980～2013 年)。

棉花生产的集中度一直很高，位列前 10 位主产省份的集中度 1980 年为 88.55%，到 2010 年和 2013 年又分别上升为 95.52%和 94.67%，就单个生产省份来看，1980 年之前主要集中于山东、江苏和河南，但改革开放以来，这些传统主产区的棉花生产集中度下降很多，仅新疆的生产集中度提高很快，到 2013 年新疆的产量占全国的 55.84%，这种趋势的形成与区域优势直接相关，山东等棉花传统种植区域的品质没有新疆的好，新疆是我国唯一的长绒棉生产地，而且新疆干旱，不利于粮食生产，而有利于耐旱农作物生产(表 5-15)。

表 5-15　1980～2013 年前 10 个省(自治区、直辖市)棉花产量集中度变化(%)

地区	1980 年	地区	2010 年	1980～2010 年	地区	2013 年	1980～2013 年	2010～2013 年
山东	19.84	新疆	41.59	38.67	新疆	55.84	52.92	14.25
江苏	15.44	山东	12.13	-7.71	山东	9.86	-9.98	-2.27
河南	15.00	河北	9.55	0.43	湖北	7.30	-4.37	-0.61
湖北	11.67	湖北	7.91	-3.76	河北	7.25	-1.87	-2.30
河北	9.12	河南	7.50	-7.5	安徽	3.99	-0.52	-1.31
安徽	4.51	安徽	5.30	0.79	江苏	3.32	-12.12	-1.06
湖南	3.55	江苏	4.38	-11.06	湖南	3.14	-0.41	-0.67
四川	3.51	湖南	3.81	0.26	江西	2.08	0.49	-0.11
陕西	2.99	江西	2.19	0.60	甘肃	1.12	1.01	—
新疆	2.92	山西	1.16	-1.72	天津	0.77	0.70	—

资料来源:《中国统计年鉴》(1980～2013 年)、各省(自治区、直辖市)统计年鉴(1980～2013 年)。

　　从表 5-16 可以看出,与 1980 年相比,花生的生产集中度变化较大,其中山东、广东下降很多,只有河南提高得较多,1980 年前 5 个主要生产省份的集中度合计为 72.36%,2013 年降到 68.24%;1980～2013 年期间,甘蔗生产集中度提高最多的为广西,提高了 45.44 个百分点,而下降最多的是广东,下降了 34.05 个百分点,生产主要集中在广西、云南和广东 3 个省份,居前 5 位主产省份的合计集中度由 1980 年的 90.37% 提高到 2013 年的 96.76%。甜菜的生产集中度变化情况与甘蔗类似,与 1980 年相比,黑龙江大幅度萎缩,而新疆则大规模扩大,不过主产区均为新疆、内蒙古和黑龙江,居前 5 位主产省份的集中度合计由 1980 年的 77.42% 提高到 2013 年的 90.54%。

表 5-16　1980～2013 年花生、甘蔗和甜菜产量集中度变化(%)

作物	时间	河南	山东	河北	辽宁	广东	安徽	湖北	四川	吉林	广西
	2013 年	27.77	20.37	7.66	6.56	5.88	5.22	4.01	3.85	3.29	3.19
花生	1980 年	4.84	36.31	9.18	4.45	15.54	6.49	1.6	3.2	0.25	3.42
	1980～2013 年	22.93	-15.94	-1.52	2.01	-9.66	-1.27	2.41	0.65	3.04	-0.23
作物	时间	广西	云南	广东	海南	贵州	湖南	江西	浙江	四川	福建
	2013 年	63.22	16.74	12.12	3.44	1.24	0.57	0.5	0.5	0.44	0.46
甘蔗	1980 年	17.78	7.58	46.17	—	0.37	3.01	3.93	1.89	5.76	13.08
	1980～2013 年	45.44	9.16	-34.05	—	0.87	-2.44	-3.43	-1.39	-5.32	-12.62
作物	时间	新疆	内蒙古	黑龙江	河北	甘肃	山西	辽宁	山东		
	2013 年	51.46	19.59	13.3	8.02	2.67	2.43	1.85	0		
甜菜	1980 年	5.37	12.94	52.99	1.47	1.67	2.57	3.55	2.51		
	1980～2013 年	46.09	6.65	-39.69	6.55	1	-0.14	-1.7	-2.51		

资料来源:《中国统计年鉴》(1980～2013 年)、各省(自治区、直辖市)统计年鉴(1980～2013 年)。

　　从表 5-17 可以看出，与 1980 年相比，烟叶的生产集中度变化较大，其中河南、山东下降很多，而云南、贵州和四川上升较多，2013 年前 5 个主产省份的集中度合计为70.30%，而 1980 年为 64.37%，不过主产省份一直是云南、贵州和河南；与 1980 年相比，2013 年四川、浙江和江苏的蚕茧生产集中度有较大幅度下降，居前 5 位主产省份的合计集中度由 1980 年的 90.26%下降到 2013 年的 73.18%。

表 5-17　1980～2013 年烟叶和蚕茧产量集中度变化(%)

烟叶	2013 年	1980 年	1980～2013 年	蚕茧	2013 年	1980 年	1980～2013 年
云南	31.9	10.92	20.98	广西	36.27	0.93	35.34
贵州	12.9	7.96	4.94	四川	12.66	35.72	-23.06
河南	10.3	25.85	-15.55	广东	11.44	8.94	2.5
湖南	7.8	5.05	2.75	江苏	6.62	16.01	-9.39
四川	7.4	1.73	5.67	浙江	6.19	25.95	-19.76
福建	4.8	1.47	3.33	辽宁	5.8	0.04	5.76
湖北	3.8	2.53	1.27	安徽	3.62	1.83	1.79
安徽	1.27	5.74	-4.47	山东	3.47	3.64	-0.17
山东	3.32	13.9	-10.58	云南	3.15	0.34	2.81
				河南	2.81	0.44	2.37

资料来源：《中国统计年鉴》(1980～2013 年)、各省(自治区、直辖市)统计年鉴(1980～2013 年)。

　　从表 5-18 可以看出，与 1980 年相比，茶叶的生产集中度变化较大，其中浙江、安徽和湖南下降很多，而福建、云南、湖北和四川提高较多，2013 年前 5 个主产省份的集中度合计为65.41%，而 1980 年为 73.93%；与 1980 年相比，2013 年山东、河北和辽宁的水果生产集中度下降了很多，居前 5 位的主产省份的合计集中度由 1980 年的 59.47%下降到 2013 年的 42.81%。

表 5-18　1980～2013 年茶叶和水果产量集中度变化(%)

茶叶	2013 年	1980 年	1980～2013 年	水果	2013 年	1980 年	1980～2013 年
福建	18.03	8.63	9.40	山东	12.07	22.80	-10.73
云南	15.68	5.94	9.74	河南	10.36	6.70	3.66
湖北	11.53	5.01	6.52	河北	7.43	12.77	-5.34
四川	11.41	9.6	1.81	陕西	7.03	3.77	3.26
浙江	8.76	26.08	-17.32	广东	5.92	5.36	0.56
湖南	7.59	18.75	-11.16	广西	5.71	3.55	2.16
安徽	5.25	10.87	-5.62	新疆	5.29	2.56	2.73
贵州	4.65	2.23	2.42	辽宁	3.76	11.84	-8.17
广东	3.62	3.97	-0.35	湖北	3.67	1.34	2.33
河南	2.9	0.45	2.45	安徽	3.61	1.39	2.22

资料来源：《中国统计年鉴》(1980～2013 年)、各省(自治区、直辖市)统计年鉴(1980～2013 年)。

　　从经济作物的生产集中度变化可以看出，一般都有比较高的生产集中度；经济作物生产集中度的高低与地区的自然条件有关，与自然条件关系密切的农产品，如甜菜、甘蔗、烟叶等，主要生产省份一直没多大变化；但另一方面，由于经济作物与农民收入直接相关，因此与自然条件关系密切度一般的农产品生产，如茶叶、水果等，主产省份随比较效益而变化，但可以看出各地都比较积极地开展生产，因此生产集中度下降了。

3. 其他农产品生产的集中度变化

　　与经济作物的集中度一样，其他农产品的生产集中度也很高，但除牛奶外，各种产品的集中度基本上都表现出下降趋势。肉类的集中度由 1985 年的 40.6%下降为 2013 年的 36.8%；猪肉的集中度变化不大，由 1985 年的 41.7%下降到 2013 年的 38.6%；水产品的集中度由 1985 年的 65.0%下降为 2013 年的 55.1%，其中，淡水产品的集中度由 1985 年的 63.3%降为 2013 年的 53.3%；牛奶的集中度由 1985 年的 48.6%上升为 2013 年的 99.4%。就各类产品集中度位列前 5 位的省份来看，变化都不大，当然每种产品内部 5 个主产省份的集中度处于变化之中，这显示出目前正在进行的生产结构调整还没有结束（表 5-19～表 5-21）。

表 5-19　1985～2013 年肉类产量前五个省份的集中度变化(%)

肉类						猪肉					
1985 年		1990 年		2013 年		1985 年		1990 年		2013 年	
四川	11.8	四川	10.5	山东	9.1	四川	12.2	四川	10.7	四川	9.3
江苏	7.9	山东	7.8	河南	8.2	湖南	8.3	湖南	8.5	河南	8.3
湖南	7.9	湖南	7.1	四川	8.1	江苏	8.2	山东	7.3	湖南	7.8
山东	6.8	广东	7.1	湖南	6.1	山东	6.6	湖北	6.6	山东	7.2
广东	6.2	江苏	6.8	河北	5.3	广东	6.4	河南	5.8	湖北	6.0
合计	40.6		39.3		36.8		41.7		38.9		38.6

资料来源：《中国统计年鉴》(1985～2013 年)、各省(自治区、直辖市)统计年鉴(1985～2013 年)。

表 5-20　1985～2013 年水产品产量前五个省份的集中度变化(%)

水产品						淡水产品					
1985 年		1990 年		2013 年		1985 年		1990 年		2013 年	
广东	18.2	广东	16.8	山东	14	广东	18.2	广东	16.2	湖北	13.5
浙江	14.9	山东	13.6	广东	13.2	江苏	15.2	江苏	16	广东	12.3
山东	11.5	浙江	11.2	福建	10.7	湖北	13.1	湖北	14.1	江苏	11.8
福建	10.8	江苏	9.6	浙江	8.92	湖南	11.2	湖南	10.2	江西	8.0
江苏	9.6	福建	9.9	江苏	8.25	江西	5.6	四川	3.2	湖南	7.7
合计	65.0		61.1		55.1		63.3		59.7		53.3

资料来源：《中国统计年鉴》(1985～2013 年)、各省(自治区、直辖市)统计年鉴(1985～2013 年)。

表 5-21　1985～2013 年牛奶产量前五个省份的集中度变化（%）

1985 年		1990 年		2002 年		2013 年	
黑龙江	17.2	黑龙江	24.5	黑龙江	18.1	内蒙古	21.7
内蒙古	9.8	内蒙古	8.9	内蒙古	12.7	黑龙江	25.7
四川	8.8	新疆	7.4	河北	10.5	河　北	22.8
新疆	6.6	上海	5.5	新疆	7.3	河　南	15.7
青海	6.2	四川	5.3	山东	6.9	山　东	13.5
合计	48.6		51.6		55.5		99.4

资料来源：《中国统计年鉴》（1985～2013 年）、各省（自治区、直辖市）统计年鉴（1985～2013 年）。

二、农户专业化的发展与变化

改革开放后，随着农业经营制度和农产品价格的改革，每个农户拥有了"生产什么、如何生产"的决策权，农户生产专业化也获得了较快的发展[25]。农户生产专业化的发展始于 1980 年，具体表现为农业专业户、重点户的兴起，这些专业户或重点户专门或主要从事一种农产品生产，如养鱼、种草、养蜂、养猪专业户等，到 1983 年底，农村"两户"已发展到 2483 万户，占农村总户数的 13.6%；一些地区还出现了以从事一两项生产或经营项目为主的专业村；到 20 世纪 90 年代中期，仅畜牧业专业户和重点户就有334 万户，其中，养禽的占 36.7%，养猪的占 27.6%。但由于农户规模普遍较小，农户专业化发展表现得并不充分。20 世纪 90 年代以来，在农业产业化经营的带动下，各地提出了"一村一品，一县一业"的农业发展策略，极大地促进了农户的专业化及村、乡镇及县域的专业化发展。伴随着各种农业生产专业户的发展，为各类生产专业户的生产及其产前、产后提供服务的各种社会化服务专业户也蓬勃发展起来。

党的十八大以来，习近平总书记在农村视察时还多次指出，要因地制宜发展现代养殖业、林果业、园艺业，发展一村一品、多村一品、一乡一业、一县一业优势主导产业[26]。近几年的中央一号文件都强调要扶持发展一村一品、一县一业，壮大县域经济，带动农民就业致富，各地的专业村、镇和专业县（区）等迅速增多[27]。以四川省为例，截至 2015 年底，全省一村一品专业村镇已达 6479 个，其中全国一村一品示范村镇 71 个；专业村镇经济总收入 2856.4 亿元；在一村一品专业村镇的示范带动下，促进了特色农业的集聚发展，全省共培育现代农业万亩亿元示范区 1000 个，初步建成了川西茶叶、长江上游晚熟柑橘、川中优质生猪、盆周山区优质肉牛羊等优势产业带和集中发展区，促进了绿色品牌农业和区域专业化的发展，增强了现代农业发展能力，带动了农民增收，四川全省专业村镇农民人均纯收入 9217.8 元，比全省农民平均收入多 414.8 元[27]。

随着农村劳动力转移和土地流转的不断增多，专业户的经营规模得到了扩大，家庭农场随之而生。据农业部统计，2012 年我国已有家庭农场 87.7 万个，经营耕地面积达1.76 亿亩（1 亩≈666.667 平方米），占全国承包耕地面积的 13.4%，平均经营规模达到200.2 亩，全国家庭农场经营总收入为 1620 亿元，平均每个家庭农场为 18.47 万元[28]，从生产类型来看，种植业农场有 40.95 万个，占全部家庭农场的 46.7%；养殖业农场有 39.93 万个，占 45.5%[29]。

2013 年中央提出发展家庭农场后，各地相继出台了认定标准和扶持政策、措施，有力地促进了家庭农场的发展。家庭农场的发展，扩大了农户的经营规模，农业生产的农户专业化水平有了很大的提高，也促进了区域专业化的发展。但从各地来看，家庭农场的发展很不平衡，经济发达地区的发展情况比较好。到 2014 年 6 月底，山西全省认定的家庭农场达 8027 个[30]。2014 年，四川家庭农场已发展到 13873 个，其中，种植业农场 6804 个，占 49.0%；畜牧业农场 4287 个，占 30.9%；渔业农场 729 个，占 5.3%；种养结合农场 1488 个，占 10.7%；其他农场 565 个，占 4.1%[31]。家庭农场的发展，促进了农业经营的规模化和专业化，据统计，四川省每个家庭农场的经营面积平均为 96 亩，其中，种植业农场平均经营耕地 136 亩，近九成家庭农场种粮规模在 50～200 亩。家庭农场的发展有力地促进了农民增收，2014 年四川省家庭农场销售农产品 29.4 亿元，场均达到 21 万元，年销售总值 10 万元以上的家庭农场 6608 个，占总数的 47.6%，其中 100 万元以上家庭农场 470 个，占总数的 3.5%。家庭农场的发展还促进了品牌化经营，据统计，四川拥有注册商标的家庭农场有 320 个，获得农产品质量认证家庭农场有 107 个[27]。2014 年，山东有家庭农场 3.8 万家，数量全国第一。家庭农场的经营规模大部分在 200～500 亩，通过适度规模化经营，有效提高了土地、资金利用效率和劳动生产率，降低了生产成本，经营收益明显提高，60%以上的家庭农场年均收入在 10 万元以上[32]。

三、改革开放以来中国农业专业化发展提速的原因

（一）农业结构调整与农业专业化发展

改革开放以来，我国农业区域专业化发展主要由政府宏观指导和市场化推动。20 世纪 80 年代到 90 年代中期，在政府的宏观指导下，全国各地进行了农业区划工作，基本明确了各地的农业发展方向和途径；同时随着我国市场经济体制的逐步完善，各地的地区性和全国性农产品市场蓬勃发展，因此在政府指导和市场的推动下，各地区根据自身的比较优势及比较收益，因地制宜开展农业生产，促进了农产品生产逐步向优势地区集中，推动了农业区域化专业化发展，农业生产结构得到优化和调整。从表 5-22 可以看出，种植业在农业总产值中的比重已由 1978 年的 79.99%下降到 2013 年的 52.53%，而牧业和渔业则分别有 1978 年的 14.98%和 1.59%上升到了 2013 年的 32.89%和 9.95%，只有林业的变动不大(表 5-22)。2005 年以来，农业生产结构大体稳定，结合前面的各类农产品生产集中度的变化，可以看出我国各地的农业生产基本都在自然资源优势的基础上进行，但同时也随着比较利益的动态变化而微调整，并呈现出各业均有发展的格局。

表 5-22　1978～2013 年我国农业生产结构变动(%)

年份	种植业	林业	牧业	渔业
1978	79.99	3.44	14.98	1.59

续表

年份	种植业	林业	牧业	渔业
1990	64.66	4.31	25.67	5.36
1995	58.43	3.49	29.72	8.36
2000	55.68	3.76	29.67	10.89
2005	51.72	3.7	33.75	10.83
2010	52.99	3.83	33.37	9.81
2013	52.53	4.63	32.89	9.95

资料来源：《中国统计年鉴》(2014)。

(二)农产品市场化发展与流通体制改革

20 世纪 80 年代以来，农产品流通体制的改革，有力地促进了我国农业市场化程度的不断提高。从 1985 年起，沿袭 30 多年的统购统销制度被逐步取消，逐步放开了农产品价格和购销，市场机制开始在农业经济中发挥作用[33]。据国际货币基金组织测定，我国于 1992 年底就已有70%的农产品通过市场渠道进行交易或按市场价格成交。随着经济体制改革的不断深入，到 20 世纪末期，除粮食实行部分国家收购，棉花、烟草等继续实行计划收购外，其余农产品均已市场化，自由购销，价格随行就市[34]，农产品已经形成了多渠道销售经营的格局，市场交易占据了主导地位。我国的城乡市场总数由 1980 年的 40809 个增加到 2002 年的 82498 个，增加了一倍多，交易额从 1980 年的 235.4 亿元增加到 2002 年的 25975.7 亿元，增长了 100 多倍(表 5-23)。1990 年郑州粮食批发市场开业后，全国各地又相继建立了一大批区域性粮食批发市场[35]。农产品集贸市场的交易形态也发生了较大的变化，进入 21 世纪后，全国统一的大市场逐步形成，市场范围的不断扩大有效地刺激了各地比较优势的发挥，从而为农业区域专业化发展提供了激励[①]。

表 5-23　1980～2002 年中国消费品与农产品市场数量与交易额变化

	1980 年	1985 年	1990 年	2000 年	2002 年
市场数目/个	40809	61337	72579	88811	82498
城市	2919	8013	13106	26395	26529
农村	37890	53324	59473	62416	55969
交易额/亿元	235.4	633.2	2168.2	2279.6	25975.7
城市	23.7	120.7	837.8	13800.4	15140.1
农村	211.7	511.6	1330.4	10479.2	10835.6
粮油/亿元	34.4	49.6	146.8	1959.5	2095.5
肉禽蛋/亿元	42.1	140.1	618.8	4201.9	4468.0
水产品/亿元	9.3	33.2	182.4	2073.4	2205.4
蔬菜/亿元	21.5	48.8	264.2	2661.8	2887.7
干鲜果/亿元	7.5	25.5	183.5	1546.2	1692.2

资料来源：《中国统计年鉴》(1991，2003)。

---

① 如我国 20 世纪 80 年代中期兴起的"南菜北运"就是一个典型事例。参见：杨明洪. 农业增长方式转换机制论[M]. 成都：西南财经大学出版社，2003：245-248.

进入 21 世纪以来,我国农产品流通体制改革更加深入,基本建立了以市场为导向的农业发展格局。2004 年,中央一号文件出台后,有些地方取消了粮食收购任务;自 2006 年 1 月 1 日起,农业税被废止[36],农民不再必须向国家缴纳农业税(公粮),自此已经延续了 2600 多年的"皇粮国税"历史结束了,除烟草外的几乎所有的农产品都可以通过市场交易。随着流通体制改革的不断深入,农产品市场规模迅速扩大,2005~2013 年期间,我国亿元以上的农产品交易市场数量增长了 53.14%,摊位数增长了 55.11%,成交额增长了 227.66%(表 5-24),农产品市场的不断发育、完善,极大地促进了农产品的大区域甚至全国流通,扩大了市场范围,促进了农民增收和农业专业化的发展。2015 年起烟叶收购价放开,标志着我国农产品价格形成的市场化改革基本完成。

表 5-24　2005~2013 年我国亿元以上农产品交易市场数量与交易额

市场	市场数量/个			摊位数/个			成交额/亿元		
	2005 年	2010 年	2013 年	2005 年	2010 年	2013 年	2005 年	2010 年	2013 年
全国市场总计	3323	4940	5089	2248803	3193365	3488170	30020.9	72703.5	98365.1
农产品市场	733	981	1019	390664	536794	576657	4891.2	10593.2	14584.1
粮油市场	146	109	103	58503	31978	33762	687.6	1467.7	1565.1
肉禽蛋市场	116	124	134	43784	28070	44177	522.6	813.5	1224.2
水产品市场	65	150	150	39286	88346	100190	729.7	2096.6	2808.8
蔬菜市场	265	295	312	174748	220055	223435	1688.7	3062.7	3838.2
干鲜果品市场	102	147	137	41993	76665	69192	634.9	1682.2	2337.9
棉麻土畜、烟叶市场	19	23	22	26081	11672	14505	407.7	450.2	707.5
其他农产品市场	25	133	161	6269	70008	91396	220	1020.2	2102.3

资料来源:《中国统计年鉴》(2006,2011,2014)。

(三)交通大发展使运输网络不断完善

改革开放以来,我国交通运输业得到了快速发展,特别是在宏观经济表现不理想的时候,都是对"铁公基"进行大规模投资建设,促进了我国各类交通运输线路的建设,运输网路基本完善。与 1978 年比较,到 2013 年铁路里程增长了 99.42%,公路增长了 389.35%,定期航班航线里程增长了 26.58 倍,只有内河航运减少了 7.43%,高速公路于 1984 年开始建设,到 2013 年已建成通车 10.44 万千米(表 5-25)。交通运输的不断发展和完善,极大地扩展了农产品的市场交易范围,对农业区域专业化发展也起到了一定的促进作用。

表 5-25　1978～2013 年我国各类交通运输线路营运里程　　　　　单位：万千米

年份	铁路	国家铁路电气化里程	公路	高速公路	内河航道	定期航班航线里程	国际航线
1978	5.17	0.10	89.02	—	13.60	14.89	5.53
1980	5.33	0.17	88.83	—	10.85	19.53	8.12
1985	5.52	0.41	94.24	—	10.91	27.72	10.60
1990	5.79	0.69	102.83	0.05	10.92	50.68	16.64
1995	6.24	0.97	115.70	0.21	11.06	112.90	34.82
2000	6.87	1.49	167.98	1.63	11.93	150.29	50.84
2005	7.54	1.94	334.52	4.10	12.33	199.85	85.59
2010	9.12	3.27	400.82	7.41	12.42	276.51	107.02
2013	10.31	3.60	435.62	10.44	12.59	410.60	150.32

资料来源：中国统计年鉴(2014)。

(四)地方利益与农业专业化发展

在经济转型和市场经济体制的逐步确立过程中，各地政府追求地方利益最大化的诉求得到了承认并合法化，提高了地方政府发展经济的积极性，对农业区域专业化发展也起到了强有力的驱动作用，最突出的例子是云南烟草业的发展。云南是我国经济不发达地区之一，但也是我国烤烟种植的最佳生态区位，特别是玉溪一带生产的烤烟以叶色金黄、富油润、组织细致、清香醇和等而驰名中外，成为卷制高档烟不可缺少的原料。在地方政府的有力推动下，云南把自然优势逐步转化为经济优势，成为云南的支柱产业，目前已经发展成为我国最大的烟叶生产基地和世界上最大的烟草集中产区；云南烟草生产集聚区包括昆明、玉溪等七个地市，与烟草产业相关经济聚集活动覆盖约 18 万平方千米，占云南土地面积的 45.7%[37]。

为了促进地方经济发展，20 世纪 80 年代初，云南省政府就确立了烟草业发展战略，采取为农户提供种子、对农户进行技术培训等一系列政策措施促进烟草的统一种植和专业化、标准化生产。以云南玉溪集团为例，该公司从 1992 年到 1997 年，投入 12.38 亿元为农户提供技术服务，通过培训和技术指导使农户掌握了科学栽烟的"十大技术规范"，提高了烟叶的质量。云南各级政府也给予烟草业的发展强大的资源支持，从而促进了烟草业的快速发展和竞争力的不断提高。20 世纪 80 年代，云南省政府分配给烟草部门的财政资源不仅多于其他部门，也大大超过其他省区对烟草部门的投资强度。1981～1987 年，云南省政府投资 7.48 亿元人民币和 1.19 亿美元从国外进口先进设备，使 5 个主要卷烟厂在 20 世纪 80 年代末期就达到了国际 20 世纪七八十年代的水平。此后的 10 多年又投资 8 亿多美元购买先进卷烟设备，扩大生产规模，卷烟生产技术达到了国内最高水平。

云南烟草种植、烟叶生产与烟草加工三方面的专业化同步发展，促进了烟草产业链的扩展和收益的递增。在云南，烟叶种植被划分为几个专区，在每个专业化生产区域，至少有一个重要的卷烟厂。烟草业的专业化发展促进了农户、不同技术水平的卷烟厂、不同档次的产品和市场的相互作用，形成了精细的产业分化，促进了地区的分工与专业化经济的发展，即多样化的技术人员在烟草部门的集中、各种中间投入品供应和各种服务的发展。他们不仅在各专业化生产区内部而且也在各专业化生产区之间进行交易、合作和竞争。烟叶种植者为提高产量和质量，也从相互学习中获得了技能的提高。目前，云南的烟草产业从农户到市场已形成了一个巨大而复杂的分工与专业化生产网络(图 5-2)，包括众多的烟叶种植农户、各种中间投入品、烟草加工和各种服务，涉及 1000 多个公司和 300 多个产品销售公司。当然，这个网络又是全国烟草产业分工的一部分。

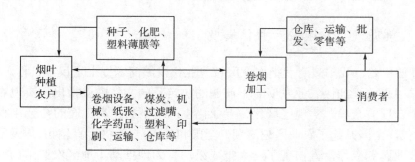

图 5-2 云南烟草产业分工与专业化经济网络

正是在产业的不断分工发展，促进了云南烟草产业在全国地位的不断上升。1978 年云南烟叶产量仅占全国的 5.4%，排名第六位，到 1985 年上升到第二位，占全国产量的 17.4%，1990 年升至第一位，此后一直保持第一位，到 2013 年，云南烟草产量占全国的比重高达 31.9%，比 1980 年提高了 20.96 个百分点。烟草产业的发展虽然没有从根本上改变云南农村的落后状况，但其发展对该省国民经济的影响是不可低估的。烟草产业对云南 GDP 的贡献度逐步提高，由 1979 年的 7 个百分点提高到了 1995 年的 30 个百分点；1978 年烟草收入占全省总收入的 25%，1995 年猛升至 80%。2010 年，全省烟草企业利税占财政收入达 37.5%。

从表 5-26 可以看出，云南烟草种植业产值由 1990 年的 12.95 亿元增加到 2013 年的 218.17 亿元，占农业总产值的比重在 7%左右，烟草制品业增加值从 1990 年的 93.95 亿元，增加到 2013 年的 1076.53 亿元，占工业增加值的比重虽然由 1990 年的 65.81%下降到 2013 年的 31.02%，占地区生产总值的比重仍然比较高，2013 年为 9.18%。这些数据均说明烟草及其制品业在云南经济中仍然占有重要地位。

表 5-26 1990～2013 年云南烟草和烟草制品业发展情况[①]

年份	烟草制品业增加值/亿元	烟草制成品增加值占地区生产总值比重/%	烟草制成品增加值占工业增加值比重/%	农林牧渔总产值/亿元	烟叶产值/亿元	烟叶产值占农林牧渔总产值比重/%
1990	93.95	20.80	65.81	211.72	12.95	6.12
1995	283.35	23.18	58.93	474.46	53.8	11.34

① 表中数据根据《云南统计年鉴》(1990～2013 年)整理。

年份	烟草制品业增加值/亿元	烟草制成品增加值占地区生产总值比重/%	烟草制成品增加值占工业增加值比重/%	农林牧渔总产值/亿元	烟叶产值/亿元	烟叶产值占农林牧渔总产值比重/%
2000	293.00	14.57	55.13	680.86	57.74	8.48
2005	440.42	12.72	37.69	1068.58	88.73	8.30
2010	797.20	11.04	35.48	1810.53	140.78	7.78
2013	1076.53	9.18	31.02	3056.04	218.17	7.14

资料来源：根据《云南统计年鉴》(1990～2013年)有关数据整理。

(五)政策促进农业区域专业化发展

改革开放伊始，我国政府就把农业区域专业化发展问题提上了议事日程。1979年发布的《中共中央关于加快农业发展若干问题的决定》的文件中就指出：实现农业现代化必须有一个合理的布局，实现区域化、专业化生产，不断提高生产的社会化水平[38]。20世纪80年代，全国掀起了农业区划高潮，全国和各省(自治区、直辖市)以及县一级都先后开展了农业区划工作，并出现了一大批成果，有力地推动了地区农业结构的调整和优化。1992年，党的十四大要求继续调整农业结构，开发高产、优质、高效农业。1997年，亚洲金融危机后，从中央到地方政府都把农业结构调整作为增加农民收入的突破口。

党的系列政策和措施，推进了农业结构调整，促进了优质农产品的区域化发展。20世纪90年代，为了稳定和促进粮食生产，我国建立了833个商品粮生产基地县、240个商品棉花生产基地县和460个商品猪基地县，国家在第九个五年计划和2010年远景规划中又进一步把促进农业生产的区域化和专业化作为一项措施来推动农业向优势地区集中。为了进一步加快农业经济结构调整，促进农产品生产向优势地区集中，加快农产品生产的区域化布局、专业化生产，自2003年以来，农业部发布了4个农产品和特色农产品区域布局规划，对各地的优势农产品、特色农产品及其区域布局做出了详细的规划①，这些布局规划对我国农业区域专业化发展已经或将产生重要的影响，对我国粮食安全、生态安全和资源安全将带来积极的作用，促进我国农业现代化发展。

第三节　中国农业区域专业化发展程度低的影响因素

改革开放以来，我国农业区域专业化虽然有了较大发展，但前面的分析表明，发展程度仍较低，具体表现在农产品特别是粮食的集中度较低，有一部分农产品的集中度不

---

① 2003年，农业部发布《优势农产品区域布局规划(2003—2007年)》，确定了11种优先发展的优势农产品及其区域布局；在该规划实施经验总结的基础上，为了进一步指导各地充分利用资源比较优势，促进各地特色农业发展和农业区域专业分工，农业部于2007年发布《特色农产品区域布局规划(2006—2015年)》，着力推进"一村一品"建设和专业乡镇发展；2008年农业部又发布《优势农产品区域布局规划(2008—2015年)》；2014年农业部发布《特色农产品区域布局规划(2013—2020年)》，该规划共确定了特色蔬菜、特色果品、特色粮油、特色饮料、特色花卉、特色纤维、道地中药材、特色草食畜、特色猪禽蜂、特色水产等10类144个特色农产品的发展区域布局。

仅没有提高，相反还出现了下降。我国农业区域专业化发展程度低，是由多种原因造成的，其中主要因素有粮食流通体制改革滞后、政府行为的不确定性、农产品加工业不发达、农业经营规模小、农业技术进步缓慢等。

一、粮食流通与价格等改革滞后

由于我国人多地少，为了满足 10 多亿人的吃饭需要，从中央到地方都很重视粮食生产，而且粮食的收购以国有粮食系统为主，市场化程度不高，因此粮食生产集中度变化不大。粮食市场化改革虽然早就开始，但由于其特殊的性质，进展一直不大。1985 年以前，国家实行统购统销粮，1985 年后，实行合同收购，并减少了合同收购数量、提高了定购价格，但又导致统销数量大于定购量，统销价格低于定购价格，造成数量缺口和财政负担，并导致 1989 年之后粮食市场的剧烈波动，如 1988～1989 年的"买粮难"和1990 年、1992 年、1997 年的"卖粮难"，对粮农和粮食主产区造成了严重的冲击。

1997 年亚洲金融危机后，为了稳定粮食生产，又实行了以最低价"敞开收购"农民余粮政策，这一政策虽然对提高农民产粮积极性起到了一定作用，但由于卖不掉或粮食收购部门压级压价收购，遭殃的还是农民，而且国有粮食收购部门还发生了许多挤占挪用收购资金、利用虚报和做假账等手段骗取国家补贴及资金等问题。1998 年后，又进行了以"四分开，一完善"[①]为主要内容的粮食流通体制改革；2001 年，中央又决定在广东、浙江等 8 个粮食主销区放开粮食市场、价格和经营[39]。这些改革对促进农业区域结构优化起到了积极作用。目前，粮食销售市场已完全放开，但粮食仍由国有企业垄断。其他作为重要工业原料或出口产品的农产品，如棉花、羊毛(绒)、蚕茧、烟草、茶叶等也一样。总的来说，由于我国长期以来农产品流通体制等改革方面的严重滞后，特别是粮食流通体制的阻碍，使各省份不能有效地充分利用比较优势和各种生产资源，严重地阻碍了农业区域专业化的发展，也严重阻碍了农民通过专业化生产增加收入的积极性。

目前，我国农产品流通体制虽然已基本改革到位，但其他因素又形成了新的干扰。为了促进粮食生产、提高粮食生产综合能力、增加农民收入，我国先后实行了粮食收购保护价、最低价和粮食直补等政策[40]，这些政策对农业区域专业化发展产生了不同的影响。

粮食按保护价收购政策始于 1990 年，由于市场粮价疲软，国务院于当年 7 月和 9月连发两个关于粮食流通的文件，核心内容有二：一是各地向农民敞开收购议价粮，不得低于国家规定的保护价格；二是建立国家专项粮食储备制度[41]。1996 年粮食丰收后，1997 年国务院就修改了保护价政策，主要修改内容有两点：一是降低保护价水平，二是改变补贴办法[42]。保护价收购粮食政策，虽然起到了稳定和促进粮食生产的作用，但也受到一些指责[②]。随着粮食增产、粮价走低，2004 年开始实行粮食最低价收购政策。虽

[①] 具体内容为政企分开、中央与地方责任分开、储备与经营分开、新老财务账目分开、完善粮食价格形成机制。

[②] 可归纳为 2 个方面，一是政策成本太高，国有粮企收购了大量粮食，积压在粮库里，储存和运输成本很高，而且，农户还因此遭遇"卖粮难"问题；二是可能导致垄断行为，国有粮企有财政补贴，具有其他粮食企业不能比拟的优势。参见：粮食最低价收购政策[EB/OL]. http://baike.baidu.com/link?url=dtlV5BFh564k4GmXSgLZ9EvX5n1b0w5tBQYKsh0lJbEBLDslwH44UV2B8Fz0P-N6HzFhrPYxDTclkSKJyTy5Ga[2016-05-20].

然粮食保护价和最低价政策有些不同，但都存在政策成本太高和垄断问题，因此从 2000 年开始设计粮食直补政策并试点，2004 年正式在全国推开。与保护价、最低价比较，粮食直补政策有其优点：一是没有垄断之虞；二是政策成本可以大体固定，因为粮食播种面积在年初就可确定且大体稳定，不像保护价、最低价需要等到粮食收购结束后才能知道，因此粮食直补在农业补贴中的地位迅速上升，到 2006 年，13 个粮食主产区的粮食直补资金达 125 亿元，占本省（自治区、直辖市）粮食风险基金的 50%以上[43]；三是可以调动农民粮食生产积极性，与原来的保护价收购政策相比，绝大部分农户"更喜欢粮食直补政策"[44]；四是充分调动了粮食企业主动参与粮食市场竞争的积极性，2003 年，全国仅有三个省的粮食企业盈利，利润只有 5000 万元，2004 年已有 7 个省盈利，盈利达 2.76 亿元。从政策效果看，实施粮食直补政策以来，农民种粮积极性确实有了很大提高，达到了粮食增产、农民增收的目的。但粮食直补政策也存在不足，由于补贴不与产量直接挂钩，没有对粮食主产区倾斜，难以起到奖励生产的作用，对粮食的区域化、专业化发展没有明显的激励作用。

在农产品流通体制改革中，还有一个重要的问题是流通费用高。经常看到的情况是农产品的产地丰收了，价格很低，几乎白送，农民亏本，但到达零售市场或超市，仍然价格很高，这是我国流通体制造成的。改革开放以来，我国的农产品流通一直很散乱，从田园到零售终端要经过多级批发、多级零售，环节很多，据北京新发地市场调查，每个流通环节至少加价 5%～10%[45]。有的调查称，我国农产品流通中，仅流通成本一项就占据了农产品售价的 50%～60%，消费者最终承担的价格为农产品初始价格的 230%～270%[46]。

我国农产品流通成本高既是农业区域专业化发展程度低的结果，也是制约其发展的重要因素。因为物流成本高，物流公司投资风险大，区域专业化发展后可能导致农产品销售难，农民的收入可能受到很大的影响，因此一般农民不会有专业化生产的动力。在国外，农产品生产大多是比较大型的农场，农场专业化、区域专业化的发展水平高，而且物流公司规模大，农产品批发、销售等的设施大多为政府所建，高速公路免费，因此农产品流通成本较低，保证了农产品的价格较低。

二、政府行为的不确定性

政府政策对农业区域专业化发展有很大的影响。如计划经济时期的统购统销政策；改革开放后，虽然政策的总体取向是市场化，但不同时期仍有很大的波动性。1993～1994 年各省区尤其是东南沿海地区粮食产需的矛盾加剧，1995 年全国推行了"米袋子"省长负责制。这一政策实施的结果是农业生产结构调整的停滞和农业专业化发展的倒退，在1995～1997年，种植业的比重没有变化，但牧业比重却下降了 1 个百分点（表5-12）；种植业的地区结构也没有多少变化，但都增加了粮食生产（表5-8）。"米袋子"省长负责制，虽然对东部地区增加粮食生产起到了积极作用，但它在一定程度上牺牲了资源效率，不利于沿海地区把资源配置到更高效益的产业中去，而粮食主产区的农民在向沿海地区销售粮食时价格也相应降低了，这就打击了粮食主产区的粮农增加粮食生产的积极性，同时也鼓励或默认了余粮省份在遭灾或出现价格波动时对缺粮省的禁运。由于各地政府部门都以计划手段强制农民种植粮食，同时强化合同定购制度，使中央和各地的粮食储备制度失去了其应发挥的作用。

　　1980 年实行财政包干后，强化了地方政府的利益，地方政府部门虽然在利益驱动下，也可能促进区域性的分工与专业化经济的发展，但由于没有建立起相应的约束机制，形成了严重的地方保护主义，而农产品购销和价格的不合理，在地区之间、产品之间形成了扭曲的利益差[47]，更加剧了地区封锁，从而在 20 世纪 80 年代和 21 世纪初各地曾上演了一幕幕的农产品争夺战，如"棉花大战""蚕茧大战"等，地方保护主义阻碍了全国统一市场的形成，也就限制了分工与专业化发展。

　　地方政府部门也可能为了追求专业化经济利益，而不顾自身条件和农民利益而盲目推动，这对农业区域专业化发展产生了副作用。1985 年后，全国各地曾出现过一种"统种分管"的专业化经营模式，即政府部门对种植什么进行统一部署，然后由农户负责生产经营管理，这种专业化发展模式曾在 1990 年达到高峰，当年全国"统种分管"的经营面积达 606.93 公顷，占耕地总面积的 6.3%，但到 1994 年已分别下降到了270.3 万公顷和 2.9%[48]。这种专业化发展模式以行政手段强制推行，对市场需求缺乏调查研究，结果农民生产的农产品无人问津，给农民造成了很大的损失。

　　虽然目前地方政府的这种干扰已经没有了，但又产生了另一个问题，即涉农企业进入农村、农业后对农业发展的影响。由于农业生产比较利益较低，受到利益驱使，涉农企业进入农村后，在某些地方造成耕地的"流转性丧失"，流转土地用途出现"非粮化""非农化"倾向，改为价值较高的花卉苗木等经济作物生产[49]；采用"偷梁换柱"的手法，私自变更土地的使用性质，变相开发房地产、开办工厂等，直接影响到了粮食安全[49]。有些涉农企业出现故意拖欠土地流转补偿款，采取暴力手段进行干预[50]。这些问题的存在，不利于农业经营规模的扩大，制约了农业区域专业化发展。

三、农产品加工业落后

　　美国等发达国家的经验表明，农产品加工业是农业区域专业化程度不断提高的助推器。农产品加工业的发展需要数量和质量比较稳定、专用于加工的原料供应，这就要求调整农业生产结构，加快农业生产的区域专业化发展。

　　美国农产品加工业非常发达，目前 80%以上的农产品都经过加工后上市销售，农产品增值达到 5 倍以上；发达国家的农产品加工业增加值占制造业增加值的比重一般在20%以上[50]（表 5-27）。美国农产品加工业的特点是生产规模大，集约化程度高，产加销衔接紧密，利益分配机制完善，技术装备先进，经营管理规范，产出效率高[51]。美国的经验表明，农业区域专业化为农产品标准化生产奠定了基础，为加工业提供了稳定又优质的原料。近年来，我国农产品加工业获得了快速发展，2014 年已有加工企业 45.5 万家，农产品加工产值与农业产值之比已提高到 2.1∶1，产业加速集聚，结构得到了优化[52]。但还存在不少问题，一是加工程度低，加工品种少，目前我国农产品初加工率仅为 20%左右，而发达国家均在 80%以上，在粮油加工中，我国专用加工粉只有 20 种，而美国有

100 多种；二是加工产值低，农产品加工产值与农业产值之比发达国家一般为 3：1，而我国只有 2.1：1[53]。此外还存在布局分散、产业分工程度低、发展方式粗放、技术装备差等问题[54]。由于农产品加工业缺乏产业与地区分工、技术落后，也就不能有效地承担起促进农业区域专业化发展的任务。

表 5-27　主要发达国家农产品加工业增加值及其占制造业比重

年份	指标	美国	英国	法国	德国
2000 年	增加值/亿美元	5197.35	841.22	595.18	773.45
	占制造业比例/%	26.31	36.75	30.36	20.71
2009 年	增加值/亿美元	5498.75	823.17	771.13	1013.15
	占制造业比例/%	25.06	38.90	30.72	19.05

资料来源：联合国工业发展组织（UNIDO）。

当然，我国的农业区域专业化水平低也对农产品加工业的发展带来了不利的影响。由于我国区域专业化程度很低，影响了农产品标准化、专用化和规模化，并导致农产品在收购、运输和加工方面都存在很大的不确定性和成本高等问题，影响了原料供应的及时性、新鲜度，增加了加工企业的成本，制约了农产品加工业的快速发展。

在农户方面，随着市场经济体制的逐步确立，广大农民表现出了企业家的特征，他们根据市场供求和价格变化选择生产品种和出售产品。但由于对市场供求行情缺乏了解，农村流行的一句话就是：什么好卖就生产什么，这造成了农产品价格和生产的大幅波动。如 1984～1988 年陕西黑米市场价格连续几年大幅涨跌，每 500 克的最高与最低价相差 1.6 元；1988 年国内苎麻价格涨到每吨 1.6 万元，导致农民种麻成"疯"，但由于苎麻是一种多年生作物，到 1990 年大批上市时价格已跌至每吨 1600 元，麻农大赔本，产量下降，到 2001 年苎麻价格又涨到了最高峰[55]。这种情况在香蕉、橘子、白菜等多种农副产品市场均有体现，这也是经济学所说的"蛛网理论"。这不仅给农户自身带来了巨大损失，也不利于农业区域专业化发展。

近年来，这种跟风式的结构调整仍然频繁出现。随着社会经济发展，农民的生产行为虽然日益趋于理性化，但在比较利益的驱动下，一般都是凭感觉跟着市场走。2009 年农产品物价上涨很快，2010 年大蒜疯涨超过 100 倍，价格超过肉和鸡蛋的现象被人们总结为"蒜你狠"，此后，又相继出现了"豆你玩、姜你军、油你涨、糖高宗、苹什么、玉米疯、棉花掌、药你苦、煤超疯、猪坚强……"[56]，2012 年又出现了"向钱葱"，这些带有自嘲式幽默意味的新词汇，形象地反映了物价的轮番上涨。从宏观来看，物价上涨主要是我国货币发行过多所造成，但这也反映了农民为了追求经济利益的最大化，生产行为紧跟市场价格，从而陷入"丰收—价跌、减产—价涨"的蛛网轮回中而造成损失。但这也反映出由于我国区域专业化发展程度低，导致农产品的供给波动大、价格难以预期。因此，需要加快农业区域专业化发展，以大致稳定人们对农产品供给数量的预期，以避免农产品价格暴涨暴跌现象的循环发生。

通过前面的分析，我们可以看出，农业区域专业化的发展与很多因素有关，但总的来说，最大的影响因素是政府的政策和市场化程度。改革开放以来，随着农业的市场化改革，我国农产品生产向优势地区集中的趋势不断增强，小麦、玉米等粮食作物和经济作物的区域专业化水平得到了很大的提高，但受一系列因素的影响，我国农业区域专业化仍处于发展的初级阶段，发展水平仍然很低。美国等发达国家的经验已表明，虽然政府的政策支持与否和支持力度可以对农业区域专业化的发展进程产生重要影响，但主要还是市场竞争的结果，因为这种影响需要通过市场做出反应。但在我国，由于各种体制改革还未达到完善境界，因此各级政府特别是地方政府在农业区域专业化发展过程中可以发挥较大的作用，如政策引导、财政补贴激励、完善市场机制等都可以促进农业区域专业化的发展。通过国内外历史与经验的分析，我们认为，要进一步加快农业区域专业化发展，需要在发挥区域比较优势、加快农村劳动力转移、扩大经营规模、加强农业科技创新和制度创新等方面开展有效的工作。

参 考 文 献

[1]黄宗智.中国农村的过密化与现代化：规范认识危机与出路[M].上海：上海社会科学院出版社，1992.

[2]傅筑夫.中国经济史论丛（下）[M].北京：三联书店，1980：681-682.

[3]刘旭.中国作物栽培历史的阶段划分和传统农业形成与发展[J].中国农史，2012（2）：3-16.

[4]孙敬之.中国经济地理概论[M].北京：商务印书馆，1983：289-290.

[5]傅筑夫.宋会要稿，职官二九之二[M].中国经济史论丛（下）.北京：三联书店，1980：665.

[6]胡焕墉.中国人口地理（上册）[M].上海：华东师范大学出版社，1984：248-262.

[7]吴承明.中国现代化：市场与社会[M].北京：三联书店，2001：64.

[8]中华人民共和国农业部计划司.中国农村经济统计大全（1949—1986）[M].北京：农业出版社，1989：7.

[9]秦晖.中国经济史上的怪圈："抑兼并"与"不抑兼并"[C]//问题与主义.长春：长春出版社，1999：416-426.

[10]马克思，恩格斯.马克思恩格斯选集（第一卷）[M].北京：人民出版社，1972：59-61.

[11]希克斯.经济史理论[M].北京：商务印书馆，1987：25，32.

[12]张海鹏，张海瀛.中国十大商帮[M].合肥.黄山出版社，1993.

[13]杨丽，杨宗祥.我国小农经济性质探析[J].云南社会科学，2001.

[14]林毅夫，蔡昉，等.中国的奇迹：发展战略与经济改革[M].2版.上海：上海人民出版社，1999.

[15]姚寿福.中国农业区域专业化发展的历史分析[J].安徽农业科学，2011，39（31）：19492-19495.

[16]徐浩.前工业社会中的城市市场结构与市场导向的商业化[J].史学月刊，2005（2）：70-74.

[17]吴承明.中国的现代化：市场与社会[M].北京：三联书店，2001.

[18]田雪原.大国之难[M].2版.北京：今日中国出版社，1999：18.

[19]德·希·帕金斯.中国农业的发展（1368—1968）[M].上海：上海译文出版社，1984：11-34.

[20]冀朝鼎.中国历史上的基本经济区与水利事业的发展[M].朱诗鳌，译.北京：商务印书馆，2014：27.

[21]罗素.中国问题[M].上海：学林出版社，1996：179-182.

[22]姚宇.中国县域经济功用的历史考证[J].改革与战略，2009，25（9）：36-40.

[23]林毅夫.制度、技术与中国农业发展[M].上海：上海三联书店，上海人民出版社，1994：44-106.

[24]中国农业科学院农业自然资源和农业区划研究所.中国农产品专业化生产和区域发展研究[M].北京：中国农业科技出版

社，1993.

[25]胡宜挺.我国农户专业化趋势及专业农户特征分析[J].农业经济，2012(1)：35-37.

[26]陈晓华. 大力发展一村一品带动农民致富增收[N].农民日报，2015-10-27(01).

[27]四川一村一品发展面临的新形势新任务[EB/OL]. http：//www.scagri.gov.cn/ztzl/nyjj/201601/t20160127_457700.html[2016-5-20].

[28]范彦楠，孙玉娟.我国家庭农场发展中的问题与对策[J]. 河北联合大学学报：社会科学版，2014(3)：49-52.

[29]郑佳. 我国家庭农场发展现状及其对策研究[D]. 洛阳：河南科技大学，2014.

[30]山西省农业产业化经营高歌猛进[EB/OL]. http：www.sxgov.cn/content/2014-07/23/content-4785799.html[2016-5-20].

[31]农业部. 严禁克扣截留畜禽养殖奖补贴[J]. 四川畜牧兽医，2015(4)：6.

[32]赵小羽，张武岳.山东：家庭农场成为农民增收致富"新引擎"[EB/OL]. http：//www.18yangzhi.com/2015/1019/147091. html[2016-5-10].

[33]杨真. 城市两种农产品终端市场的比较与选择[J]. 农村经济与科技，2007，18(1)：63-64.

[34]徐柏园.半个世纪来我国农产品流通体制变迁[J]. 北京社会科学，2000(1)：127-133.

[35]顾焕章，顾海英.粮食批发市场是实现粮食商品化的重要条件[J]. 农业经济问题，1992(5)：14-18.

[36]全国人民代表大会常务委员会关于废止《中华人民共和国农业税条例》的决定[J]. 农村财务会计，2006(2)：12.

[37]张群.云南烟草业发展与地方经济增长的相关性分析[J]. 改革与战略，2012，28(3)：126-128.

[38]王舜卿.专业化是我国农业发展的必然趋势[J]. 中国农业资源与区划，1994(1)：27-31.

[39]李锐.农地"二次承包"——广东省云安县界石村土地承包权转化为股权的实践与思考[J]. 中国改革，2000(12)：53-54.

[40]张国庆.我国粮食补贴的绩效评估与政策改进[J]. 农村经济，2012(9)：13-17.

[41]刘凡.我国粮食补贴政策的回顾与思考[D]. 西安：西北大学，2011.

[42]兴庆.论新一轮粮改[J]. 管理世界，1998(6)：161-167.

[43]肖大伟，胡胜德.中国农业综合直补政策的评价分析[J]. 农业经济与管理，2010(2)：24-30.

[44]李飞凤.粮食补贴对农民种粮积极性影响的研究——以朔州市为例[D]. 呼和浩特：内蒙古农业大学，2012.

[45]本刊评论员.构建顺畅流通体系 建立农产品稳价长效机制[J]. 市场经济与价格，2012(6)：1.

[46]互联网破局农产品流通高成本难题[EB/OL]. 北京商报，http：//www.ce.cn/cysc/sp/info/201601/05/t20160105_8048656.shtml[2016-05-20].

[47]韩宏华.改革开放以来我国农产品价格政策的变迁及影响分析[J]. 南京：南京林业大学，2000.

[48]农业部农村合作经济研究课题组.中国农村土地承包经营制度及合作组织运行考察[J]. 农业经济问题，1996(02)：38-43.

[49]李洪强.积极引导工商资本进入农业农村发展[J]. 重庆经济，2014(1)：51-53.

[50]梁瑞华. 涉农工商企业现状改善与新型农业发展——以河南省为例[J]. 人民论坛，2015(26)：68-70.

[51]李晶晶.引进资本进入农业领域的思考[J]. 河北经贸大学学报(综合版)，2013，13(1)：77-79.

[52]农业部农产品加工局赴美考察团.美国农产品加工业现状及启示[J]. 农村工作通讯，2014(20)：60-62.

[53]农业部农产品加工局.关于我国农产品加工业发展情况的调研报告[J]. 农业工程技术：农产品加工业，2015(6)：4-7.

[54]李民，陈清祥.农产品加工业发展趋势与对策探析[J]. 中国农学通报，2011，27(23)：91-95.

[55]秦晖.市场信号与"农民理性"[J]. 改革，1996(6)：85-95.

[56]袁秋红.网络语言的社会语言学解析[J]. 文艺生活旬刊，2011(8)：90-91.

第六章 区域比较优势与农业区域专业化发展

农业发展、农业区域专业化发展的基础条件是适宜的自然生态环境；没有良好的自然生态环境，农业区域专业化发展难有成效；比较利益则是农业区域专业化发展的驱动力，没有比较利益，区域专业化就缺少了催化剂。斯密和杨格的分工理论，都是基于区域(或单位)的比较利益，没有比较利益的存在，就不会有分工的产生，不会有商品的交换。经济发展的历史也表明，自人类社会进入商品交换时代起，区域经济发展就与比较利益联系在一起，并与比较优势的挖掘紧密相关。斯密的绝对优势学说、李嘉图的相对优势学说、穆勒的相互需求理论和赫克歇尔-奥林的要素禀赋理论等都揭示了区域比较优势是比较利益存在的前提条件，也是区域间产业分化和区域分工的基础条件之一[1]。农业发展总是在一定的区域内进行，因此与区域密切相关。不同区域内，有不同的自然、经济、技术等资源、要素、条件的组合，适合发展的农产品种类就不同，因此，农业生产只有充分发挥区域优势条件，才能获得好的收成。本章主要分析区域比较优势与农业区域专业化发展之间的关系并进行定量研究，以期确定如何进一步发挥区域比较优势。

第一节 农业区域比较优势及其特点

农业生产离不开自然生态环境，也需要有社会经济技术等条件的配合。自然生态环境是指与农业生产有关的一切自然因素及其组合，如水、土、光、热等各种自然资源的数量、质量及其组合而形成的综合体[2]。社会经济条件(或称人文条件)是指除了农业自然生态条件以外的所有影响农业发展的生产力与生产关系，经济基础与上层建筑等因素，一般包括人口、劳动力条件，工业、城市、交通运输条件，市场条件，科学、技术与教育条件，农业经营管理体制以及有关农业的各种方针政策等。因此，一个区域内的自然、经济、技术和社会条件等各种因素相互影响、相互作用所形成的有利于农业发展的因素集合体，就构成了农业生产的优势。不同的区域由不同的自然、社会经济、技术、历史等构成，多种有利条件或因素的综合，就形成了不同区域的农业比较优势[3]。因此农业区域比较优势具有以下几个特点。

一、客观性

不同的区域，自然生态条件和社会、经济、历史与技术等各类因素的组合不同，是一个客观存在。如水、土、光、热、生物种类等在各区域的分布和组合不同，社会、经济、历史与技术在各区域也各不相同，有的区域差异还很大。因此农业区域布局优势是一个客观存在。同一种动物、植物在不同的区域进行生产就具有不同的生产效率，具有不同的品质；不同的动物、植物在同一个区域进行生产也是如此[4]。这就是说，任何一个区域都具有发展某种特定农产品的优势，对有些农产品则是劣势，这是一个客观存在，不同的区域具有不同的优劣势[5]。区域比较优势存在的客观性，要求我们在进行农业生产时要因地制宜，以充分发挥其优势，而规避其劣势。

二、相对性

不同的区域，农业生产条件不同。一个特定的区域适合生产的农产品可能很多，在自然力和人类的共同作用下，随着时间的推移，就形成不同的农业生产区域。不同区域的优势或劣势是通过与其他区域的比较而显示出来的，这就决定了区域比较优势具有相对性和层次性。对农业来说，区域优势具体表现为全国层次、区域层次和区内层次。在一个国家的内部，如果某种农产品只适合在一个特定区域内生产，则该区域的优势就有了全国的意义，或者一个特定的区域虽然能够生产多种农产品，但该区域只生产某一个农产品，并通过技术研发等，提高其产量与质量，使其产量和品质在全国具有重要地位，则该区域就成了具有全国意义的专业化生产区域。在一个省份或某个区域内部，通过这种方式生产则形成区域意义的专业化生产区域；在一个省份或一个区域内部的局部地区也可以通过发挥其优势，形成区内局部意义的专业化区域。

三、动态性

由于科学技术、社会经济条件等因素处于不断变化之中，自然生态条件虽然变化缓慢，但从较长时期看，也会发生变化，因此农业生产的地区优势也不是一成不变的。随着科学的发展和技术的不断进步，动物、植物新品种的研发，扩大了农产品生产的适生环境，从而也扩展了动物、植物的地理分布，或者区域自然生态条件的变化，使原来不具有生产优势的地区也能够生产某些动物、植物，这一点在农作物生产中表现得最为明显，如我国的双季连作稻从南岭以南，扩展到了北纬 34°以北，而且在海拔 2400 米左右的高山地区(云南元江流域)也能种植双季稻；冬小麦的北界也达到了北纬 47°[6]。我国东北地区的水稻生产在我国所占比重越来越大也说明了这一点。

第二节　区域优势是农业区域专业化发展基础

一、地区优势对农业区域专业化发展的影响

农业包括农、林、牧和渔等子产业；每一个子产业又包括各种不同的动物、植物类型，每一类型的动物、植物又有许多不同的品种等，所有这些子产业、类型和品种，对

生产条件和生态环境的要求既有同质性，也有差异性。就同质性来说，不论哪个子产业或子类型或品种的生产，都需要一定的光、热、水、土、气等资源和条件，需要一定物资等投入；就差异性而言，每一种农产品的生产对自然条件的质和量存在着不同的要求。任何一种农业生产要获得最优的经济效果，即以最低的成本（投入）获得最大的利润（产出），不仅要满足其对生产条件的一般性的要求，还要满足其特殊的要求。

在客观上，无论就全球来说，还是就一个国家或一个地区而论，农业生产条件的区域分布及其组合都存在着很大的不同，很难找到生产条件完全相同的两个区域。有的地区由于限制性因素过多或过强，有些农产品生产种类就根本不能发展，如农产品在沙漠几乎不能生产，即使勉强发展起来了，也不会达到最优效果，如热带农作物在温带地区就很难得到好收成；即使在一个比较小的区域内，由于立体气象、土壤、光照等条件的差异，农作物生产还呈现立体分布。因此，在进行农业生产时，就需要根据不同区域的自然条件和社会经济条件，因地制宜地开展农业生产，使各种有利条件尽可能地转化为优质农产品。

一般来说，农业和农业专业化的发展首先取决于由自然生态条件决定的比较优势，从更大的区域（如全国的角度）来看更是如此。因为不同的农作物具有其特定的生长区位，有的作物在其他地方可能完全不能生产。如在我国，甜菜不能在南方生产，而甘蔗也不能在北方种植；烟叶的最佳生产区位主要在云南、贵州和河南等地，特别是以云南的烟叶质量最好。它们的集中主要由自然生态条件所决定，因为特定的生产区位所形成的土壤、水分、光照、环境等赋予了这些产品一种内在的质量。但从次级区域（如我国的南方与北方以及一省内部）来看，则取决于不同地区在这些农产品生产方面的各种比较优势的组合。

二、农产品生产集中度与地区优势关系的验证

从上述讨论可知，一个区域的农产品生产是否发挥了区域优势，可从两个方面来验证：土地生产率和劳动生产率。从静态看，一个地区的某种农产品的单位面积产量高（在劳动投入一定的情况下，也就意味着劳动生产率较高），表明该地区在这种农产品的生产方面具有优势，按照比较优势原则，这种农产品的生产将向该地区聚集；从动态看，如果某个地区具有生产某种农产品的优势，那么随着时间的推移，特别是随着农业技术的进步，这种农产品的土地生产率将获得比其他地区更快速度的提高。

从专业化生产角度看，由农业生产的性质所决定，劳动、化肥、水等的投入在提高生产效率方面，需要通过土地表现出来，在农产品生产的优势地区进行生产，就可以获得较高的单位面积产出。如果某种农产品的单产高，表明该种农产品产区为优势区域，如果一个区域中生产某种农产品具有较高的劳动生产率和单产都提高得快，表明技术进步的速度也快。虽然很多人认为，农业机械技术主要提高单位劳动时间的产出，但实际情况并不完全这样。国内外的农业生产实践已表明，农业机械技术也具有提高土地生产率的作用。例如，山西省机械化旱作农业工程示范田的平均亩产达 351.5 千克，比全省平均亩产高出 155.2 千克；玉米机械化高产开发田每亩可增产 81.5 千克[①]。关于农业机械

---

① 参见：国家统计局. 中国农业年鉴（1991）[J]. 中国农业出版社；1991：17.

技术能提高土地生产率的原因其实不难理解，因为机械化作业能快速、准时和标准化地完成农业生产的各项操作程序，使种子、化肥等要素充分发挥效力，另外在收获时能够减少产品损耗，一个地区的单产也能在一定程度上反映一个地区的技术、经济优势。因此，我们可以从一个地区的农产品生产集中度与单产之间是否存在明显的相关性来验证区域专业化与区域优势之间的关系；还可以从农产品生产集中度与生产成本、利润之间的关系来判断该地区的农产品生产是否建立在地区优势之上。

（一）农产品生产集中度与耕地单位产量关系

为了简化和方便分析，我们主要选择种植业作为研究样本，对我国农产品生产集中度与单产之间的关系进行分析，以判定农业区域专业化程度与区域优势之间是否存在着显著的相关关系，如果正相关度高，表明农产品生产集中在优势地区，正相关度低或负相关，则表明农产品没有在优势区域生产。

从表 6-1 可以看出，全部粮食生产集中度与单产之间的相关性并不很明显，1980 年的相关系数为 0.2006，到 1985 年上升到 0.4806，此后均处于相关程度很低的水平。从粮食生产集中度来看，1980 年最高的为四川省，占 8.11%，1995 年山东最高，为 9.10%，2005 年和 2010 年则以河南省最高，分别为 9.47% 和 9.95%，虽然位列集中度第一的粮食集中度有所提高，但主产省份的变动较大，1980 年四川排列第一，到 1985 年、1990 年、1995 年则由山东占据第一，2000 年、2005 年、2010 年河南位居第一，2013 年则变动为黑龙江列第一；位列前 5 个粮食主产省份的集中度之和 1980 年为 36.42%，到 2000 年仅上升到 37.18%，2013 年为 38.57%，34 年间仅提高 2.15 个百分点。

表 6-1　我国主要年份粮食生产集中度与单位产量的关系

地区	1980 年		地区	1985 年		地区	1990 年		地区	1995 年	
	集中度/%	单产/(千克/公顷)		集中度/%	单产/(千克/公顷)		集中度/%	单产/(千克/公顷)		集中度/%	单产/(千克/公顷)
四川	8.11	3258.8	山东	8.28	3929.9	山东	7.52	4115.5	山东	9.10	5222.1
江苏	7.54	3698.4	江苏	8.25	4860.5	河南	7.40	3546.2	河南	7.43	3934.7
山东	7.44	2813.1	四川	7.58	4080.0	四川	7.33	4341.6	四川	7.28	4394.1
河南	6.70	2425.2	河南	7.15	3001.9	江苏	7.24	5077.5	江苏	7.04	5710.2
湖南	6.63	3897.2	湖南	6.63	4871.4	湖南	5.94	4941.4	湖南	5.77	5261.6
广东	5.64	3399.4	广东	4.58	3891.9	湖北	5.55	4759.6	河北	5.87	4010.6
湖北	4.79	2870.9	湖北	5.85	4338.3	安徽	5.51	3934	安徽	5.53	4409.6
河北	4.75	2033.5	河北	5.19	3028.9	黑龙江	5.18	3116.6	黑龙江	5.47	3402.7
黑龙江	4.56	1998.5	黑龙江	3.77	1981.6	河北	5.10	3334.7	湖北	5.28	5158
安徽	4.54	2412.9	安徽	5.72	3675.4	广东	4.25	4746.6	广东	3.72	4996.1

续表

地区	1980 年		地区	1985 年		地区	1990 年		地区	1995 年	
	集中度/%	单产/(千克/公顷)		集中度/%	单产/(千克/公顷)		集中度/%	单产/(千克/公顷)		集中度/%	单产/(千克/公顷)
浙江	4.48	4200.2	浙江	4.28	4956.3	江西	3.72	4482.5	江西	3.44	4580.4
江西	3.87	3284.5	江西	4.05	4200.3	浙江	3.55	4856.4	广西	3.23	4117.7
辽宁	3.81	3792.1	广西	2.95	3240.5	辽宁	3.35	4788.2	浙江	3.07	5084.2
广西	3.71	3008.5	辽宁	2.57	3377.7	广西	3.05	3744.8	辽宁	3.05	4696.6
云南	2.70	2408.6	陕西	2.51	2400.4	陕西	2.40	2589.6	云南	2.55	3263.5
相关系数	0.2006			0.4806			0.1959			0.3684	

地区	2000 年		地区	2005 年		地区	2010 年		地区	2013 年	
	集中度/%	单产/(千克/公顷)		集中度/%	单产/(千克/公顷)		集中度/%	单产/(千克/公顷)		集中度/%	单产/(千克/公顷)
河南	8.87	4542.3	河南	9.47	5005.8	河南	9.95	5582.1	黑龙江	9.97	5191.9
山东	8.30	5212.1	山东	8.09	5836.6	黑龙江	9.17	4376.2	河南	9.49	5667.3
四川	7.30	4919.4	四川	6.63	4891.4	山东	7.93	6119.7	山东	7.52	6207.6
江苏	6.72	5856.8	黑龙江	6.39	3574.2	江苏	5.92	6124.3	吉林	5.90	7413.7
湖南	5.99	5502.9	江苏	5.86	5773.7	四川	5.90	5034.2	江苏	5.69	6385.3
河北	5.52	3687.2	湖南	5.53	5535.9	安徽	5.64	4655.8	河北	5.59	5327.9
黑龙江	5.51	3241.6	安徽	5.38	4063.9	河北	5.45	4737	四川	5.63	5235.2
安徽	5.35	3997.7	河北	5.37	4164.2	湖南	5.21	5921.1	安徽	5.45	4950.1
湖北	4.80	5337.8	吉林	5.33	6010.5	吉林	5.20	6327.6	湖南	4.86	5926.7
广东	3.81	5315.8	湖北	4.50	5544.9	湖北	4.24	5692.2	内蒙古	4.61	4936.5
江西	3.49	4860.3	江西	3.63	5105.4	内蒙古	3.95	3924.9	湖北	4.16	5873.9
广西	3.31	4180.9	辽宁	3.61	5720.2	江西	3.58	5371.3	辽宁	3.65	6805.2
云南	3.18	3462.9	内蒙古	3.43	3800.4	辽宁	3.23	5552.8	江西	3.52	5733.2
浙江	2.63	5293.7	云南	3.13	3561.3	云南	2.80	3581.8	云南	3.03	4053.4
贵州	2.51	3685.1	广西	3.07	4254.1	广西	2.58	4613.8	广西	2.53	4947.3
辽宁	2.47	3988	广东	2.88	5006.2	广东	2.41	5199.5	新疆	2.29	6161.4
相关系数	0.3046			0.2462			0.2490			0.0832	

　　全部粮食的省份集中度与单产之间相关性很低，而且集中度位列前 5 位的省份的综合集中度变化不大，原因可能有以下两个方面：一是粮食种类很多，而且各省份都有生产；二是因为粮食的特殊性，各省份都对粮食生产很重视，也是目前农产品生产中较具计划色彩的部门之一，因此集中度的变化可能并不完全反映地区的比较优势。也就是

说，我国的粮食生产并不是以发挥地区比较优势为前提的，而是一种普遍性的生产行为，是为了保障粮食安全和地方性供应而进行的生产。粮食生产集中度居前五位的省份都是我国重要的粮食产区，而且长期以来其相对位次虽有变化，但都变化不大，重要的变化是黑龙江于 2005 年进入前 5 位，并在 2013 年成为我国位居第一的粮食生产省份。

　　从稻谷生产来看，稻谷生产集中度与单产之间的相关系数，1980 年为-0.0851，到 1985 年迅速上升到 0.4171，但此后又逐步下降，到 2010 年又转为负相关，2013 年相关系数仅为 0.0104。由于水稻生产与水土关系很大，因此首位省份的集中度较高且没有变动，一直为湖南省，集中度 1980 年为 13.88%，虽然此后有所下降，到 2013 年仍有 12.58%；前 5 个省份的综合集中度变化不大，1980 年为 51.38%，2000 年下降为 46.53%，2013 年为 51%；集中度居前 5 位的省份到 2005 年均无变化，2005 年后，广东、四川相继退出前 5 位，而代之以湖北、黑龙江；在稻谷生产中，东北三省的集中度一直呈上升趋势，1980 年合计为 3.02%，1995 年上升到 5.55%，2013 年进一步上升到 13.17%，其中黑龙江的稻谷生产集中度由 1980 年的 0.57%上升到 2013 年的 10.91%，并成为我国第二大稻谷生产省份，而广东则由 1980 年的 11.60%下降到 2013 年的 5.13%，浙江由 1980 年的 8.41%下降到 2013 年的 2.85%，这两个省份都是我国经济发达省份，经济增长是导致集中度下降的重要原因(表 6-2)。

表 6-2　我国主要年份稻谷生产集中度与单位产量的关系

地区	1980 年		地区	1985 年		地区	1990 年		地区	1995 年	
	集中度/%	单产/(千克/公顷)		集中度/%	单产/(千克/公顷)		集中度/%	单产/(千克/公顷)		集中度/%	单产/(千克/公顷)
湖南	13.88	4402.4	湖南	13.87	5507.6	湖南	13.04	5647.5	湖南	13.16	5970.6
广东	11.60	3897.9	广东	9.26	4330.3	广东	8.86	5282.7	广东	7.94	5450.8
江苏	8.78	4421.5	江苏	9.72	6739.7	江苏	9.02	6960.8	江苏	9.71	7992.6
江西	8.49	3510.9	江西	8.75	4520.2	江西	8.39	4822	江西	8.03	4930.5
四川	8.63	5024.1	四川	8.68	6156.6	四川	8.98	7034.4	四川	8.95	6985.3
浙江	8.41	4677.9	浙江	8.05	5686.2	浙江	6.98	5543.9	浙江	6.58	5701.3
湖北	7.42	3832.8	湖北	9.32	6191.9	湖北	9.45	6787.9	湖北	9.34	7185.5
广西	7.20	3642.8	广西	5.85	3990.3	广西	6.34	4720.6	广西	6.80	5205.1
安徽	5.53	3453.6	安徽	6.90	5434.8	安徽	7.08	5795.4	安徽	6.86	5889.8
福建	4.83	3981.7	福建	4.04	4610.8	福建	3.86	4836.2	福建	3.91	5154.7
云南	2.77	3769.7	云南	2.87	4495.8	云南	2.73	5033.5	云南	2.76	5439.6
贵州	2.32	4196.1	贵州	1.92	4191.4	贵州	1.90	4861	贵州	2.30	5738.2
辽宁	1.68	6106.3	辽宁	1.56	5476.9	辽宁	1.95	6795.1	辽宁	1.41	5539.1
吉林	0.77	4254.6	吉林	1.09	5678.6	吉林	1.53	6916.8	吉林	1.60	6911.1
黑龙江	0.57	3778.5	黑龙江	0.97	4180.5	黑龙江	1.66	4668.4	黑龙江	2.54	5626.9
相关系数		-0.0851			0.4171			0.2028			0.3194

续表

地区	2000 年		地区	2005 年		地区	2010 年		地区	2013 年	
	集中度/%	单产/(千克/公顷)		集中度/%	单产/(千克/公顷)		集中度/%	单产/(千克/公顷)		集中度/%	单产/(千克/公顷)
湖南	12.73	6140.8	湖南	12.72	6050.3	湖南	12.80	6217.6	湖南	12.58	6270.5
广东	7.57	5768.8	江苏	9.45	7725	江西	9.49	5599.9	黑龙江	10.91	6992.6
江苏	9.59	8175	江西	9.23	5328.2	黑龙江	9.42	6659.5	江西	9.84	6003.7
江西	7.94	5268	湖北	8.50	7390.6	江苏	9.24	8091.9	江苏	9.44	8484.3
四川	8.70	7695.3	四川	8.34	7213	湖北	7.96	7643.2	湖北	8.23	7979.6
浙江	5.27	6196.6	安徽	6.93	5820.1	四川	7.72	7543.5	四川	7.61	7783.7
湖北	7.97	7503.8	广西	6.47	4953	安徽	7.07	6161.2	安徽	6.69	6152.8
广西	6.53	5328.9	黑龙江	6.21	6795.7	广西	5.73	5353.5	广西	5.68	5649.3
安徽	6.50	5461.7	广东	6.19	5225.4	广东	5.42	5431.3	广东	5.13	5474.7
福建	3.37	5177.1	云南	3.58	6159.9	浙江	3.31	7021.0	云南	3.28	5794.2
云南	3.02	5292.5	浙江	3.57	6268.9	云南	3.15	6038.9	浙江	2.85	7001.2
贵州	2.54	6361.1	福建	2.92	5533.8	吉林	2.90	8440.6	吉林	2.77	7751.4
辽宁	2.01	7700.6	重庆	2.89	6972.4	重庆	2.65	7582.6	辽宁	2.49	7807.9
相关系数	0.1743			0.0092			−0.1708			0.0104	

从表 6-3 中可以看出，小麦生产集中度与单产之间具有很高的相关性，1980 年相关系数为 0.6406，1985 年上升到 0.7812，此后虽然有所下降，但下降幅度不大，到 2013 年更上升到 0.8246；而且位居前 5 位的小麦生产省份一直很少变动，生产集中度居前 5 位的省份合计集中度 1980 年为 54.81%，1995 年上升到 63.26%，2013 年进一步上升到 75.99%，达到了较高的专业化生产水平；河南省一直是我国小麦的主产省份，其集中度也呈现不断上升趋势，1980 年为 16.13%，2000 年达到 22.44%，2010 年进一步上升到 26.76%，2013 年虽略有下降，但仍高达 26.46%，这反映出我国小麦生产较好地发挥了区域生产优势，是我国区域专业化程度最高的粮食品种。

表 6-3 我国主要年份小麦生产集中度与单位产量的关系

地区	1980 年		地区	1985 年		地区	1990 年		地区	1995 年	
	集中度/%	单产/(千克/公顷)		集中度/%	单产/(千克/公顷)		集中度/%	单产/(千克/公顷)		集中度/%	单产/(千克/公顷)
河南	16.13	2267.7	河南	17.81	3345.6	河南	16.69	3428.8	山东	20.16	5137.8
山东	13.88	2088.1	山东	17.44	3785.6	山东	16.41	3887.2	河南	17.16	3643.9
江苏	10.22	3640.0	江苏	9.67	3821.4	河北	9.44	3698.5	河北	10.37	4240.1
四川	7.43	2404.2	河北	8.67	3164.7	江苏	9.40	3850	江苏	8.73	4150.8
黑龙江	7.15	1873.9	安徽	7.06	3099.2	安徽	6.09	2882.9	安徽	6.84	3508.4

续表

| 地区 | 1980 年 | | 地区 | 1985 年 | | 地区 | 1990 年 | | 地区 | 1995 年 | |
	集中度/%	单产/(千克/公顷)		集中度/%	单产/(千克/公顷)		集中度/%	单产/(千克/公顷)		集中度/%	单产/(千克/公顷)
河北	6.96	1391.2	四川	5.91	3128.0	四川	5.81	3085.3	四川	6.68	3134.2
安徽	6.17	1777.0	陕西	4.93	2499.6	黑龙江	4.83	2665.8	陕西	4.02	2564.6
湖北	4.83	2062.3	黑龙江	4.39	1848.9	陕西	4.72	2742.3	新疆	3.85	4135.1
陕西	4.17	1446.2	湖北	4.03	2594.3	新疆	3.99	3318.3	湖北	3.56	3081.6
甘肃	4.35	1734.6	甘肃	3.67	2117.8	湖北	3.98	2892.5	黑龙江	2.65	2427.7
新疆	3.86	1572.2	新疆	3.67	2460.0	甘肃	3.72	2505	山西	2.64	2945.4
山西	2.15	1190.8	山西	3.44	2912.7	山西	3.25	3142.5	内蒙古	2.57	2579.1
内蒙古	1.49	861.8	内蒙古	1.73	1602.4	内蒙古	2.66	2268.6	甘肃	2.49	1872.7
云南	1.42	1333.4	云南	0.72	1396.0	云南	1.04	1801.3	云南	1.35	2199.2
相关系数	0.6406			0.7812			0.7528			0.7772	

| 地区 | 2000 年 | | 地区 | 2005 年 | | 地区 | 2010 年 | | 地区 | 2013 年 | |
	集中度/%	单产/(千克/公顷)		集中度/%	单产/(千克/公顷)		集中度/%	单产/(千克/公顷)		集中度/%	单产/(千克/公顷)
河南	22.44	4542.5	河南	26.45	5194.2	河南	26.76	5837.5	河南	26.46	6012
山东	18.67	4962.5	山东	18.48	5491.6	山东	17.87	5779.5	山东	18.20	6040.4
河北	12.12	4509.3	河北	11.80	4839.1	河北	10.68	5084.5	河北	11.38	5834.2
江苏	7.99	4074.5	安徽	8.29	3832.9	安徽	10.48	5100.8	安徽	10.92	5475.1
安徽	7.10	3325.3	江苏	7.48	4325	江苏	8.75	4816.4	江苏	9.03	5129.7
四川	5.34	3315.4	四川	4.39	3385.8	新疆	5.41	5566.8	新疆	4.94	5371
陕西	4.20	2723.1	陕西	4.12	3311.5	四川	3.71	3379.2	四川	3.46	3464.6
新疆	4.01	4762.6	新疆	4.07	5374.5	陕西	3.51	3514.7	湖北	3.42	3807.1
甘肃	2.67	2232	甘肃	2.72	2646.2	湖北	2.98	3430.3	陕西	3.20	3560.5
湖北	2.35	2765.2	湖北	2.14	2916.1	甘肃	2.18	2852.3	甘肃	1.93	2906.3
山西	2.16	2408.7	山西	2.08	2805.4	山西	2.02	3188.1	山西	1.89	3405.6
内蒙古	1.82	2946	内蒙古	1.47	3117	内蒙古	1.43	2918.4	内蒙古	1.48	3158.2
云南	1.53	2360.6	云南	1.10	2007.4	黑龙江	0.80	3303.4	云南	0.66	1841.7
黑龙江	0.96	1623.2	黑龙江	0.96	3782.7	宁夏	0.61	3327.3	贵州	0.42	2045.8
相关系数	0.7709			0.7297			0.7846			0.8246	

　　从表 6-4 可以看出，我国玉米生产集中度与单产具有较高的相关性，1980 年相关系数为 0.5763，到 2000 年上升到 0.6715，此后有所下降，2013 年下降到 0.4268。山东一直是我国重要的玉米生产基地，1980~2000 年均列第一，此后有所下降；2005 年则由吉林成为玉米生产集中度最高的省份，为 12.92%；2010 年以来黑龙江成为位列第一的玉米生产基地。从位居前 5 位的主产省份来看，大体变动不大，前 5 个省份的生产集中度合计 1980 年为 52.51%，1990 年上升到 56.16%，此后变化不大，2000 年为 50.19%，2013 年为 54.11%，

因此玉米的区域专业化生产也比较明显；从单个省份看，吉林的集中度变动比较大，1980年为 8.10%，1990 年上升到 15.80%，2000 年又下降到 9.37%，其他省份也有类似的变动，这说明区域专业化的发展是较为随意的，可能与气候灾害、农产品价格等有关。

表 6-4　我国主要年份玉米生产集中度与单位产量的关系

地区	1980 年		地区	1985 年		地区	1990 年		地区	1995 年	
	集中度/%	单产/(千克/公顷)		集中度/%	单产/(千克/公顷)		集中度/%	单产/(千克/公顷)		集中度/%	单产/(千克/公顷)
山东	13.19	3852.6	山东	14.69	4491.9	吉林	15.80	6893	山东	13.78	5725.7
河北	10.59	2832.2	吉林	12.43	4722.0	山东	11.47	4618.7	吉林	13.20	6307.3
辽宁	10.44	4614.5	河北	10.64	3880.6	黑龙江	10.41	4649.5	黑龙江	10.83	5029.0
四川	9.78	3823.4	四川	9.06	3650.5	河南	9.92	4412.3	河北	10.57	5165.1
河南	8.51	3172.4	河南	8.42	3229.5	河北	8.56	4063.1	河南	8.55	4892.9
黑龙江	8.31	2762.7	辽宁	7.02	3740.4	辽宁	8.24	5844.8	辽宁	7.36	5434.9
吉林	8.10	3014.5	黑龙江	6.45	2611.9	四川	7.38	4177.5	四川	5.62	3669.4
陕西	4.39	2554.0	陕西	4.57	3066.2	内蒙古	4.06	5081.9	内蒙古	4.63	5224.9
山西	4.20	3542.9	云南	3.90	2702.5	陕西	3.45	3257.6	山西	3.60	5252.9
云南	4.20	2367.7	江苏	3.47	4821.6	山西	3.15	4795.9	云南	3.03	3433.7
贵州	3.38	2946.8	山西	3.29	4220.8	云南	2.87	2806.4	陕西	2.52	3127.5
江苏	2.22	3599.2	内蒙古	2.50	3679.7	江苏	2.38	4993.5	江苏	2.42	5861.3
内蒙古	2.22	2129.3	贵州	2.47	2662.1	新疆	2.08	4547.9	贵州	2.13	3688.0
新疆	2.02	2276.0	新疆	2.18	3331.7	贵州	1.83	2954.7	新疆	2.13	5435.4
相关系数	0.5763			0.4356			0.6008			0.5158	

地区	2000 年		地区	2005 年		地区	2010 年		地区	2013 年	
	集中度/%	单产/(千克/公顷)		集中度/%	单产/(千克/公顷)		集中度/%	单产/(千克/公顷)		集中度/%	单产/(千克/公顷)
山东	13.84	6079.2	吉林	12.92	6488.6	黑龙江	13.11	5321.0	黑龙江	14.72	5904.4
河南	10.14	4883.3	山东	12.45	6353.5	吉林	11.31	6577.5	吉林	12.70	7932.7
河北	9.38	4012.3	河南	9.31	5174.8	山东	10.90	6537.7	内蒙古	9.47	6527.8
吉林	9.37	4520.1	河北	8.57	4458.9	河南	9.22	5549.2	山东	9.00	6427.1
黑龙江	7.46	4390.2	辽宁	8.15	6334.7	河北	8.51	5014.7	河南	8.22	5608.2
内蒙古	5.94	4846.7	内蒙古	7.65	5904.3	内蒙古	8.27	5896.7	河北	7.80	5481.0
辽宁	5.20	3874.2	黑龙江	7.48	4697.3	辽宁	6.49	5496.9	辽宁	7.15	6961.2
四川	5.16	4430.7	山西	4.42	5205.0	山西	4.32	4945.4	山西	4.37	5721.2
云南	4.47	4189.6	四川	4.17	4853.8	四川	3.77	4935.8	四川	3.49	5532.7
陕西	3.90	3913.9	陕西	3.30	4190.1	云南	3.46	4323.5	云南	3.36	4878.1
山西	3.35	4469.7	云南	3.22	3799.3	陕西	3.00	4501.0	新疆	3.06	7265.6
贵州	3.23	4705.1	新疆	2.70	7160.8	新疆	2.38	6448.4	陕西	2.69	5031.0
云南	4.47	4189.6	贵州	2.47	4785.0	贵州	2.34	5318.3	甘肃	2.62	5854.8
相关系数	0.6715			0.4157			0.4574			0.4268	

　　从表 6-5 可以看出，1980 年以来，我国大豆生产的集中度与单产之间仅在 1980 年存在着明显的相关关系，相关系数为 0.5299，但此后的正相关程度不断降低，到 2013 年变为负相关关系，相关系数为-0.5648，这说明大豆生产产量高的省份，其单产却不高，而且是相反的情况。如 2010 年，黑龙江的大豆产量占全国的 38.79%，但其单产仅为 1648.9 千克/公顷，而当年单产最高的为江苏，高达 2637 千克/公顷，1980 年到 2013 年，黑龙江的单产虽然提高了 238.9 千克，但同期江苏的单产却提高了 975.5 千克；我国大豆生产主要集中在北方省份，其中以黑龙江的产量最大，集中度最高，1980 年为 27.70%，2010 年曾高达 38.79%。这说明黑龙江虽然是我国大豆生产条件最优越的地区，但生产技术、种子等方面却没有多大改进，致使单产不高。这也说明，我国大豆生产的地区生产优势并没有完全得到发挥。

表 6-5　我国主要年份大豆生产集中度与单位产量的关系

| 地区 | 1980 年 | | 地区 | 1985 年 | | 地区 | 1990 年 | | 地区 | 1995 年 | |
	集中度	单产/(千克/公顷)		集中度	单产/(千克/公顷)		集中度	单产/(千克/公顷)		集中度	单产/(千克/公顷)
黑龙江	27.7	1352.7	黑龙江	29.88	1447.3	黑龙江	29.62	2010	黑龙江	31.65	1701
河南	11.60	1002.1	河南	9.83	1172.4	吉林	8.48	1350	山东	9.11	2391
山东	10.6	1208.5	吉林	8.61	1890.7	河南	7.88	1875	河南	7.90	1907
吉林	7.61	1087.2	山东	7.57	1555.2	山东	7.66	1065	河北	5.82	1633
辽宁	6.73	1131.3	安徽	6.70	1090.5	安徽	4.95	1320	吉林	5.80	2068
安徽	6.23	810.3	江苏	5.31	1755.1	河北	4.86	1575	安徽	4.76	1458
江苏	4.40	1270.4	辽宁	5.20	1389.3	内蒙古	4.33	1845	内蒙古	3.89	942.7
河北	3.71	1129.4	河北	3.67	1280.5	江苏	4.10	1230	江苏	3.40	2280
四川	2.58	1198.8	四川	3.20	1740.3	辽宁	3.90	1200	辽宁	3.06	1512
陕西	2.26	851.1	内蒙古	2.74	1316.7	山西	2.75	1020	湖北	2.93	2101
内蒙古	1.57	729.7	陕西	1.74	904.75	陕西	2.66	1605	湖南	2.82	1769
相关系数	0.5299			0.1183			0.2700			0.0155	

| 地区 | 2000 年 | | 地区 | 2005 年 | | 地区 | 2010 年 | | 地区 | 2013 年 | |
	集中度/%	单产/(千克/公顷)		集中度/%	单产/(千克/公顷)		集中度/%	单产/(千克/公顷)		集中度/%	单产/(千克/公顷)
黑龙江	29.21	1569.2	黑龙江	38.51	1774	黑龙江	38.79	1648.9	黑龙江	32.36	1591.6
吉林	7.81	2231.9	内蒙古	8.01	1642	内蒙古	8.84	1642.7	内蒙古	10.02	2121
河南	7.52	2050.7	吉林	7.96	2579	安徽	7.94	1276.3	安徽	8.95	1249
山东	6.79	2282.9	四川	3.22	2473	吉林	5.74	2297.7	河南	6.10	1643.3
安徽	5.94	1341.3	安徽	5.43	968	四川	3.52	2401.6	四川	4.33	2338.6
内蒙古	5.57	1080.7	江苏	2.98	2266	河南	5.73	1906.7	江苏	3.93	2245.9
河北	4.08	1484.5	山东	3.98	2727	江苏	3.96	2637	吉林	3.80	2115.9
江苏	4.35	2688.6	河南	3.55	1088	云南	1.80	2414	山东	3.00	2454.2
辽宁	3.12	1593.2	湖北	2.65	2431	陕西	2.63	2223.4	云南	2.66	2547.3
四川	2.43	2205.2	河北	2.59	1664	湖北	1.70	2518.1	辽宁	2.38	2471
相关系数	-0.17066			-0.1179			-0.5112			-0.5648	

从表 6-6 可以看出，油菜籽生产的集中度与单位产量的关系具有较为稳定的正相关关系，但相关程度不太高，相关系数的范围为 0.11～0.39。从生产集中度来看，排在前 5 位的省份基本稳定，2000 年之前，四川一直稳居第一，但之后则由湖北取而代之。

表 6-6 我国主要年份油菜籽生产集中度与单位产量的关系

地区	1980 年		地区	1985 年		地区	1990 年		地区	1995 年	
	集中度/%	单产/(千克/公顷)		集中度/%	单产/(千克/公顷)		集中度/%	单产/(千克/公顷)		集中度/%	单产/(千克/公顷)
四川	24.41	1350	四川	21.9	1455	四川	18.38	1530	四川	14.23	1633.7
浙江	11.41	1185	安徽	19.24	1380	安徽	13.71	1230	湖北	14.95	1745.4
安徽	11.41	915	江苏	13.04	1650	江苏	11.7	1845	安徽	14.48	1428.7
江苏	8.52	1200	浙江	7.6	1560	湖北	10.19	1290	江苏	11.2	2064.2
湖南	6.04	562.5	湖北	7.33	1140	湖南	8.92	990	湖南	9.34	1196.4
贵州	5.66	712.5	湖南	6.12	1005	浙江	6.71	1605	江西	7.06	798.8
河南	5.62	600	贵州	4.98	885	贵州	5.82	1095	贵州	5.43	1314.9
湖北	4.87	660	河南	3.8	1185	江西	5.33	690	浙江	4.84	1598.9
上海	4.03	1815	陕西	2.92	1440	河南	4.56	1410	河南	4.45	1585.5
陕西	3.23	855	江西	2.8	645	陕西	2.77	1455	陕西	2.6	1499
青海	2.85	907.5	上海	2.73	2190	上海	2.62	1950	青海	1.62	1093
新疆	2.35	517.5	青海	1.71	1050	青海	1.68	1065	上海	1.59	1976.6
相关系数		0.3870	5		0.222			0.1162			0.1757

地区	2000 年		地区	2005 年		地区	2010 年		地区	2013 年	
	集中度/%	单产/(千克/公顷)		集中度/%	单产/(千克/公顷)		集中度/%	单产/(千克/公顷)		集中度/%	单产/(千克/公顷)
湖北	17.441	1712.7	湖北	16.8	1859	湖北	17.8	2005	湖北	17.32	1972
安徽	13.777	1625.1	安徽	14.0	1912	四川	15.7	2166	四川	15.50	2137
江苏	12.565	2198.2	四川	12.9	2065	湖南	12.7	1530	湖南	13.46	1328
四川	12.082	1769.9	江苏	12.2	2402	安徽	10.2	1935	安徽	8.99	2092
湖南	9.6125	1394.3	湖南	8.3	1439	江苏	8.6	2444	江苏	7.83	2482
贵州	5.8167	1435.1	河南	6.7	2151	河南	6.8	2260	河南	6.21	2578
江西	4.6569	742.4	贵州	5.9	1516	江西	4.9	1167	贵州	5.66	1463
浙江	3.8397	1471.9	浙江	3.4	1967	贵州	3.9	1077	江西	4.87	1062
河南	2.9699	1359.6	江西	3.2	1017	陕西	2.8	1847	云南	3.51	1643
陕西	1.9682	1368.3	重庆	2.4	1698	重庆	2.6	1784	重庆	2.774	1860
甘肃	1.9418	1603.1	青海	2.4	1976	青海	2.6	1948	陕西	2.746	1940
相关系数		0.2586			0.3863			0.3107			0.2417

在粮食种类中，只有小麦和玉米的集中度与单产之间存在着很高的相关性，表明小麦和玉米生产是在发挥地区优势基础上形成的专业化生产，通过进一步的回归可以看出，集中度对单产的解释程度也较高，其中玉米集中度可以解释玉米单产的 89.0%，而

小麦的集中度可以解释小麦单产的 73.2%。

(二)农产品生产集中度与成本收益关系

农产品生产的区域集中度高，则农产品产量就多，农产品质量也较高，如果这种农产品生产是集中在优势区域的，则生产成本会较低，利润会较高。因此通过成本收益与生产集中度之间的相关关系的分析，也可以判断农产品生产是否集中于优势区域。

(1)小麦

利用 1999 年全国主要农产品成本收益所做的抽样调查数据，对小麦主产区(集中度居前五位的河南、山东、河北、江苏和安徽)与非主产区(产量较少的浙江、福建、贵州、云南和青海)的经济效益进行了分析。分析结果表明，我国小麦主产区在绝大多数经济指标上都具有十分明显的比较优势，特别是在反映获利能力的经济效益指标方面，优势更为明显。1999 年，5 个主产省份的每亩平均减税纯收益为 100.61 元，而 5 个非主产省份的平均纯收益仅为 4.36 元，5 个主产省份的每亩平均减税纯收益比 5 个非主产省份高出 20 多倍(表 6-7)。

到了 2010 年和 2013 年，小麦主产区选择河南、山东、河北、江苏和安徽，而非主产区选择云南、甘肃、宁夏、山西和内蒙古。结果表明，5 个主产省的亩均产量、净利润等都高于全国平均水平，更高于 5 个非主产区的平均水平，而生产成本、劳动成本均低于全国均值，更低于非主产区均值；每 50 千克主产品平均出售价格低于全国平均水平，更低于非主产区平均值；但净利润较高；每亩主产品出售数量、产值和商品率也远高于非主产区平均水平(表 6-8 和表 6-9)。

表 6-7　1999 年我国小麦主产区与非主产区经济效益对比

项目	指标	单位	5 个主产省平均	5 个非主产省平均
每亩	产量	千克	334.97	214.50
	产值	元	412.1	292.47
	生产成本	元	287.90	260.28
	其中用工作价	元	91.83	122.70
	含税成本	元	311.69	289
	净产值	元	216.03	155
	减税纯收益	元	100.61	4.36
	资金收益率	%	51.31	3.17
	成本收益率	%	32.87	2.03
每 50 千克主产品	平均销售价格	元	56.90	62.39
	含税成本	元	42.93	62.15
	净产值	元	29.96	33.38
	减税纯收益	元	14.0	0.44
每 1 个劳动日	主产品产量	千克	35.14	20.74
	净产值	元	22.71	14.25

注：1 亩≈666.667 平方米。

资料来源：《全国农产品成本收益资料汇编 2011》。

表 6-8 2010 年我国小麦主产区与非主产区经济效益对比

项目	指标	单位	全国平均	5 个主产区平均	5 个非主产区平均
每亩	产量	千克	370.02	397.07	265.30
	产值	元	750.80	793.87	604.78
	生产成本	元	497.18	486.62	561.54
	其中：家庭用工折价	元	172.43	152.37	221.69
	净利润	元	132.17	185.89	-79.81
	成本利润率	%	21.36	31.29	-14.53
每 50 千克主产品	平均出售价格	元	99.01	98.35	107.91
	净利润	元	17.43	22.88	-30.05
每亩主产品	出售数量	千克	221.51	249.51	91.20
	出售产值	元	430.95	483.24	190.66
	商品率	%	70.43	74.09	54.31

注：1 亩≈666.667 平方米。

资料来源：《全国农产品成本收益资料汇编 2011》。

表 6-9 2013 年我国小麦主产区与非主产区经济效益对比

项目	指标	单位	全国平均	5 个主产区平均	5 个非主产区平均
每亩	产量	千克	374.32	403.64	283.43
	产值	元	901.93	956.91	777.53
	生产成本	元	760.86	730.60	869.85
	其中：家庭用工折价	元	333.54	295.43	425.63
	净利润	元	-12.78	65.31	-251.33
	成本利润率	%	-1.40	7.63	-25.21
每 50 千克主产品	平均出售价格	元	117.81	116.64	130.75
	生产成本	元	99.38	88.98	154.25
	净利润	元	-1.67	7.91	-50.80
每亩	出售数量	千克	248.26	277.74	136.04
	出售产值	元	578.68	641.09	355.80
	商品率	%	82.18	83.70	62.12

注：1 亩≈666.667 平方米。

资料来源：《全国农产品成本收益资料汇编 2014》。

河南、山东是我国小麦生产条件最优、产量最多的省份。河南小麦生产集中度 1980 年为 16.13%，到 2010 年和 2013 年分别上升到了 26.76% 和 26.46%；山东小麦生产集中度由 1980 年的 13.88%，分别上升到 2010 年的 17.87% 和 2013 年的 18.20%（表 6-3）。与全国平均水平相比，河南、山东的小麦生产成本较低，而利润较高（表 6-10 和表 6-11）。

表 6-10　河南、山东小麦的生产成本及收益与全国比较　　　　　单位：美元/公顷

指标	1998 年			2000 年		
	全国	河南	山东	全国	河南	山东
直接生产费用	339.4	317.6	412.5	320.2	293.3	370.2
间接生产费用	313.7	252.2	397.9	276.2	222.7	329.3
总生产费用	650.1	569.8	810.4	596.4	516.1	699.5
总产值	637.1	654.4	833.1	514.2	564	597.8
利润	−13	84.6	22.7	−82.2	47.9	−101.8

资料来源：于格等. 中美小麦生产成本收益比较分析[J]. 农业经济问题，2003(3)：39-44.

表 6-11　2010 年和 2013 年河南、山东小麦的生产成本及收益与全国比较

项目	指标	单位	2010 年			2013 年		
			全国平均	山东	河南	全国平均	山东	河南
每亩	产量	千克	370.02	410.55	414.64	374.32	429.08	392.08
	产值	元	732.72	840.12	802.23	882.01	1060.48	866.06
	生产成本	元	497.18	541.88	460.58	760.86	821.24	746.53
	净利润	元	132.17	204.51	192.54	−12.78	104.24	−41.88
	成本利润率	%	21.36	31.59	30.67	−1.40	10.75	−4.57
	出售数量	千克	221.51	184.32	236.25	248.26	240.67	234.53
	出售产值	元	430.95	373.18	453.67	578.68	586.89	518.38
	商品率	%	70.43	67.35	63.05	82.18	76.47	88.54
每 50 千克主产品	出售价格	元	99.01	102.32	96.74	117.81	123.58	110.44
	生产成本	元	65.56	65.08	54.32	99.38	94.53	94.29
	净利润	元	17.43	24.56	22.71	−1.67	12.00	−5.29

资料来源：《全国农产品成本收益资料汇编 2014》。

(2) 玉米

在玉米生产方面，以排列全国产量前 5 的玉米主产省份为主产区，以产量较少的江苏、安徽、湖北、贵州和宁夏 5 个省份为非主产区，选择几个主要年份进行比较。1980年和 1990 年，全国 5 个玉米主产省份的平均单位面积产量和劳动生产率均高于全国平均水平，其中北方地区是我国玉米生产优势地区，其单位面积产量、纯收益则比 5 个主产省份和全国平均水平更高，成本纯收益率也更高(表 6-12 和表 6-13)。

表 6-12 1980 年我国玉米主产区与非主产区经济效益对比

项目	指标	单位	全国平均	北方地区	5 个主产区平均	5 个非主产区平均
每亩	产量	斤	484.80	513.80	508.48	485.12
	产值	元	55.02	57.44	54.95	55.40
	物质费用合计	元	24.58	27.39	28.11	27.24
	用工作价	元	19.92	17.84	16.83	23.07
	总生产成本	元	44.50	45.23	44.94	50.31
	净产值	元	37.79	38.62	32.65	38.83
	减税纯收益	元	15.69	18.60	13.42	13.48
每 50 千克主产品	成本纯收益率	%	35.26	41.12	26.47	29.80
	标准品收购价	元	11.39	11.24	10.82	11.43
每 1 个劳动日	产量	斤	19.50	23.00	24.44	17.30
	净产值	元	1.52	1.73	1.49	1.41

注：1 斤＝500 克；1 亩≈666.667 平方米。
资料来源：《全国农产品成本收益资料汇编 1981》。

表 6-13 1990 年我国玉米主产区与非主产区经济效益对比

项目	指标	单位	中国	北方	5 个主产区平均	5 个非主产区平均
每亩	主产品产量	斤	716.57	784.39	836.31	798.56
	副产品产量	斤	968.08	1088.49	1112.61	1179.36
	产值合计	元	177.64	190.98	200.50	198.91
	主产品产值	元	157.05	`170.76	181.70	175.31
	副产品产值	元	20.59	20.22	18.80	23.60
	物质费用合计	元	68.01	69.00	71.71	76.95
	用工作价	元	50.17	41.95	39.29	61.88
	总生产成本	元	118.18	110.95	110.99	138.84
	净产值	元	109.63	121.98	130.93	121.96
	减税纯收益	元	55.38	76.06	85.03	56.22
	成本纯收益率	%	46.86	68.55	76.48	48.18
每 100 元产值	物质费用	元	38.29	36.13	34.49	38.37
	生产成本	元	66.53	58.10	55.57	70.02
每 50 千克主产品	生产成本	元	14.58	12.65	12.12	15.53
	含税生产成本	元	15.15	13.16	12.65	16.04
	平均出售价	元	21.92	21.77	21.85	22.13
每 1 个劳动日	主产品产量	斤	41.42	54.22	66.07	50.40
	净产值	元	6.34	8.43	10.12	7.60

注：1 斤＝500 克；1 亩≈666.667 平方米。
资料来源：《全国农产品成本收益资料汇编 1991》。

从表 6-14 和表 6-15 可以看出，2010 年和 2013 年，5 个主产省份的每亩产量、净利润、产值及商品率等均高于全国及 5 个非主产省份的平均值，而 5 个主产省份的每亩和每 50 千克主产品的生产成本均低于全国及 5 个非主产省份的平均值。

表 6-14　2010 年我国玉米主产区与非主产区经济效益对比

项目	指标	单位	全国平均	5 个主产区平均	5 个非主产区平均
每亩	产量	千克	452.74	466.94	431.23
	产值	元	872.28	869.37	897.61
	生产成本	元	495.64	434.97	539.84
	其中：家庭用工折价	元	220.35	159.21	281.88
	净利润	元	239.69	272.08	260.75
	成本利润率	%	37.89	46.43	43.18
每 50 千克主产品	出售价格	元	93.62	90.53	102.00
	生产成本	元	53.20	45.32	62.12
	净利润	元	25.73	28.38	29.14
每亩	用工数量	日	7.33	5.39	9.24
	出售数量	千克	287.89	316.16	250.00
	出售产值	元	535.03	574.52	495.68
	商品率	%	93.24	97.00	85.93

注：1 亩≈666.667 平方米。

资料来源：《全国农产品成本收益资料汇编 2011》。

表 6-15　2013 年我国玉米主产区与非主产区经济效益对比

项目	指标	单位	全国平均	5 个主产区平均	5 个非主产区平均
每亩	产量	千克	488.01	497.19	402.13
	产值	元	1089.56	1090.23	912.50
	生产成本	元	815.08	701.51	876.71
	其中：家庭用工折价	元	426.97	305.47	532.77
	净利润	元	77.52	155.02	-97.53
	成本利润率	%	7.66	17.14	-5.94
每 50 千克主产品	平均出售价格	元	108.81	107.15	113.10
	生产成本	元	81.40	69.16	117.58
	净利润	元	7.74	15.10	-21.02
每亩	出售数量	千克	321.16	338.96	263.31
	出售产值	元	692.78	720.76	574.36
	商品率	%	97.59	99.42	91.17

注：1 亩≈666.667 平方米。

资料来源：《全国农产品成本收益资料汇编 2014》。

　　黑龙江、吉林是我国玉米产量最多的省份，2013 年，黑龙江、吉林的玉米产量分别占全国总产量的 14.72% 和 12.70%；从表 6-16 可以看出，玉米生产集中度高，单位面积的产量、净利润、商品率等均较高。

表 6-16　2010 年和 2013 年黑龙江、吉林玉米生产经济效益与全国平均对比

项目	指标	单位	2010 年			2013 年		
			全国平均	黑龙江	吉林	全国平均	黑龙江	吉林
每亩	产量	千克	452.74	448.52	501.64	488.01	474.8	547.42
	产值	元	872.28	762.87	908.92	1089.56	1017.98	1208.71
	生产成本	元	495.64	347.59	497.26	815.08	562.43	817.8
	其中：家庭用工折价	元	220.35	103.73	159.16	426.97	190.33	313.96
	净利润	元	239.69	227.09	187.99	77.52	150.79	66.58
	成本利润率	%	37.89	42.38	26.08	7.66	17.39	5.83
每50千克主产品	出售价格	元	93.62	83.58	88.68	108.81	105.45	108.19
	生产成本	元	53.2	38.08	48.52	81.4	58.26	73.2
	净利润	元	25.73	24.88	18.34	7.74	15.62	5.96
每亩	出售数量	千克	287.89	391.83	230.47	321.16	292.8	316.62
	出售产值	元	535.03	653.62	419.39	692.78	614.15	679.5
	商品率	%	93.24	98.33	99.89	97.59	99.51	100

注：1 亩≈666.667 平方米。

资料来源：《全国农产品成本收益资料汇编》。

(三)经济作物生产集中度与单产关系

在经济作物方面，大多数农产品的生产集中度一直较高。从棉花的生产集中度与单产之间的相关系数来看（表 6-17），1980 年的相关系数高达 0.9108，但 1990 年却显示为负相关，到 2000 年又上升到 0.7823；这与 20 世纪 80 年代和 90 年代，对棉花需求大，棉花价格上涨，各省份争先开展棉花生产，产量均有所增加有关。排在集中度前 5 位的主产省份大体比较稳定，只有新疆很特别，1980 年，新疆的集中度仅为 2.92%，排第 10 位，到 1990 年上升到第 5 位，1995 年名列第一，集中度也上升到 20.85%，到 2013 年更是达到 55.84%，单产也由 1980 年的 435.0 千克/公顷，提高到 2013 年的 2388.0 千克/公顷，但山东却由 1985 年的 25.61%下降到 2013 年的 9.86%。棉花生产集中度排在前 5 位的主产省份与单产的相关程度则很高，1980 年为 0.9795，1995 年为 0.5963，2000 年为 0.8323，2005 年为 0.9420，2013 年为 0.6885。因此，棉花的生产是不断向优势区域集中的。

表 6-17　我国主要年份棉花生产集中度与单位产量的关系

地区	1980 年		地区	1985 年		地区	1990 年		地区	1995 年	
	集中度/%	单产/(千克/公顷)		集中度/%	单产/(千克/公顷)		集中度/%	单产/(千克/公顷)		集中度/%	单产/(千克/公顷)
山东	19.84	727.5	山东	25.61	915.0	山东	21.63	690.0	新疆	20.85	1337.6
江苏	15.44	660.0	河北	15.17	750.0	河南	15.00	825.0	河南	16.15	769.9

续表

| 地区 | 1980 年 | | 地区 | 1985 年 | | 地区 | 1990 年 | | 地区 | 1995 年 | |
	集中度/%	单产/(千克/公顷)		集中度/%	单产/(千克/公顷)		集中度/%	单产/(千克/公顷)		集中度/%	单产/(千克/公顷)
河南	15.00	645.0	河南	13.19	675.0	河北	12.67	630.0	山东	9.88	706.7
湖北	11.67	532.5	湖北	11.86	1065.0	湖北	11.47	1140.0	江苏	11.79	994.2
河北	9.12	450.0	江苏	11.55	810.0	新疆	10.40	1080.0	湖北	12.29	1167.3
安徽	4.51	375.0	新疆	4.53	750.0	江苏	10.29	810.0	河北	7.76	528.8
湖南	3.55	532.5	安徽	4.03	705.0	安徽	5.24	810.0	安徽	6.31	679.6
四川	3.51	375.0	四川	2.72	900.0	湖南	2.66	1020.0	湖南	4.70	1206.5
陕西	2.99	337.5	湖南	2.44	990.0	山西	2.48	855.0	江西	2.50	899.7
新疆	2.92	435.0	浙江	1.95	870.0	四川	2.55	930.0	四川	2.35	796.9
山西	2.88	345.0	山西	1.76	600.0	陕西	1.73	690.0	山西	1.91	714.5
相关系数	0.9108			0.1613			-0.1987			0.4448	

| 地区 | 2000 年 | | 地区 | 2005 年 | | 地区 | 2010 年 | | 地区 | 2013 年 | |
	集中度/%	单产/(千克/公顷)		集中度/%	单产/(千克/公顷)		集中度/%	单产/(千克/公顷)		集中度/%	单产/(千克/公顷)
新疆	32.96	1438.0	新疆	32.80	1615	新疆	41.59	1106.7	新疆	55.84	2388.0
河南	15.93	903.0	山东	14.81	1000	山东	12.13	917.7	山东	9.86	1925.0
山东	13.35	1037.0	河南	11.85	866	河北	9.55	1640	湖北	7.30	1087.0
江苏	7.12	1065.0	河北	10.10	1006	湖北	7.91	944.0	河北	7.25	1498.0
湖北	6.89	957.0	湖北	6.56	961	河南	7.50	957.0	安徽	3.99	1950.0
河北	6.79	976.0	安徽	5.68	864	安徽	5.30	982.8	江苏	3.32	1950.0
安徽	6.20	888.0	江苏	5.65	876	江苏	4.38	1297.1	湖南	3.14	839.0
湖南	3.58	1082.0	湖南	3.46	1309	湖南	3.81	1360.8	江西	2.08	1708.0
江西	1.54	986.0	甘肃	1.93	1728	江西	2.19	1791.1	甘肃	1.12	2486.0
四川	1.33	840.0	山西	1.80	1056	山西	1.16	1180.4	天津	0.77	2145.0
相关系数	0.7823			0.2808			0.4633			0.3269	

　　甘蔗与甜菜的生产地域范围较小,因此生产集中度都很高。甘蔗生产集中于南方,甜菜生产则集中于北方。甘蔗生产方面,1990 年,前 5 个集中度最高的主产省份的集中度合计为 87.6%,且集中度一路走高,到 2013 年达到 96.7%。从主产省份来看,1990 年广东位居第一,广西居第二,但 2000 年以来则广西一直位居第一,而且集中度稳步提高,由 1990 年的 26.1%上升到 2013 年的 63.2%;而广东则由 37.6%下降到 12.1%,云南

曾由 1990 年的 11.5%上升到 2000 年的 20.8%，并自那以后一直位居第二，但集中度却下降到了 2013 年的 16.7%（表 6-18）。

表 6-18　1990 年以来我国甘蔗生产集中度的变化

地区	1990 年		地区	2000 年		地区	2010 年		地区	2013 年	
	总产量/万吨	集中度/%		总产量/万吨	集中度/%		总产量/万吨	集中度/%		总产量/万吨	集中度/%
广东	2165.5	37.6	广西	2937.9	43.0	广西	7119.6	64.3	广西	8104.3	63.2
广西	1501.8	26.1	云南	1420.3	20.8	云南	1750.9	15.8	云南	2146.3	16.7
云南	661.9	11.5	广东	1253.2	18.4	广东	1300.1	11.7	广东	1553.2	12.1
海南	371.5	6.4	海南	338.9	5.0	海南	385.4	3.5	海南	440.8	3.4
福建	344.3	6.0	四川	166.7	2.4	四川	93.4	0.8	贵州	159.3	1.3
合计		87.6			89.6			96.1			96.7

甜菜的生产集中度也一直很高。由于甜菜主要在北方种植，因此位列前 5 位的主产省份均为北方省份。1990 年，前 5 个集中度最高的主产省份集中度合计为 88.2%，到 2013 年进一步上升到了 95.0%。1990 年主产区主要以黑龙江、内蒙古和新疆的产量最大，其中黑龙江的产量占全国的 43.5%，到 2013 年则下降到 13.3%，而新疆则由 1990 年的 15.4%上升到 2013 年的 51.5%，占全国的一半多（表 6-19）。

表 6-19　1990 年与 2013 年我国甜菜生产集中度的变化

地区	1990 年		地区	2013 年	
	总产量/万吨	集中度/%		总产量/万吨	集中度/%
黑龙江	632.0	43.5	新疆	476.47	51.5
内蒙古	236.4	16.3	内蒙古	181.36	19.6
新疆	224.4	15.4	黑龙江	123.17	13.3
吉林	116.4	8.0	河北	74.24	8.0
甘肃	72.4	5.0	甘肃	24.72	2.7
合计		88.2			95.0

烟叶的生产集中度也一直很高。1990 年，5 个主产省份的集中度合计为 61.0%，到 2013 年进一步上升到 70.3%。云南是我国烟叶最优质的生产地，因此其集中度一直很高，1990 年为 17.0%，到 2013 年上升到 31.9%，其次为贵州，但其集中度仅由 11.7%上升到 12.9%，而河南则有所下降（表 6-20）。蚕茧的生产集中度也比较高，1990 年，前 5 个主产省份的集中度合计为 59.9%，到 2013 年上升到了 73.2%（表 6-21）。茶叶的生产集中度也比较高，到 1990 年和 2013 年的集中度变化不大（表 6-22）。水果的生产集中度略低，且有下降趋势，前 5 个主产省份的集中度合计由 1990 年的 52.7%，下降到 2013 年的 42.8%（表 6-23）。

表 6-20　1990 年与 2013 年我国烟叶生产集中度的变化

地区	1990 年		地区	2013 年	
	总产量/万吨	集中度/%		总产量/万吨	集中度/%
云南	44.7	17.0	云南	107.6	31.9
河南	40.9	15.6	贵州	43.6	12.9
贵州	30.7	11.7	河南	34.7	10.3
山东	22.1	8.4	湖南	26.3	7.8
黑龙江	21.9	8.3	四川	25.1	7.4
合计		61.0			70.3

表 6-21　1990 年与 2013 年我国蚕茧生产集中度的变化

地区	1990 年		地区	2013 年	
	总产量/万吨	集中度/%		总产量/万吨	集中度/%
江苏	120021	22.5	广西	32.3	36.3
浙江	117975	22.1	四川	11.3	12.7
辽宁	40774	7.6	广东	10.2	11.4
广东	25135	4.7	江苏	5.9	6.6
山东	16209	3.0	浙江	5.5	6.2
合计		59.9			73.2

表 6-22　1990 年与 2013 年我国茶叶生产集中度的变化

地区	1990 年		地区	2013 年	
	总产量/万吨	集中度/%		总产量/万吨	集中度/%
浙江	116922	21.7	福建	34.7	18.0
湖南	73897	13.7	云南	30.2	15.7
福建	58221	10.8	湖北	22.2	11.5
安徽	53581	9.9	四川	22.0	11.4
云南	44828	8.3	浙江	16.9	8.8
合计		64.4			65.4

表 6-23　1990 年与 2013 年我国水果生产集中度的变化

地区	1990 年		地区	2013 年	
	总产量/万吨	集中度/%		总产量/万吨	集中度/%
广东	328.5841	17.5	山东	3028.8	12.1
山东	246.2977	13.1	河南	2599.7	10.4
河北	175.4709	9.4	河北	1863.3	7.4
四川	127.0627	6.8	陕西	1764.4	7.0

续表

地区	1990 年		地区	2013 年	
	总产量/万吨	集中度/%		总产量/万吨	集中度/%
辽宁	111.2886	5.9	广东	1485.4	5.9
合计		52.7			42.8

（四）比较优势与广西甘蔗生产的集中

甘蔗是我国农业生产最为集中的农产品之一。2013 年广西的产量集中度高达 63.22%。但在历史上，甘蔗生产都在广东省名列第一。1992 年之前，广东甘蔗产量占全国的比重一直高于广西，1992 年两省区的比重接近，广西为 32.25%，广东为 32.55%；但 1993 年以后，广西就取代了广东，成为我国最大的甘蔗糖料生产基地，2007 年广西的甘蔗产量占全国的比重曾高达 68.50%。与此同时，广西食糖产量在全国的比重不断上升，从 20 世纪 90 年代初的 21.5% 提高到 2000 年的 46% 和 2013 年 63.39%（图 6-1）。甘蔗生产和加工是广西农业经济的重要项目，在一些主产县，甘蔗和榨糖业的税收已占县级财政收入的 30%～70%[7]，成为当地农民增收的重要来源，在全国的竞争力为 0.93，而云南为 0.67，广东为 0.40，海南为 0.36[8]。这种转变是由比较优势的变化促成的。从甘蔗生产集中度与单产的相关关系来看，1978～2013 年，广西的相关系数为 0.9377，而广东为 −0.8151。这表明，广西甘蔗生产集中度的提高是在发挥优势的基础上实现的。

图 6-1　1978～2013 年广东与广西甘蔗生产集中度变化比较

广东与广西所处的纬度基本相同，但与广东相比，广西生产甘蔗的优势比较明显，主要表现在以下几个方面。一是耕地资源丰富。据农业普查资料，1996 年广西有耕地 440.8 万公顷，而广东只有 327.2 万公顷；2008 年，广东和广西的乡村人口平均耕地面积分别为 1.22 亩和 2.12 亩，2013 年，广西居民家庭经营耕地面积人均为 1.37 亩，而广东仅为 0.53 亩，广西部分县人均耕地面积（含开荒地）5 亩左右，实施规模种植的耕地资源条件较好（图 6-2）。二是劳动力成本低。广东是我国经济最为发达的地区之一，劳动力和各种生产要素的机会成本高，而广西相对落后，大部分市县的农村劳动力外出务工者较少，主要从事农业生产。从表 6-24 可以看出，虽然广东的乡村劳动力资源比广西多，但从事第一产业的劳动力则是广西多于广东。1993 年开始，广东的甘蔗生产第一省让位于广西，正好与 1992 年邓小平"南方谈话"之后相吻合，新一轮的改革开放在广东如火如荼地进行。在广东，经济增长转向二、三产业，乡村劳动力和耕地的非农化更加明显，农业的比较利益下降，因此，广东的甘蔗种植面积、产量也就相应减少。三是运输条件好。广西制糖企业接近甘蔗产区，交通便利，仅运费就比其他省区低 100～200 元，在同样的价格条件下，广西的糖业竞争力明显超过其他省区。四是糖加工条件较好。近年来，广西对制糖业进行了结构调整和技术改造，发展了 10 个大型糖业集团，开展了蔗糖加工与造纸、酒精提炼等综合利用，形成了种植、加工、销售和服务分工与合作的专业化生产体系，降低了生产成本，提高了甘蔗生产效益。五是国家糖料基地建设项目的实施，促进了甘蔗生产能力的提高。1995 年以来，国家加大了糖料基地建设力度，涉及 23 个县（市），改造了一批低产田，建设了一批水利设施，扩大了有效灌溉面积，极大地改善了甘蔗生产条件，有力地促进了甘蔗生产[9]。六是政府制定政策并监督执行，理顺了农民和糖厂的利益关系。在银行信贷政策支持下，广西率先创立和实行"蔗、糖价格联动机制"，制定了约束性很强的甘蔗收购指导价（相当于最低保护价），并监督糖厂执行；当糖厂和农民之间发生购销矛盾时，政府及时出面，解决问题，保护农民利益和生产积极性[10]。从图 6-3 中也可以看出，虽然广东的单位面积产量要比广西高出许多，但甘蔗生产仍然向广西集中，这也表明广东与广西甘蔗集中度的变化不完全由自然条件本身所引起，而是多种因素综合作用的结果。

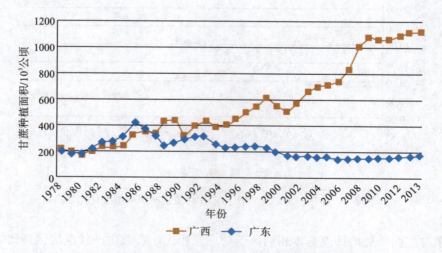

图 6-2　1978～2013 年广东与广西甘蔗种植面积变化比较

表 6-24　主要年份乡村与第一产业劳动力就业变化　　　单位：万人

年份	乡(镇)村从业人员		第一产业	
	广西	广东	广西	广东
1995 年	1964.60	2519.21	1562.88	1431.98
2000 年	2145.35	2789.89	1556.84	1572.07
2005 年	2275.39	3089.48	1503.06	1533.48
2010 年	2387.20	3425.28	1556.90	1468.25
2012 年	2427.11	3507.49	1564.20	1376.77
2013 年	2436.00	3560.97	1465.00	1363.95

资料来源：广东和广西的历年统计年鉴。

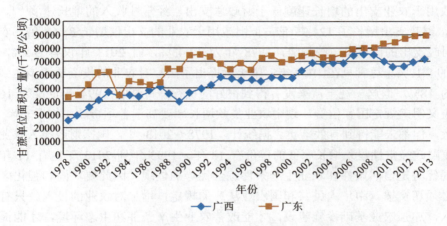

图 6-3　1978～2013 年广东与广西甘蔗单位面积产量变化比较

第三节　强化农业区域比较优势的对策

　　实证分析表明，改革开放以来，我国农业区域专业化得到了较快发展。小麦、玉米等粮食作物和大部分经济作物的区域专业化水平都达到了较高的水平；农业发展只有充分发挥比较优势，实行专业化生产，才能提高生产效率和效益，达到农业增产和农民增收的目的。为了更充分发挥区域比较优势，加快农业区域专业化发展，首先要搞好农业区划工作，为不同地区的农业结构调整和专业化发展提供科学依据。我国主要农产品的地区专业化发展与政府部门根据农业区划进行基地建设密切相关。在 20 世纪 80 年代，国家根据区域比较优势，采取中央和地方联合投资的方式，有计划地在全国开始了粮、棉等农产品的基地建设，有力地促进了区域专业化的发展。当然，区域比较优势能否得到充分发挥还取决于农业技术、资金的投入和政策等因素。

一、增加农业投入：巩固和强化优势

农业区域比较优势是由各种因素合成的，这些因素包括自然生态环境、农业生产基础设施、农业科技和市场建设、交通运输、信息服务、农产品加工业等，要使这些因素合成为农业发展所需的区域优势，需要有充足的投入予以保障。

改革开放以来，我国农业投入虽然不断增加，但总量小，远不能满足农业发展需要，而且投入结构不合理，如农业科研投入严重不足，全国的农产品育种投入还没有美国孟山都一个公司多，农田水利设施等投入也严重不足。《中华人民共和国农业法》规定，国家财政对农业总投入的增长幅度应高于国家财政经常性收入的增长幅度，但我国国家财政用于农业支出的增长速度低于财政总支出、经常性收入的增长速度[11]。1978～2013 年，财政支出增长了 124.96 倍，但财政用于农业的支出仅增长 88.61 倍，农业支出占国家财政支出的比重呈下降趋势，1978 年为 13.43%，而 2013 年仅有 9.5%，最低为 2003 年的 7.12%。尽管早在 1979 年，中央就提出了国家对农业的投资要逐步达到基本建设投资的 18%，但这一规定从来没有得到很好的执行，最高的 1994 年也仅为 16.73%。而且中央又明确规定国家信贷计划中农业贷款增长率要高于各项贷款平均增长率 2 个百分点以上，但都未能得到有效落实。据统计，1978～2013 年，国家财政投入农业的增长率比国家财政经常性收入增长率低的年份有 18 年，1993 年到 2013 年也有 11 年。农业区域布局优势是自然条件和农业生产条件综合优势的体现，因此要巩固和强化区域比较优势就必须切实按《中华人民共和国农业法》的规定，增加对农业的投入。只有增加资金等投入，加强农业基础设施建设，才能改善农业生产条件和生态环境，才能提高农业科技研发水平，提高农业生产效率和效益，加快农业区域专业化进程。

二、完善农业政策：鼓励优势发挥

农业政策对农业地区优势的发挥具有特别重要的作用。改革开放之前，由于全国一律实行"以粮为纲"的农业政策，致使各地的比较优势得不到发挥。改革开放后，由于政府政策鼓励农民发展多种经营，同时对农产品流通体制进行了改革，经济作物和林牧渔业在短短几年里就获得了大发展。但好景不长，由于国家合同定购的取价不合理（即"倒三七价"），1985 年粮食产量下降了 7%。加上农用物资大幅涨价，种粮亏本，打击了农民种粮积极性，致使粮食生产在 1985～1988 年出现了四年徘徊不前，各地都出台了加强粮食生产的政策，从而抑制了各地比较优势的发挥。而 1992～1993 年粮食生产的再次波动，又出台了粮食省长负责制政策，更加重了对各地比较优势的压制。2003 年下半年，粮食等农产品价格的大幅上涨又凸现粮食安全问题，于是 2004 年再次出现了抓粮食生产的热潮。从历史来看，粮食问题始终是我国地区比较优势发挥的压制因素。

出于粮食安全的考虑，虽然政府对粮食生产一直高度重视，但在粮食产量下滑时则特别重视，并以调价等方式刺激农民种粮积极性。但由于粮食流通体制不完善，使粮食需求和价格信号失真，导致了"买粮难"和"卖粮难"的交替出现。1978～1984 年的粮食大幅增产出现卖难，1985～1990 年就出现买难，1990～1993 年再次出现卖难，1993～1996 年买难，1996～2003 年卖难。除调价外，还实行了很多规则，如最低价、收储等，导致库存高、成本高，而且近年来农产品价格又出现飞速上涨。我国农业发展事实已表明，"买粮难""卖粮难"的循环出现，既不利于各地优势的发挥，促进农产品向优势地区的集中，也容易对农民的生产行为产生不利的影响。因此，要充分发挥区域比较优势，就要加强政策的创新设计，如农业补贴政策，同时加快农产品（特别是粮食）流通体制和生产要素市场的创新、改革，促进区域专业化发展，以利于产品价格正确反映区域比较优势。

三、健全制度保障：激励优势发挥

农业比较优势的发挥需要一些制度性的保障，如交易制度、土地制度、保险制度、金融制度等。比较优势的充分发挥需要有比较完善、运行良好的市场和制度，使产品能够准确地反映要素的稀缺程度，只有这样，才能使生产要素的流动趋向优势地区，形成区域集聚，促进区域专业化的发展。因此，要充分发挥农业的区域比较优势，各地政府部门应在建立和完善市场体系方面下功夫，为农业区域比较优势的充分发挥创造有利的条件。如农村劳动力转移问题，就是因为制度约束和各种要素市场发育不健全，使农村劳动力不能有效转移，促进规模经营，抑制了产业的分化发展。而一个发育良好的市场就可以促进劳动力根据自身优势进行自由流动和择业，从而鼓励劳动力对自身的人力资本的投资，也会刺激产业的发展，从而既促进社会的分工发展，又促进农业和农业专业化的发展。

参 考 文 献

[1]刘宁宁，沈正平，简晓彬. 区域产业联动的主要机制研究[J]. 商业时代，2008(31)：91-92.

[2]周留根. 农业生产力评价分析和优化系统研究[D]. 南京：南京农业大学，2005.

[3]陈栋生. 论区域经济——基本理论与操作运用[J]. 财经问题研究，1990(1)：3-11.

[4]马惠兰. 区域农产品比较优势理论研究与实证分析——以新疆种植为例[D]. 乌鲁木齐：新疆农业大学，2004.

[5]石宏博. 区域经济优势与资源优化配置[J]. 当代经济，2011(16)：94-95.

[6]孙敬之. 中国经济地理概论[M]. 北京：商务印书馆，1983：309.

[7]黄贤帅. 广西种桑养蚕与种植甘蔗和木薯的比较效益分析[J]. 广西蚕业，2010，47(1)：48-50.

[8]侯佳，广西甘蔗糖业产业竞争力研究[D]. 南宁：广西大学，2012.

[9]刘青林. 促进广西蔗糖业可持续发展的财政政策[J]. 经济研究参考，2009(35)：19-22.

[10]徐艺心. 试述广西食糖行业发展与建设银行的信贷支持[J]. 广西轻工业，2009，25(12)：129-131.

[11]张磊，董锴. 我国财政农业支出规模与效益研究[J]. 商场现代化，2010(11)：177-178.

第七章　农村劳动力转移与
农业区域专业化发展

　　我国农村人口和劳动力规模庞大。20 世纪 90 年代以来，虽然农村劳动力的非农就业规模不断增大，但并未得到有效转移。2013 年乡村人口和乡村劳动力仍分别占全国总人口的 46.3%和从业人员的 50.3%；其中 62.4%的乡村劳动力从事农业生产。与发达国家或地区比较，我国农村显然存在着大量剩余劳动力，但就我国实际情况而论，对于我国农村劳动力过剩问题，目前存在着争论，一种观点认为，随着经济增长和计划生育政策的严厉实施，我国的人口红利目前已经消失，农村劳动力进入了"刘易斯拐点"，即我国农村中已经没有大量的劳动力可以向非农产业转移[1-3]。从我国目前农业生产的现代化水平来看，这个观点应该是成立的。另一种观点认为，参照发达国家或地区的经济发展历史，从农业劳动生产率的比较来看，我国农村劳动力仍然存在大量剩余。大量的研究和国内外的经验表明，只有大规模减少农村人口，才能有效地扩大农地经营规模、增加农民收入和提高农业生产效率[4]。农村人口和农业劳动力太多是制约我国农地经营规模扩大及农业区域(农户)专业化发展的重要原因。因此，加快农村劳动力转移对农业区域专业化发展和提高农业效率都具有重要的现实意义。

　　发达国家的农业发展经验已表明，农业现代化的实现过程，也是一个减少农业劳动力的过程。农民角色的转换不仅是现代化农业发展的重要内容，对农业生产力的提高也具有革命性意义。但在我国，由于改革开放后强调发展乡镇企业而对农村劳动力转移加以人为的政策限制，农民只能在家乡发展非农产业，大大延迟了农业经营者取代农民和传统农民消失的步伐，也延缓了农地经营规模的扩大。本章主要探讨农业区域专业化与农村劳动力分业发展问题，并提出农村劳动力的未来转移途径与措施。

第一节　专业化、迂回生产与就业的关系

　　从经济发展史来看，收益递增是常态。对于收益递增的来源，不同的学者有不同的看法。杨格认为，收益递增来自通过间接或迂回生产方式促进产业间的不断分工和专业化发展；所谓迂回生产方式就是不是以人的体力劳动直接作用于生产对象，而是使用一些已经生产出来的机器设备进行生产；实行专业化生产是产生迂回生产方式的前提，因为迂回生产方式取决于产业发展或生产过程中是否存在相互需求，在专业化生产中，一个生产过程的前一道工序(供给)与后一道工序(需求)就存在一种相互需求的关系，任何

一个环节的中断都会导致整个生产的中断[5]。因此，各个生产环节实行专业化生产，就会产生很多这种供给与需求的相互需求，从产业发展的角度看，这种相互需求的环节增多，意味着产业发展的链条延长了，而产业链条中的每个环节实行专业化生产，就可以扩大各环节的生产规模和范围，提高产业发展的商品化、社会化程度，增加就业容量。从经济发展历史来看，经济发展在本质上都体现为迂回生产方式的扩展；经济发展就是不断创造新产业，延长迂回生产链条，扩大就业规模。农业区域专业化的发展就是使农业生产各环节实现专业化，从而使农业产业融入一个有机的经济体系中去，使产前和产后环节催生出更多的社会化需求，促进农业由传统农业向现代农业转变。因此，农业专业化的发展具有创造就业岗位、扩大农业产业规模的作用。正如李克强总理所说，农业现代化就是用工业的方式发展农业产业，使农业与二、三产业融合，形成产业链式发展格局。

在《专业化与农业发展》一书中，姚寿福曾以生产粮食为例，对迂回生产方式进行了详细的分析[6]。图 7-1 即为一个简单的粮食迂回生产过程。生产迂回程度的高低与交易效率的高低、资本品的投入多少等密切相关。当交易效率很低或交易费用很高时，分工(和专业化)生产所获得的利益抵消不了交易费用，在资本品匮乏时，无力增加投入，人们就会选择自给自足；对农业生产来说，除了交易效率、资本品价格外，还有农地经营规模，在交易效率低、资本品价格高、农地经营规模小等条件约束下，人们就只能用劳动和锄头来生产农产品，这也是我国目前大多数地区的农业生产方式。当交易效率提高、资本品价格较低、农场规模较大时，人们就会选择更能提高生产效率的拖拉机等机械来生产粮食，这样就提高了生产的迂回程度，从整个社会来说，也就延长了农业产业链，即制造拖拉机等机械农具的行业出现了，也为生产拖拉机等机械农具的机床制造业等众多行业的出现创造了前提条件，从而既提高了生产粮食的效率，又促进了矿业、机械设备制造业和交通运输、通信、信息、金融等服务业的发展，创造出更多的就业岗位。对农业发展来说，农业是一个庞大的产业，农业产前包括农业科研、农机具研发与使用指导、种子培育、化肥、农药、水利、气象服务、技术培训与服务、农业政策等，农业产中包括种植(养殖)、各种田间(养殖)管理与技术服务等；农业产后包括收获、储存、收购、运输、加工、销售及各类服务[7]；在农业整个产业发展过程中，还有质量监控、统计、结算等服务，这些产业环节的有效合作与运行，是促进农业发展的重要保障。

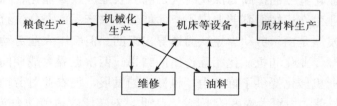

图 7-1　专业化、迂回生产方式与就业

分工(和专业化)生产方式导致的生产迂回程度的提高，需要一种机制来协调。经济自由化和制度创新是提高分工效率的重要途径。只有在每个人都获得了创业的自由、选择的自由后，并在一套规范的游戏规则的协调下才可能获得分工与专业化经济。

交易效率对农业分工与专业化发展的影响在我国农机跨地区作业中体现了出来。20世纪90年代初，在我国北方一些省份（如河南、山东等）的农机户开始利用联合收割机跨地区收割小麦、稻谷时，部分地区出现了拦截机车、毁坏机车现象。一些农户急于收割自己的小麦，在没有与机手签订协议的情况下，强行拦截机车，产生了纠纷；在交通、运输、油料供应等方面也存在问题，影响了跨区作业范围的扩大。1996年，农业部等5部委出面协调后，农机跨地区作业才扩大到北方11个小麦产区，当年完成跨区收割面积2500多万亩[8]。1997年农业部等6部委成立全国跨区机收小麦工作领导小组后，跨区作业迅速扩展到全国19个省区，完成机收面积5661万亩，1998年更是扩大到所有小麦产区（约23个省区），完成机收面积8327万亩。但由政府部门协调也存在着管理成本较高现象，如部委协调会议开支和各地公安、农业、农机、交通、石油等机构的人员出勤加班等费用较多。随着农业生产机械设备的增加，这种农产品收获的跨区作业已经不多，但从中也可以看出，农业中的分工与专业化发展是一个涉及方方面面的复杂过程。

第二节　农村劳动力转移是农业区域专业化发展根本

农村劳动力向非农领域的转移是经营规模扩大的唯一途径。转移方式有二，一是农内转移。通过工业化生产方式，促进农业分化发展，扩展农业产业发展范围，促进农村劳动力在农业中的分业发展，由产中领域向产前、产后等领域转移，即实现农业产业链上的转移[9]，这种转移方式需要经历较长的时期，才能使农业产业链条逐步扩展，在促进农业发展的同时促进农村劳动力的转移。二是农外转移。农村劳动力直接地从农业转向城镇的非农产业，这种方式的劳动力转移规模需要一些条件，如城镇产业的快速发展，进入城镇没有人为障碍，以及农业生产率较高，等等，因此这种转移方式在农业生产技术落后的情况下，可能使农业生产大幅度萎缩，如20世纪60年代初我国的大炼钢铁时期，从农村中招收了大量的劳动力，结果导致农业生产大幅度下滑，而城镇的二、三产业也没有获得发展，最后不得不遣返大批劳动力回农村。

从美国的实践经验看，农村劳动力的大规模转移发生在农业机械化快速发展时期，这与农业区域专业化程度的提高与深化有关，因为农业区域专业化、标准化发展程度提高了，才能使农业生产机械得到普遍应用，才能保障农产品的充分供给。一般认为，美国农业机械化的发展是由于劳动力短缺而诱导出来的。但美国农业劳动力的快速转移却是农业区域（农户）专业化和机械化相互作用的结果。两次世界大战期间，美国减少了很多劳动力，给农业机械化提供了推动力，机械化的发展，使农业对劳动力的需求减少，进一步促进了农村劳动力更大幅度的下降①。因此，对美国农村劳动力转移历史的研究，有助于我们认识农业区域专业化发展与农村劳动力转移的关系。

---

① 日本和韩国等的农村劳动力转移历史也表明，农业机械化是推动农村劳动力下降的重要因素。参见：郭亚卿. 论日本农业劳动力的转移[D]. 长春：东北财经大学，2005；张忠根. 70年代以来韩国农业发展与近期政策走向（下）[J]. 世界农业，2001（5）：21-24.

一、美国农业区域专业化发展与农村劳动力转移

在 20 世纪之前，美国农场就业人数虽然相对数量是减少的，但绝对量却是增加的，这种情况一直持续到 1910 年。此后，农场就业人数趋于下降；在 1910～1930 年是缓慢地下降；1930 年后，特别是 1940 年后开始加速下降，到 1970 年农场就业人数下降到 450 万人，占总就业人数的比重仅为 4%，这种趋势的形成与农业机械化、专业化的发展所形成的推力密切相关，但也与政府政策的拉力有关。20 世纪 80 年代以来，美国从事农业的劳动力进一步下降，到 2008 年，农业从业人员下降到 220 万人，占全国就业人数仅为 1.49%（表 7-1）。

表 7-1 1870～1970 年美国农场就业人数的变化

年份	农业从业人数/百万人	农业从业人数占全部就业人数比重/%
1870	8.0	50
1880	10.1	49
1890	11.7	42
1900	12.8	37
1910	13.6	31
1920	13.4	27
1930	12.5	22
1940	11.0	17
1950	9.9	12
1960	7.1	9
1970	4.5	4
1980	3.5	3.55
1985	3.3	3.12
1990	3.4	2.86
1995	3.6	2.88
2000	3.5	2.56
2005	2.2	1.55
2008	2.2	1.49

资料来源：郑林庄.美国的农业——过去和现在 [M]. 北京：农业出版社，1980：21.
1980 年后的数据根据《国际统计年鉴》《中国农村统计年鉴》整理。

从美国农业投入的各项指标看，1929～1970 年，劳动投入持续下降，而农机设备和化肥、农药等则持续增加，特别是在 1940～1950 年农机设备、农药和化肥的使用出现了最大幅度的增长，这一时期是美国农业区域专业化发展趋于成熟时期，也是美国基本完成农业机械化的时期，因此农业区域专业化、农业机械化的发展与农村劳动力的减少两者之间的相互促进关系是十分明显的[10]（表 7-2）。从美国农场拥有的拖拉机数量的变化

更能清楚地看出这一点。美国拖拉机数量 1945 年比 1935 年增长了 123.8%，到 1970 年达到 4919 千台，此后有所下降（表 7-3）。因此，如果没有大规模的机械化，美国农业从业人数的大幅度减少是很难想象的。

表 7-2　1929 年以来美国农业各项投入的平均年增长率　　　　单位：%

	1929~1940 年	1940~1950 年	1950~1960 年	1960~1970 年	1970~1976 年
劳动	-1.0	-2.6	-3.3	-3.8	-1.3
耕地	-0.2	+0.3	-0.6	-0.6	+2.1
农机设备	+0.7	+10.2	+1.5	+0.2	+1.0
化肥、农药	+2.7	+13.1	+6.7	+12.0	+4.7

表 7-3　美国拖拉机数量的变化　　　　单位：千台

年份	拖拉机数	谷物联合收割机	玉米脱粒机
1910	1	—	—
1920	246	—	—
1930	920	—	—
1935	1048	—	—
1945	2345	—	—
1954	4345	—	—
1964	4786	—	—
1969	4619	—	—
1970	4919	790	635
1974	4467	—	—
1975	4469	524	615
1980	4726	652	701
1985	4670	—	—
1990	4749	664	—
1995	4800	—	—
2000	4800	—	—
2007	4390	—	—

资料来源：1910~1974 年拖拉机数据来自：罗得菲尔德，等. 美国的农业与农村[M]. 北京：农业出版社，1983：20；其他数据来自《国际统计年鉴》。

　　农业区域专业化的发展和深化，为农业采用机械化生产创造了基础条件[11]。美国农业机械大幅度增长期间，与区域专业化向农场专业化、工艺专业化转化和深化时间重叠，正是农业专业化的不断深化，加快了农业机械化步伐，而专用农业机械的研发与应用又促进了农业生产专业化在内容上的拓展，形成了两者相互需求、相互促进的发展格局。农业专业化发展使农业生产与工商企业不断融合发展，相应地又促进了农业机械、化学工业等工业部门的发展和交通运输、农产品储藏、通信、信息、金融等服务业的发展[12]，这些与农业相关产业的发展促进了交易效率的提高，降低了生产成本，扩大了就业容量，为农村劳动力的非农转移创造了条件①。如美国在农业生产资料（包括农业机器、种子、化肥、农用石灰、农药、饲料、信贷和保险等）供应方面的就业人数在 20 世纪 60 年代末就高达 800 万人，为农场工人的 2 倍；而在农产品加工销售部门的就业人数更高达 1000 万～1200 万，从而使整个"大农业"系统的就业人数达 2200 万～2400 万，占美国全部经济活动人口的 25%左右[10]（图 7-2）。20 世纪 90 年代初，美国从事农产品流通人数与从事农业劳动人数之比高达 41[13]，1997 年，美国的食品加工销售就业总数已达 1370 万人，而农业劳动力只有 350 万人。随着专业化程度的不断提高，农业生产的产中阶段的各环节都有专业化公司提供服务，如耕种、农作物种子供应、中耕、施肥、病虫害防治等都实现了分工与专业化发展，从而创造了更多的就业岗位。2014 年，美国直接务农的人数占美国劳动力总数不足 2%，但与农业相关的从业人员占比高达 18%以上[14]。

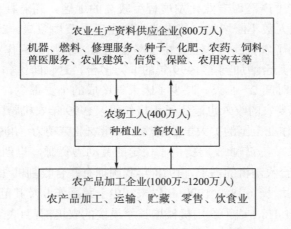

图 7-2　美国的食物与纤维系统及就业人数（1970 年）

当然，美国政府在农村劳动力转移过程中发挥了重要作用。鉴于农场收入不高、农产品价格下降等原因，二战结束后不久，美国政府就开始大造农业人口转移舆论。1945 年，美国商会的农业局出台了一份报告，提出消灭小农户；1952 年，美国国家计划协会又发表小册子，公开号召 200 万农户迁离他们的土地，等等。美国农村联合会主席曾说："农产品价格低落的基本原因是从事农业的人过多。"因此，美国农业部提出了在"五百万农民家庭中，应该促使至少一百万户离开土地，并帮助他们找到一些可靠的职业"的建议。在 20 世纪 50 年代到 60 年代中期，美国政府通过一系列的农业立法、援助计划来帮助农村劳动力转移。1956 年，美国总统艾森豪威尔提出了一项以建立"土地银行"和"农村信贷"为主要内容的"九点计划"；为了给农业破产者和失业者创造就业就会，1960 年后，又先后制定了几项旨在消除农村贫困的立法，如 1961 年的《地区再

---

① 不仅美国农业劳动力的转移是这样，日本等的农业发展与农村劳动力转移也一样。参见：戴孝悌. 产业链视域中的日本农业产业发展经验及其启示[J]. 安徽农业科学，2010，38(23)：12815-12818.

开发法》、1962 年的《人力发展与训练法》和 1964 年的《就业机会法》等。《人力发展与训练法》主要通过提供训练机会以解决农业中的就业不足问题；为配合《地区再开发法》的实施，农业部还成立了"农村地区开发办公室"，在全国 2000 多个县设立了农村社区发展组织并提供资助，这一组织创造了 40 多万个就业机会。《就业机会法》主要是对范围广泛的各种地方性开发计划提供联邦政府援助，如教育培训、就业服务和医疗门诊等的兴建；为农村低收入者提供转移费用援助等，这些政策的实施有力地促进了农村劳动力的有效转移[15]。

二、我国农业区域专业化发展与劳动力转移

在我国，农业区域专业化生产对促进农业劳动力转移和增加就业岗位的趋势已经显现并不断增强。首先是 20 世纪 90 年代的农机跨区作业。当时，北方的河南、山东、河北等省份是我国小麦生产区域专业化发展程度较高的地区。随着社会经济的发展，农村劳动力的非农业就业人数不断增加，使农业生产出现季节性短缺。20 世纪 80 年代首先在北方几个省份开始了农机跨区作业，由于效益明显，参加跨区作业的联合收割机数量由 20 世纪 80 年代的几台增加到了 1999 年的 8 万多台，这种跨区作业不仅降低了收割成本，而且缩短了收割时间 2～5 天，减少了因天气造成的小麦霉烂、变质等带来的损失，对增加农机拥有者和麦农的收入也起到了积极作用，1999 年农机跨区作业已覆盖全国。

农机收割和跨区作业范围的扩大虽然节约了大量农业劳动力（如河南省节省了 9360 万个劳动力），但它为二、三产业发展提供了稳定的劳动力资源，也创造了大量的新就业岗位。首先是增加了联合收割机的需求，1978 年我国拥有联合收割机 18987 台，到 1990 年已达 38719 台，年均增长 6.1%；1990 年以来，由于跨区作业及其范围的扩大，联合收割机年均增长率高达 21.4%，成为农用机械增长率最快的农机部门（表 7-4），这种增长当然也就为农机制造业及其他相关制造业提供了就业机会。其次，联合收割机的广泛使用和跨区作业也带动了相关产业的发展，如联合收割机的销售、维修、零配件生产与供应、燃料的生产与供给以及技术培训和各种服务设施的建设等。这些相关产业的发展相应地增加了就业岗位，从 1999 年开始，玉米和水稻主产区也开始尝试跨区机收作业[16]。进入 21 世纪以来，国家通过贷款、贴息、补助等方式促进了全国各地农业机械化的发展，与 2000 年比较，2013 年我国农机总动力增长了 97.64%，大中型拖拉机净增加了 429.57 万台，联合收割机增长了 441.17%（表 7-4 和表 7-5）。到 2011 年，我国的农业机械化经营程度已达到很高的水平，每千公顷耕地的农用拖拉机、联合收割机数量均远高于世界平均水平，也高于很多发达国家或地区（表 7-6）。随着更多的农业生产种类加入这种农业分工与农业机械化生产中来，农业劳动生产率获得了很大提高，对外就业劳动力大幅度增加，到 2015 年外出就业农民工高达 2.77 亿人。

表 7-4　中国联合收获机与其他农用机械增长率对比(%)

	1978～1990 年	1990～2000 年	2000～2013 年
农业机械总动力	7.8	83.1	97.64
联合收获机	6.1	578.2	441.17
农用大中型拖拉机	3.2	19.8	440.78
农用小型及手扶拖拉机	25.5	81.1	38.59
农用载重车	19.5	48.48	—

资料来源：《中国统计年鉴》(1978～2013 年)。

表 7-5　中国主要年份主要农业机械年末拥有量

年份	农用机械总动力/亿瓦	大中型拖拉机/台	小型拖拉机/万台	大中型拖拉机配套农具/万部	联合收获机/台
1978	1175	557358	137.3	119.2	18987
1980	1474.6	744865	187.4	136.9	27045
1990	2870.8	813521	698.1	97.4	38719
2000	5257.4	974547	1264.4	140	262578
2010	9278	3921723	1785.8	612.9	992062
2013	10390.7	5270200	1752.3	826.6	1421000
2014	108056.6	5679500	1729.8	889.6	1421000

资料来源：《中国农村统计年鉴》(2014)。

表 7-6　世界主要国家 2011 年农业集约化经营程度

国家或地区	农业经济活动人口/万人	耕地面积/10^3 公顷	人均耕地面积/(公顷/人)	每千公顷耕地使用农用拖拉机(台/10^3 公顷)	每千公顷耕地使用联合收割机/(台/10^3 公顷)
世界	131207	1396280	1.06	21.24	3.2
中国	40506	121715.9	0.09	185.01	9.15
以色列	5	302	6.04	70.60	0.7[①]
日本	133	4254	3.21	435.70	222.1
韩国	120	1492	1.24	163.23	54.9
菲律宾	1347	5400	0.40	11.89	0.3
越南	2993	6500	0.22	25.87	35.4
美国	246	160163	65.24	25.75	2.0
阿根廷	140	38048	27.26	7.94	1.6
巴西	1076	71930	6.68	12.74	0.9
委内瑞拉	71	2600	3.66	18.15	2.1
法国	55	18370	33.64	62.16	4.2
德国	63	11875	18.79	64.30	7.2

续表

国家或地区	农业经济活动人口/万人	耕地面积/10³ 公顷	人均耕地面积/(公顷/人)	每千公顷耕地使用农用拖拉机(台/10³ 公顷)	每千公顷耕地使用联合收割机/(台/10³ 公顷)
意大利	81	6800	8.41	268.23	7.7
荷兰	21	1042	5.01	135.01	5.3
波兰	288	11098	3.85	124.60	12.7[②]
俄罗斯	610	121500	19.91	3.00	0.8
西班牙	98	12512	12.83	82.43	4.2
土耳其	796	20539	2.58	48.85	0.6
乌克兰	233	32499	13.92	10.33	1.8
英国	47	6062	12.93	73.77	6.7
澳大利亚	46	47678	104.1	7.16	1.3
新西兰	19	471	2.52	169.09	6.8

注：①为 2008 年数据；②为 2007 年数据。

资料来源：《中国农村统计年鉴》(2014)。

　　在农村内部，农业区域专业化发展也可创造很多就业岗位，很多地区的实践经验表明，专业化生产会促进产前、产后服务项目的社会化发展，使农业生产的分工进一步细化[17-18]。山西省定襄县通过各种专业户的发展，使农业生产环节不断地被分离出来，形成很多的服务专业户，如从养猪专业户中分离出种猪、饲料、肉食加工等各种专业户，从而扩大了就业规模。

　　通过对我国农村劳动力从事非农经济活动的人数与我国农业机械化、粮食产量等数据的计算，也可以明显地看到我国农机化发展对农民非农就业的促进作用。事实证明：正是由于机械化作业的不断增多，大量农村劳动力的非农就业并未导致农业萎缩，相反促进了农业发展和粮食等农产品的持续增长，这与"大跃进"时期由于大炼钢铁导致农业生产萎缩的情况完全不同[19]。1978 年以来，我国农村劳动力的非农就业人数由 1978 年的 2826.56 万人增加到 2013 年的 26894 万人和 2014 年的 27395 万人，农民工数量与各类农业机械及粮食产量之间均具有高度相关关系，其中与小型拖拉机数量之间的相关系数高达 0.986，而与大中型拖拉机之间的相关系数仅为 0.794（表 7-7），这表明农业机械对农村劳动力的转移具有重要作用，且以小型拖拉机、农用排灌设备的作用最大。从农民工数量与各类农业机械及粮食产量的回归分析结果看，各类农机数量对农民工数量的影响均显著，从影响的显著性看，小型拖拉机的影响最显著，其次是农用排灌柴油机，大中型拖拉机的影响显著性最小[20][①]，这与我国的实际情况相吻合，因为我国农业生产的规模较小，小型拖拉机能够很好地替代人力和畜力，耕种和收获机械的采用，使农村劳动力能够释放出来；农村劳动力向非农领域的转移对粮食生产也具有积极的影响且很显著，这表明农业生产确实不需要那么多的劳动力，而且其转移还可以扩大农地经营规

---

① 从省级的情况来看，也得到大体一致的结论。

模，能够更好地发挥农业机械的作用。就全国来看，小型拖拉机每增加 1 万台，可以促进 13.6 个劳动力转移（表 7-8）。

表 7-7　1978～2014 年我国农民工数量与各类农业机械及粮食产量的相关关系

	农机总动力	大中型拖拉机	联合收割机	小型拖拉机	农用排灌柴油机	粮食产量
时间区间	1978～2014 年	1978～2014 年	1978～2013 年	1978～2014 年	1978～2014 年	1978～2014 年
农民工数量	0.984	0.794	0.892	0.986	0.981	0.921

注：1978～1984 年的农民工数量为乡镇企业就业人数；1985～2007 年的农民工数据来自：杨晓军. 农民工对经济增长贡献与成果分享[J]. 中国人口科学，2012（6）：66-74；2008～2014 年的农民工数量为国家统计局发布的《全国农民工监测调查报告》。

表 7-8　1978～2014 年我国农民工数量与各类农业机械及粮食产量的回归分析

被解释变量	解释变量	截距项	斜率项	R^2
农民工数量	农机总动力	1081.38(1.21)	0.262(17.07)	0.9689
	大中型拖拉机	7072.10(3.28)	0.004(7.03)	0.6309
	联合收割机	8005.17(10.81)	0.017(11.48)	0.7950
	小型拖拉机	108.14(0.24)	13.603(22.71)	0.9723
	农用排灌柴油机	−3917.95(−3.26)	0.003(18.96)	0.9632
粮食产量	农民工数量	32933.78(23.16)	0.922(10.23)	0.8491

注：采用自相关稳健标准误 Newey-west 计算，以避免序列相关。括号内数字为 t 统计量。显著性水平为 0.05，效率项均显著。

从省份的层次来看，以河南省为例，非农就业人数与各类农机机械数量及粮食生产集中度之间也具有高度相关关系，其中与农机总动力的相关系数高达 0.986，其次是小型拖拉机，为 0.982，与粮食生产集中度为 0.921（表 7-9）。河南非农就业人数与各类农业机械及粮食产量的回归分析结果表明，农机总动力对非农就业人数的增加具有最显著的影响，其次为小型拖拉机，第三为农用排灌柴油机，联合收割机的影响仅比大中型拖拉机略高，这表明小型拖拉机的增加对劳动力的转移效果最明显，但从影响的程度来看，还是大中型拖拉机最大，计算结果表明，每增加 1 万台大中型拖拉机可以促进 66.06 个劳动力转移，而小型拖拉机每增加 1 万台，仅仅转移劳动力 5.47 个，小于农用排灌柴油机数量最佳的影响程度。农村劳动力的转移对粮食生产集中度的影响也比较显著，每增加 1 万个农村劳动力的转移，可以提高集中度 0.0016 个百分点（表 7-10）。

表 7-9　1978～2013 年河南非农就业人数与各类农业机械及粮食产量的相关关系

	农机总动力	大中型拖拉机	联合收割机	小型拖拉机	农用排灌柴油机	粮食集中度
非农就业人数	0.986	0.834	0.919	0.982	0.962	0.921

资料来源：《河南统计年鉴》《河南农村统计年鉴》（1978～2013 年）。

表 7-10 　1978～2013 年河南非农就业人数与各类农业机械及粮食产量的回归分析

被解释变量	解释变量	截距项	斜率项	R^2
非农就业人数	农机总动力	43.95(0.63)	0.21(24.56)	0.9716
	大中型拖拉机	351.71(1.93)	66.06(7.18)	0.6880
	联合收割机	577.46(4.88)	0.011(7.76)	0.8344
	小型拖拉机	108.35(2.56)	5.47(18.48)	0.9652
	农用排灌柴油机	-1327.90(-6.29)	20.73(11.30)	0.9286
粮食生产集中度	非农就业人数	6.43(44.83)	0.0016(9.69)	0.8479

注：采用 Newey-west 计算，以避免序列相关。括号内数字为 t 统计量。显著性水平为 0.05，效率项均显著。

第三节　我国农村劳动力转移的历史与反思

一、我国农村人口和农业劳动力转移的历史回顾

新中国成立之初，我国农村人口和劳动力的城乡流动和迁移是比较自由的。但为了实施重工业优先发展战略和保证农村中有足够的劳动力从事农产品生产，以便为城市人口提供低价农产品，1958 年实施的《中华人民共和国户口登记条例》，确立了城乡分割的户籍管理制度，禁止农村人口和劳动力向城镇流动；此外，在改革开放之前，全国农村都限制非农产业发展，迫使农村劳动力从事农业生产，而且主要是从事粮食生产。农业产值和就业所占比例随经济发展应不断下降。我国在 1952～1978 年，农业总产值占社会总产值中的比重虽然已由 50.49%下降到 27.69%，但农业劳动力占全社会劳动力的比重却仅由 83.45%下降为 70.53%，农村人口由 87.54%下降为 82.08%，而农业劳动力的97%以上又主要从事种植业生产。改革开放以来，乡镇工业、城镇经济的快速发展和对劳动力流动限制逐步解除，乡村人口和劳动力逐年减少，到 2013 年，乡村人口的比重已下降到 46.27%，乡村从业人员占总从业人员的比重下降到 50.32%，第一产业占 GDP 的比重下降到了 10.01%（表 7-11）。

表 7-11 　1952 年以来我国乡村人口、乡村从业人员等变化趋势

年份	乡村人口		乡村从业人员			第一产业占 GDP 比重/%
	数量 /万人	占总人口比重/%	数量/万人	占总就业比重/%	第一产业 就业人员比重/%	
1952	50319	87.54	18243	88.01	83.45	50.49
1960	53134	80.25	19761	76.36	65.75	23.18
1970	68568	82.62	28120	81.67	80.77	34.80
1978	79014	82.08	30638	76.31	70.53	27.69
1980	79565	80.61	31836	75.15	68.75	29.63
1990	84138	73.59	47708	73.68	60.10	26.51
2000	80837	63.78	48934	67.88	50.00	14.68

年份	乡村人口		乡村从业人员			第一产业占GDP比重/%
	数量/万人	占总人口比重/%	数量/万人	占总就业比重/%	第一产业就业人员比重/%	
2010	67113	50.05	41418	54.42	36.70	9.33
2013	62961	46.27	38737	50.32	31.34	8.94

资料来源：《中国统计年鉴》（1952～2013 年）。

农业、农村改革有效地激发了农户生产积极性[21]。同时，农产品价格的提高也诱导了农民努力提高生产效率，以获得更多的收入；在农民对自己的劳动有了支配权后，非农产业的高收入吸引着农村劳动力向非农产业、小城镇甚至大城市流动，但在 20 世纪 80 年代到 90 年代中期，由于劳动力流动受限和政府鼓励发展乡镇企业，农村劳动力转移以农村内部转移为主（表 7-12）。

表 7-12　1978～1990 年我国乡镇企业从业人员与产值

年份	单位数/万个	从业人员/万人	乡镇企业产值/亿元
1978	152.42	2826.56	493.07
1980	142.46	2999.70	656.90
1985	1222.45	6979.08	2728.39
1990	1850.40	9264.75	8461.64

资料来源：《中国统计年鉴》（1991）。

20 世纪 80 年代中期以来，各种制度性障碍的逐渐拆除为农村劳动力的异地转移开辟了新天地。随着农村经济体制改革的深入，突破了只能社队办企业、不允许经商及"三就地"的限制。1983 年，政府出政策允许农民异地经营，1984 年又鼓励农民在农村附近的小城镇就业，1988 年，中央政府允许农民自带口粮进城务工经商[22-23]；1992 年，邓小平南方谈话后，全国掀起了新一轮大改革、大开发、大发展格局，到了 20 世纪 90 年代中后期，各地开始对户籍制度进行了初步改革（如"蓝印户口"制度等），适当放宽了人口迁移[24-25]。2000 年以来，各地政府又进一步加大了户籍改革力度，实行暂住证制度、农民工积分落户制度等，重庆、湖南等地还取消了城乡户口的划分等。乡村就业人数在 1997 年达到峰值 49039 万人后逐步下降，而非农业就业人数则逐年增加（图 7-3），非农就业人数占乡村就业人数的比重由 1978 年的 9.23%提高到 2013 年的 69.43%。农民工数量由 1985 年的 6713.6 万人，增长到 1993 年的 10997.5 万人和 2005 年的 20411.8 万人，再增长到 2015 年的 27747 万人，1985～2015 年农民工数量增长了 313.30%，年均增长率为 4.84%（图 7-4）。据统计，2008 年以来，我国农民工约 62%以外出为主，但在外出农民工中，举家外出的农民工仅占外出农民工的 20%左右[26]（表 7-13），因此农民工的非农就业仅仅是候鸟式的就业，并没有使农村劳动力得到有效转移。为了有效地转移农村劳动力，促进农民工的市民化，2016 年初，国务院提出要解决好"三个 1 亿人"城镇化问题，全面提高城镇化质量，全面实行居住证制度[1]。总的来说，我国的城乡隔离户籍制度正在向城乡一体化的户籍制度转化。

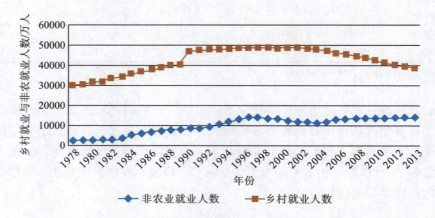

图 7-3　1978～2013 年我国农村农业与非农业就业人数变化

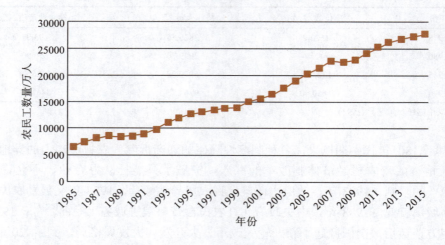

图 7-4　1985～2015 年我国农民工数量增长趋势

表 7-13　2008～2014 年我国农民工总量与外出农民工数量变化[2]　　　　单位：万人

	2008 年	2010 年	2011 年	2012 年	2013 年	2014 年
农民工总量	22542	24223	25278	26261	26894	27395
1. 外出农民工	14041	15335	15863	16336	16610	16821
（1）住户中外出农民工	11182	12264	12584	12961	13085	13243
（2）举家外出农民工	2859	3071	3279	3375	3525	3578
2. 本地农民工	8501	8888	9415	9925	10284	10574

① 新华社. 国务院印发《关于深入推进新型城镇化建设的若干意见》[EB/OL]. 新华网，http://news.xinhuanet.com/politics/2016-02/06/c_1118009382.html[2016-05-25].
② 数据来源：国家统计局《2015 年农民工监测调查报告》[EB/OL]. http://finance.chinanews.com/gn/2016/04-28/7851608.shtml][2016-05-25].

二、我国农村劳动力就地与异地转移的效果与影响

(一)乡镇企业发展：非专业化的小农生产方式

在 20 世纪八九十年代，乡镇企业是农村劳动力转移的主阵地。据统计，1978～2002年，乡镇企业从业人员由 2827 万人增加到 1.33 亿人，占农村劳动力的比重由 9.2%上升到 27.4%[27]。但 1997 年后，乡镇企业吸纳劳动力的能力不断降低[28]。潘维(2003)认为，乡镇企业的发展主要来自基层经济和政治组织的推动，而 1997 年后的产权改革和私有化使农村基层政权不能有效地发挥作用，从而制约了乡镇企业的发展，也降低了吸收劳动力的能力[29]。其实，乡镇企业吸收劳动力下降的情况在 1997 年之前就曾出现过三次，早在 1995 年就有人提出预警：随着劳动力成本上升，乡镇企业有机构成会提高并产生机器排挤工人现象(卡特等，1998；杨宜勇，1997)，这一点从产值就业弹性系数方面可以看得很清楚。1978 年以来乡镇企业的产值就业弹性在 20 世纪 80 年代达到高峰后一直呈下降趋势，如 1984 年为 0.894，而 90 年代大都在 0.2 以下(表 7-14)。我们认为，乡镇企业吸收农村劳动力就业能力的下降具有不可避免性。因为我国乡镇企业的发展一开始就先天不足。发展乡镇企业的初衷是为了防止"城市病"，政府为此还做出了"进厂不进城"的硬性规定，这种强制性地要求农民只能在农村办企业，而且又是全国一刀切的做法，给乡镇企业的后续发展和农村劳动力的进一步转移带来了一系列不利的影响。主要表现在以下两个方面。

表 7-14　1978～2002 年我国乡镇企业产值就业弹性系数

年份	产值增长率/%	就业增长率/%	弹性系数
1978～1983	15.6	2.7	0.173
1984	68.2	61.0	0.894
1985	59.6	34.0	0.571
1990	13.9	−1.1	−0.079
1995	62.5	7.0	0.112
2000	9.0	0.9	0.100
2002	10.7	1.6	0.149

资料来源：《中国统计年鉴》(2003)。

1. 空间布局分散，不能形成集聚效应

乡镇企业发展之初，我国绝大部分乡镇企业布局在交通不便、信息不灵的自然村。据调查，20 世纪 90 年代后期，乡镇企业的地域分布是，大约 80%在自然村，12%在集镇，仅 7%在建制镇和 1%在县级以上城市[30]，这种分散布局使企业无法形成规模和集聚效应，而且都相对封闭，就是苏南的乡镇企业也一样[31]。2002 年全国平均每个乡镇企业仅有 6.2 人(表 7-15)，规模小，效益也不理想；而且产业结构单一和雷同，主要是建筑企业和初级加工工业。2002 年以来，这种趋势得到了有效遏制，各级政府开始建设各类

开发区以实现乡镇企业、工业生产的集中，但由于农村劳动力的就地转移，乡镇企业向开发区集中遇到了劳动力不能随企业集中而集中，有些乡镇企业就被迫关闭了。

表 7-15　不同类型企业单位企业就业人数　　　单位：万人

	1985 年	1990 年	1995 年	2000 年	2002 年
国有工业	407.2	418.0	427.5	494	390
集体工业	9.8	11.2	8.6	14.8	12.3
乡镇企业	5.7	5.0	5.8	6.1	6.2

资料来源：《中国统计年鉴》(1985～2002 年)。

另一方面，这种发展格局难以使农村形成一个社会化的生产网络，带动交通运输和商业服务业等第三产业的突破性发展。从乡镇企业的行业就业结构看，2002 年第二产业与第三产业之比仅为 1∶0.433(表 7-16)。有关资料显示，第二、第三产业就业人员的比例，发达国家一般为 1∶2～1∶3，我国全国平均水平为 1∶1。因此乡镇企业的分散发展是我国农村第三产业发展不足的重要原因。

表 7-16　1980～2002 年乡镇企业的就业结构　　　单位：万人

年份	从业人员	第一产业	第二产业	第三产业	第二产业∶第三产业
1980	2999.68	456.07	2276.97	266.63	1∶0.117
1985	6979.00	252.38	5150.50	1576.11	1∶0.306
1990	9264.75	236.06	6918.54	2110.15	1∶0.305
1995	12862.06	313.52	9497.24	3051.30	1∶0.321
2000	12819.57	222.04	9047.82	3549.71	1∶0.392
2002	13085.58	205.37	9127.98	3954.36	1∶0.433

资料来源：《中国统计年鉴》(2003)。

2. 乡镇企业从业人员兼业化，不利于企业发展

乡镇企业大多建在交通不便的农村，从业人员为当地农民。20 世纪 80 年代，农村劳动力的文化水平普遍很低，全国每百个农村劳动力中，小学文化程度及不识字和识字较少的劳动力为 65 个，到 1990 年仍然高达 59.59 个，因此乡镇企业基本为劳动密集型的初级产品的生产。随着乡镇企业资本有机构成的不断提高，对工人的文化、技术水平的要求提高，但一手拿锄头，一手操作机器的生产方式，对工人能力的提高、企业的持续发展都极为不利。到 20 世纪 90 年代后期，全国乡镇企业中具有初级以上职称的人员仅占职工总数的 2.61%，即每万名职工中只有 261 人，平均每 5 个企业才有 4 名。

"离土不离乡"曾被一些专家学者奉为中国特色的农村发展模式，并被作为我国农

村、农业现代化的一个重要途径[32]①，但乡镇企业的发展并没有改变城乡二元格局，虽然对增加农民收入起到了积极作用，但没有实现乡村田园诗式的生活景象。随着社会经济的发展，特别是 20 世纪 90 年代以后，城乡差别、地区差别进一步扩大了，农村污染也随着乡镇企业的发展而日益严重，我国的农村劳动力和农村人口没有得到有效的转移，我国人口的城镇化也步履艰难。

从分工与专业化角度看，乡镇企业是小农生产方式的翻版[33]②。因为这种发展模式限制了生产力最活跃因素——劳动力的自由流动，仍然是一种农村与城市相隔离的发展模式，而不是一种社会化大生产的发展模式。乡镇企业与城市隔离的发展模式，使乡镇企业形成了地区性的封闭体制，巩固了二元经济、社会格局，并成为城乡发展彼此单循环的二元经济结构的新的组成部分。因此，乡镇企业的发展，虽然引发了农业、农村的产业分化，但更多的是强化了农民的小农生产意识，他们既想增加收入又不想放弃土地，对乡镇企业自身的发展和农业经营规模的扩大都带来了不利的影响。据调查，有60%以上的农户要求保持自己的承包责任田，还有 34%的农户要求增加承包田，只有 4%的农户不想占有承包田。

乡镇企业曾被誉为"伟大创举"，但这是农民出于无奈的一种选择，一种不得已而为之的做法。农民、国家和社会、环境和资源都为此付出了很大代价[34]。这些代价一直没有进行过系统的调查和研究，因此很难用一些具体数字表达，但肯定是巨大的[35]，如造成大面积的水污染[36]，另一个明显的代价是阻碍了城镇化水平的提高和农业经营规模的扩大。我国城市化水平没有随经济增长而提高，从而限制了市场规模扩大，制约工商业发展，也抑制了农业发展。如果当初就不设置地域限制，使农村劳动力自由迁移，使目前在乡镇企业就业的人口城市化，则我国的城市化水平可能早在 20 世纪末就已达49.4%，若加上就业人口的家属(以 1∶2 计算)，则目前的城市化水平可能已达 70%。也就是说，发展乡镇企业使城市化方面的效率损失可能达 10.3%～30.02%。

(二)农村劳动力外出就业的积极和消极影响

20 世纪 80 年代，农村劳动力向城镇转移较少。据估计，20 世纪 80 年代初期，外出就业的农民工不到 200 万人，1988 年为 2000 多万人；进入 90 年代后，这种转移方式日显重要，到 1993 年农民工外出就业达到了 10997.5 万人，1997 年后，由于乡镇企业不能有效解决当地农民就业，政策才允许农民外出就业，因此农民工规模迅速扩大，2000 年为 11319 万人，到 2001 年超过 1.5 亿人，2005 年外出农民工超过 2 亿人，达 20411.8 万人，到 2015 年进一步增加到 27747 万人。

农民进城务工虽然已成为农民增收的重要途径，对推动农村发展、扩大农业规模经营有一定的积极作用，但农村劳动力的异地就业也给农民工自身、农业发展以及社会经

---

① 如费孝通认为，农村发展工业"为具体实现工农结合，或者消除工农差别的社会开辟了道路"；"工业下乡同样可以在国家经济结构中增加工业的比重，但是在人口分布上却不致过分集中，甚至可以不产生大量完全脱离农业生产的劳动者"。参见：费孝通. 江村经济——中国农民的生活[M]. 北京：商务印书馆，2001：303.
② 乡镇企业也被称为"草根工业"，因为农民们是"用对待家庭副业的态度来对待它的。……在厂里做工的就是自己家里的人，吃住在家里，又不脱离农业，工厂有困难，停停关关，在家里还是有其他活路可做"。参见：费孝通. 学术自述与反思[M]. 北京：生活·读书·新知三联书店，1996：157。

济发展带来了多方面的消极影响。农民工异地就业的积极影响主要有两个方面：一是对农民素质和角色转换的影响。农民工进城务工从事的是工商业活动，且受到城市文明熏陶，提高了农民素质，这为农民工市民化创造了条件。2000 年，农村劳动力在城市的就业行业分布主要集中在制造业（占 46.6%）；从 2008 年到 2014 年，农民工从事建筑业、第三产业的比重上升很多，但制造业比重由所下降（表 7-17）。同时，农民工为了提高自己和适应城市工作要求，使自己能有更大的作为，也都加强了学习文化技术。2014 年，外出农民工接受过技能培训的农民工占 34.8%，比 2003 年提高 10.1 个百分点，这对农民工提高素质和融入城市生活都是极为有利的[37]。二是对农民收入的影响。农民外出就业与农民收入之间有很高的相关性。我们的计算表明，1978～1990 年，农民工数量与农村居民人均纯收入的相关系数为 0.935，1991～2000 年为 0.961，2001～2014 年为 0.928，由此可以看出，农民进城务工已成为增加收入的重要来源，其中以 1991～2000 年的相关性最高。

7-17　我国农民工外出就业行业分布及其变化

单位：%

就业行业	2008	2014	增减
第一产业	—	0.5	—
第二产业	56.4	56.6	0.2
其中：制造业	39.1	31.3	−7.8
建筑业	17.3	22.3	5.0
第三产业	33.3	42.9	9.6
其中：批发和零售业	7.8	11.4	3.6
交通运输、仓储和邮政业	5.9	6.5	0.6
住宿和餐饮业	7.8	6.0	−1.8
居民服务、修理和其他服务业	11.8	10.2	−1.6

资料来源：国家统计局发布 2015 年农民工监测调查报告[EB/OL]. http: //finance.chinanews.com/gn/2016/04-28/7851608.shtml] [2016-05-20].

　　农民工异地就业也有很多消极影响[38]。2014 年全国有 27395 万农村劳动力（占总人口的 20.03%）在社会中漂浮流动，成为世界上极为少见的人文景观。这虽然缓解了城市化过程中的某些瓶颈或某些人所认为的"城市病"，但农民工本人及其家庭和社会都为此付出了巨大的代价。外出农民工大部分流向大中城市，居住成本较高，据调查，2014 年，居住成本占消费支出的 47.1%；"候鸟式"的就业，农民工每年至少往返一次，往往要花费数百元至数千元的路费，这就直接减少了他们的收入。更为严重的是，40%的农民工每天工作 8 小时以上，却挣最少的钱，而且还不能按时拿到工资，2015 年被拖欠工资的农民工所占比重为 1%，比 2014 年上升 0.2 个百分点[39]，他们仍然被拒于城门之外，分享不到城市经济发展的成果，这已成为目前最大的社会不公平。对农民工家庭的影响也很大，如夫妻两地分居，导致家庭破裂；父母外出务工，留守儿童的教育、缺乏家庭温暖，导致留守儿童成长障碍，甚至自杀等，这些方面的新闻经常可以在网络、电视等媒体上看到。

　　农村劳动力的异地就业，对农业生产也有一定的影响。据调查，对种植业和畜牧业一般具有正面影响，因为它有利于促进耕地的流转，从事畜牧业的农户减少，促进了农户种植业、畜牧业经营规模的扩大。但我们也要看到，农民工数量的不断增多，也对农业生产和农村发展造成了不利的影响。这些影响有：随着农民工外出就业人数的增加，农村耕地抛荒现象日趋严重。全国各地都存在不同程度的抛荒现象，引起了广泛的讨论，但总的数据还不清楚。根据一些零星的报道，感觉是普遍的。据国土资源部统计，全国每年抛荒的耕地近 3000 万亩，约占全国耕地总面积的 1.48%，湖北省红安县耕地总面积 50.05 万亩，全县耕地抛荒面积 21 万多亩(常年抛荒面积 8 万多亩，季节性抛荒面积 13 万多亩)，占耕地总面积的 41.58%[40]。福建省将乐县 2013 年土地抛荒面积占耕地总面积的 3.98%[41]。近年株洲市株洲县双季稻改种一季稻的面积超过 800 公顷，占水田面积的 2.9%；江西省抛荒面积为 4.33 万公顷，占该省现有耕地面积的 2%左右，江西永新县耕地季节性抛荒面积达 133.33 公顷之多[42]。广东抛荒现象也非常普遍，粤东西北偏远地区较为严重[43]，这对农业特别是粮食生产极为不利。虽然抛荒现象的产生原因很多，如生产成本高、收益低等，但农村劳动力减少是一个重要原因。据调查，2015 年外出的农民工中，68.8%为男性劳动力；在 2010 年～2015 年期间，21～50 岁的农民工所占的比例基本维持在 80%左右，21～40 岁的农民工占比在 51.5%～59.4%[39](表 7-18)，特别是农业生产机械化程度不高的地区。

　　另一个重要影响是，农民工的绝大部分是有知识、有文化的青壮男性劳动力。据调查，2015 年外出的农民工中，初中及其以上文化程度的农民工所占比例高达 88.4%，这一比例比本地农民工略高[39](表 7-19)。因此大量有文化的青壮年劳动力外出务工，势必会影响农业技术进步和农业发展，因此一直以来农业生产者有了"386199 部队"的别称：农业生产由妇女、儿童和老人承担。目前的情况更为严重，如重庆一家猕猴桃种植合作社流转了 800 多亩土地，但能够雇到的农民平均年龄在 65 岁以上[44]；"2/3 仍是分散经营，留守老人和家庭妇女是主力，'70 后'不愿种地，'80 后'不会种地，'90后'不提种地"[45]，很多专家学者发出了将来"谁来种地"的疑问[46]。

表 7-18　2010～2014 年我国农民工的年龄构成[39]　　　　　单位：%

年龄	2010 年	2011 年	2012 年	2013 年	2014 年	2015 年
16～20 岁	6.5	6.3	4.9	4.7	3.5	3.7
21～30 岁	35.9	32.7	31.9	30.8	30.2	29.2
31～40 岁	23.5	22.7	22.5	22.9	22.8	22.3
41～50 岁	21.2	24.0	25.6	26.4	26.4	26.9
50 岁以上	12.9	14.3	15.1	15.2	17.1	17.9

资料来源：同表 7-17.

表 7-19　　2013～2015 年我国农民工的文化构成[39]　　　　　　　单位：%

学历	农民工合计			外出农民工			本地农民工		
	2013 年	2014 年	2015 年	2013 年	2014 年	2015 年	2013 年	2014 年	2015 年
未上过学	1.2	1.1	1.1	0.9	0.9	0.8	1.6	1.6	1.4
小学	15.4	14.8	14	11.9	11.5	10.9	18.9	18.1	17.1
初中	60.6	60.3	59.7	62.8	61.6	60.5	58.4	58.9	58.9
高中	16.1	16.5	16.9	16.2	16.7	17.2	16	16.2	16.6
大专及以上	6.7	7.3	8.3	8.2	9.3	10.7	5.1	5.2	6

资料来源：同表 7-17.

（三）我国农村劳动力转移与城镇化思维的反思

我国"三农"问题的症结在于农民过多，解决办法就是大规模减少农村劳动力，扩大经营规模。但由于社会经济发展战略上、宏观政策设计方面存在的不足，导致经济快速增长但结构变动不大的悖论，因此需要对以往的农村发展思路、城镇化思路和目前的困境进行反思和分析。

反思一：在改革开放之时，为什么没有放开人口的自由迁移，导致农村劳动力只能在乡镇企业就业而不能外出就业？这与长期的计划经济思维有关，也与稳定思维、与对"城市病"的担忧有关。计划经济思维就是任何活动都必须有计划地进行，没有办法做到有计划地进行，就停止。由于受到户籍制度的制约，农村人只能在本村、本乡镇办企业，开工厂。乡镇企业发展在有些地方是可行的，而在更多的地方是浪费资源，与工业的集中发展规律相悖，导致遍地开花、处处冒烟、处处污染[①]。从宏观上，要处理好"稳定、发展、开发"的关系是应该的，但一切从稳定出发，一味强调稳定，就会限制包括经济活动在内的很多活动的开展。在改革开放之初，就对"城市病"担心，现在回想起来，也是很荒唐的，因为在问题还没出现之时，就根据国外的情况担忧起来，担心这担心那，也就只能使发展受到限制。虽然从理论上说，对某些发展趋势进行分析判断，使某种现象向好的方向发展，是完全正确的，但缺乏理性分析，就下肯定结论是不可取的。当然，当初限制人口流动的另一个原因是粮食供应问题，因为当时城市粮食供应还是计划供应，因此直到 1983 年，才允许农民自带口粮进城务工。

反思二：城镇化战略方面的失误。20 世纪 80 年代以来，我国的城镇化战略和思维几乎没什么变化。我国在城市化发展战略上一直存在偏差[②]，但从实践来看，北京、上海等特大城市没有控制住，小城镇也没发展起来[47-48]。在改革开放之初，就提出严格控制特大城市，大力发展小城镇的城镇化思路，也与前面的几个方面有关。问题是这种城镇化思路违背人的理性。根据经济学理论和常识，人是理性的社会性动物，都有追求自己幸福的权利，只有自己才能知道自己要追求什么和什么是幸福。与小城镇比较，大中型

[①] 贾大明. 解决"三农"问题不能拖[J]. 中国国情国力，1998(6)：36-38.
[②] 我国一直提倡的城镇化战略是"严格控制大城市的规模，合理发展中等城市，积极发展小城镇的战略"。因此早就有专家学者提出修正建议。参见：简新化. 城市化发展战略须调整[J]. 中国改革，2000(8)：21-21.

城市具有更多的发展机会，更高的收入、更好的生活环境与生活设施、更好的教育机会，等等，因此人们争先涌向大中型城市是理性的选择。正是这样的城镇化思维，导致了进入 21 世纪以来，我国大中型城市房地产火热开发、城市规模急剧扩大，但并没有带动农村人口的城镇化；虽然三、四线城市和小城镇的房地产开发紧随其后，场面宏大，红红火火，但在造出了新的城市的同时，也没有带动农村人口的城镇化。为了更好地反映我国的城镇化水平，2010 年的第六次人口普查以工作、居住地为标准，把进城务工的农村人作为城镇居民登记，表面上看是真实反映了城镇化水平，但本质上是一种劳动力与消费者分离的城镇化[49]，所以城镇化水平数据公布后，引来了一片质疑，因为以户籍人口计算的城镇化水平要低得多。

　　反思三：新型城镇化新在哪？针对以往的城镇化模式，我国城镇化战略正在由造城运动转向真实的城镇化运动。党的十八大提出了以人为本的新型城镇化战略①。习近平总书记指出，要以创新、协调、绿色、开放、共享的发展理念引领新型城镇化[50]，这是完全正确的城镇化理念。但又规定了一系列落户标准[52]②。国家发改委还要进一步制定各类城镇的落户标准[51]。这种做法与以往并没有本质的区别。早在 20 世纪末期广州等地就以农民工积分为落户标准。2015 年 12 月，湖北省出台了 22 条新举措，并且规定优秀农民工可在城镇落户[53]。在实际操作中，哪些农民工符合落户标准？谁符合条件落户什么级别的城镇？什么是优秀的农民工？这些需要很多判断才能知道。这些政策势必会影响城镇化进程。因此，新型城镇化战略是否能够推动农村人口的城镇化还需时间的检验。

三、我国农村劳动力的未来转移途径分析

　　农村劳动力转移、农民工市民化问题，本质上是一种人口迁移行为，因此可以采用美国学者伊沃里特·S.李（Everett S. Lee）的人口迁移推力—拉力理论来分析③。李认为，在一定地区范围内，地区间的差异程度越大，则迁移流量越大；人口迁移的数量与克服中间障碍的难易有关，自然、政治的限制等都会抑制人口迁移[54]。我们认为，农村劳动力转移问题实质是一个分工与专业化发展问题，即农民在职业上的分化和在社会经济网络中的分工，使个人、社会、经济都得到发展。因此，农村劳动力的转移应该是多途径、全方位的。

---

① 新型城镇化应该是以城乡统筹、城乡一体、产业互动、节约集约、生态宜居、和谐发展为基本特征的城镇化，目的是促进经济社会的持续发展、持续繁荣，实现城乡居民的共同富裕。参见：院淑敏. 新型城镇化条件下城市地质工作转型与发展方向[J]. 城市地质，2014，9（1）：1-3.

② 《国家新型城镇化规划（2014—2020 年）》提出，各类城镇要健全农业转移人口落户制度，根据综合承载能力和发展潜力，以就业年限、居住年限、城镇社会保险参保年限等为基条件，因地制宜制定具体的农业转移人口落户标准，并向全社会公布，引导农业转移人口在城镇落户的预期和选择。参见：盖建，宋赞，苟杰. 我国城镇化进程中存在的问题及应对思考[J]. 城市建筑，2014（15）：8-8.

③ 李认为人口迁移涉及以下四个方面的因素：影响迁移的因素、迁移量、迁移的流向和迁移者的特征。影响迁移的因素包括迁出地的因素、迁入地的因素、中间阻碍因素和个人因素。参见：李薇. 我国流动人口空间分布特征分析[D]. 上海：同济大学，2008.

(一)城镇化:产业间分工与农村劳动力转移

通过新型城镇化,把更多的农民变成"城里人",提高人口城镇化率是有效扩大农业经营规模和提高农民收入的前提条件之一。我们认为,要加快人口城镇化步伐,目前要解决以下三个问题:

一是城镇化与工业化关系问题。党的十六大提出城乡统筹发展思路后,各地都加快了户籍制度改革,以促进城镇化,但对城镇化还存在着模糊的认识,出现了一些城镇化误区。如把城镇化简单地看作是户口"农转非"和县变市、乡变镇,从而出现了"制造"城镇化的倾向。其实发达国家的城镇化历史已经证明,城镇化是工业化的结果,它们既相互制约又相互促进,而贯穿这一过程的是城乡、产业的分工与专业化发展[55-56]。虽然城镇化适度超前可能有利于工业化,但也有一个度,如"大跃进"时期城镇化超前的例子,1958~1960 年,经济"大跃进",城镇化一度出现超高速发展,城镇化率蹿升到 19.7%[57]。但由于脱离经济发展水平,使国民经济陷入困境,不得不进行大调整。在 1961~1965 年间,城镇人口被大批裁减,约 3000 万人被动员回农村,到 1965 年底城镇人口又回到 1957 年的水平。因此,脱离工业化的城镇化对经济发展是不利的。

林毅夫等的研究表明,我国城镇化滞后的原因在于计划经济时期的重工业优先发展政策及其配套的制度安排。改革开放以来,我国各行各业快速增长,为农村劳动力转移创造了条件,但我国工业化与城镇化的相关性很低,1952~2010 年的相关系数仅为 0.04,而 1978~2010 年的相关系数为 0.128[58]。根据中国统计年鉴数据计算,1978~2014 年间工业化与城镇化的相关系数为-0.235,其中 1978~1990 年间为-0.954,1991~2000 年间为 0.437,2001~2014 年间为-0.588,这说明我国城镇化与工业化之间的关系一直是失衡的,但另一个现象是城镇化与第三产业化之间的相关性很强,相关系数为 0.950。近年来,由于城市工业化速度缓慢、经济的不景气,已经成为人口城镇化的制约因素。这种现象在以往也出现过,如 1998 年的亚洲金融危机和 2008 年的次贷危机等都出现过大批农民工返乡现象,广东等地还出现了已"农转非"的人又要"非转农"的现象[59],2014 年以来,由于经济不景气,大批农民工提前返乡过年,等等。

二是对农民恋土情结的认识问题。一般认为,我国农民是重土安迁的,不会轻易地离开家乡和土地,到异地或城镇安家落户。在历史上,我国就一直对农民的就业有很严格的限制,从事商业和手工业活动并不是自由的。因此,我们认为,对农民恋土情结的认识是一种想当然的判断。由于对这一问题在认识上的偏差,我国出台了"离土不离乡"的乡镇企业发展政策。20 世纪 90 年代以来,农村劳动力异地就业规模的不断扩大已经证明了上述认识的错误。调查数据也表明,农民更愿意留在城市[①],从近年各地农民工调查结果看,大部分农民工,特别是新时代农民工更喜欢城镇生活,并没有什么念土情结[60]。

三是城镇化道路问题。为了解决农民就业、中兴乡镇企业和保护节约耕地,我国一直鼓励发展小城镇。但事实已表明,大城市没有控制住,也不可能控制住,而小城

---

① 马立诚. 改革动力在哪里? [J]. 南风窗,2001(8):19.

镇的发展不仅没有达到预期目的，反而出现了相反的结果：占用了大量耕地，导致农民失地又失业；小城镇经济、人口的集聚规模都很小，服务业很难发展，难以吸引农村劳动力转移，小城镇常住人口中非农业人口有所降低（表 7-20）。而且在发达地区，出现了小城镇密度高，形成首尾相接的"带状"发展，公共基础设施重复建设；污染源分散、难以集中治理，导致污染严重。有研究表明，与小城镇相比，大中城市在经济、社会、生态三中效益方面都具有很强的优势。目前，城镇化战略仍然是优先发展小城镇，户籍放开的也主要是小城镇。我们认为，优先发展大中城市才能有效地吸收农村劳动力的大规模转移。

表 7-20　1990 年和 1997 年我国小城镇的人口与经济变化

项目	1990 年	1997 年
小城镇国土面积/平方千米	57.37	76.26
建制镇常住非农业人口比重/%	69.1	68.1
建制镇企业平均人数/人	8.62	11.4
全镇企业平均人数/人	6.99	8.12
建制镇企业平均产值/万元	17.28	121.94
全镇企业平均产值/万元	15.81	88.02
乡镇企业产值的小城镇集中度/%	39.82	40.36

资料来源：《中国农村研究报告(1999)》，第 413～417 页。

根据国家统计局数据，1992～2010 年，全国市人口比例从 81.4%下降到 60.3%，镇人口比重从 18.6%上升到 39.7%[61]。2010 年建制镇人口 1.39 亿，占总人口的 10.37%和城镇人口的 20.75%，但根据中国乡镇企业统计年鉴数据计算，2011 年全国有乡镇企业 2844.15 万个，就业人数 16186.43 万人，产值为 55.03 万亿元，平均每个乡镇企业的产值为 193.52 万元，但这些乡镇企业的园区集中度仍然很低，企业数集中度为 4.27%，产值集中度为 28.10%，就业集中度为 17.98%。

2012 年，建制镇中企业数为 802.13 万个，就业人数 1.31 亿人，平均每个企业仅有 16.27 个人。另外，从社会消费品零售额来看，县及县以下的社会零售额占全部零售额的比重一直是下降的，1990 年为 53.1%，1997 年为 39%，2012 年下降到 31.9%。2012 年我国有建制镇 19881 个，但人口超过 10 万人的仅有 56 个，主要集中在珠三角和长三角。虽然发达国家有大量人口居住在小城镇，如美国 65%的人口居住在小城市和小城镇，德国 70%的人口居住在 2 万人以下的小城镇[62-63]，而我国小城镇居住的人口一直比较低，最高时，21 世纪初曾达到过 27%，最近几年甚至出现了下降，2010 年下降到 24%，原因是我国的小城镇基础设施不全、公共服务落后、人居环境差[64]。我们认为这种比较是不合适的。因为我国小城镇除了这些不利因素外，还有就业问题难以解决，子女难以获得好的教育。发达国家的城镇化一般规律为：农村人口→大中城市→小城镇，这个过程是伴随社会经济发展的结果。而我国由于户籍制度等各方面的限制，延迟了这个逆城市化临界点的到来。因此，目前通过大力发展小城镇来提升城镇化率的可能性比较小。

（二）农业内部分工发展与劳动力转移

城镇化是一个渐进的过程，不可能一蹴而就，而转移农村劳动力的目的是非农化，因此，目前还需要从农村内部着手，着眼于农业的工业化发展，加快一、二、三产业融合发展，提升农业附加值并扩大就业容量[65]。从产值结构看，我国历来以种植业为主，而林牧渔业之和还没有种植业多（表 7-21）；从就业结构看，80%以上的农村劳动力从事种植业生产（表 7-22）。

表 7-21　我国农业内部产值结构（%）

年份	农林牧渔业总产值/亿元	农业	林业	牧业	渔业
1978	1397.0	80.00	3.40	15.00	1.60
1980	1922.6	75.60	4.20	18.40	1.80
1990	7662.1	64.70	4.30	25.70	5.30
2000	24915.8	55.70	3.80	29.70	10.80
2010	69319.8	53.29	3.74	30.04	9.26
2013	96995.3	53.09	4.02	29.32	9.93

资料来源：《中国统计年鉴》（1978～2013 年）。

表 7-22　我国农业劳动力就业结构（%）

年份	乡村劳动力/万人	农业劳动力/万人	种植业	林业	牧业	渔业
1980	31836	29808	91.8	1.1	5.3	1.8
1990	42010	33336	91.5	1.1	6.3	1.1
1995	45042	32335	90.6	1.3	6.8	1.3
2000	47962	32798	82.3	1.3	12.0	4.4
2001	48229	32451	81.8	1.5	11.7	5.0
2005	50387	29978	—	—	—	—
2008	52026	28364	—	—	—	—
2010	41418	27694.8	—	—	—	—
2012	39602	27032.3	—	—	—	—
2013	38737	—	—	—	—	—

资料来源：《中国农业统计资料 60 年》。

表 7-23　我国行政村一级企业数、劳动力调查（每个行政村）　　　　　单位：个

指标	数量
村年末企业数	8.3
（一）年末劳动力	12142
1. 种植业	4655
以粮食生产为主	2918

续表

指标	数量
2. 林业	18.7
3. 畜牧业	63.4
4. 渔业	28.5
5. 工业	198.2
6. 建筑业	147.6
7. 运输业	60.7
8. 商业、饮食业和服务业	135.4
9. 其他	96.3
(二)外出劳动力	369.4
1. 出乡(县内)	138.2
2. 出县(省内)	107.0
3. 出省(国内)	117.8
4. 境外就业	5.5
(三)闲置劳动力(按 300 日 1 人)	51.1

资料来源:《中国农业发展报告 2012》。

据《中国农业发展报告 2012》数据,在调查的 301 个行政村中,2011 年,每个行政村的农村劳动力主要以种植业为主,占 38.34%,而林牧渔所占的劳动力很少,闲置劳动力也比较少,每个行政村仅 51.1 个人(表 7-23)。从历史的角度看,由于我国农业机械化发展较慢,农村劳动力剩余情况一直不是那么严重。据章静从农业资源合理开发角度,研究了农业需要的劳动力数量,其结论是我国农业所需的劳动力为 2.46 亿个,对比 1992 年 34037 万人的农村就业人口,当时农村剩余劳动力仅为 9000 万个左右[66],如果考虑当年外出就业的劳动力约 5000 万人,那么农村剩余劳动力就很少了。因此有许多农户已无力承担更多的耕地。如湖南省望城县大泊湖村的调查表明,想缩小规模的占 32%,其中 20%的农户是因为缺乏劳动力种不过来。而这个村的农业机械化水平与全国相比是较高的:耕种中的机耕率达 72%,人畜力作业仅占 28%;收获作业方面,48%为人力,52%为机收[67]。这说明,在农机化水平较低情况下,农村已没有多少剩余劳动力,特别是近年来大量农民工外出务工,农村已经出现了劳动力短缺情况。

(三)我国未来人口城镇化的困境与障碍分析

改革开放以来,我国经济高速增长,但没有带来人口结构、劳动力结构以及社会结构等的变化,配第-克拉克定理好像在我国失去了效力。2013 年我国的城镇户籍人口占总人口的比例仅为 30%,但统计数据却是 53.73%,相差 23.73 个百分点。如果改革开放之后,就实行自由迁移制度,我国目前的城镇化水平可能已达 70%以上。以往是经济增长没有有效地促进人口的城镇化,现在是要用人口的城镇化来推动经济增长,正如李克强所说,城镇化是我国最大的内需潜力和发展动能所在[68],从经济增长的角度看,加快户籍人口城镇化的确是我国的当务之急，但有专家认为，我国的人口城镇化已经失去了最有利的时机，未来的城镇化面临很多困难[69]，即农村居民是否愿意城镇化？城镇化的成本由谁负担？农民进城后就业问题如何解决？

1. 农村居民是否愿意成为城市人？

农村人口的城镇化意味着农民要举家进城定居，为了解农民工是否愿意到城镇落户，各省份都进行了一些调查，从各地的调查结果看，没有那么乐观。陕西省 2014 年的调查表明，有进城落户意向的农民工仅占 19.7%，不愿意的占 34.1%，农民工对进城落户有两个担忧，一是不愿放弃土地等相关保障，有 55.5%的农民工担忧农村土地承包经营权保障，有 42.1%关注农村宅基地处理，有 20.4%担心农村集体收益分配权的保障；二是 48.6%的农民工担忧城镇就业和收入不稳定；影响农民工进城落户的三大主因是：生活成本高(60.1%)、没有稳定住所(56.4%)和就业难度大(34.8%)[70]。安徽省的抽样调查表明，希望进城落户的农民工占 45.1%，不愿意的占 45.6%，持观望态度的占 4%[71]。湖北的调查表明，只有 7.3%的农民工愿意落户城镇[72]。四川省的调查结果是，只有 14.8%的农民工愿意把农村户口转为城镇户口，53.8%的人明确表示不愿转户口，另有 31.4%的人持观望态度；不愿落户城镇的原因主要有城市生活成本高、环境差(43.6%)，城乡户口没差异(38.5%)，想保留土地承包权(37.8%)，土地增值空间大(33.7%)[73]。河南省的调查表明，84.2%的农民工愿意进城落户，且有 49.8%的人愿在县城落户，不愿意进城落户的主要担心收入的稳定性和住房问题[74]。其他地区的调查结果类似，农民工进城落户愿意都不强，这为未来的城镇化带来了很大的阻力。

2. 城镇化的成本由谁负担？

如果在改革开放之初，就逐步放开户籍管制，则农村人口城镇化的意愿会很高、成本也较低。在改革开放 40 多年的时候来推进人口城镇化，需要支付的成本是巨大的。2014 年 7 月，国务院提出取消农业户口与非农业户口区分①，截至 2016 年上半年，我国已有 29 个省份出台了取消了农业户口和非农业户口的区分，有很多地方也放宽了落户条件[75]。虽然这些改革是一大进步，但户籍制度并不仅仅是一本户口簿，户籍制度改革是城乡居民利益的大调整，农民大规模进城需要支付高额成本，包括社保、住房、就业、子女教育、医疗等项目，成本高是我国户籍制度改革进展缓慢的重要原因[76]。据测算，目前我国农业人口市民化的人均公共成本约 13 万元，其中东部是 17.6 万元，中部是 10.4 万元，西部是 10.6 万元[77]；如果公共成本由政府承担，每年解决 2500 万人城镇化的投入约 6500 亿元，相当于我国 2012 年公共财政预算的 5.5%[78]，政府有能力承受，但到目前为止还没有列入政府预算。另外，进城落户的个人需要一次性支付 10 万元左右的购房成本和每年平均需要支付 1.8 万元的生活成本[79]；如果想在北上广深等大城市落户，需要支出的成本会更多[80]。重庆市 2010 年以整户转移并退出土地测算，每个"新市民"平均有 6.7 万元的"进城成本"，包括农村宅基地、承包地的"退出成本"，以及

---

① 《意见》提出到 2020 年努力实现 1 亿左右农业转移人口和其他常住人口在城镇落户。参见：国务院关于进一步推进户籍制度改革的意见[国发〔2014〕25 号][EB/OL]. http://www.gov.cn/zhengce/content/2014-07/30/content_8944.htm[2016-05-20].

社保、住房、就业、教育等"进入成本"[81-82]。前面列举的各地调查结果表明，对于个人需要支付的生活、购房等成本，作为理性人的农民工也预计到了，如果还要由农民工来支付公共成本，农民工的城镇化进程很难推进。

从实际出发，我们认为农民工城镇化的进入成本应该遵循以政府为主，政府与农民工共同分担的原则；各级政府部门应该以财政支出方式承担所有公共成本；对个人需要支付的生活成本和购房成本，可以考虑农民自己以放弃农村承包地、宅基地等方面所获得的收益进行支付[76]。

3. 农民的城镇就业问题如何解决？

农村人口、农民工进城落户后，未来的就业等也是一个大问题，解决就业问题需要支付很高的社会成本，也是一个持久性的问题[83-84]。对目前的农民工来说，城市工作不好找、待遇差，还可以回农村从事农业生产，不至于吃不上饭，但一旦市民化，就很难了。目前很多农民工不想进城落户的主要担忧是未来工作的不确定性。虽然目前很多地方出台了政策，农民工及其家庭进城后，保障他们在农村的承包地的权益不变。我们认为这种进城方式跟目前的农民工外出务工是一样的，并没有有效地减少农村人口和劳动力。成都市、嘉兴市等地出台了一些激励政策，即愿意进城落户的农村人口、农民工可以以有偿方式退出承包地、宅基地，对愿意退出承包地、宅基地的农户可以给予住房或现金补偿，使农民工能够在城里买房[85]，在成都，政策实行了一年多，但少有人问津。因为最重要的问题不是房子，而是未来的工作、收入的不确定性。因此，工作、收入及其稳定性问题成为农民工最关心的问题之一。对此就很难进行比较客观的分析和预判，唯一可以做的是由政府出资，对进城农民工和家庭等进行经常性的职业技能培训，提高他们的就业技能，并在找工作方面给予积极的协助。

第四节　加快我国农村劳动力转移的对策

目前农民工对进城落户的意愿不强，主要是源于对未来工作、收入等的担忧，因此要促进农民工的城镇化，需要借鉴发达国家或地区的经验。发达国家的历史经验表明，农村劳动力的转移需要推力和拉力相结合。农业生产的机械化、规模化、专业化发展是农村劳动力减少的重要推力，而政府实施的一系列政策或辅助措施，如对转移出来的农村劳动力提供培训、资金扶持等则是促进农村劳动力转移的拉力，一推一拉，有机结合，应该是我国未来农村劳动力转移的核心所在[86]。但目前我国在推力和拉力这两方面都比较欠缺。从推力方面看，我国的农业机械化水平虽然从每千公顷使用拖拉机、收割机的数量上看，到 2008 年已经超过了美国的水平（表 7-24），但由于农业经营规模小，农业区域（农户）专业化水平很低，农业机械数量虽多，但综合机械化水平较低，2015 年我国粮食作物耕种机械化水平均达 75%[87]，但农业综合机械化水平约为 62%；2014 年小麦生产基本实现全过程机械化，水稻机械种植、收获水平分别为 38%、81%，玉米机收水平为 55%[88]。就拖拉机来说，我国有相当部分的拖拉机被用于非农产业的经营。农业机械化程度取决于劳动力的多少和劳动力的机会成本。一般认为，我国的农业劳动力资源丰富，应以劳动密集型技术为主，但随着经济发展，农业劳动力的机会成本已大幅提高，由 20 世纪 70 年代的 1～2 元提高到 20 世纪 90 年代的 10～30 元/工日[89]，到 2008 年已提高到 21.60 元/工日，2013 年更是提高到 68.00 元/工日，因此进入 21 世纪后，特别是国家实行购农机补贴政策后，农业机械化进程迅速加快。但随着我国农业机械化水平的提高，虽然解放了劳动力，但只是增加了农民工数量，因此农业经营规模很难扩大，也就很难促进农业区域专业化的发展。从美国、法国、日本等发达国家的经验来看，仅靠发展农业机械化来促进农村劳动力转移既比较慢，也不可靠[90]。

表 7-24　我国与美国、印度农业集约化经营水平比较

年份	国家	平均每千公顷耕地上拖拉机使用量/(部/10³ 公顷)	平均每千公顷耕地上收割机使用量/(台/10³ 公顷)
1995	中国	7.3	0.7
	美国	25.8	3.6
1999	中国	6.4	1.6
	美国	27.1	3.7
2001	中国	7.7	1.4
	印度	9.4	—
	美国	27.4	3.8
2003	中国	6.9	—
	印度	15.7	—
	美国	27.4	3.8
2006	中国	11.2	3.1
	印度	17.9	—
	美国	27.9	2.4
2008	中国	27.7	5.8
	美国	25.8	2.0
	印度	19.9	3.0

资料来源：《中国农村统计年鉴》（历年）。

从拉力方面看，我国也没有制订出有效促进农村劳动力转移的政策和法规。就连经常受到专家学者和农民质疑的各种政策法规，如户籍制度等还没有彻底废除。21 世纪初，主要是有条件放开小城镇落户，且规定有合法固定住所或稳定职业、生活来源[91]。有的地方还规定社保、积分等政策，有的地方政府还制订政策限制农民工的就业范围和各种歧视性政策①。现在各地又制定了很多政策，如优秀农民工等落户标准，而且国家发改委还要制定农民工及其家庭进城落户标准[92]，这都是一些把大多数农民挡在城市大门之外的制度。从

---

① 如福建省厦门市人事局出台政策，设立"招收厦门生源毕业生专项鼓励奖"，奖励积极接收厦门生源毕业生的用人单位；该奖项将在每年年底进行一次评奖。参见：傅新. 政府不要给"就业歧视"火上浇油[N]. 中国经济时报，2004-04-05（05）.

目前各地的政策来看，对农民工及其家庭进城落户缺乏激励作用。我们认为，户籍制度改革、农民工及其家庭进城落户等应该从人的自由发展这一角度来看[93-94]，户籍制度和目前的落户标准都是一种限制农民自由选择、自由发展权利的制度，只是方式不同而已。从政策、制度层面来讲，农村人口、农民工进城落户不应该设置标准，只要他们能够在城市生活就是最好的标准。

　　另一个影响农村劳动力转移的因素是文化水平低。目前，我国农村劳动力和农民工的文化水平有了很大提高。据调查，2014 年全部农民工中，初中及其以上文化程度的农民工占农民工总数的比重已达 84.1%，而外出农民工更高达 87.6%（表 7-19）。与 20 世纪 80 年代相比，农村劳动力的文化程度也有了很大提高，从全国来看，每百个农村劳动力中，2012 年具有初中及其以上文化程度的劳动力平均达 68.63 个，比 1985 年提高了 33.63 个，其中东部地区更高（表 7-25）。不过，相比美国、日本等发达国家则仍然显得较低，日本的农业劳动力中大学毕业的占 6%，高中的占 75%；美国农场主基本是大学学历[95]。

表 7-25　我国农村居民家庭劳动力文化程度（每百个劳动力中）　　　　　　　单位：个

指标	全国		东部地区		中部地区		西部地区	
	1985 年	2012 年	1985 年	2012 年	1985 年	2012 年	1985 年	2012 年
不识字或识字很少	27.87	5.3	22.12	3.8	25.42	4.7	39.68	8
小学程度	37.13	26.07	38.92	21.9	37.16	23.1	34.5	32
初中程度	27.69	53.03	30.35	54.9	29.44	54.9	21.33	47.9
高中程度	6.96	10.01	8.18	12.2	9.39	11.4	12.86	7.8
中专程度	0.29	2.66	0.34	3.3	0.4	2.8	0.52	2.2
大专及以上	0.06	2.93	0.09	3.9	0.08	3.1	0.1	2.1

资料来源：中国农村住户调查。

　　目前关于农村劳动力转移、农民工市民化的政策很多，但都有很多条件，如"有序转移""符合条件""有能力、有意愿""建立居住证制度"[96]等，但这些政策缺乏可操作性。有序转移，什么是有序？什么样的农民工符合条件？等。厉以宁提出促进农民工就地城镇化[97]，这仍然是一种改革开放初期的思维，大部分农民工来自远离大中城市的农村，就地城镇化只能在小镇落户，而且以前的乡镇企业发展也没有促进农村劳动力的城镇化。根据各省份的调查结果，农民工不愿意到城镇落户，最重要的影响因素是未来的工作与收入、住房问题和生活成本问题等。为了有效地促进农村劳动力的转移，我们认为应该从以下几个方面着手。

一、实行户籍登记备案和自由迁徙制度

　　从农民工的工作地来看，既有大城市也有中小城市，因此农民工愿意在哪落户，应该由农民工自己决定，因为本人是自己幸福的最好判断者，只有每个人自己的决策

才是最好的决策。目前农民工就业有六成在地级以上城市，两成在县城，不到一成在小城镇[98]。因此只放开小城镇的落户意味着还是限制农村人口进城。而且从现实来看，农村劳动力在大中城市更容易找到所希望从事的工作，能够给子女提供较好的教育。限制在大城市落户，虽然可以做到，但意义不大，大城市、特大城市还是照样人口膨胀，因此各类城市都应该废除落户限制，由农民工等自己选择落户地。政府要做的是重新制定人口与户籍制度，以自由迁徙为目标，废除现行的以身份为特征的户籍制度，建立新型的户口备案户籍制度[99]；加速推进户籍与公共福利分离；国家应全面放开各级各类城镇的户籍限制，使教育、就业、养老、医疗、住房等保障性制度覆盖城乡居民[100]。2015 年，我国基本完成城乡居民养老保险制度整合，这为户籍的全面放开创造了有利条件。因此，应建立以自由迁徙为核心的户籍登记备案制度，促进非城镇人口落户城镇。

二、各级政府要分担户籍改革的成本

户籍制度的改革和农村人口与劳动力的转移需要支付很高的成本，国家应从加强顶层设计，出台相关政策或法规，以中央财政为主，省级（包括计划单列市）财政为辅，构建城镇化成本分担制度，并把这些成本纳入中央、省级财政预算，使各级政府和进城落户家庭合理分担落户成本[101]。政府农村进城落户家庭分担的成本可以通过农村承包地、宅基地来置换。

三、制定《城镇化促进法》，以规范农村人口城镇化

为了加快人口城镇化，我国应制定《城镇化促进法》（或《农村劳动力转移促进法》），从《宪法》上赋予人口自由迁徙权利，从法律上对人口城镇化的有关情况进行规定，而不是像现在这样，由各地政府的政策来引导，因为政策因地方政府领导人而变，不可靠[102]。主要就农村人口进城落户成本和进城落户后的培训、就业、医疗、养老等方面做出规定，通过法律规定，强化拉力作用，使农村人对进城后的未来可以预期，只有解决他们对进城落户的后顾之忧，才可能在一定程度上吸引农民工进城落户，促进城镇化发展。

通过制定《城镇化促进法》，彻底消除非城镇户籍人口融入工作地的歧视性政策和障碍，建立健全惠及全体劳动力的就业服务和管理、就业培训、供求信息和维护劳动者权益的法律服务体系框架，使各类劳动者享受到平等的发展机会和国民待遇；把农村义务教育的主要责任从农民转移到政府，加大中央和各级财政对农村基础教育的支持力度，让非城镇户口人员的子女在城镇享有平等的受教育权利[103]，提高非城镇户口人员融入工作地的融合度；城镇的职业教育和技能培训应该面向全体人员开放，加强对农民工等非城镇户籍人员的非农技能培训，以增强其就业能力，加快非城镇户籍人员的职业转换、角色转换。

四、加大农村的各种推力作用

目前农民工对农村方面的担忧主要是承包地、宅基地。为了加大农村方面的推力，需要加快农村土地制度的改革。目前应该加大农村土地流转、承包、转让、入股、租赁等农地产权制度的改革，允许农民进行土地置换，从根本上使农民既离乡又离土，"毫无牵挂"地转移到城市，转移到其他非农产业。从长远来看，应该加快农村土地制度的私有化改革，使农村人向城市人转移时，可以筹集一笔城镇落户的费用，或者城镇以住房置换农村劳动力的承包地、宅基地；为愿意放弃土地等农业生产资源的非城镇户口人员提供迁移补助。从国外的经验看，法国是通过信贷政策，即只给一定规模的农户提供优惠信贷，而对规模标准以下的农户不提供信贷，促使小农户转移出农村；美国等是通过补贴政策，即只给一定规模的农户提供农产品补贴，而对规模标准以下的农户不提供补贴，促使小农户转移出农村。因此，我国也应该借鉴这方面的经验，制定相关政策，如农机补贴、粮食直补等各种补贴与农户提供的农产品数量结合，刺激农户经营规模扩大。

总的来说，要加快农村人口、劳动力转移和农民工市民化步伐和提高融入度，需要加快户籍、教育、技能培训、养老等各方面的城乡一体化步伐，目前要做的是彻底城乡分离的各种制度，使城乡居民拥有平等的国民待遇。只有以平等的原则作为制度创新的基本理念，才能构建起城乡协调发展的新机制，才能为非城镇户口人员落户城镇、融入工作地创造条件，才能有效地促进人口户籍城镇化水平的不断提高。

参 考 文 献

[1]李德伟. 中国将迎来劳动力供给的"刘易斯转折点"吗?[J]. 理论前沿，2008(12)：37-38.

[2]崔传义. 进入新阶段的农村劳动力转移[J]. 中国农村经济，2007(6)：4-8.

[3]周健. "刘易斯转折点"被推迟与"民工荒"[J]. 岭南学刊，2008(3)：45-49.

[4]许宏，周应恒. 农地产权私有化与土地规模经营——东亚地区实践对中国的启示[J]. 云南财经大学学报，2009，25(1)：47-53.

[5]罗必良. 论农业分工的有限性及其政策含义[J]. 贵州社会科学，2008，217(1)：80-87.

[6]姚寿福. 专业化与农业发展[M]. 成都：西南交通大学出版社，2011：106-107.

[7]任韶枫，现代农业服务体系研究[D]. 成都：电子科技大学，2010.

[8]廖晓莲. 水稻联合收获机跨区作业研究——基于湖南省跨区机收情况的调查分析[D]. 长沙：湖南农业大学，2007.

[9]沈雅琴. 对当前我国农业产业化研究的再思考[J]. 当代经济研究，2005(12)：53-57.

[10]美国经济讨论会论文集编辑组. 现代美国农业论文集[M]. 北京：农业出版社，1980：154.

[11]王雯. 19世纪美国达科他州红河河谷专业化高产农场(Bonanza Farm)成因与经营方式考论[J]. 甘肃社会科学，2010(5)：177-180.

[12]戴孝悌. 产业空间链视域中的美国农业产业发展经验及其启示[C]//第二届农林高校哲学社会科学发展论坛论文集. 南京晓

庄学院，2011：43-49.

[13]谈业录，朱长会. 美国的高效商品化农业观感[J]. 科技与效益，1994(7)：8-9.

[14]农业部农产品加工局赴美考察团. 美国农产品加工业现状及启示[J]. 农村工作通讯，2014(20)：60-62.

[15]朱文蔚. 农村劳动力转移的国际考察与启示[J]. 哈尔滨学院学报，2007，28(10)：32-35.

[16]李斯华. 我国跨区机收的发展现状、效益分析及对策研究[J]. 农机化研究，2004(1)：1-8.

[17]张东东. 寿光农业产业化发展问题与对策研究[D]. 杨凌：西北农林科技大学，2012.

[18]孙晓霞. 东北地区农业产业化组织模式研究[D]. 长春：吉林大学，2008.

[19]钟霖湘. "大跃进"时期农业劳动力问题研究[D]. 湘潭：湘潭大学，2011.

[20]戴立勋，魏宏安. 甘肃省农业机械化影响因素的量化分析[J]. 中国农机化学报，2010(4)：24-28.

[21]林毅夫. 制度、技术与中国农业发展[M]. 上海：上海三联书店，上海人民出版社，1994：44-106.

[22]贺亚茹，张梅英. 农村转移劳动力政策的变迁[J]. 市场论坛，2012(2)：47-48.

[23]蔡昉. 中国"三农"政策的60年经验与教训[J]. 广东社会科学，2009(6)：148-157.

[24]江立华. 中外户籍登记与管理制度的比较：兼谈我国户籍制度改革的方向[J]. 廊坊师范学院学报，2002，18(1)：87-91.

[25]徐苏林，左鹏. 户籍制度改革何去何从?——关于当代中国户籍制度改革的思考[J]. 山东农业：农村经济版，2001(6)：4-10.

[26]国家统计局，全国农民工监测调查报告 2015[EB/OL]. http：//www. stats. gov. cn/tjsj/zxfb/201604/t20160428_1349713.
html[2016-05-25].

[27]谢云. 试论农村剩余劳动力转移与城镇化发展[C]. 中国青年农业经济学者年会，2003.

[28]姜长云. 体制转型时期的乡镇企业融资问题研究[D]. 北京：中国社会科学院，2000.

[29]潘维. 农民与市场：中国基层政权与乡镇企业[M]. 北京：商务印书馆，2003.

[30]农业部农村改革试验区办公室. 关于促进小城镇健康发展的若干重要问题与政策建议[M]//载中国农村研究报告(1999).
北京：中国财政经济出版社，2000：401.

[31]师向东. 苏南乡镇工业小区的结构及协同性分析[D]. 北京：北京化工大学，2005.

[32]费孝通. 江村经济——中国农民的生活[M]. 北京：商务印书馆，2001：303.

[33]费孝通. 学术自述与反思[M]. 北京：生活·读书·新知三联书店，1996：157.

[34]陆学艺. 三农论[M]. 北京：社会科学文献出版社，2003：468.

[35]莫光辉. 从代价论视角探讨当代中国的社会发展[D]. 南宁：广西大学，2007.

[36]李松涛. 我国乡镇企业是农村水污染最大来源[EB/OL]. 中国青年报，http：//zqb，.cyol. com/content/2006-09/14/content-
1509641html.

[37]崔秉鑫. 我国农民工就业存在的问题与对策研究[D]. 石家庄：河北大学，2008.

[38]刘小勇. 农民工就业的社会效应分析[J]. 商品与质量，2011(3)：44.

[39]国家统计局发布2015年农民工监测调查报告[EB/OL]. http：//finance. chinanews. com/gn/2016/04-28/7851608. shtml[2016-
05-20].

[40]张晓超. 农村耕地抛荒的治理与制度完善[J]. 中国集体经济，2016(1)：19-20.

[41]曾志勇. 关于将乐县农村土地抛荒问题的调查与分析[J]. 农民致富之友，2014(2)：18-18.

[42]贺金钟，贺春荣，王宗尧. 农村耕地抛荒问题现状及成因分析[J]. 现代农业科技，2012(23)：350-351.

[43]广东土地抛荒现象普遍 粤东西北偏远地区较为严重[EB/OL]. http：//hainan. sina. com. cn/news/b/2014-11-27/detail-
icczmvun0512846-p2. Shtml[2016-02-25].

[44]人民日报. 农民老龄化之后 明天谁来种地? [EB/OL]. http：//money. 163. com/15/0329/09/ALS7CECK00253B0H. html.

[45]告诉你一个真实的农村——谁在种地？谁来种地？[EB/OL]. 央视网，http：//news. cctv. com/2016/05/29/ARTIrZOTlwZH
　　6TnCkgrOVVeV160529. shtml[2016-05-25].

[46]陈锡文. 构建新型农业经营体系刻不容缓[EB/OL]. 人民网，http：//theory. people. com. cn/n/2013/1119/c40531-23590442.
　　html[2016-05-25].

[47]简新化. 城市化发展战略须调整[J]. 中国改革，2000(8)：21-21.

[48]简新华. 走好中国特色的城镇化道路——中国特色的城镇化道路研究之二[J]. 学习与实践，2003(11)：42-48.

[49]宋立. 劳动力与消费者"分离式"城镇化——劳动力过剩经济体的全球化现象还是中国特色问题?[J]. 经济学动态，
　　2014(5)：17-25.

[50]坚持以创新、协调、绿色、开放、共享的发展理念为引领　促进中国特色新型城镇化持续健康发展[EB/OL]. 人民网，http：
　　//politics. people. com. cn/n1/2016/0224/c1024-28144474. html[2016-05-20].

[51]发改委：今年将制定农民工进城落户标准[EB/OL]. http：//www. chinanews. com/gn/2014/03-24/5983333. shtml[2016-05-20].

[52]盖建，宋赞，荀杰. 我国城镇化进程中存在的问题及应对思考[J]. 城市建筑，2014(12)：8.

[53]湖北出台 22 条新举措　优秀农民工可在城镇落户[EB/OL]. http：//www. hb. xinhuanet. com/2015-12/31/c_1117632357.
　　htm[2016-05-20].

[54]袁仕海. 人口迁移与文化变迁——以贵州安顺屯堡社会为个案[D]. 贵阳：贵州大学，2005.

[55]贺坤. 新疆城镇化与工业化协调发展研究[D]. 石河子：石河子大学，2010.

[56]雷长青. 科学发展观视域下中国特色城镇化问题与对策研究[D]. 重庆：重庆理工大学，2012.

[57]武国定. 我国农村剩余劳动力转移与城市化进程正相关性研究[J]. 科学社会主义，2005(6)：29-31.

[58]姚寿福，张华. 我国城镇化、工业化的发展历程及对农民收入的影响[J]. 学术交流，2012(4)：120-123.

[59]金鑫，徐晓萍. 中国问题报告(修订版)[M]. 北京：中国社会科学出版社，2002：300.

[60]王宇琪. 城镇化进程中农民工用工现状调查[J]. 调研世界，2014(5)：38-40.

[61]张车伟，蔡翼飞. 中国城镇化格局变动与人口合理分析[J]. 中国人口科学(京)，2012(6)：44-57.

[62]住建部建设司长赵晖. 中国的小城镇为何发展不好[EB/OL]. Http：//finance. CNR.eh/gundong/201311/t20131104-
　　51027701.shtml[2016-05-25].

[63]孙源. 山东省小城镇建设问题研究[D]. 青岛：中国海洋大学，2012.

[64]住建部建设司司长. 中国小城镇为何发展不好[EB/OL]. http：//news. xinhuanet. com/fortune/2013-11/04/c_125646446.
　　htm[2016-05-20].

[65]黄丽颖. 新疆农业多功能性下的产业长短链构建研究[D]. 乌鲁木齐：新疆财经大学，2012.

[66]章静. 农业劳动力合理数量的计算[C]//农村发展与环境. 北京：中国科学出版社，1998.

[67]秦晖. 农民中国：历史反思与现实选择[M]. 郑州：河南人民出版社，2003：100-103.

[68]李海龙. 论中国城镇化背景下的中欧关系发展[J]. 唐山学院学报，2014，27(5)：28-32.

[69]李建斌. 中国"新型城镇化"面临两难困境[EB/OL]. http：//www. 21ccom. net/articles/economics/dongjian/20141225118068.
　　html[2016-05-20].

[70]省统计局调查报告显示　陕西四成农民工愿进城落户[EB/OL]. http：//www. sxdaily. com. cn/n/2014/1123/c412-5562618.
　　html[2016-05-20].

[71]我省农民进城落户意愿抽样调查分析[EB/OL]. http：//www. ahnw. gov. cn/2006nwkx/html/201310/%7BA9DB0A65-D472-
　　447F-ADA9-607AB55FF419%7D. shtml[2016-05-25].

[72]谢云，曾江辉，夏春萍. 农民工落户城镇意愿及影响因素调查——以湖北为例[J]. 调研世界，2012(9)：28-31.

[73]2015 年四川省进城务工人员市民化现状调查[EB/OL]. http：//www. sc. stats. gov. cn/tjxx/tjfx/qs/201601/t20160108_199074. html[2016-05-25]..

[74]河南农民城镇化意愿调查：农民进城落户首选县城[EB/OL]. http：//money. 163. com/15/1027/16/B6UPNA3000253B0H. html[2016-05-25].

[75]29 省份出台户改方案 取消农业户口[EB/OL]. http：//www. huarenjie. com/article-299626-1. html[2016-05-25].

[76]张华. 农民工市民化的制约因素与对策分析[J]. 统计与决策，2012(11)：114-117.

[77]中国社科院发布《中国农业转移人口市民化进程报告》[EB/OL]. http：//www. cssn. cn/jjx/jjx_dt/201403/t20140319_1035577. shtml[2016-05-25].

[78]司翼，高飞. 推进农业转移人口市民化的财政支持政策[J]. 中国财政，2015(9)：44-45.

[79]农业人口市民化人均成本 13 万元[J]. 城市问题，2014(3)：102-103.

[80]农民进城人均成本 13 万 实现同城化待遇是当务之急[EB/OL]. http：//news. xinhuanet. com/fortune/2014-03/18/c_119829804. htm[2016-05-26].

[81]廖于. 认识与解读户籍制度改革的相关误区——以重庆户籍制度改革为视角[J]. 吉林公安高等专科学校学报，2011，26(6)：72-74.

[82]"重庆模式"下的三大改革构想[J]. 社会观察，2010(11)：25-26.

[83]阚燕. 新生代农民工市民化的现实困境与解决途径研究[D]. 合肥：安徽大学，2012.

[84]贾阳. 农民工市民化成本问题文献评述[J]. 经济期刊，2015(1)：110-111.

[85]先静. 城乡统筹背景下成渝两地的农民工住房券机制设计[D]. 重庆：重庆大学，2012.

[86]王敬贤. 现阶段农村劳动力流动问题研究[D]. 武汉：华中科技大学，2011.

[87]2015 年我国粮食作物耕种机械化水平均达 75%[EB/OL]. http：//www. zglyfzw. com/news/show. php?itemid=32395[2016-05-27].

[88]我国农业综合机械化水平 2014 年将超过 61%[EB/OL]. http：//www. chinairn. com/news/20141110/151038215. shtml[2016-05-27].

[89]朱希刚. 农业经济与科技发展研究[M]. 北京：中国农业出版社，1999：63.

[90]郭亚卿. 论日本农业劳动力的转移[D]. 长春：东北财经大学，2005.

[91]安徽省财政厅课题组，陈先森，吴天宏. 户籍制度改革与社会保障关系研究[J]. 经济研究参考，2011(58)：30-37.

[92]发改委：今年将制定农民工进城落户标准[EB/OL]. http：//www. chinanews. com/gn/2014/03-24/5983333. shtml[2016-05-27].

[93]邹剑波. 阿马蒂亚. 森视域下的共产主义[J]. 齐齐哈尔大学学报：哲学社会科学版，2009(2)：21-24.

[94]傅晨. 城市化进程中我国农业转移人口市民化研究[J]. 城市观察，2014(1)：153-159.

[95]梁艳萍. 发达国家农民教育培训的经验与启示[J]. 高等函授学报：哲学社会科学版，2010，25(7)：10-13.

[96]王越英. 户籍制度改革与农业转移人口的市民化[J]. 学习月刊，2014(6)：18-20.

[97]厉以宁. 促进农民工"就地城镇化"[EB/OL]. http：//people. chinareform. org. cn/L/lyn/Article/201309/t20130926_177027. html[2016-05-27].

[98]李克强. 协调推进城镇化是实现现代化的重大战略选择[J].行政管理改革，2012(11)：4-10.

[99]王剑. 迁徙自由与我国户籍制度改革探析[J]. 重庆科技学院学报：社会科学版，2008(11)：41-43.

[100]《新农业》编辑部. 户口不再区分农业非农业[J]. 新农业，2014(15)：1

[101]宋扬. 新型城镇化背景下户籍制度改革的难点与思路分析[J]. 人文杂志，2014(10)：28-30.

[102]卢静. 论我国公民自由迁徙权的实现与保障[D]. 北京：北京师范大学，2007.

[103]陈小茗. 我国农民工子女受教育问题的法理分析[D]. 广州：广州大学，2011.

第八章　规模经营与农业区域专业化发展

马歇尔以来的新古典经济学强调规模经济对经济增长的作用。在农业发展方面，国内外学术界对经营规模与市场绩效之间关系的研究目前虽然还没有定论，但已有大量研究表明，农业经营规模扩大有利于农业技术采用、降低成本和增加绩效，因此经营规模的扩大是农业发展的必要条件之一[1]。速水佑次郎和拉坦分析了 43 个国家 1960~1980 年期间的农业生产数据，结果表明，人均收入在 4000 美元以上的 21 个发达国家具有显著的规模效益，而人均收入在 4000 美元以下的不发达国家不存在规模效益，因为人均收入高，农业集约化经营程度就高；罗伊·普罗斯特曼等列举世界银行对肯尼亚小农场和大农场的对比研究，表明规模在 0.5 公顷以下的农场的每公顷单产是规模在 8 公顷以上农场的 19 倍，前者的劳动用量也是后者的 30 倍[1]。从数量上看，虽然农业的确具有明显的规模经济，但并非越大越好，正如世界银行的一份研究报告所说：如果农场规模超过用一台中型拖拉机可以管理的限度，就不能获得规模效益[2]。农业生产具有显著的季节性、地域性和周期长等固有特点，而且受自然因素影响很大，因此大规模生产意味着更大的风险，这就决定了农业经营规模的扩大具有一定的限度；舒尔茨认为，小农场更有效率[1]，日本和我国台湾地区等亚洲国家和地区的农业实践也证明了舒尔茨的结论。发展经济学家雷吉对拉丁美洲国家的研究也表明，土地的小规模经营可能更符合发展中国家的国情，也有利于农业发展；但印度学者加塔克和英格林特认为，把小农场有效率的论断绝对化是错误的；就我国来说，虽有研究表明，规模与土地生产率呈正相关关系，如国务院研究室课题组对沿海地区的研究表明，农业经营规模的扩大不仅有利于提高农产品商品率、土地和劳动生产率，而且也有利于增加农民收入，但也有调查表明规模大小与农产品商品率、生产率等没有相关性甚至呈现负相关关系①。对于农业经营规模与区域专业化发展之间的关系目前尚未有比较深入的探讨，因此本章在分析专业化经济与规模经济及其关系的基础上，探讨规模经营对农业区域专业化发展的影响，并对我国如何扩大农业规模经营问题提出解决对策。由于无论在发达国家还是在发展中国家，家庭经营是农业中最普遍、最基本的经营方式②，即使在美国，2007 年和 2012 年家庭或个人农场在总农场中所占的比重分别高达 86.5%和 86.7%，因此对农业规模经营的分析主要以家庭经营为对象[1]。

---

① 姚寿福. 农地规模经营、专业化与农业绩效[J]. 农村经济，2012(3)：28-31. 另外参见：国务院研究室课题组(1996 年，第 163~164 页)对沿海地区的研究表明，农业经营规模的扩大不仅有利于提高农产品商品率、土地和劳动生产率，而且也有利于增加农民收入。但也有大量调查数据表明规模大小与农产品商品率、农业生产率等没有相关性甚至负相关(林善浪，1999，第四章)。

② 一般认为，农业的家庭经营是一种最有效的生产方式，因为农业生产具有分散性特点，因此家庭经营能够大大降低生产中的监督等交易成本；家庭经营具有很高的稳定性。

第一节　规模经济与专业化经济的关系

在经济学理论中，一般都以工业企业为对象讨论规模经济问题，即制造业企业的产量和所有生产环节合理组合的规模间的关系[3]，而对农业规模经济问题讨论较少。新古典经济学认为，规模经济是经济增长的源泉，因为随着规模的扩大，生产者不仅可以提高资源的利用效率，降低单位生产成本，还可以减少有关的交易费用以降低成本[4]，从而使规模生产者获得较其他生产者为高的收益。但随着技术的不断进步，新兴经济的规模经济不再显得特别重要，即使对传统产业来说，也是如此。越来越多的证据表明，规模经济并非经济增长的原动力[3]。特别是在信息技术飞速发展的背景下，出现了许多与规模经济背道而驰的"新发展现象"，如特许经营、企业拆分、合约出让、贴牌生产、着力提高核心竞争力，等等。因此，企业的经营规模与经济绩效关系不大，有的则没关系，也不是经济增长的源泉①。

一、规模经济不是经济增长的充分条件②

马歇尔认为，经济增长来源于规模经济，企业规模决定了劳动分工的程度，因为大企业可以从专业化机器的采用与改良、买卖、专业技巧、管理等方面获得规模优势。也就是说，大企业的功能细化可以通过差别化而从劳动分工、专业化技巧的发展、知识和机器的采用中获得好处，也可以通过一体化，而使各功能相互联系，并在商业信用、海陆运输、邮电和印刷品等生产环节中共享利益。在研究企业规模与绩效关系时，马歇尔方便讨论了外部与内部规模经济，但杨格认为，马歇尔对规模经济的这种区分不仅误导了经济学分析，更增加了经济学的混乱，他认为，产业发展的本质特征是产业分化和产业链的不断加长或生产环节的不断增多。新古典经济学虽然强调规模经济的意义，但对于什么是最佳规模一直以来并没有一个确定的标准。斯蒂格勒用"生存技术"方法对厂商的最佳规模问题进行了研究，认为最佳规模就是适应厂商所处环境的规模，即能够生存下来或持续经营的规模就是最佳规模；在不同产业、同一产业在不同时期有不同的"最佳"规模，这实际上就说明了用规模经济不能解释长期经济增长的内在动力，或者说，规模经济对经济增长来说，并不是一个充分条件。

二、专业化型规模经济是经济增长的源泉

但从经济实践来看，规模经济又是一个客观存在。我们又该如何解释这一现象呢？

---

① 张永生. 厂商规模无关论—理论与经验证据[M]. 北京：中国人民大学出版社，2003. 张在书中，通过对欧洲经合组织（OECD）、亚洲新兴工业化国家（地区）和中国的厂商平均规模的实证研究，表明厂商规模表现出越来越小的趋势，总体上呈现出倒"U"形变化趋势；厂商平均规模与人均实际 GDP、城市化和工业化之间既可能正相关，也可能负相关。
② 张永生对这一内容进行了较为全面的回顾和评述。参见：张永生. 厂商规模无关论——理论与经验证据[M]. 北京：中国人民大学出版社，2003：第二章。

斯密定理和杨格定理为我们理解这一问题提供了理论基础，他们都认为，经济增长源于分工与专业化发展，不过，斯密认为分工的复杂程度取决于市场规模，而杨格却认为分工的程度取决于迂回生产程度，但迂回生产程度又与市场规模有关，即分工与市场扩大相互促进，因此斯密和杨格的观点是一致的，分工的演进和市场规模的扩大是一直相互促进、互为条件的关系，两者互动就带来了一种良性累积效应，由此产生了螺旋式经济增长[5-6]。因此，对企业规模与经济增长的关系可以用"市场大小与分工互动"原理来解释，如果没有足够大的市场，则有些分工就不可能出现；从技术上来说，很多分工(专业化生产)会产生很高的交易成本，如果产量足够大，则单位产量的成本就会很小，价格低就有利于市场开拓，这时的分工才是经济合理的，但并不能因此而反过来说，规模越大对经济增长越有利，因为单位产品成本的降低存在极限[7]。从产业发展历史来看，在经济发展过程中，企业规模的变化呈现出倒"U"形特征。

从国内外企业发展历史看，大规模企业可能具有规模优势，但不是呈现一种正相关关系。我国在计划经济时期就有许多大企业，它们不仅有工厂，还有学校、医院、食堂、招待所等，一个企业简直就是一个社会；不仅大企业如此，小企业也是如此。但这些大企业的经济效益却很差，也没有有效地促进经济增长。改革开放后，这一情况得到了逐步改善，从而促进了企业效益和宏观经济增长。因此，规模经济是一个数量级别问题，而分工与专业化才是本质；如果只有数量扩张，而缺乏分工与专业化，则企业就不能获得规模经济优势，也不能促进经济增长，即专业化型规模经济的发展才是经济增长的源泉。

三、农业规模经营的特殊性

上述分析结论为我们认识农业规模经营问题提供了一个新的角度。农业被认为是一个具有典型规模经济的产业。国内学者在论述农业规模经济时，经常以美国、加拿大等的大农场为例，但西方发达国家农业经营规模的扩大并不纯粹是一种量的扩张，而是一个量和质、规模与专业化相互形成、统一的过程，这个质与量相伴相随的过程主要表现就是农业生产的集中化、专业化，具体表现为农业经营规模的扩大与农业生产专业化水平的提高形影相随[1]。

从数量上看，虽然农业的确具有明显的规模经济，但并不是越大越好。有资料表明，特大型农场特别是资本主义农场不仅没有增加反而减少了。由于各国在自然、经济、技术和社会等方面存在着很大差异，因此农业经营规模并没有一个统一的标准，例如，一般把西方国家的大农场标准确定为20公顷以上，而亚洲国家则为3公顷[1]。

我国农业发展的实践也已证明，农业规模经营并不是数量上的越大越好。在计划经济时期，我国在处理农业生产的专业化与规模化关系方面，主要强调了数量上的规模化。从20世纪50年代起，我国农村先是发展了初级合作社、高级合作社，最后又建立起了一大二公的人民公社制度，实现了农业生产的"超大规模经营"。但这种规模经营并没有带来国家所期望的农业生产快速发展、农业效益大幅度提高的结果，反而对农业生产力造成了极大的破坏。因此，只强调数量规模而忽视专业化经营并不能有效地促进农业发展。假如，在人民公社时期，在农业实行大规模生产的同时，在内部实行专业化的生产方式，可能会出现产量、效益都获得增长的结果。

但这种注重数量规模经营的现象在 20 世纪 90 年代仍然存在。1985 年以后，由于粮食产量的波动以及学术界和政府部门对农业规模经营的盲目信从，对农业家庭承包责任制产生了动摇，提出了各种改革农地所有制的观点，如私有化、国有化和永佃制等，并在全国各地出现了多种规模经营模式，如"两田制"、集体农场等，但这些规模经营由于成本高，同样也是以失败告终。

第二节　经营规模扩大是农业区域专业化发展前提

农业生产的区域专业化就是一个区域所生产的农产品种类的减少，一个区域只生产一种或两种农产品品种，不同的区域从事不同农产品品种的生产。生产区域小到一个村，大到一个省份，如美国有 5 个州只种植了一种农作物，4 个州种植了 2 种农作物，缅因州则集中发展养殖业[8]。当然前提是实行专业化生产后的家庭或农民能够从所经营的项目中获得足够的收入，只有达到这一要求才能促进农民的分工与农业专业化生产；美国农业区域专业化的发展就是在农场收入提高之后开始的[1]。

从国外农业发展的历史经验来看，农户经营规模的扩大和生产的集中是一个重要的特征。特别是 20 世纪 60 年代以来，无论是人多地少还是人少地多的国家或地区都不同程度地采取了扩大农户经营规模的政策，只是规模经营的程度不同[9]，但美国等发达国家的经验表明，农业经营规模与市场绩效之间存在着正相关关系，但通过分析，可以发现其中的奥秘在于伴随着规模扩大的是生产专业化水平的不断提高。

一、美国经验：农场规模扩大促进区域专业化发展

美国农业生产的一大特征是农场规模大，自 1880 年以来，美国的农场平均规模呈现出不断扩大的趋势；1880 年美国农场平均经营规模为 54 公顷，1970 年猛增至 149 公顷，2000 年进一步增加到 195 公顷，2007 年虽然有所下降，但仍然高达 169 公顷，到 2012 年又上升到 176 公顷[1]（表 8-1）；从规模分布看，小于 500 英亩（1 英亩=0.404686 公顷）的农场占农场总数的比重由 1950 年的 94.4%下降到 2007 年的 85.36%和 2012 年的 85.02%，大于 500 英亩的农场数所占比重由 5.6%提高到 2007 年的 14.64%和 2012 年的 14.98%，小农场有减少的趋势，而大农场增长较快（表 8-2）；从不同时期的平均规模扩大幅度看，1880~1935 年仅扩大了 16.7%，而 1935~1970 年则扩大了 136.5%，1970~2000 年扩大 30.8%，2000~2012 年则缩小了 9.74%；从农产品销售额看，1997 年全美农场的平均销售额为 10.30 万美元，其中销售额在 50 万美元以上的农场只占农场总数的 2.8%，但其平均经营的土地面积却达 1122 公顷，经营面积占全国土地面积的 16%；2007 年全美农场的平均销售额为 13.48 万美元，其中销售额在 50 万美元以上的农场占农场总数的 5.3%，到 2012 年，全美农场的平均销售额上升到 18.71 万美元，其中销售额在 50 万美元以上的农场占农场总数的比例进一步上升到 7.36%[1]。

表 8-1 1950～2012 年美国农场数与农场平均规模变化趋势

年份	1950	1960	1970	1980	1990	2000	2007	2012
农场数/10^3 个	5388	3720	2954	2309	2146	2000	2204	2109
农场平均规模/公顷	86	127	149	171	187	195	169	176

资料来源：1. Pawlak. J，Farm Machinery Market in Second Half of the XX Century，Agriculture Engineering International，
　　　　　　Vol.IV.July，2002.
　　　　　2. 2007 年数据来自 Agriculture Census for United States（2007）.
　　　　　3. 2012 年数据来自 Agriculture Census for United States（2012）.

表 8-2 美国不同时期不同经营规模农场占农场总数比例 单位：%

经营规模划分/英亩	1950 年	1997 年	2007 年	2012 年
<179	76.5	60.5	68.65	68.61
180～499	17.9	21.1	16.71	16.41
500～999	3.4	9.2	6.79	6.76
>1000	2.2	9.2	7.85	8.22

注：1 英亩=0.404686 公顷。

资料来源：USDA：Agriculture Census for United States.

美国农场规模扩大的一个重要原因是为了获得分工与专业化经济，因为美国农场平均规模快速扩张时期，也是农场专业化发展与深化阶段，美国农业普查对专业化农场发展情况（在总产值中所占比重）的统计数据表明，1929～1969 年，蔬菜农场专业化程度由 20% 提高到 85%，提高了 65 个百分点，棉花农场由 1.4% 提高到 54.4%，提高了 53 个百分点，现金谷物由 1.8% 提高到 35.4%，其他大田作物由 5.1% 提高到 74.6%，到 2007 年，美国农场的专业化程度有了进一步提高，其中蔬菜农场为 96.5%，棉花农场为 97.7%；1959 年后，烟草大农场也实行了专业化生产，2007 年的专业化程度为 84.9%，因此，农场规模扩大成为美国农业专业化发展的一个必要前提[1]。

在美国，随着农场规模的扩大和专业化程度的提高，农业机械化水平不断提高，农场的盈利能力也相应提高；从不同规模农场的投入与产出比来看，1996 年，美国年销售额在 100 万美元及以上的农场每一美元现金投入的净现金收入为 0.64 美元，50 万～100 万美元的农场为 0.4 美元，25 万～50 万美元的农场为 0.41 美元，10 万～25 万美元的农场为 0.32 美元，5 万～10 万美元的农场为 0.33 美元，2 万～5 万美元的农场为 0.23 美元，这表明，每一美元的投入所产生的净收入随着农场规模的扩大而提高。从表 8-3 的数据可以看出，年销售额在 25 万美元以上的农场，其农业经营收入远高于全美国的平均水平，家庭农场规模经济十分突出；从不同规模农场的平均经营收入来看，如果家庭经营达到一定规模，即使单纯经营农业也能获得与其他产业相当的收入；从表 8-3 的数据可以看出，年销售额 25 万美元以上的农场单纯经营农业也能获得比全国平均水平为高的收入，年销售额 5 万～25 万美元的农场的农业收入对农业家庭总收入的贡献达 32%，这表明在美国有相当一部分农场仅靠经营农业就能获得与其他产业相当的收入[1]。

表 8-3　1996 年、2007 年和 2012 年美国不同规模
农场的平均收入及其来源

单位：千美元

农场规模（按销售额）	年份	<50	50～250	250～500	>500	平均每个农场
总收入	1996	419.99	556.74	556.74	1937.98	
	2007	133976.23	343667.66	343667.66	2238196.20	1384.28
	2012	131324.70	344628.74	344628.74	5890014.46	1909.15
农业收入	1996	−341.90	5326.50	532.65	1588.47	
	2007	116779.17	329799.70	329799.70	2206625.13	1348.07
	2012	114599.88	333381.11	333381.11	5830188.47	1870.97
非农业收入	1996	454.18	224.09	224.09	349.51	
	2007	17197.15	13867.96	13867.96	31571.07	95.23
	2012	16724.84	11247.63	11247.63	59825.98	99.25

资料来源：USDA.1998 Agriculture Fact Book；Agriculture Census for United States（2007，2012）.

20 世纪 50 年代以来，农场规模的扩大是全球性趋势，如法国在 1955～1975 年间，小于 20 公顷的小农场减少了 100.71 万个，减少了 55.50%，平均规模由 14 公顷扩大到 21.3 公顷；日本的交通经营户均面积由 1950 年的 0.87 公顷扩大到了目前的 1.87 公顷；从农场规模与经营绩效的关系来看，美国、欧盟、加拿大等是正相关关系，而印度、非洲等则是负相关[10]。从这一现象可以看出，美国、欧盟等的农业专业化水平高，集约化经营程度也高。法国从事种植业的 50 公顷以上的农场的劳动生产率是 20～50 公顷农场的 1 倍，从事畜牧业的 20～50 公顷农场的 2 倍、5～10 公顷农场的 10 倍，且大农场的生产成本比小农场低 10%～30%。

表 8-4　美国农业普查按类型、产品销售值
和规模划分的农业生产集中情况（在总产值中所占百分比）

农场类型	1929 年（大的[①]）	1959 年（1 类[②]）	1964 年（1 类[②]）	1969 年（1 类[②]）
蔬菜	20.0	73.8	81.4	85.0
家禽	3.3	55.4	67.9	84.6
杂品	1.0	62.1	65.4	77.3
其他大田作物	5.1	55.8	73.7	74.6
牧场	29.2	59.8	64.0	72.8
水果和坚果	19.9	45.1	67.6	68.8
牲畜	2.1	33.9	46.8	61.2
棉花	1.4	46.8	55.2	54.4
综合	0.2	20.7	33.6	45.7
牛奶场	3.0	15.3	23.4	41.1
现金谷物	1.8	16.7	23.9	35.4
烟草	—	3.9	8.2	18.6
其他	5.0	32.8	43.7	56.5

注：① 1929 年产品销售值在 30000 美元以上的，相等于 1959 年的 48600 美元和 1969 年的 48450 美元。
　　② 在美国农业普查中列为农产品销售总额在 40000 美元以上的。
　　资料来源：郑林庄. 美国的农业——过去和现在[M]. 北京：农业出版社，1980：54.

美国农场规模的扩大得益于两个主要前提条件的建立，一是大农场以往遇到的障碍的减少，其中最主要的是由于政府政策的支持和农业保险发展使农场收入的风险和波动大大减小；二是农场扩大、经营者与劳动者之间的分化，带来了成本降低、收入增加的好处[1]，因此，美国农场规模扩大的一个重要原因是为了获得分工与专业化经济；这可从两个方面得到验证：一方面，美国农场平均规模快速扩张时期，也是农场专业化发展与深化的阶段；另一方面，美国农业普查对专业化农场发展情况的统计数据表明，1929 年以来，美国大农场的专业化程度有了很大的提高（表 8-4 和表 8-5），因此，农场规模的扩大成为美国农业专业化发展的一个必要前提[1]。

表 8-5　美国农业 2012 年按类型、产品销售值划分的农业生产集中情况　　　　单位：个

农场类型	农场数	农产品市场销售额占比的农场数			
		10%	25%	50%	75%
谷物、油籽、干豆、干豌豆	503315	134	1657	20197	82925
烟草	10001	1	25	359	1367
棉花	18143	14	175	2241	6844
蔬菜、甜瓜、土豆、甘薯	72267	60	648	3316	7482
水果、坚果	86675	59	664	2824	6971
浆果	24553	14	147	533	1324
其他农作物和干草	478632	71	718	7604	27445
牛和牛犊	740978	279	1960	12879	45786
牛奶	50556	38	954	4211	10736
猪	55882	37	481	4465	11370
家禽和禽蛋	137541	41	572	6123	18797

资料来源：USDA.Agriculture Census for United States (2012).

二、我国情况：农户经营规模小制约区域专业化发展

家庭经营是我国农业的主要经营形式，据统计，到 2012 年底，我国农村承包集体耕地的农户约 2.3 亿户，其中有约 4440 万户发生了流转出承包耕地的行为（占农户总数的 19.32%）；目前仍在耕地上从事农业生产的农户约 1.9 亿户，他们经营的耕地面积（包括流转来的耕地），占农村家庭承包耕地总面积的 92.5%[11]。这与 1998 年的全国抽样调查结果比较变化不大，当年农户家庭经营面积占全国耕地总面积的 97%[12]。与美国、日本等的家庭经营不同，我国家庭经营的特点是土地分散和小农生产。

---

① 具体来说，美国农场规模的扩大有以下因素促进：批发购销生产资料可以降低投入成本、农产品销售价格的提高；更易找到资本或获得政府部门的农业贷款、达成协议、稳定价格和专门投保等，以减少风险、稳定收入；最大限度地分摊因采用机械设备等而增加的固定费用；使劳动者和经营者分开以提高效率；抗衡来自生产资料供应者和农产品加工者的力量；政府支持计划和税收津贴等对大农场有利等。参见：R. D. 罗得菲尔德等. 美国的农业与农村[M]. 安子平，陈叔华，等译. 北京：农业出版社，1983：119-223.

目前，我国家庭经营规模普遍很小，从全国来看，1985 年，我国农户经营人均耕地与山地面积分别为 2.07 亩和 0.52 亩[1]，在 1985～2012 年期间，人均经营耕地呈现下降后又上升的特点，2012 年全国农村居民家庭经营人均耕地面积上升到 2.34 亩，其中中部地区人均经营耕地面积由 1985 年的 2.66 亩下降到 1.70 亩，下降 0.96 亩，而西部地区由2.03 亩增加到 2.50 亩，增加 0.47 亩(表 8-7)；从省区之间的差异来看，与 1987 年相比，2012 年农户人均经营耕地面积下降的不多，有 13 个省区是增加的，其中黑龙江(增加6.89 亩)、吉林(增加 3.47 亩)和内蒙古(增加 3.82 亩)增加得最多(表 8-8)。

表 8-7　我国主要年份全国及分区域农户经营面积　　　　　单位：亩/人

年份	指标	全国	东部地区	中部地区	西部地区
1985	耕地	2.07	1.49	2.66	2.03
	山地	0.52	0.33	0.63	0.62
1990	耕地	2.10	1.45	2.72	2.16
	山地	0.42	0.34	0.45	0.48
2000	耕地	1.98	1.31	2.80	1.83
	山地	0.28	0.23	0.29	0.35
2010	耕地	2.28	1.20	1.70	2.50
	山地	0.35	0.30	0.40	0.40
2012	耕地	2.34	1.10	1.70	2.50
	山地	0.48	0.40	0.70	0.50

资料来源：《中国农村住户调查》(1985～2012 年)。

1996 年农业普查结果表明，我国 93.17%的农户的农地经营规模在 1 公顷以下，他们经营的农地占全国的 79.91%(表 8-9)。到 2006 年第二次农业普查，我国农地经营规模在1 公顷以下的农户所占比例为 92.45%，比 1996 年仅下降 0.72 个百分点，种植业的农地经营情况基本一致(表 8-10)。从我国户均经营耕地面积的变化来看，总体上呈缩小趋势，1999 年与 1985 年相比，户均耕地面积由 10.6 亩下降为 8.8 亩，人均耕地面积则维持在 2.07 亩水平，劳均耕地由 3.6 亩下降为 3.2 亩[1]；从人均经营耕地面积来看，也表现出同样趋势，从表 8-11 可以看出，1980 年以来，由于农村人口没有得到有效的转移，农村人均耕地变化不大，其中 1980～1990 年减少，2000 年以来，由于农村人口减少了2.99 亿人，人均耕地有所增加；从农村户均耕地和以农村劳动力计算的劳均耕地来看，变化不大；由于非农就业机会最多，因此以农林牧渔业劳动力计算的劳均耕地 2013 年比1980 年增加了 0.17 公顷[1]。

---

① 根据《2000 年中国农村住户调查年鉴》有关数据计算。

表 8-8　1987~2012 年我国主要年份农户经营耕地面积变化　　　　单位：亩/人

	1987 年	1990 年	2000 年	2010 年	2012 年
黑龙江	6.71	7.46	8.56	11.7	13.6
河北	2.21	2.16	1.75	1.98	1.89
山西	2.98	3.07	2.37	2.43	2.5
内蒙古	6.58	6.76	7.37	9.65	10.4
辽宁	2.69	2.7	3.04	3.5	3.78
吉林	4.8	4.82	5.52	7.75	8.27
江苏	1.44	1.38	1.21	1.12	1.25
浙江	0.9	0.91	0.84	0.6	0.54
安徽	1.59	1.58	1.43	1.87	1.89
福建	0.97	0.95	0.8	0.88	0.73
江西	1.36	1.33	1.17	1.61	1.57
山东	1.55	1.48	1.45	1.56	1.64
河南	1.64	1.58	1.5	1.68	1.62
湖北	1.49	1.45	1.44	1.69	1.71
湖南	1.18	1.16	1.09	1.25	1.22
广东	1.05	1.04	0.75	0.65	0.53
海南	1.21	1.26	1.05	0.74	—
重庆	—	—	1.01	1.27	—
四川	1.14	1.13	1.03	1.08	1.14
贵州	1.22	1.21	1.06	1.1	1.18
云南	1.48	1.54	1.39	1.5	1.6
陕西	2.99	2.6	1.66	1.94	1.52
甘肃	3.26	3.17	2.43	2.68	2.72
青海	2.73	2.71	2.21	2.09	1.83
宁夏	3.32	3.48	3.88	4.75	3.69
新疆	3.98	4.06	4.2	4.76	5.76
广西	1.18	1.16	1.25	1.43	1.37

资料来源：《中国农村住户调查》(1987~2012 年)；香港、澳门、台湾资料暂缺。

表 8-9　中国农户经营规模(1996 年)

规模/公顷	农户		耕地	
	数量/万户	比重/%	数量/万公顷	比重/%
0~0.2	5859.7	30.35	1503.83	12.32
0.2~0.6	10242.3	53.04	6222.06	50.98
0.6~1.0	1887.7	9.78	2026.51	16.61
1.0~1.4	602.0	3.12	819.68	6.71

续表

规模/公顷	农户		耕地	
	数量/万户	比重/%	数量/万公顷	比重/%
1.4~2.0	347.7	1.80	603.53	4.95
2.0~3.4	284.1	1.47	716.20	5.87
3.4~6.6	75.0	0.38	232.00	1.9
6.6~10.0	7.5	0.04	57.57	0.47
10.0~13.4	1.7	0.01	18.47	0.15
13.4 以上	1.1	0.01	4.30	0.04
合计	19308.8	100	12204.15	100

资料来源：农业部.1996 年全国农业普查资料。

表 8-10　中国农户经营规模(2006 年)

规模/亩	农户		农作物种植业	
	数量/户	比重/%	数量/户	比重/%
0	5767012	2.88	2062948	1.12
0.1~0.9	10992315	5.49	9703461	5.27
1~1.9	23841991	11.91	21990124	11.94
2~2.9	28654531	14.32	26668802	14.48
3~3.9	26860953	13.42	25165788	13.67
4~4.9	22505030	11.24	21193739	11.51
5~5.9	16726174	8.37	15811661	8.59
6~6.9	13436435	6.71	12739086	6.92
7~7.9	9367542	4.68	8904677	4.84
8~8.9	7444001	3.72	7082586	3.85
9~9.9	5307459	2.65	5052354	2.74
10~10.9	4615890	2.31	4377337	2.38
11~11.9	2942153	1.47	2800706	1.52
12~12.9	2868568	1.43	2722055	1.48
13~13.9	2011473	1.00	1908911	1.03
14~14.9	1714815	0.86	1625425	0.88
15~15.9	1639336	0.82	1548189	0.84
16~16.9	1279851	0.64	1210402	0.66
17~17.9	953418	0.48	902156	0.49
18~18.9	1009753	0.50	954447	0.52
19~19.9	693096	0.35	656357	0.36
20~24.9	2970695	1.48	2799856	1.52
25~29.9	1640528	0.82	1552557	0.84
30~34.9	1223491	0.61	1159741	0.63
35~39.9	758735	0.38	723810	0.39
40~44.9	616615	0.31	588484	0.32

续表

规模/亩	农户		农作物种植业	
	数量/户	比重/%	数量/户	比重/%
45～49.9	429906	0.21	413038	0.22
50～59.9	581553	0.29	558248	0.30
60～99.9	876958	0.44	848505	0.46
100 以上	428848	0.21	415182	0.23
合计	200159125	100	184140632	100

资料来源：农业部.《2006 年全国农业普查资料》。

表 8-11　我国一些年份的各类平均耕地

年份	人均耕地/公顷	户均耕地/公顷	农村就业人员劳均耕地/公顷	农林牧副渔业劳均耕地/公顷
1980	0.12	0.56	0.31	0.33
1990	0.11	0.43	0.23	0.29
2000	0.14	0.53	0.27	0.39
2010	0.18	0.62	0.29	0.44
2013	0.19	0.62	0.31	0.50

资料来源：根据《中国农村住户调查年鉴》《中国农村统计年鉴》和人口普查数据等计算。

　　如果我国农户经营规模能够获得有效扩大的话，农户即使是专门从事粮食生产也能获得与非粮食生产相当的收入或取得与全国农村居民平均纯收入相当的收入[1]。1999 年我国农村居民平均纯收入为 9394 元，按粮食平均每亩减税纯收益（含家庭用工折值）161元计算，如果农户的粮食经营面积达到 60 亩，则完全依靠粮食生产就能获得与当年农村的平均收入水平略高的收入；以 2008～2013 年的三种粮食平均净利润为参照标准，计算各年达到农村居民人均纯收入标准所需要的耕地人均经营标准，2008～2011 年均比较稳定，为 26 亩左右，2012 年和 2013 年三种粮食的平均净利润大幅度下降，导致最低经营规模提高 2～5 倍（表 8-12）。

表 8-12　以三种粮食平均净利润计算的最低经营规模

项目	2008 年	2009 年	2010 年	2011 年	2012 年	2013 年
三种粮食平均净利润/(元/亩)	186.39	192.35	227.17	250.76	168.40	72.94
农村居民人均纯收入/(元/人)	4760.6	5153.2	5919	6977.3	7916.6	8895.9
最低经营规模/(亩/人)	25.5	26.8	26.1	27.8	47.0	122.0

资料来源：《全国农产品成本收益资料汇编》(2014)、《中国农村统计年鉴》。

　　据日本学者田岛俊雄对我国北京市顺义区的粮食经营规模与效率关系的研究，随着农地经营规模的扩大，单位面积产量、总产值、增加值和边际生产力等都呈现出递增趋势（表 8-13），这也表明，如果经营规模能够扩大，单靠经营粮食一种产品也能获得较高的收入。

表 8-13　北京市顺义区粮食经营规模与效率（1988 年）

规模划分/(a/人)	投入劳动力/(日/10a)	单产/(千克/10a)	总产值/元	增加值/元	平均剩余/元	边际增加值/(元/10a)	边际剩余/(元/10a)
6.7～40.0	13.1	902.6	451.4	237	158.7	237	158.7
40.0～73.3	9.8	1001	500.4	248.4	189.9	268.6	245.1
73.3～106.7	9.3	1023	511.8	244.4	188.6	239.7	187
106.7～140.0	8.7	1067.3	535.5	242.3	190	232.8	196.7
140.0～173.3	8.3	1104	548.1	257	207.4	297.4	255.3
173.3～206.7	9.2	1122	561	262.8	207.9	293.4	210.2
206.7～240.0	7.2	836.3	419.3	168.5	125.3	-182.7	-182.4
240.0 以上	6.2	748.5	379.1	138.8	101.8	-85.6	-75

注：a 为公亩，1a=100 平方米。

资料来源：田岛俊雄. 中国农业的结构与变动[M]. 李毅，扬林，译.北京：经济科学出版社，1998：351-352，357.

综上所述，农户经营规模小是我国目前农民收入低、区域与农户专业化水平低的主要原因[1]。以粮食生产为例，据 1996 年农业普查数据，全国粮食播种面积在 10 公顷以上的种植大户有 2.2 万户，从业人员 9.5 万人，经营面积 36.1 万公顷，只占粮食总播种面积的 0.36%；20 公顷以上的农户有 0.4 万户，经营面积 15.1 万公顷，占粮食总播种面积的 0.15%；2006 年，全国耕地经营 100 亩以上的种植大户仅占全部农户的 0.23%。农地经营规模小，农户所能出售的农产品就少，影响了农户收入。农地经营规模的扩大是我国农业区域专业化发展的关键因素，也是增加农民收入的重要途径[13]。

表 8-14　中国和美国、日本、泰国三国农业劳动生产率比较

指标	中国（1999 年）	美国（1997 年）	日本（1997 年）	泰国（1997 年）
每一劳动力负担耕地/公顷	0.40	50	1.12	1.02
劳均粮食产量/(千克/人)	1551	98841（1998 年）	3219（1998 年）	1660
劳均 GDP	4393 元	4.0 万美元	2.3 万美元	0.1 万美元
工农业比较劳动生产率/%	11	40	21	—

资料来源：洪民荣（2003），第 184 页。

扩大农户经营规模不仅是发展区域专业化的需要，也是提高农产品国际竞争力的需要。只有扩大规模经营，才能提高机械化水平及其效率和劳动生产率，降低成本，提高价格竞争力。我国农业劳动生产率不仅远比不上美国，即使与人多地少的泰国和日本等相比也有很大的差距，比印度略好（表 8-14）。到 2011 年，我国农业劳动生产率与这些国家的差距依然很大，其中劳均农业 GDP 仅为美国的 2.74%、日本的 3.53% 和泰国的 83.11%，每一农业经济活动人口人均谷物产量不仅远低于美国和日本，也比泰国低 0.8 吨（表 8-15）。

表 8-15 中国和美国、日本、泰国三国农业劳动生产率比较①

	中国 （2011 年）	美国 （2011 年）	日本 （2011 年）	印度 （2011 年）	泰国 （2011 年）
每一农业经济活动人口①负担耕地/公顷	0.2	66.24	3.21	0.58	0.83
农业经济活动人口人均谷物产量/(吨/人)	1.28	157.24	8.61	1.056	2.08
劳均农业 GDP/美元②	1814.5	66260.2③	51353.4	1151.4	2183.3
第一产业对国内生产总值增长的贡献率/%	4.6	−1.4③	−2.1③	6.2	677.3
工农业比较劳动生产率/%	3.2	50.7③	50.8	—	10.6

注：①中国的计算数据为农村劳动力；②为农业、狩猎业、林业和渔业劳动力；③为 2010 年数据。

第三节 扩大我国农业经营规模的对策

一、我国农业经营规模扩大存在的问题

国内外的实证分析表明，无论是从发展农业区域专业化还是从增加农民收入、增强农产品国际竞争力来说，我国农业发展客观上必须扩大经营规模[1]。为了促进农地规模的扩大，我国早就提倡农地流转，但从近年来的农地流转情况看，这种提倡农地流转的做法很难有效扩大经营规模。1984 年，全国农地转包面积为 137 万公顷，占耕地总面积的1.4%，但到 1998 年却分别下降为 94.1 万公顷和 1.0%；1996 年与 1986 年相比，户均转包耕地面积仅由 0.3 亩增加到 0.4 亩。据全国农村固定观察点调查资料，1984～1992 年间，全国完全没有租入或租出过耕地的农户占比达 93.8%，转让一部分耕地的农户比重仅1.99%，到 2006 年，租入或租出过耕地的农户也仅占 11.59%。2006 年以来，特别是党的十八大以来，出台了很多加快流转的政策，加快了农地流转。截至 2014 年底，全国承包耕地流转面积达 4.03 亿亩，流转面积占家庭承包经营耕地面积的 30.4%（图 8-1），其中有5833 万户流转出承包耕地，占家庭承包总农户的 25.3%；有 8 个省（自治区、直辖市）的耕地流转比重超过 35%，其中超过 50%的有上海、江苏、北京和黑龙江[14]。而且流转方式多样，但主要是转包和出租（图 8-2）。

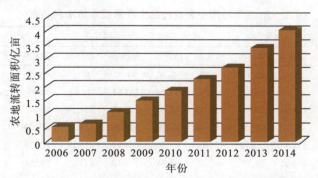

图 8-1 2006～2014 年我国土地承包经营权流转面积增长趋势

资料来源：农业部网站。

---

① 表中数据根据《国际统计年鉴》、《中国统计年鉴》和《中国农村统计年鉴》等计算。

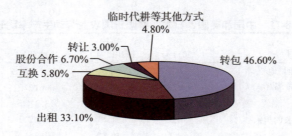

图 8-2　2014 年我国耕地流转方式及其所占比重

从目前的耕地流转情况来看，总体规模不大。这表明，我国农地经营规模扩大存在很多限制因素，而且仅有流转，很难促进经营规模的有效扩大。我们认为，影响经营规模扩大的因素主要有下列三个。

（一）农民分工发展的程度低

我国农村中存在规模庞大的人口和劳动力是制约农地流转的首要因素。受户籍制度、城镇生活成本高和对未来就业等预期不太乐观等因素的影响，致使大量农村劳动力以外出务工方式增加自己的收入，而不愿意放弃所承包经营的土地。虽然 2015 年外出务工农民工数量达 2.7 亿多，但很少参与承包地流转，有些外出务工人员把承包农地进行流转，但这种流转的稳定性较差，经常发生纠纷，因此对扩大农业经营规模作用不大。

在农业产业中，由于农业中的林牧渔业不发达，致使农村劳动力集中于种植业，更加重了农地规模扩大的困难；而改革开放以来农业经营成本的不断快速上升，很多年份的净利润为负（表 8-16），而且农地流转的成本也很高，有的地方每亩达到 600 元，更加重了生产成本，使农户很难从扩大规模中受益，其他如养殖业的情况也类似，据报道，养鸡业 2013 年全行业亏损 1000 亿元[15]。同时，农户的经营规模虽小，但可以通过外出务工获得一定的收入，特别是在外出务工能够获得较高的收入、机会更多或风险更小时，农户必然不会选择扩大规模，对扩大经营规模来说是一大障碍。

表 8-16　1978～2013 年我国主要农产品生产总成本与净利润变化　　　单位：元/亩

年份	稻谷		小麦		玉米		棉花		大豆		油菜籽	
	总成本	净利润	总成本	净利润	总成本	净利润	总成本	净利润	总成本	净利润	总成本	净利润
1978	65.95	3.06	55.54	-6.33	53.17	-3.26	93.40	9.12	35.72	2.57	49.67	-9.25
1985	88.31	57.04	67.99	26.63	64.59	38.78	135.91	74.32	44.85	29.54	60.18	21.9
1990	169.28	95.16	128.44	26.93	131.00	46.64	265.63	273.26	83.86	41.57	116.65	45.39
1995	391.4	311.1	281.7	130.54	292.19	230.09	617.45	418.35	186.03	130.38	245.98	55.44
2000	401.65	50.07	352.48	-28.78	330.56	-6.88	624.99	214.24	215.24	46.35	295.11	-68.6
2005	493.31	192.71	389.61	79.35	392.28	95.54	743.10	223.05	270.54	81.48	295.31	-0.53
2008	556.06	235.62	498.55	164.51	523.45	159.22	1079.97	-16.71	347.99	178.45	393.61	308.46
2010	766.63	309.82	618.63	132.17	632.59	239.69	1323.85	983.97	431.2	155.15	501.21	8.59
2013	1151.11	154.79	914.71	-12.78	1012.04	77.52	2177.5	-214.98	625.9	33.68	844.16	-98.3

资料来源：《全国农产品成本收益资料汇编》（1978～2013 年）。

如果假定一个农户经营种植业的收入要达到或略高于全国农户的家庭平均收入，那么按 1999 年的标准计算，一个农户的最佳规模应在 60 亩左右，则这相当于 2002 年 7.8 户农户所经营的耕地面积之和(2002 年户均经营耕地面积为 7.7 亩)，这意味着每增加一个具有规模经济的农户就必须有 6.8 个农户和 26 个人(2002 年户均人口为 3.8 人)退出农业。如果具有这种经营规模的农户达到总农户的 5%，即 1228.47 万户，则按 2002 年户均劳动力 2.0 人计算，至少必须有 8353.6 万农户、16710.3 万劳动力[①]和 31743.7 万农村人口永远退出农业和农村。如果按 2008～2012 年的平均规模计算，每个农户需要 90 亩，按当年户均耕地 9.3 亩计算，需要有 1.7 亿农户、5.6 亿乡村人口的有效转移。因此，我国农户要扩大经营规模并从经营农业中获得相当于全国平均的农民人均纯收入，就必须大规模地转移农村人口和劳动力，但要实现这么多农村人口和劳动力的转移，单靠农民自己是无法解决的，只有政府部门在对政策、制度和发展战略进行重大调整后用力拉他们一把才行。

(二)农地等制度缺乏激励因素

制度特别是农村土地制度对农地流转具有很大的约束性。首先，户籍制度和很多农民工的季节性外出务工等限制了农地流转的持续性和稳定性，流转规模也很小，因为举家外出务工的农户并不多；其次，农村社会保障体制尚未健全，覆盖面小、保障水平低等，也限制了农地的流转。自 1987 年上海开始进行农村社会养老保险试点以来，至今仍未完全建立起制度化的农村社会保障体系。2001 年只有 5995 万人参加了农村养老保险，到 2006 年下降到 5373.7 万人，2008 年虽然上升到 5595.1 万人，仍低于 2001 年的参保水平。2009 年，全国开始新型农村社会养老保险试点，加大了财政投入，2009 年农村参保人数达 7277.3 万人，2011 年又上升到 32643 万人[16]，到 2013 年城乡居民参保人数达 49750.1 万人。2014 年开始在全国范围内建立统一的城乡居民基本养老保险制度[17]，到 2014 年末全国参加基本养老保险的人数已达 84232 万人[18]。近年来，农民工参加养老保险的人数逐年增加，参保率也有所提高，2011 年末参加基本养老保险的农民工人数为 4140 万人，参保率为 16.38%；2014 年末参加城镇职工基本养老保险的农民工人数为 5472 万人，参保率为 19.97%[19]，但另一方面，由于养老保险城乡之间尚未有效衔接，农民工的退保率也比较高[20]。由此可见，农村人口和外出农民工的养老保险参保率均较低，农地仍然是农村人口的主要生活和养老保障来源。第三是农地产权存在的缺陷，农地属于集体所有，但集体的边界并不清晰，因此农户和村集体等都不拥有承包地等的处置权，这对农户的财富积累极为不利，也对承包地的流转和永续利用带来了不利的影响；从农地承包制度方面看，我国现行承包法虽然规定了在农地流转过程中，转包方可以从接包方收取转包费，但转包方在从集体处承包土地时已交付了承包费。在这种情况下，受亩均收益上限的制约，流转中的接包方从接受流转的土地经营中获得的收入就不会有多高。另外，转包方虽然可以把承包地上交集体以便愿意扩大规模的农户再承包，但现行政策规定农户上交承包地不能获得

[①] 这与目前一般估计的我国农业剩余劳动力数量的上限大体一致。

补偿。再从法理来看，承包地为集体产权，承包方转包承包地属于把别人的东西进行转让，就像租了别人的房子转租一样，很复杂。因此，农地承包制度的缺陷制约了农地的流转。近年来，虽然中央鼓励发展家庭农场、农民合作社、农业股份公司等有助于扩大农业经营规模的政策和措施，也促进了农地的流转，但总的来说收效并不理想。

(三)农业机械化水平低

农地经营规模的扩大需要机械化程度的相应提高。改革开放以来，特别是 2004 年我国开始实施《中华人民共和国农业机械促进法》并实行购机补贴制度以来，极大地推动了农业机械的研发与采用，目前我国能够生产 14 大类的 3000 多种农机产品，农业耕种收三大环节的机械化水平都超过了 50%[21]。据农村住户调查数据，1985 年以来，每百户拥有的农业机械数量有了很大的增加，如大中型拖拉机由 1985 年的 0.4 台增加到 2011 年的 4.0 台，小型和手扶拖拉机由 2.7 台增加到 19.9 台，机动脱粒机由 1.9 台增加到 10.4 台，农业机械化水平有了很大提高(表 8-17)。

表 8-17　1985 年以来主要年份每百户拥有的农机数量

年份	汽车/辆	大中型拖拉机/台	小型和手扶拖拉机/台	机动脱粒机/台	收割机/台	农用动力机械/台	胶轮大车/辆
1985 年	0.3	0.4	2.7	1.9	—	—	5.5
1990 年	0.3	0.5	5.3	3.6	—	—	7.9
1995 年	0.5	0.8	9.9	6.3	—	—	9.3
2000 年	1.3	1.4	16.7	9.6	1.2	11.6	13.3
2005 年	1.8	2.1	20.2	8.7	1.0	14.7	9.9
2010 年	2.4	3.4	19.4	10.6	1.3	15.9	8.4
2011 年	3.8	4.0	19.9	10.4	1.5	15.0	4.3

资料来源：《中国农村住户调查年鉴》(1985~2013)。

再从主要农业生产省份的机耕、机播和机收面积占总播种面积比例来看，河南、河北、江苏等省份较高，在 60%左右，而湖北、安徽、四川等省份则较低，福建则很低(表 8-18)。因此从农机设备品种、农机使用等方面来看，与发达国家相比，我国农业机械化水平普遍较低。目前我国农业机械化发展方面主要存在的问题，一是农机品种少，专用农机少，不能满足农业生产需要；二是由于农户经营规模小、收入低、文化程度低，因此买不起、不会用、使用率低和效益差；三是分布极不均衡，东部的耕地面积占全国 30%，但农机拥有量却超过了全国的 50%，而占全国耕地 25%的西部地区，农机拥有量占全国的比重还不到 15%[22]。这些问题都需要通过农机的自主研发，特别是提高农机密切结合农艺的研发，加强智能化农机研发，提高适用性和实用性，如不同农产品的农业机械、适合丘陵和山区农地作业的农机等；农机效率的提高还需要农地经营规模的扩大，以降低使用成本。因此，如果不大力提高农业生产机械作业率，农业人口和劳动力的大规模转移对农业是不利的，农户也很难经营好，目前存在的大面积抛荒现象，除与农业比较收益低外，经营手段落后也是一个重要原因。因此，没有农业机械化的发展，农业经营规模也很难扩大。

表 8-18　主要省份的机耕、机播和机收面积占总播面比重　　　　单位：%

省份	指标	2000 年	2010 年	2013 年
安徽	机耕	42.78	4.48	48.47
	机播	23.71	3.98	48.70
	机收	28.81	5.81	67.36
河北	机耕	56.21	60.99	61.81
	机播	50.43	71.97	75.11
	机收	29.79	39.33	53.49
河南	机耕	42.68	57.97	62.74
	机播	35.38	63.61	67.17
	机收	32.35	51.75	64.59
江苏	机耕	51.56	72.68	77.41
	机播	22.94	42.78	56.90
	机收	37.41	62.87	66.56
福建	机耕	14.34	40.01	43.32
	机播	0.07	1.13	4.17
	机收	0.66	4.17	14.94
四川	机耕	9.75	23.12	42.29
	机播	1.85	2.09	5.23
	机收	2.05	8.88	18.81
湖北	机耕	25.97	56.48	67.34
	机播	3.37	10.20	22.47
	机收	8.49	34.77	46.22

资料来源：各省份统计年鉴（2000～2013 年）。

二、扩大我国农业经营规模的策略

从根本上说，我国农业要实现一定程度的规模经营，促进农业的区域专业化发展和农民的职业化发展，就必须把大量的农村人口和劳动力永久地转移出农业，这也已经为发达国家或地区的农地规模扩大经验所证明。但我国的实践表明，单靠市场机制和农户的自发选择是难以做到的，而必须依靠政府政策的推动和制度的激励。这里仅讨论农业专业化发展和政策推动规模经营问题，关于农村人口和劳动力的永久转移问题已在第七章做了专门讨论。

(一)农业区域专业化对经营规模扩大的促进作用

农业区域(和农户)专业化发展就是减少农业生产的种类,根据农业生产的区域比较优势,扩大优势农产品的生产规模,因此农业区域(和农户)专业化的发展可以在一定程度上起到扩大经营规模的作用[23],这是一种专业化规模经济。以农户专业化为例,假定一个农户有 A 亩土地,可以生产的农产品种类有 n 种。当该农户实行非专业化生产时,且假定每种农产品的生产规模平均化,则每种农产品的生产规模为 A/n 亩,该农户在其他生产要素的分配上也将是非专业化的。这种非专业化生产方式不是完全根据比较优势而定的,因而存在着效率(包括劳动效率和土地效率)损失。当该农户实行专业化生产时,且假定该农户完全根据比较优势只生产一种农产品,则这种农产品的生产规模为 A 亩,其他生产要素的分配上也将是专业化的;各农户的专业化生产可以进一步产生农产品的相互需求,从而扩大农产品的销售规模,带来收入的增加。从前面的分析可知,这种专业化生产方式所带来的将是农产品产量的提高和收入的增长。这表明农业区域(农户)专业化生产可以相对地扩大农户的经营规模,从而相对地改善农户的生产条件。实践也表明了这一点。以粮食生产为例,随着生产粮食的专业化程度的提高,也可以相对地扩大农户的经营规模。农业部农村观察点的调查表明,纯非农户的耕地面积一般小于 3 亩,以非农为主的兼业农户的平均耕地面积按中位数测算为 3.2 亩,以农为主的兼业农户为 5.7 亩,纯农户为 7.9 亩[①]。

另一种扩大农户经营规模的方法是通过延伸农业产业链条,大力发展农业服务业、农产品加工业,促进农民分工发展和耕、种、管、收等生产项目的专业化发展,以扩大农户的外部经营规模,这种外部经营规模的扩大其实就是农业内转移和分工发展。

(二)政府政策对经营规模扩大的影响

从国内外的经验看,政府可以通过一系列的政策设计促进农地流转、改善农业基础生产条件等以有效地促进农业经营规模的扩大[24],这些政策具体有:

(1)差别补贴政策。20 世纪 60 年代和 90 年代,欧盟各国先后采用补贴与产量、耕地直接挂钩的做法,使一些小农户由于难以靠补贴为生而纷纷退出农业活动,从而促进了规模的扩大。补贴农户一直是我国政府支持农业发展的政策,如以前对交售定购粮食的农户给予价外补贴和奖售平价农用生产资料、粮食保护价和现在的直接补贴种粮户等,进入 21 世纪后还有农机购买补贴、良种补贴等,但其做法一般是按同一固定比例计算补贴额,如以每亩耕地或每公斤粮食等固定单位补贴额支付,按这种补贴方式,经营大户虽然从总量上看也得到了较多,但这种固定单位补贴方式没有体现政策收益上的规

---

① 农业部农村经济研究中心. 1990~1998 年农村研究报告[M]. 北京:中国财经经济出版社, 1999:491-485. 山西省的情况也证明了这一点。山西户均承包经营的耕地面积约为 9.10 亩,因农户类型不同,其承包经营的耕地规模也不同,纯农户承包的耕地规模较兼业户和非农户明显要高,按照中位数加权平均法估计,纯农户平均承包耕地 10.76 亩,农兼户 10.25 亩,兼农户 6.26 亩,非农户 3.27 亩。参见:张改清. 山西农户人力资本研究[D]. 太谷:山西农业大学, 2001.

模优势，对农户扩大经营规模没有有效的激励作用。法国的做法是对一定农地经营规模以上的农户给予补贴，而低于某一规模标准的就没有补贴，促使小农户从农业中转移出来，从而进一步扩大农业经营规模。因此，我国要促进规模经营，就应对不同规模的农户实行差别补贴，而且规模越大补贴越多。

(2)"赎买"政策。政府通过制定法律或设计政策，对愿意放弃土地的农户以财政资金给予专门的补贴。在 1963～1982 年，法国政府通过设立"调整农业结构社会行动基金"，给永久放弃经营农业的农民发放终生年金，促使几十万农民放弃了土地，由此集中的土地超过全部农地面积的 26%，有效地促进了农户经营规模的扩大。原联邦德国从 1969 年开始对出售和长期出租土地、放弃土地的农户发放特别的补助金，1975年有 3.65 万个农户领取了这种补助金，因此腾出的土地达 37 万公顷；到 1990 年，德国出租的农地占总农地面积的 50%以上，1989 年后，又鼓励老年农民提前退休，到1994 年有 1.8 万农民提前退休，退出土地 33.5 万公顷，同时通过投资补贴、贴息贷款等补贴方式，扶持核心农户，扩大经营规模[25]。目前我国有大量的农村劳动力已在城市获得了较稳定的就业，但他们仍然保留着农地，如果政府能够制订相应的政策，给予愿意永久放弃土地或长期出租土地的农户以一定的资金补助或发放终生年金，或给予城镇住房购买补贴，可能会激励更多的农户长期把承包地流转或放弃农地承包权，促进农地经营规模的有效扩大。

(3)金融支持政策。在国外，金融支持一般也是实行差别支持方式，对不同规模的农户给予不同的扶持力度。如联邦德国在 20 世纪 60 年代推出了农民金融支持计划，对那些"有生命力的农户"给予投资补贴和贴息贷款，对农户扩大规模后的发展创造了有利条件。农户收入低、买不起农机具是限制我国农户经营规模扩大的一个重要原因。2004年国家出台了对农户购买农业机械给予补贴的政策，即根据农户购买农业机械的金额多少予以补贴，这对我国农户经营规模的扩大起到了一定的推动作用，但如果这一政策能够结合经营规模，则将起到更大的作用。

(4)土地整理。即对农地进行连片整理。就是通过对零碎分散的农地进行整治，并通过相邻地块农户的相互交换、买卖、出租等方式使地块相对集中和便于耕作。这种方法在国外和我国台湾地区都取得过显著的成效。如在联邦德国，由于农户规模小而且分散，不利于机械化耕作和降低经营成本。根据 1954 年颁布的《土地整理法》，联邦德国县级以上政府部门都成立了土地整理局，组织农户进行农田基本建设，即土地整理工作。据统计，到 1975 年已完成了 500 多万公顷的土地整理，到 1996 年仍在进行这项工作，当年的土地整理面积为 303 万公顷。在我国台湾地区，自 20 世纪 50 年代末期开始试行农地重划以来，先后颁布了多项法规推行这项工作，如继 1962 年的《台湾省十年农地重划方案》后，1980 年又颁布《农地重划条例》加速推进，并以此作为第二次农地改革内容，到 1990 年，农地重划累计达 701 个区，面积 368679 公顷，占现有耕地面积的41.42%。为了鼓励农户交换土地以便连片集中经营，台湾当局还设立了土地连片集中专项基金，用于补偿交换中的损失方并对交易中所产生的各种手续费给予补贴。

台湾的实践表明，通过农地重划，不仅大部分地区的农地实现了平整和连片，而且也推动了农户基础上的共同经营、从而在促进生产专业化和社会化发展方面也起到了重要作用[26]。目前，我国的农地也普遍存在着细碎、分散等情况，不仅不利于农业机械化，而且由零碎而导致抛荒的现象也比较普遍，因此，很有必要通过土地整理使农地集中化。通过土地整理和农户间所承包的农地交换，不仅可扩大田块面积，而且还可以减少田埂等所占用的面积，直接增加可使用的农地面积，地块连片后，既有利于机械化耕作和基础设施建设，为规模经营创造条件，而且可以相对地扩大经营规模。

2003 年以来，成都市以城乡统筹发展方式，推进农村居民集中居住和土地整理，通过土地整理扩大农业的规模经营，这已被其他地方所借鉴[27]。但有些地方的土地整理是为了给城市的房地产开发寻找更多的土地开发指标，因此出现了各级政府之间的土地指标买卖以及中心城区与郊区（县）之间、中心城市与边远地区、一省内的两地之间甚至两个省份之间进行土地指标买卖，等等。这种土地指标买卖都是把最好、最肥的土地用于房地产开发，因此对农业生产不利，不过在客观上也对农业经营规模的扩大带来了积极的影响；土地整理对农业的可持续发展、提高农业综合生产能力、扩大农地经营规模和增加农民收入等都产生了重要的积极影响[28]。

参 考 文 献

[1]姚寿福. 农地规模经营、专业化与农业绩效[J]. 农村经济，2012(3)：28-31.

[2]顾大福. 对农业适度规模经营的再认识[J]. 江苏经济，2000(6)：15-16.

[3]G·J·斯蒂格勒. 产业组织和政府管制[M]. 潘振民译. 上海：上海人民出版社，1996：38.

[4]小艾尔弗雷德·钱得勒. 企业规模经济与范围经济[M]. 北京：中国社会科学出版社，1999：19.

[5]王立延. 中国经济发展的新兴古典经济学解释[J]. 西安：西安交通大学，2001.

[6]王德财. 网络经济下企业的标准化策略[D]. 上海：复旦大学，2001.

[7]母健. 分工、交易与企业规模的关系研究——甘肃的经验证据[D]. 兰州：西北师范大学，2006.

[8]蒋书桥. 美国农业专业化初探及启示[J]. 世界农业，2009(6)：37-40.

[9]杨黛. 论我国农地规模经营模式[J]. 南方经济，1998(3)：45-46.

[10]田伟，肖融，谢丹. 国外农场适度规模机理的经验研究[J]. 农业技术经济，2016(5)：122-128.

[11]陈锡文. 构建新型农业经营体系刻不容缓[J]. 中国合作经济，2014(1)：6-9.

[12]农业部. 1999 年中国农业发展报告[M]. 北京：农业出版社，1999.

[13]贾林蓉. 对农业适度规模经营的内涵理解和实现途径初探[J]. 安徽农业科学，2009，37(35)：17716-17717.

[14]农业部经管总站体系与信息处. 2014 年农村家庭承包耕地流转情况[J]. 农村经营管理，2015(6)：40.

[15]媒体曝 2013 年中国整个养鸡行业巨亏 1000 亿[EB/OL]. http：//money. 163. com/14/0217/12/9L9KRPNR002526O3. html[2016-05-26].

[16]人社部：2011 年新农保试点地区参保人数超 3.2 亿[EB/OL]. 人民网，http：//finance.people.com.cn/GB/70846/18078636. html[2016-05-26]

[17]国务院印发关于建立统一的城乡居民基本养老保险制度的意见[EB/OL]. 新华网.http：//news. xinhuanet. com/politics/2014-02/26/c_119519058. htm[2016-05-26].

[18]2014 年末全国参加基本养老保险人数为 84232 万人[EB/OL]. 中新网. http：//www. chinanews. com/gn/2015/05-28/7307228.
shtml[2016-05-27].

[19]统计局发布 2014 年全国农民工监测调查报告[EB/OL]. 中国政府网. http：//www.gov.cn/xinwen/2015/04/29/content_2854930.
htm[2016-05-27].

[20]雷蕾. 农民工养老保险参保率低的原因及对策分析[J]. 知识经济，2014(11)：71-72.

[21]李航. 我国农业机械化发展现状及其发展趋势[J]. 南方农机，2016(2)：62，70.

[22]孙德祥. 我国农机化发展存在的问题及原因分析[J]. 现代农业科技，2008(20)：342-342.

[23]夏华丽，杜红梅. 农业区域专业化发展的美国道路及对我国的启示[J]. 北方经济，2010(7)：66-69.

[24]穆月英. 关于农业补贴政策的作用和局限性的思考[J]. 理论探讨，2010(1)：87-91.

[25]李琼. 德国财政哺农政策与我国农业综合开发财政政策选择[J]. 江苏商论，2010(7)：69-70.

[26]洪民荣. 小农经营结构与台湾的农业发展[J]. 中国农村经济，1999(4)：70-75.

[27]汪永丰，田永中，赵克会，等. 新时期新形势下土地整理的新视野[J]. 云南师范大学学报(自然科学版)，2009，29(6)：
58-62.

[28]俞鹏程. 基于综合产能的耕地整治生产潜力研究[D]. 武汉：华中科技大学，2013.

第九章　科技进步与农业区域专业化发展

在现代农业发展中，农业科学研究及技术进步已成为具有决定性意义的生产要素之一。正是有了农业科研及技术进步，人类才摆脱了马尔萨斯的魔咒，实现社会发展、经济进步、人民幸福安康。发达国家农业现代化的历史经验已经表明，依靠科学与技术的不断进步是打破土地等自然资源限制、促进农业劳动生产率和土地生产率不断提高的唯一途径。在我国，农业研究及农业技术进步对农业发展的重要性也日益显现。改革开放以来，技术进步对我国农业经济增长的贡献率已由 20 世纪 80 年代初期的 27%，提高到了 2011 年的 53%左右[1]，2013 年已提高到了 55.2%。但与发达国家比较还存在很大差距，2011 年发达国家的技术进步对农业产出的贡献率在 70%~80%；在农业技术转化方面的差距则更大，"十一五"时期，我国农业技术转化率仅为 40%左右，而发达国家一般在 80%以上[2]。为了加快农业科技进步，2012 年的中央一号文件中，首次把"农业科技创新"作为主题[3]①，具有重要的历史意义；这体现了我国政府对未来农业发展的战略性思考：出路在科技，潜力在科技，希望在科技。

2015 年，农业科技领域发生了一件引人关注的大事件。有媒体称，袁隆平的超级稻"两优 0293"发生大面积减产、绝收，受灾面积超万亩，受害农民质疑种子生产企业"隆平高科"涉嫌虚假宣传、隐瞒品种缺陷[4]；而且 19 年来，超级水稻虽然试验亩产宣传很高（专家验收产量为每亩 1027.6 千克），但该种子自 2007 年推广以来，亩产一直很低，从全国来看，2013 年水稻平均亩产量仅为 447.8 千克[5]。由此引发的一个问题是，我国应该如何来有效地促进农业科技进步，以促进单产的提高？农产品品种的培育如何提高成效，以满足生产和需求？我们认为，袁隆平所遇到的问题，可能与地域有关，我国的农业科技进步应该与生产的地区专业化相结合。因此，如何加快农业技术进步，以促进我国农业和农业专业化发展，或者，在农业生产专业化基础上，促进农业技术进步的有效性，这是我国目前和未来面临的重大课题。美国的经验表明，农业科技进步对农业专业化发展具有重要的影响，而农业专业化更是促进农业技术进步的重要途径。正如中国农科院研究员赵芝俊所说，要加快现代农业建设步伐，通过区域化布局、专业化生产和规模化经营，提高资源配置效率，获得规模效益，最终提高技术进步贡献率[6]。本章主要研究科技进步与农业区域专业化的关系以及如何加快我国农业科技进步等问题。

---

① 2012 年中共中央一号文件为《关于加快推进农业科技创新持续增强农产品供给保障能力的若干意见》，文件指出要更加重视农业科技的作用，要更加突出农业科技创新的地位，下大力气加快体制机制改革，大幅度增加农业科技投入，推动农业科技创新，促进农业的进一步发展。

第一节　农业区域专业化与科技进步的关系

从美国等发达国家的经验来看，农业区域专业化与科技进步是一种相互促进的关系。首先需要弄清楚的是如何测定科技进步与农业区域专业化发展之间的关系。从生产的形式看，专业化生产是一种空间集聚型生产。目前学术界对产业集聚与技术创新关系的相关性、紧密性还存在较大争论，但一般认为，创新活动在一个市场结构介于完全竞争和完全垄断之间的企业中表现得最明显、最集中，因为过度竞争，企业就不能从技术创新中获得足够的回报，从而挫伤企业的技术创新积极性，而居于垄断地位的企业则可轻易获得垄断利润，从而产生自满、懈怠等不利于创新的文化，导致创新减少，完全垄断的企业甚至会阻碍创新。大多数研究表明，产业集中与技术创新具有一定的相关性[7]。对于农业生产来说，一般认为是一个充分竞争的市场，特别是对我国来说，农户经营规模很小，生产单位微型化，充分竞争的情况表现得更明显。当然，从国外发达国家或地区的情况看，农业科技大多具有公益性，因此农业技术研发一般不是农场或农户的行为，虽然也有公司行为，如美国的孟山都公司、我国的隆平高科等，但这些公司的研发费用很多都来自政府的财政资助，而且农业技术推广基本都由政府部门组织和实施。因此，对农业科研与技术开发来说，可以说与市场结构关系不大，而与科研和技术开发的组织形式、体制等有关。

一、美国农业专业化与机械化的经验分析

在农业生产领域，流行最广、广为人们接受的是诱致性技术创新理论，该理论认为，劳动力丰富而土地资源贫乏的国家应该采用生物和化学技术，以提高土地生产率；劳动力稀缺而土地相对丰富的国家应该采用机械技术，以提高劳动生产率[8-9]。这个理论虽然得到了经验的支持，如美国和东南亚国家等。但从美国农业发展历史看，农业机械化发展并不完全是劳动力短缺，而是降低生产成本的需要和区域专业化发展的结果，而且美国的农业科技进步是全方位的，并不是机械技术独步天下。农业生产的机械化能够大幅度提高劳动生产率，但同时，农业区域专业化发展与深化增加了对农业机械特别是专用机械的需求，刺激了农业专用机械的研发，因为农业区域专业化的发展使大规模采用农业机械成为可能，使农业机械的研发、制造等能够实现规模经济，使更多的农场能够以低成本采用农业机械，从而进一步刺激更多的农业通用、专用机械的研发与生产，美国的农业规模化经营、区域专业化与机械化之间是一种相互促进的关系。从农业生产的特点来看，农业科技进步应该是综合性的，不仅包括农业机械研发，还包括各类投入品的研发、农业耕种技术与经营管理技术的研发，以及农民素质的提高和知识的积累，唯有如此，才能提高农业生产效率，促进传统农业向现代农业转型。例如，在农业种子的研发、转基因技术等方面，美国一直处于世界领先地位。

目前关于产业集中与技术创新的关系的研究在工业特别是制造业领域得到了比较广泛的研究和验证。在农业生产中，农业区域专业化与农业科技进步之间是否存在某种关系呢？对此，列宁曾指出，专业化是农业进步的基本因素之一[10]。美国的经验也表明，农业科技进步与农业专业化是紧密相连的，两者相互影响、相互促进。一方面，农业区域专业化发展有利于农技推广和培训，并刺激农业及相关部门的技术进步，如促进农产品运输设备和农药、肥料等化学工业和农业服务业等的专业化发展，并获得专业化规模经济。而农业机械、化学与生物等技术进步以及农业服务业等的专业化发展又推动了农业区域专业化的进一步深化，如杂交种子、抗生素、动植物化学保护剂等方面的技术进步，使农业获得了高产、稳产，生产者的收入有了一定的保证后，也就放弃了多种经营。

以农业机械技术为例，正是农业区域专业化生产对农业生产专业化设备的需求，推动了美国农业机械技术的发展。在农业中广泛使用的机械一般都是专业化设备，如用于棉花、蔬菜、土豆、水果等播种、收获的机械都是专业化程度很高的。20世纪五六十年代是美国农场专业化和工艺专业化程度迅速提高时期，与此相适应，各种各样的小型、专业化的农业机械设备也获得了快速开发和应用，促进了农业机械化的大发展，棉花、水果的采摘，花生、马铃薯的收获和青储饲料的卸运以及干草的压碎等环节先后都实现了机械化[1]；到20世纪80年代，整个种植业的各个生产环节如耕地、耙地、播种、中耕、施肥、喷药、排灌、收获、烘干、储运、装卸等都基本实现了机械化。畜牧业各生产环节已实现了全盘机械化。

在苏联，虽然农业机械装备在1960年超过美国，但由于农业生产以多种经营为主、专业化程度不高，因此苏联的农业机械技术现代化就没有起到应有的作用，形成了有机构成高、活劳动减少、机械设备使用率低、闲置率名列世界前茅的怪现象[11]。由此可见，农业区域专业化发展是农业广泛采用机械生产的必要条件，而农业机械的广泛采用又推动农业区域专业化的进一步发展[12]。如果没有农业机械的广泛采用，农业劳动生产率就很难得到较快的提高，也很难有效转移劳动力。

在我国，农业机械化发展比较缓慢，这与农业技术研发有关，还与农业生产的非专业化发展、劳动力成本、土地制度等因素有关。我国农业经营规模很小，区域专业化发展水平较低，在劳动力成本较低时，对农业机械的需求也不足，从而对农业机械的研发与生产就少，应用也就比较少。

随着农业区域专业化生产水平的提高，对农业机械的需求也随之增加。以棉花生产为例，早在19世纪，国外就已使用机采棉机械，但我国到20世纪50年代才开始研制采棉机械，1954年新疆生产建设兵团从苏联引进了37台采棉机，并对引进机型开展适应性研究[13]，一直到目前，我国的机采棉面积所占比例仍然很少。新疆的棉花生产与农业机械之间的相互促进在用更为明显。1980年，新疆的棉花生产还没有进入前7个主产省份之列，到1990年就上升到第三大主产区，此后，新疆棉花产量占全国的比重不断上升，到2013年已达55.84%。随着棉花生产集中度的不断提高，一开始并没有及时地激发出刺激棉花收获机械的大规模开发与应用，而是从全国各地招聘采棉工，采棉成本随劳动力成本提高而增加，棉花生产成本也增加，直到1996年新疆生产建设兵团才开始引进、推广和研发采棉机。近年来，虽然劳动力成本增幅很大，应该广泛采用机械生产，才符合有关理论，但受到土地使用权、种植与管理技术、资金等各种因素的影响，新疆的采棉机械化推广困难重重。到 2015 年，新疆生产建设兵团系统也只拥有 1820 台采棉机，机采棉面积 433.33 公顷，仅占棉花播种面积的68.9%[142]。这个例子也说明了，区域专业化是引致农业机械需求的重要因素，而且并不是有需求就能够及时地刺激技术的供给。农业机械设备的研发需要技术研发部门针对不同地区、不同生产的需求，化肥、良种、种植与管理等技术的研发也一样。

二、我国农产品集中度与科技进步关系的实证分析

美国的经验表明，农业区域专业化与技术进步之间有密切的关系，但目前还没有一种公认的测定这种关系的方法。我们认为，农业科技进步的结果是生产效率的提升，具体体现为单位面积和单位劳动的农产品产量的增加。如果农业生产效率提高得快，表明技术进步速度也快；农业技术人员多，有助于农业科技进步，因此，可以用农技人员数量来反映农业技术进步。我们可以从农业区域专业化发展水平(即农产品生产集中度)与农业机械、化肥和农技人员数量之间是否存在明显的相关性来验证专业化与技术进步之间的关系。

(一)农产品集中度与机械、化肥投入和农技人员的截面分析

1. 相关分析

由于我国农业生产主要以种植业为主，无论在产值还是在农业科研方面都是如此，因此选择种植业作为研究样本，采用相关与回归分析方法，分析农产品生产集中度与农业机械等要素投入之间的关系，以判定农业区域专业化与技术进步之间的关系。

首先分析不同省份若干代表性年代的不同农产品生产集中度与农业机械、化肥、农技人员、单产之间的关系。表 9-1 中是不同省份若干代表性年份的粮食生产集中度与农业机械(以农业机械总动力表示)、化肥施用量(以折纯的化肥施用量表示)和农业技术人员数量之间的相关系数计算结果，从表 9-1 中可看出，不同省份若干代表性年代的粮食生产集中度与各因素之间具有较强的相关性，而且在不同的年代也具有较高的相关关系，这种相关关系随时间的推移而增强(表 9-1)。与化肥施用量的相关系数 1980 年为0.391，到 2000 年提高到 0.591，2010 年为 0.707，2013 年为 0.617；与机械动力的相关系数 1980 年为 0.596，2000 年提高到 0.710，到 2013 年为 0.660；但与农业技术人员的相关系数 1980 年和 1990 年分别为 0.567 和 0.652，2010 年略有下降，2013 年为 0.564。计算结果还显示，粮食生产集中度与机械动力投入的相关关系要高于与化肥、农业技术人员之间的相关性。

表 9-1 1980～2013 年我国部分省(自治区、直辖市)粮食生产集中度与农机等关系

1980 年						1990 年					
省(自治区、直辖市)	集中度/%	农业机械/万千瓦	化肥/万吨	农技人员/万人	粮食单产/(千克/公顷)	省(自治区、直辖市)	集中度/%	农业机械/万千瓦	化肥/万吨	农技人员/万人	粮食单产/(千克/公顷)
四川	8.11	500.5	80.4	2.27	3259	山东	7.52	3221	245.5	3.48	4116
江苏	7.54	1113.1	118.2	1.12	3698	河南	7.4	2264	213.18	2.64	3546
山东	7.44	1371.8	135.4	2.01	2813	四川	7.33	956	143.9	4.28	4342
河南	6.7	1178	72.52	1.54	2425	江苏	7.24	2004.8	221.8	2.36	5078
湖南	6.63	588.99	361.04	1.67	3897	湖南	5.94	1209.17	126.09	2.44	4941
广东	5.64	59.6	333.54	1.88	3399	湖北	5.55	1099.6	148.6	2.34	4760
湖北	4.79	772.5	55.9	1.56	2871	安徽	5.51	1307.3	144.5	2.01	3934
河北	4.75	1253.84	74.74	1.65	2034	黑龙江	5.18	1173.4	76.6	3.31	3117
黑龙江	4.56	709.3	34.6	2.16	1999	河北	5.1	2822.25	145.21	2.53	3335
安徽	4.54	664.3	54.9	1.08	2413	广东	4.25	127.88	541.4	2.22	4747
浙江	4.48	534.7	62.3	0.78	4200	江西	3.72	667.7	83.6	1.41	4483
江西	3.87	328.8	37.7	0.8	3285	浙江	3.55	1215.7	94.8	1.65	4856
辽宁	3.81	568.8	61.8	1.3	3792	辽宁	3.35	1012	81.4	2.23	4788
广西	3.71	390.3	39.7	1.46	3009	广西	3.05	784.2	86.2	2.31	3745
云南	2.7	295	114.31	1.27	2409	重庆	2.44	300	48.1	0.54	4927
重庆	2.63	155	29.2	—	2741	陕西	2.4	712	311.3	1.75	2590
陕西	2.36	471.4	123.3	0.98	1756	云南	2.37	648.8	55.55	2.57	2919
贵州	2.02	132.27	20.8	1.11	2679	贵州	1.62	286.2	38.7	1.94	2835
相关系数		0.596	0.391	0.567	0.356	相关系数		0.703	0.277	0.652	0.422

2000 年						2010 年					
省(自治区、直辖市)	集中度/%	农业机械/万千瓦	化肥/万吨	农技人员/万人	粮食单产/(千克/公顷)	省(自治区、直辖市)	集中度/%	农业机械/万千瓦	化肥/万吨	农技人员/万人	粮食单产/(千克/公顷)
河南	8.87	5480.6	420.71	2.67	4542	河南	9.95	10195.89	655.15	2.12	5582
山东	8.3	7025.2	423.2	5.07	5212	黑龙江	9.17	3736.29	214.89	3.62	6120
四川	7.3	1679.7	212.6	4.25	4919	山东	7.93	11628.97	475.32	5.39	5034
江苏	6.72	2925.3	335.5	4.04	5857	江苏	5.92	3937.34	341.11	2.71	6124
湖南	5.99	2209.74	182.15	2.47	5503	四川	5.9	3155.13	248	4.48	5921
河北	5.52	7000.39	270.62	2.4	3687	安徽	5.64	5409.78	319.77	1.98	4737
黑龙江	5.51	1613.8	121.6	3.11	3242	河北	5.45	10151.3	322.86	2.71	4376
安徽	5.35	2975.9	253.2	2.28	3998	湖南	5.21	4651.54	236.57	2.76	4656
湖北	4.8	1414	247.1	3	5338	吉林	5.2	2145	182.8	2.68	5692
广东	3.81	176.39	611.12	1.51	5316	湖北	4.24	3371	350.77	1.69	5199
江西	3.49	902.3	106.9	1.95	4860	内蒙古	3.95	3033.58	177.24	2.78	5371
广西	3.31	1467.9	157.8	2.36	4181	江西	3.58	3805	137.62	2.04	4614

	2000 年					2010 年				
省 (自治区、 直辖市)	集中度 /%	农业 机械 /万千瓦	化肥/万 吨	农技 人员 /万人	粮食 单产/(千克 /公顷)	省 (自治区、 直辖市)	集中度 /%	农业 机械 /万千瓦	化肥/万 吨	农技 人员 /万人	粮食 单产/(千 克/公顷)
云南	3.18	1301.1	112.09	3.67	3463	辽宁	3.23	2248.66	140.08	2.53	3582
浙江	2.63	1990.1	89.7	1.92	5294	云南	2.8	2411.05	184.58	3.96	6041
贵州	2.51	618.63	71.29	2.58	3685	广西	2.58	2767.67	237.16	2.12	3659
辽宁	2.47	1339.8	109.4	2.72	3988	广东	2.41	2345.28	237.29	1.34	5553
重庆	2.45	586.5	72	1.21	3991	新疆	2.14	1643.67	167.56	2.84	5152
陕西	2.36	1046.8	131.2	1.9	2850	陕西	2.13	2000	196.79	3	3687
相关系数		0.710	0.591	0.635	0.414	相关系数		0.686	0.707	0.328	0.439

	2013 年				
省(自治区、直 辖市)	集中度/%	农业 机械/万千瓦	化肥/万吨	农技 人员/万人	粮食 单产/(千克/公顷)
黑龙江	9.97	4849.28	244.96	4.08	5191.9
河南	9.49	11149.96	696.37	3.35	5667.3
山东	7.52	12739.83	472.66	5.21	6207.6
吉林	5.9	2730.04	216.79	3.02	7413.6
江苏	5.69	4405.62	326.83	2.58	6385.3
河北	5.59	10762.72	331.04	2.81	5327.8
四川	5.63	3953.09	251.14	4.47	5235.2
安徽	5.45	6140.28	338.4	2.32	4950.1
湖南	4.86	5433.99	248.19	2.75	5926.7
内蒙古	4.61	3430.57	202.42	2.84	4936.5
湖北	4.16	4081.05	351.93	2.65	5873.8
辽宁	3.65	2631.98	151.76	2.54	6805.1
江西	3.52	2014.13	141.58	1.93	5733.4
云南	3.03	3070.33	219.02	4.02	4053.2
广西	2.53	3383	255.7	1.95	4947.3
新疆	2.29	2165.9	203.2	3.06	6161.6
广东	2.19	2564.9	243.9	1.25	5247.6
陕西	2.02	2452.7	241.7	2.68	3915.5
相关系数		0.660	0.617	0.564	0.244

　　从农产品的生产来看，农业科技水平高，则农产品的单产也应该比较高。从粮食、棉花等的生产集中度与单产的关系来看，如果它们之间的相关系数较高，表明这些产品的生产集中度与科技进步之间存在较强相关性。从表 9-1 可以看出，粮食生产集中度与粮食单产之间呈现较高的相关性，且 1980～2010 年的相关系数呈现不断提高的趋势。从小麦生产集中度与单产之间的相关分析结果看，1980～2013 年，小麦生产集中度位居前

10 位的省份与其单产之间的相关系数由 1980 年的 0.428 上升到 2013 年的 0.798，前 10 个省份的小麦生产集中度之和由 1980 年的 81.29%上升到 2013 年的 92.94%（表 9-2）。这表明，集中度的提高可能有助于小麦单产的提高，也意味着小麦生产向优势地区集聚的趋势越来越明显。

表 9-2　1980 年以来主要年份的小麦生产集中度与单产的相关关系分析

| | 1980 年 | | | 1985 年 | | | 1990 年 | | | 1995 年 | |
	集中度%	单产/(千克/公顷)		集中度%	单产/(千克/公顷)		集中度%	单产/(千克/公顷)		集中度%	单产/(千克/公顷)
河南	16.13	2267.7	河南	17.81	3345.6	河南	16.69	3428.8	山东	20.16	5137.8
山东	13.88	2088.1	山东	17.44	3785.6	山东	16.41	3887.2	河南	17.16	3643.9
江苏	10.22	3640	江苏	9.67	3821.4	河北	9.44	3698.5	河北	10.37	4240.1
四川	7.43	2404.2	河北	8.67	3164.7	江苏	9.4	3850	江苏	8.73	4150.8
黑龙江	7.15	1873.9	安徽	7.06	3099.2	安徽	6.09	2882.9	安徽	6.84	3508.4
河北	6.96	1391.2	四川	5.91	3128	四川	5.81	3085.3	四川	6.68	3134.2
安徽	6.17	1777	陕西	4.93	2499.6	黑龙江	4.83	2665.8	陕西	4.02	2564.6
湖北	4.83	2062.3	黑龙江	4.39	1848.9	陕西	4.72	2742.3	新疆	3.85	4135.1
陕西	4.17	1446.2	湖北	4.03	2594.3	新疆	3.99	3318.3	湖北	3.56	3081.6
甘肃	4.35	1734.6	甘肃	3.67	2117.8	湖北	3.98	2892.5	黑龙江	2.65	2427.7
	81.29	0.428		83.58	0.741		81.36	0.707		84.02	0.716

| | 2000 年 | | | 2005 年 | | | 2010 年 | | | 2013 年 | |
	集中度%	单产/(千克/公顷)		集中度%	单产/(千克/公顷)		集中度%	单产/(千克/公顷)		集中度%	单产/(千克/公顷)
河南	22.44	4542.5	河南	26.45	5194.2	河南	26.8	5837.5	河南	26.46	6012
山东	18.67	4962.5	山东	18.48	5491.6	山东	17.9	5779.5	山东	18.2	6040.4
河北	12.12	4509.3	河北	11.8	4839.1	河北	10.7	5084.5	河北	11.38	5834.2
江苏	7.99	4074.5	安徽	8.29	3832.9	安徽	10.5	5100.8	安徽	10.92	5475.1
安徽	7.10	3325.3	江苏	7.48	4325	江苏	8.75	4816.4	江苏	9.03	5129.7
四川	5.34	3315.4	四川	4.39	3385.8	新疆	5.41	5566.8	新疆	4.94	5371
陕西	4.20	2723.1	陕西	4.12	3311.5	四川	3.71	3379.2	四川	3.46	3464.6
新疆	4.01	4762.6	新疆	4.07	5374.5	陕西	3.51	3514.7	湖北	3.42	3807.1
甘肃	2.67	2232	甘肃	2.72	2646.2	湖北	2.98	3430.3	陕西	3.2	3560.5
湖北	2.35	2765.2	湖北	2.14	2916.1	甘肃	2.18	2852.3	甘肃	1.93	2906.3
	86.89	0.705		89.94	0.696		92.44	0.74		92.94	0.798

从表 9-3 可以看出，位居前 7 个省份的棉花生产集中度由 1980 年的 78.62%提高到 1990 年的 92.19%，此后大致维持在 90%左右，棉花生产集中度与单产的相关程度，1980 年为 0.991，1990 年为负相关，但 2000 年、2010 年和 2013 年均在 0.90 附近。1990 年的负相关现象的产生于两个因素有关：一是山东的播种面积增加了很多，1980

年山东播种面积为 736.9 万公顷，而 1990 年增加到 1409.2 万公顷，增加了 91.23%，但 1990 年单产比 1980 年减少 38 千克/公顷，因此山东集中度的提高是播种面积贡献的；二是与新疆的棉花生产异军突起有关，1980 年新疆的棉花产量占全国比重为 2.93%，单产 435 千克/公顷，但 1990 年新疆的棉花集中度提高到了 14.72%，单产也提高到 1080 千克/公顷。由此也可以看出，棉花集中度的提高与单产的提高有显著关系。

表 9-3　1980 年以来主要年份的棉花生产集中度与单产的相关关系分析

	指标	山东	江苏	河南	湖北	河北	安徽	陕西	集中度合计	相关系数
1980 年	集中度/%	19.84	15.45	15.01	11.69	9.13	4.51	2.99	78.62	
	单产/(千克/公)	728	660	645	533	450	375	338		0.991
	指标	山东	河南	新疆	河北	湖北	江苏	安徽	集中度合计	相关系数
1990 年	集中度/%	22.79	15	14.72	12.66	11.48	10.3	5.24	92.19	
	单产/(千克/公)	690	825	1080	630	1140	810	810		−0.19
	指标	新疆	河南	山东	江苏	湖北	河北	安徽	集中度合计	相关系数
2000 年	集中度/%	33.96	15.93	13.35	7.12	6.89	6.79	6.45	90.49	
	单产/(千克/公)	1438	903	1037	1065	957	976	889		0.859
	指标	新疆	山东	河北	湖北	河南	安徽	江苏	集中度合计	相关系数
2010 年	集中度/%	41.59	12.15	9.56	7.92	7.5	5.3	4.38	88.4	
	单产/(千克/公)	1791.1	944	973.9	957	982.8	917.7	1106.7		0.943
	指标	新疆	山东	湖北	河北	安徽	江苏	河南	集中度合计	相关系数
2013 年	集中度/%	55.84	9.86	7.3	7.25	3.99	3.32	3.01	90.57	
	单产/(千克/公)	2047.2	922.9	1106.1	945.9	880.7	1348.5	1016.3		0.897

2. 回归分析

对不同省份若干年份的粮食生产集中度与农机总动力等要素进行回归分析,可以测定各因素在不同时期对粮食生产集中度的影响。从表 9-4 的计算结果可以看出,在 1980 年,农机总动力对粮食集中度的影响显著,农机动力增加 1 万千瓦,则粮食集中度平均提高 0.0025 个百分点,其他因素均不显著性;1990 年,农机总动力和农技人员数量对粮食集中度的影响均显著,农机动力增加 1 万千瓦,则粮食集中度平均提高 0.0012 个百分点,农技人员数量增加 1 万人,粮食集中度平均提高 1.1653 个百分点,其他因素均不显著性;2000 年时各因素的影响均显著,农机总动力增加 1 万千瓦,则粮食集中度平均提高 0.0004 个百分点,化肥施用量增加 1 万吨,粮食生产集中度平均提高 0.0049 个百分点,农技人员数量增加 1 万人,粮食生产集中度平均提高 0.8304 个百分点;到 2010 年和 2013 年,各因素对粮食生产集中度的影响均不显著。随着时间的推移,各因素的影响程度逐步减小且显著性由增强到减弱。

表 9-4　我国不同年份各相关指标对粮食生产集中度的影响分析

粮食集中度	1980 年	1990 年	2000 年	2010 年	2013 年
截距项	0.652 (0.582)	−0.113 (−0.096)	0.443 (0.488)	0.0430 (0.028)	−0.077 (−0.477)
农机动力	0.0025 (2.800)	0.0012 (3.026)	0.0004 (2.316)	0.0001 (0.586)	0.0002 (0.718)
化肥	0.0063 (1.778)	0.0034 (1.351)	0.005 (2.249)	0.0098 (1.822)	0.0056 (0.991)
农技人员	1.396 (1.803)	1.165 (2.501)	0.830 (2.530)	0.561 (1.301)	0.856 (1.735)
	$R^2=0.6033$ $F=6.59$	$R^2=0.6674$ $F=8.70$	$R^2=0.7295$ $F=12.59$	$R^2=0.5889$ $F=6.69$	$R^2=0.5504$ $F=5.71$

注:括号内为 t 统计量,用 Eviews 5.0 软件采用异方差稳健标准误差方法估计。

从不同年份粮食单产对集中度的回归结果看,只有 2000 年和 2010 年的粮食单产对集中度的影响均显著(显著性水平为 0.05),影响大小排序为 2010 年、2000 年,影响程度为粮食单产每公顷提高 1 千克,平均来看,集中度的提高程度分别为:2000 年 0.00099 个百分点、2010 年 0.0012 个百分点(表 9-5)。从不同年份粮食集中度对单产的回归结果看,只有 2000 年和 2010 年的粮食集中度对单产的影响均显著(显著性水平为 0.05)。影响程度为粮食生产集中度提高 1%,平均来看,单产的提高程度分别为:2000 年 172.77 千克、2010 年 157.46 千克(表 9-6)。

表 9-5　不同年份单产对粮食生产集中度的影响分析

被解释变量	粮食集中度	1980 年	1990 年	2000 年	2010 年	2013 年
	截距项	2.014 (1.306)	1.628 (0.775)	0.2905 (0.157)	−1.344 (−0.594)	1.318 (0.520)
解释变量	单产	0.00095 (1.820)	0.00074 (1.457)	0.00099 (2.328)	0.0012 (2.425)	0.00064 (1.479)
		$R^2=0.1265$ $F=2.32$	$R^2=1.1005$ $F=1.787$	$R^2=0.1715$ $F=3.312$	$R^2=0.1929$ $F=3.825$	$R^2=0.5945$ $F=1.011$

注：括号内为 t 统计量，用 Eviews 5.0 软件采用异方差稳健标准误方法估计。

表 9-6　不同年份粮食生产集中度对单产的影响分析

单产	1980 年	1990 年	2000 年	2010 年	2013 年
截距项	2288.01 (6.38)	3430.74 (6.101)	3628.58 (8.359)	4296.29 (9.194)	5102.53 (10.136)
粮食集中度	133.23 (2.066)	135.37 (1.340)	172.77 (2.182)	157.46 (2.204)	92.33 (1.078)
	$R^2=0.1265$ $F=2.32$	$R^2=1.1005$ $F=1.787$	$R^2=0.1715$ $F=3.312$	$R^2=0.1929$ $F=3.825$	$R^2=0.5945$ $F=1.011$

注：括号内为 t 统计量，用 Eviews 5.0 软件采用异方差稳健标准误方法估计。

　　不同年份小麦生产集中度对单产的回归结果看，除 1980 年之外，小麦生产集中度对单产的影响均显著（显著性水平为 0.05），影响大小排序为 2010 年、1985 年、2013 年、2000 年和 1990 年，影响程度为小麦生产集中度提高 1%，平均来看，单产的提高程度分别为：1985 年 93.23 千克/公顷、1990 年 66.86 千克/公顷、1995 年 100.395 千克/公顷、2000 年 98.713 千克/公顷、2010 年 112.022 千克/公顷、2013 年 120.83 千克/公顷（见表 9-7）。

表 9-7　不同年份小麦生产集中度对单产的影响分析

单产	1980 年	1985 年	1990 年	1995 年	2000 年	2010 年	2013 年
截距项	1519.65 (6.05)	2161.30 (7.956)	2701.16 (13.892)	2758.899 (7.515)	2863.515 (6.528)	3500.62 (8.430)	3637.08 (8.76)
小麦 集中度	67.52 (1.831)	93.23 (3.56)	66.86 (3.07)	100.395 (2.730)	98.713 (3.096)	112.022 (3.633)	120.83 (3.476)
	$R^2=0.1834$ $F=1.797$	$R^2=0.5494$ $F=9.75$	$R^2=0.500$ $F=7.996$	$R^2=0.513$ $F=8.417$	$R^2=0.4969$ $F=7.901$	$R^2=0.6082$ $F=12.418$	$R^2=0.6365$ $F=14.01$

注：括号内为 t 统计量，用 Eviews 5.0 软件采用异方差稳健标准误方法估计。

　　从不同年份小麦单产对集中度的回归结果看，各年的小麦单产对集中度的影响均显著（显著性水平为 0.05），影响大小排序为 2013 年、1995 年、1990 年、1985 年、2010 年、2000 年和 1980 年，影响程度为小麦单产每公顷提高 1 千克，平均来看，集中度的提高程度分别为：1980 年 0.0027 个百分点、1985 年 0.0059 个百分点、1990 年 0.0075 个百分点、2000 年 0.0050 个百分点、2010 年 0.0054 个百分点、2013 年 0.0053 个百分点（表 9-8）。

从不同年份棉花生产集中度对单产的回归结果看，除 1990 年之外，棉花集中度对单产的影响均显著（显著性水平为 0.05），影响大小排序为 1980 年、2010 年、2013 年和 2000 年，影响程度为棉花生产集中度提高 1%，平均来看，单产的提高程度分别为：1980 年 24.48 千克、2000 年 16.105 千克、2010 年 22.611 千克、2013 年 19.414 千克（表 9-9）。从不同年份棉花单产对集中度的回归结果看，除 1990 年之外，棉花单产对集中度的影响均显著（显著性水平为 0.05），影响大小排序为 1980 年、2010 年、2013 年和 2000 年，影响程度为棉花单产每公顷提高 1 千克，平均来看，集中度的提高程度分别为：1980 年 0.0401 个百分点、2000 年 0.0458 个百分点、2010 年 0.0394 个百分点、2013 年 0.0415 个百分点（表 9-10）。

表 9-8　不同年份小麦单产对生产集中度的影响分析

小麦集中度	1980 年	1985 年	1990 年	1995 年	2000 年	2010 年	2013 年
截距项	2.511 (0.986)	−8.970 (−1.929)	−16.125 (−2.691)	−9.995 (−2.427)	−10.042 (−1.849)	−15.383 (−2.475)	−15.78 (−3.03)
单产	0.0027 (2.153)	0.0059 (3.269)	0.0075 (3.598)	0.0051 (3.842)	0.0050 (2.710)	0.0054 (3.199)	0.0053 (3.873)
	R^2=0.1834 F=1.797	R^2=0.5494 F=9.75	R^2=0.500 F=7.996	R^2=0.513 F=8.417	R^2=0.4969 F=7.901	R^2=0.6082 F=12.418	R^2=0.6365 F=14.01

注：括号内为 t 统计量，用 Eviews 5.0 软件采用异方差稳健标准误方法估计。

表 9-9　我国不同年份棉花生产集中度对单产的影响分析

单产	1980 年	1990 年	2000 年	2010 年	2013 年
截距项	257.78 (13.999)	944.64 (4.336)	829.66 (12.132)	810.63 (12.521)	929.891 (9.255)
棉花集中度	24.48 (16.717)	−6.806 (−0.440)	16.105 (3.746)	22.611 (9.669)	19.414 (8.990)
	R^2=0.9924 F=279.45	R^2=0.0372 F=0.19	R^2=0.7373 F=14.03	R^2=0.8899 F=40.403	R^2=0.8051 F=20.65

注：括号内为 t 统计量，用 Eviews 5.0 软件采用异方差稳健标准误方法估计。

表 9-10　我国不同年份棉花单产对生产集中度的影响分析

棉花集中度	1980 年	1990 年	2000 年	2010 年	2013 年
截距项	−10.148 (−7.675)	17.848 (1.879)	−34.585 (−2.689)	−30.512 (−7.855)	−36.037 (−4.105)
单产	0.0401 (16.717)	−0.0055 (−0.596)	0.0458 (3.746)	0.0394 (13.658)	0.0415 (5.046)
	R^2=0.9824 F=279.45	R^2=0.0372 F=0.19	R^2=0.7373 F=14.03	R^2=0.8899 F=40.403	R^2=0.8051 F=20.65

注：括号内为 t 统计量，用 Eviews 5.0 软件采用异方差稳健标准误方法估计。

（二）农产品集中度与农机和化肥等投入及单产的时间序列分析

那么农产品生产集中度与农业机械和化肥投入、农技人员及单产在时间序列上是否有显著相关关系呢？我们以山东省、河南省、新疆维吾尔自治区为例采用相关与回归分析方法对此进行验证。计算的数据均来自山东省、河南省和新疆维吾尔自治区的历年统计年鉴。验证的回归方程基本形式为：$y = a + b \times x + u$，其中 y 为山东省、河南省粮食产量占全国的比重或新疆维吾尔自治区棉花产量占全国比重，x 为农机总动力、化肥施用量、农村用电量、农技人员和单产，a、b 为回归系数，u 为扰动项。

1. 山东省

山东是我国重要的粮食主产区之一，1949 年以来，山东粮食产量占全国的比重大致维持在 8%左右（图 9-1）。山东省的粮食生产集中度与农机总动力等因素之间的相关系数在 0.46～0.70（表 9-11），相关程度一般，其中与化肥的相关程度最大，与农村用电量的相关程度最低，农技人员数量与粮食生产集中度相关性很小，只有 0.1022。通过回归分析，可得山东省的各影响因素对粮食生产集中度的影响大小和影响程度（表 9-12），但与农技人员之间的回归结果检验不显著（显著性水平位 0.05）。由表 9-12 的回归结果可知，山东的农机总动力、化肥、农村用电量对粮食生产集中度的影响均显著，但从影响大小和影响程度来看，均以化肥最大，化肥增加 1 万吨，粮食生产集中度平均提高 0.0038 个百分点。

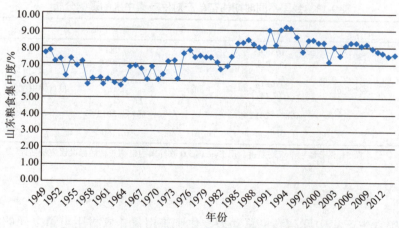

图 9-1　1949～2014 年山东粮食生产集中度变化情况

表 9-11　山东省粮食生产集中度与相关指标的相关关系

	粮食集中度	化肥	农机动力	农村用电量
粮食集中度	1			
化肥	0.6945	1		
农机动力	0.5102	0.9170	1	
农村用电量	0.4561	0.8933	0.9896	1

注：由于加入农技人员后的相关系数计算会引起其他指标的相关系数值降低，因此只列出 4 个指标的相关系数。

表 9-12　山东省粮食生产集中度与相关指标的回归分析结果

	粮食集中度			
常数项	6.555 (32.495)	7.061 (33.796)	7.179 (27.905)	7.817 (9.78)
化肥	0.0038 (5.397)			
农机动力		0.00011 (3.276)		
农村用电量			0.0027 (2.792)	
农技人员				0.000006 (0.336)
计算时间段	1952~2014 年	1949~2014 年	1959~2013 年	1981~2013 年
R^2	0.497	0.257	0.208	0.011

注：括号内为 t 统计量，在 5%显著性水平下均显著(农技人员对粮食集中度不显著)。用 Eviews 5.0 软件采用自相关稳健标准误方法估计。

　　山东省的粮食生产集中度与单产之间的相关系数为 0.4183，相关性较小；农技人员数量与单产之间的相关系数为 0.8885，表明两者之间高度相关。经过回归分析可知，1981~2013 年间，东省农技人员每增加 1 人，粮食单产将平均提高 0.0818 千克/公顷。1975~2013 年间粮食生产集中度提高 1%，粮食单产将平均增加 904.80 千克/公顷；粮食单产增加 1 千克/公顷，粮食生产集中度平均提高 0.00019 个百分点。

表 9-13　我国不同时期棉花单产对生产集中度的影响分析

	单产		粮食集中度		单产
	1630.45 (4.01)		7.087 (17.03)		−2632.20 (−0.811)
农技人员	0.0818 (7.44)	单产	0.00019 (2.12)	粮食集中度	904.80 (2.354)
样本区间	1981~2013 年		1975~2013 年		1975~2013 年
R^2	0.7894		0.1750		0.1750

注：括号内为 t 统计量，在 5%显著性水平下均显著。用 Eviews 5.0 软件采用自相关稳健标准误方法估计。

2. 河南省

　　河南的粮食生产集中度与农机总动力、化肥施用量、农村用电量之间的相关程度都很高，相关系数在 0.92~0.94，而农技人员与其他指标的相关程度中等(表 9-14)。河南的农机总动力等因素与粮食生产集中度的回归分析结果表明，在 5%的显著性水平下，河南的农机总动力、化肥、农村用电量对粮食区域专业化发展的影响均显著；从影响程度看，以化肥为最显著，从影响大小看，以农村用电量为最大；化肥增加 1 万吨，粮食生产集中度平均提高 0.0053 个百分点，农村用电量增加 1 亿千瓦·时，粮食生产集中度平均提高 0.0127 个百分点；而农业技术人员对粮食生产集中度的影响不显著，两者之间存在负相关关系(表 9-15)。

表 9-14 河南省粮食生产集中度与相关指标的相关关系

	粮食集中度	化肥	农机动力	农村用电量	农技人员	单产
粮食集中度	1.000					
化肥	0.919	1.000				
农机动力	0.928	0.986	1.000			
农村用电量	0.900	0.980	0.990	1.000		
农技人员	0.595	0.624	0.618	0.603	1.000	
单产	0.946	0.974	0.952	0.948	0.608	1.000

表 9-15 河南省粮食生产集中度与相关指标的回归结果

	粮食集中度			
常数项	6.399(47.243)	6.564(72.537)	6.694(70.333)	3.745(3.206)
化肥	0.0053(11.254)			
农机动力		0.00033(9.800)		
农村用电量			0.0127(8.066)	
农技人员				0.00019(3.977)
计算时间段	1970~2014 年	1970~2014 年	1970~2013 年	1981~2013 年
R^2	0.862	0.880	0.849	0.354

注：括号内为 t 统计量，在 5%显著性水平下均显著。用 Eviews 5.0 软件采用自相关稳健标准误方法估计。

河南省粮食生产专业化与单产之间高度相关，相关系数为 0.946；农技人员数量与单产之间的相关关系一般，相关系数为 0.608；回归分析表明，河南省农技人员每增加 1 人，粮食单产将平均提高 0.1567 千克/公顷，粮食单产每增加 1 千克/公顷，粮食集中度平均将提高 0.0011 个百分点；粮食生产集中度提高 1%，粮食单产将平均增加 822.81 千克/公顷(表 9-16)。

表 9-16 河南省粮食单产、农技人员与生产集中度的回归分析

		单产		粮食集中度		单产
截距项		406.57 (0.372)		3.724 (10.33)		−2639.21 (−4.505)
解释变量	农技人员	0.1567 (3.596)	单产	0.0011 (11.81)	粮食集中度	822.81 (12.103)
计算时间段		1981~2013 年		1978~2013 年		1978~2013 年
R^2		0.3694		0.8952		0.8952

注：括号内为 t 统计量，在 5%显著性水平下均显著。用 Eviews 5.0 软件采用自相关稳健标准误方法估计。

3. 新疆维吾尔自治区

新疆维吾尔自治区在农产品生产方面，小麦、玉米等粮食生产在全国所占比重一直

不高,如 1978 年到 2013 年,粮食生产集中度由 1.21%提高到 2.26%,小麦的生产集中度由 3.34%提高到 5.10%,但由于气候、土壤等条件适合棉花生产,新疆的棉花不仅质量高,而且产量一直呈现上升趋势,由 2.54%提高到 55.85%(图 9-2)。这里只分析新疆棉花集中度与技术进步关系。

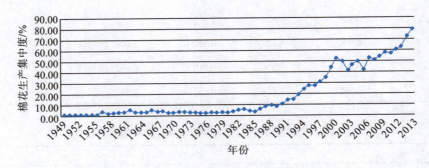

图 9-2　1978~2013 年新疆棉花生产集中度变化趋势

从表 9-17 可以看出,新疆的棉花集中度与化肥、农机动力、农村用电量和单产之间均有很强的相关关系,但与农技人员的关系较弱,而农技人员与单产等之间的相关关系显得比较弱。由此可以推断,在新疆的棉花生产过程中,农业技术所发挥的作用较小。

表 9-17　新疆棉花单产、农技人员等与生产集中度的相关关系分析

	棉花集中度	化肥	农机动力	用电量	农技人员	单产
棉花集中度	1.000					
化肥	0.947	1.000				
农机动力	0.968	0.987	1.000			
用电量	0.957	0.997	0.994	1.000		
农技人员	0.352	0.227	0.197	0.226	1.000	
单产	0.907	0.878	0.892	0.884	0.195	1.000

通过化肥、农机动力、农村用电量和农技人员对新疆的棉花集中度的回归分析可以看出,除农技人员外,各因素对新疆棉花集中度的影响均显著。影响最显著的是化肥,其次为农机动力。化肥增加 1 万吨,棉花生产集中度平均提高 0.269 个百分点,农机动力增加 1 万千瓦,棉花生产集中度平均提高 0.029 个百分点,农村用电量增加 1 亿千瓦·时,棉花生产集中度平均提高 0.649 个百分点(表 9-18)。单产对棉花集中度以及农技人员、棉花集中度对单产的影响均显著,农技人员增加 1 人,棉花单产平均将提高 0.039 千克,棉花集中度提高 1%,棉花单产平均将提高 29.755 千克,棉花单产增加 1 千克,棉花集中度平均将提高 0.031 个百分点(表 9-19)。

表 9-18　新疆棉花生产集中度与相关指标的回归结果

	棉花集中度			
常数项	1.984 (1.149)	−1.489 (−0.582)	5.843 (2.206)	−11.16 (−0.535)
化肥	0.269 (14.139)			
农机动力		0.029 (11.314)		
农村用电量			0.649 (9.521)	
农技人员				0.0014 (1.806)
计算时间段	1979~2014 年	1978~2014 年	1978~2013 年	1981~2013 年
R^2	0.9194	0.8934	0.8555	0.3649

注：括号内为 t 统计量，显著性水平为 5%。用 Eviews 5.0 软件采用自相关稳健标准误方法估计。

表 9-19　新疆棉花单产、农技人员与生产集中度的回归分析

		单产		棉花集中度		单产
截距项		279.59 (0.411)		−14.802 (−4.474)		534.66 (7.104)
解释 变量	农技人员	0.039 (4.587)	单产	0.031 (12.885)	棉花集中度	29.755 (12.929)
计算时间段		1981~2013 年		1978~2013 年		1978~2013 年
R^2		0.3481		0.9212		0.9212

注：括号内为 t 统计量，在 5%显著性水平下均显著。用 Eviews 5.0 软件采用自相关稳健标准误方法估计。

4. 农产品集中度与农机动力、化肥及单产之间的协整分析

从山东、河南和新疆的相关与回归分析结果可知，化肥对粮食、棉花生产的影响都较大。这与其他学者用其他方法所得出的化肥投入对粮食生产具有较大的贡献度或很高的敏感度的结论是一致的；分析还表明，粮食等农产品生产集中度与农机总动力等各因素之间存在明显的相关关系，因此它们之间可能存在长期稳定关系（协整关系）。

经过单位根检验可知，河南省的粮食生产集中度、农技动力、化肥、用电量均为一阶单整序列，而农技人员为 0 阶单整序列（表 9-20）。根据协整理论与方法进行分析后可知，河南省的粮食生产集中度与农机动力、化肥、用电量之间均存在协整关系，但与农技人员、单产之间则不存在长期稳定的关系。从格兰杰因果关系检验结果来看，河南省的粮食生产集中度与各变量之间关系为：在滞后 2 期时，农机动力是粮食集中度的格兰杰原因；在滞后 2 期和 6 期时，粮食生产集中度是农技人员的格兰杰原因（表 9-21）。

表 9-20　河南省粮食生产集中度与相关指标的单位根检验

变量	集中度	L 农机动力	化肥	用电量	农技人员	单产
ADF 统计量	-4.6200	-3.5625	-3.2589	-3.3287	-3.7488	-4.5565
5%	-1.9514	-3.5514	-3.5514	-3.5562	-2.9591	-1.9514
10%	-1.6211	-3.2081	-3.2081	-3.2109	-2.6181	-1.6211
差分阶次	1	1	1	1	0	1
C T P	0 0 1	C T 1	C T 1	C T 2	C 0 1	0 0 1

注：L 表示对数；C、T、P 分别表示截距项、趋势项和滞后阶数。

表 9-21　河南省粮食生产集中度与相关指标的格兰杰原因检验

原假设	F 统计量	滞后期
L 农机动力不是集中度的格兰杰原因	0.039	2
集中度不是农技人员的格兰杰原因	0.028	2
	0.037	6

　　山东省的粮食生产集中度、化肥、农技人员和单产均为一阶单整序列，而农机动力为 0 阶单整序列，用电量为 2 阶单整序列（表 9-22）。根据协整理论与方法进行分析后可知，山东省的粮食生产集中度与化肥、农技人员、单产之间均存在协整关系，与农机总动力、用电量之间则不存在长期稳定的关系。但通过 B-G 检验，即通过粮食生产集中度与农机动力、化肥、用电量、农技人员和单产的回归分析，得到该模型的残差序列，再通过该残差序列的单位根检验，检验结果表明，山东省的粮食生产集中度与农机总动力、化肥、用电量、农技人员和单产之间存在协整关系。山东粮食生产集中度与各变量之间的格兰杰因果关系检验结果见表 9-23。根据检验结果，得到如下结论：农技人员对粮食集中度的影响需要经过 5 年以上的时间；集中度对单产的影响时滞为 12 年，对农机的影响时滞为 4 年到 5 年。

表 9-22　山东省粮食生产集中度与相关指标的单位根检验

变量	集中度	L 农机动力	化肥	用电量	农技人员	单产
ADF	-7.1246	-5.5556	-6.5337	-6.5072	-4.2996	-3.7699
5%	-1.9457	-2.9069	-1.9460	-1.9471	-1.9526	-1.9504
10%	-1.6185	-2.5907	-1.6187	-1.6191	-1.6216	-1.6206
差分阶次	1	0	1	2	1	1
C T P	0 0 1	C 0 1	C T 1	0 0 1	0 0 1	0 0 1

注：L 表示对数；C、T、P 分别表示截距项、趋势项和滞后阶数。

表 9-23　山东省粮食生产集中度与相关指标的格兰杰因果关系检验

原假设	F 值	滞后期
农技人员不是集中度的格兰杰原因	0.029	5
	0.045	(一直到)8
	0.013	10
集中度不是单产的格兰杰原因	0.032	12
集中度不是农机动力的格兰杰原因	0.022	4
	0.032	5
集中度不是化肥的格兰杰原因	0.022	4
	0.032	5

经过单位根检验可知，新疆的棉花生产集中度、农机动力、化肥、用电量均为一阶单整序列，而农技人员和单产为 0 阶单整序列(表 9-24)，协整检验也表明，除农技人员数量、单产外，新疆棉花生产集中度与农机动力等因素之间均存在协整关系，而农技人员与单产之间存在协整关系。不过，B-G 检验结果表明新疆棉花生产集中度与农技人员和单产的组合之间存在协整关系。新疆的棉花生产集中度与各变量之间的 Granger 因果关系检验结果见表 9-25 所示。根据检验结果，得到如下结论：农机总动力的增加对棉花生产集中度的影响在第 2 年有显著影响；化肥对棉花集中度的影响在第 2 年到第 8 年都有显著影响；单产对棉花生产集中度的影响在第 3 年有显著影响；在第 5 年和第 8 年，集中度对用电量有显著影响；在第 2 年、第 6 以年及第 9 年，集中度对农技人员有显著影响，即棉花生产集中度提高，需要增加农技人员。

表 9-24　新疆棉花生产集中度与相关指标的单位根检验

变量	集中度	L 农机动力	化肥	L 用电量	农技人员	单产
ADF	−2.5602	−5.2953	−3.3116	−4.9032	−3.3262	−3.9744
5%	−1.9514	−2.9527	−3.5562	−2.9527	−2.9591	−3.5468
10%	−1.6211	−2.6148	−3.2109	−2.6148	−2.6181	−0.2056
差分阶次	1	1	1	1	0	0
C T P	0 0 1	C 0 1	C T 1	C 0 1	C 0 1	C T 1

注：L 表示对数；C、T、P 分别表示截距项、趋势项和滞后阶数。

表 9-25　新疆棉花生产集中度与相关指标的格兰杰因果关系检验

原假设	P 值	滞后期
L 农机动力不是集中度的格兰杰原因	0.018	2
	0.0047	2
化肥不是集中度的格兰杰原因	0.0045	3
	0.0016	4
	0.030	5~8
单产不是集中度的格兰杰原因	0.049	3
集中度不是用电量的格兰杰原因	0.041	5
	0.027	8
	0.017	2
集中度不是农技人员的格兰杰原因	0.024	3~6
	0.045	9

第二节　科技进步是农业区域专业化发展动力

国内外的经验分析表明，农业区域专业化对技术进步具有促进作用，前面的实证分析表明科技进步对农业区域专业化发展也有推动作用。那么这种作用是如何产生的呢？下面我们通过农户、区域专业化和农业研究的地方化四个方面的分析来回答这个问题。

一、农户专业化对科技进步的影响

前面的分析告诉我们，专业化生产对科技进步的影响是通过减少掌握技术的种类和熟能生巧表现出来的。一般来说，农户对技术的掌握、熟练程度随着时间的推移而提高。无论是多种经营还是专业化生产，都具有这一特点。但对专业化生产的农户来说，从接触到熟练掌握技术的时间较短，不同的生产方式对技术进步的影响是不同的。我们假定一个农户实行完全的专业化，即该农户只生产一种农产品，设该农户用于学习的时间为 t，那么该农户用于劳动的时间就为 $1-t$。随着学习时间的增加，该农户将会提高对技术的掌握程度和加快对新技术的接受速度(y)，因而 y 表现出递增的趋势。由此我们可以构造一个农户的学习曲线：

其中，c、a、$k>0$，都为参数，将 y 对 t 求导，可得

$$\frac{\mathrm{d}y}{\mathrm{d}t} = ak\mathrm{e}^{-kt} > 0$$

$$\frac{\mathrm{d}^2 y}{\mathrm{d}^2 t} = -ak^2\mathrm{e}^{-kt} < 0$$

令 $t\to\infty$，则 $y\to c$，即该学习曲线有一条水平渐近线 $y=c$(图 9-3)，这条水平渐进线意味着农户对一种新技术的掌握程度已达到极限，再增加时间学习该技术已没有效益可言，需要外部供给新技术。该学习曲线与 y 轴的交点为 $t=0$，$y=c-a$。也就是说，在农户不学习的情况下，也能够通过干中学对技术进步做出贡献，只是贡献很小而已。图 9-3 还表明，在其他条件不变(风险偏好、资本投入等)的情况下，只要外部能够供给新技术，实行专业化生产的农户就能很快掌握该技术。不仅如此，专业化生产的农户还可能对技术研发部门提出一些建议，促使科研人员研发出适合当地需要的技术，提高技术的有效供给。因此，对农户来说，与多种经营比较，实行专业化生产方式能够更快地掌握新技术并促进技术进步。

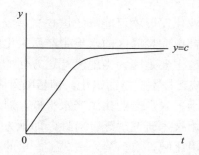

图 9-3　专业化与农户掌握新技术速度关系

目前农业新技术层出不穷，如生物技术、信息技术、物联网技术、精确农业技术、互联网+农业、现代管理技术等，农户面临着更多的选择，这对农户提出了新的挑战，要求农户投入更多的时间学习新技术。因此，实行专业化生产就可以使农户获得更多的时间学习新技术，从而加快农业技术进步。

二、农业区域专业化对科技进步的影响

农业区域专业化的发展，可以使一个专业化生产区域内的农业生产者对技术的需求形成一种集中化的共同需求；对农业技术推广人员来说，这种共同需求就是他们的共同供给。这种共同需求和供给不仅可以大幅度降低科研人员收集和评估需求信息的费用以及推广费用，而且由于生产的相近性，可以加快技术信息、知识和实践经验等在整个生产区域和农户之间的传播速度，使农户从相互学习中快速掌握技术并加以应用，同时还可以促进科研、推广和农户的"集体学习"，并形成一个学习与创新的交互式网络和正反馈网络，加快技术供求信息的传递速度，使整个专业化生产区域形成一个创新性学习区域。

从本质上来看，农业科技进步是农业科研机构、推广机构和农户三类行为主体之间的"合作"成果，所谓合作就是技术的供给能够满足需求，这种均衡的实现需要付出"交易成本"。在非专业化生产情况下，由于农业科研、农技推广要面对千家万户不同的技术需求，因此科研人员、推广人员和农户的"集体学习"过程将变得很复杂，而且达成技术供求均衡所付出的交易费用将很高，这些交易费用主要体现在以下三个方面：一是在非专业化生产方式下，"小而全"的分散农户所需要的生产技术千差万别，农业科研机构要开发合适的技术满足生产要求，就要进行大量技术需求信息的收集和评估，农户对技术需求多样化，加上农业技术的高精尖化，使收集与评估农户对技术需求信息的工作变得很难，信息收集费用不断增加，而且"小而全"的农业生产方式可以借助传统的农业生产技术解决生产中的问题，因此难以形成对农业技术的有效需求。二是技术供给的实现要借助于农业推广系统完成。由于农业生产者数量众多，生产品种多样化，技术需求又多样化，技术推广人员必须到现场面对面、点对点地进行技术传播，需要更多的农技人员，也势必付出很高的推广成本。三是在农业科研非地方化情况下，农户在有技术需求时，可能由于信息不灵而付出许多时间和精力，去寻找合适的技术，增加技

术应用的成本。农业区域专业化发展就可能降低这些交易成本，促进技术的更快速地研发与推广、应用。例如，成都市龙泉驿区的水果生产所采用的品种基本上来自日本和韩国，而缺乏本地化的品种，这主要是因为当地没有这方面的科研成果。曾经在四川比较著名的"茂汶苹果"，由于缺乏技术支持而退化，销售陷入困境，农民收入也减少了。

由于我国农户经营规模小、农户专业化生产水平低，对农业技术需求的多样化，化肥、农药等产品的研发和施用技术研究缺乏针对性，即地方化程度不够，因此，为了提高农业产出，不得不大量使用化肥、农药等，造成了严重的农产品污染和环境污染[15]。我国的化肥使用量由1970年的351.2万吨增加到2013年的5911.9万吨，对1970～2013年的粮食产量与化肥数据的计算，结果表明两者的相关系数高达0.96，化肥对粮食产量的边际效应为5.26万吨，因此化肥投入对粮食增产的贡献很大。但我国的化肥使用量确实偏多，我国农作物亩均化肥用量21.9千克，远高于世界平均水平的每亩8千克，是美国的2.6倍，欧盟的2.5倍，而且化肥投入的单位产出偏低[16]。以氮肥为例，从1998年到2013年，我国小麦的氮肥施用量增加了近200%，但单产水平却只提升了50%，而英国小麦的氮肥施用量不及我国的85%，单产却是我国的1.3倍[17]。我国每千公顷的化肥施用量，2011年达468.65吨，分别为世界平均水平的3.55倍和美国的3.75倍[18]。到2013年我国化肥综合利用率大概只有35%左右，而发达国家为60%～70%[19]。不仅化肥利用率较低，灌溉用水的利用率也比较低，2013年我国水的利用效率为1立方米的灌溉水生产1千克的粮食，发达国家为1.2～1.4千克的水平[20]。2013年我国农药使用量为180.2万吨，比1990年增长了145.84%；农用塑料薄膜使用量由1990年的48.2万吨增加到2013年的249.3万吨，增长了417.22%，造成了严重的农药污染和白色污染。化肥等的大量使用，既浪费了资源，增加了农产品生产成本，还造成了土地板结和水土污染，严重影响了农产品的品质和食品安全[18]；灌溉水的利用率低所造成的浪费对缺水的我国来说，也是重大的威胁。

表 9-26　1990 年以来我国主要年份的农用物资使用量　　　　　　单位：万吨

指标	1990 年	1995 年	2000 年	2012 年	2013 年
一、化肥施用量(折纯量)	2590.3	3593.7	4146.4	5838.8	5911.9
氮肥	1638.4	2021.9	2161.5	2399.9	2394.2
磷肥	462.4	632.4	690.5	828.6	830.6
钾肥	147.9	268.5	376.5	617.7	627.4
复合肥	341.6	670.8	917.9	1990.0	2057.5
二、农用塑料薄膜使用量	48.2	91.5	133.5	238.3	249.3
其中：地膜使用量	—	47.0	72.2	131.1	136.2
三、农用柴油使用量	—	1087.8	1405	2107.6	2154.9
四、农药使用量	73.3	108.7	128	180.6	180.2

资料来源：《中国农村统计年鉴》(2014)。

　　为什么我国的化肥、农药、水的利用率这么低呢？虽然其中的原因很多，但农业生产的化肥、农药施用和灌溉等的技术水平低是一个重要方面，如化肥、农药的地方适应性，喷灌技术等，农业生产的区域专业化程度低也是一个基本的因素。化肥、农药施用和灌溉、良种的培育与研发、种植等都需要现代农业技术的支持，由于农业科研、推广等方面存在不足，使化肥、农药、农机等农业投入品的研发缺乏针对性，难以因地制宜，农户的种植技术水平也没有得到很大提高，因而影响了农业投入品的使用效率。

三、农业研究地方化对区域专业化发展的影响

　　科学研究、技术开发在本质上具有风险和不确定性的特点。与工业技术进步相比，由于农业生产置身于不可控的自然环境和地方环境之中，这就决定了农业科研与技术创新具有更大的风险和不确定性。农业生产总是与一个特定的生态区域相联系，农业技术必然涉及许多地方化的知识，如土壤、地质、地貌、气候等自然知识和文化、农业生产历史、习俗等人文知识。古典经济学认为，技术变迁是一个通过生产实践而不断得到改进、完善的过程，也就是说，技术进步需要通过实践而积累经验、需要通过生产方法的不断试验和改进。而农业生产与环境密切相关，因此地方环境在农业技术进步中具有重要的影响和作用[①]。

　　地理学有句名言："距离的摩擦作用"，即个人间面对面交流的可能性会因个人之间距离的增加而降低。这意味着置身于地方环境的农业技术开发机构将因增加对当地农业发展所涉及的地方知识的了解而降低研究的不确定性和成本、减少技术开发时间，并能更好地满足当地农户的需要，从而提高技术的有效供给。国外的经验表明，如果农业研究、推广机构高度分散，就能够及时、充分地对农民的技术需求做出反应。因此以特定地域的农业生产为服务对象的专业化的科研机构和专业化的科研人员将对农业发展做出更大的贡献，并通过地方化的技术研发，使各个地区形成各具特色、优势明显的生产区域，促进农业区域专业化更好发展。

四、科技进步对我国农业区域专业化发展的影响

　　发达国家的农业发展经验表明，科技的不断进步是农业专业化发展的重要动力源。研究表明，1940～1970 年是发达国家农业技术迅速进步时期，也是农业专业化快速发展时期。早在 1785 年，美国就开始进行农业技术的研究、推广工作，到 20 世纪 20 年代基本形成了一个稳定、庞大的农业研究、教育、推广体系。在强大的技术推动下，美国的

[①] 这方面的一个有启发性的例子是农业技术的国际扩散。农业技术的跨地区转移曾是史前时代以来农业生产率增长的一个重要源泉。扩散理论对扩散过程的考察也增强了西方发达国家对农业技术国际转移的信心。二战后，以美国为首的西方发达国家开始进行这种"技术援助"，以促进不发达国家的农业增长。虽然花了不少资源和精力，但收效甚微，原因就在于农业技术具有很强的"地方特性"（李宗正等，1996，609）。因此农业技术的国际转移（尤其是生物技术的转移）多半不会成功（速水和拉坦，2000，66-67）。即使在国内转移也可能遇到障碍。例如，在我国农业发展史上，农业品种和技术的扩散一般发生在邻近地区，而且对从国外引进的技术和品种的广泛采用要经历几个世纪（帕金斯，1984，46-60）。

农业专业化获得了快速发展。而我国直到 20 世纪 60 年代中期才初步形成一个较为健全的农业科研教学体系,此后又经历了一系列动荡(如十年动乱等);20 世纪 80 年代后,我国的农业发展才逐步转移到以科技进步为基础的发展轨道上来,但农业技术进步一直比较缓慢,进入 21 世纪后,我国农业科技进步才逐步加快。据测算,2008 年至 2013 年,我国农业科技进步贡献率从 50%提升到 55.2%,平均每年提升 0.87 个百分点,到 2014 年则达到了 56%[①]。但早在 1996 年,发达国家的农业技术进步贡献率(欧美用法)就已达 55%,日本则更高达 70%[6]。

到 2014 年,我国主要农作物良种覆盖率已达 96%[21],三大主粮作物的化肥、农药利用率分别比 2013 年提高了 2.2 个百分点和 1.6 个百分点;已建设测土配方施肥项目县(场、单位)2498 个;测土配方施肥技术已覆盖面积已达 14 亿亩,已淘汰了高毒农药 33 种,实施畜禽养殖废弃物综合利用试点项目,开展秸秆综合利用和农田残膜污染治理等试点[22]。与发达国家相比,我国农业生物技术基础研究和产业化进程相差至少 5～10 年;从机械化程度看,2013 年,我国耕种收三个环节的综合农机化率接近 60%[23],但 2012 年经济作物的机械化水平仅为 10%～20%[6],而发达国家早已全面机械化。

因此,农业技术水平低是制约我国农业区域专业化发展的重要原因,这种影响具体表现在以下两个方面:

一是农业技术水平低,特别是农业生物技术水平低,导致单产较低,影响土地单位面积产出率,也导致农产品的标准化低,农产品质量较差且难以控制;化肥、农药等施用缺乏针对性、地方性和精准性,灌溉水以漫灌为主;饲料配方缺乏针对性、精准性,导致化肥、农药、薄膜和灌溉水、饲料等用量多,而效果差,推高种植业、养殖业生产成本,因此影响农民收入,制约农户专业化发展。

二是我国传统农业是一种精耕细作农业,农业生产全过程中需要使用大量劳动力,而且劳动力一般一年都处于忙碌状态。由于我国农业机械研发不够,特别是适合世纪需要的农业专用机械较少,农业机械化水平很难得到快速提高,特别是经济作物、水果等缺乏专用机械[②],使农村劳动力很难有效地转移出农业领域。另外,受土地制度影响,经营规模扩大很难,区域专业化生产格局也就很难快速形成。

第三节　我国农业科技进步缓慢的原因

我国农业科技进步较慢的原因很多,如农业科研方面,不仅投入较少,而且资源配置欠合理,农业技术供给方面,不仅缺乏地方化,而且农户对技术的有效需求不足和农技推广人员少,等等,但关键是体制方面的不足。

---

① 常理. 2014 年中国农业科技进步贡献率达 56%[EB/OL]. http://tech.huanqiu.com/news/2015-01/5516764.html: [2016-05-30].
② 如美国、日本等已经研制出草莓采摘机器人。参见:美国研发草莓采摘机器人:农用机器人时代来临[EB/OL]. http://www.shuiguobang.com/html/61/n-104961.html[2016-05-30].

一、现行农业科技创新体制存在的问题及其后果

据统计，我国每年约有 6000 多项农业科技成果面世，但成果的转化率仅为 30%～40%，而美国、日本的农业科技成果转化率为 70%～80%，德国、英国、法国等国的转化率高达 90%[24]。除大宗、粮棉、油等主要农作物育种外，我国 50%以上的生猪、蛋、肉鸡、90%以上的高端蔬菜花卉品种以及 70%以上的先进农产品加工设备均为进口，大多数国产农机产品的技术水平低下[25]。从数量上看，我国的成果并不少，但为什么这些科研成果很难得到有效的转化，使之成为现实生产力？我们认为，最根本的原因是我国农业科技创新体制存在一些缺陷。由这一体制所决定，我国农业技术存在着有效供给和有效需求都不足的矛盾[26]。因此要加快农业技术进步，促进农业区域专业化发展，就必须对我国现行的农业技术创新体制进行改革。

（一）现行农业科技创新体制存在的问题

我国现行的农业科技创新体制形成于 20 世纪 50 年代，在体制建设上是按照苏联模式设计的，即按行政建制从中央到各省、各地建立与行政管理一致的农业科研机构，而推广机构则从中央一直延伸到乡镇，按行政隶属关系配置农业教育体系，这种农业教育、科研与推广体系在管理上条块分割、各自为政，在职责上缺乏明确分工和合作，在运行方式上缺乏协调性(图 9-4)。推广站不搞科研，农科院不管教育，农学院和农科院不问推广。改革开放以来，这一技术创新体制的弊端早已引起人们的关注，并已经过多次的改革，但到目前为止，浓厚的计划经济色彩却不见褪色。

与美国的农业科技创新体系相比(图 9-4)，我国农业科技创新体系的弊端一目了然。在美国，虽然农学院、农业试验站和推广站是根据不同的法律先后设立的，分工明确，但它们之间没有封闭运行、各自为政，而是有机地联系为一个既合作又分工的整体[27]，其联系的枢纽为农学院，即由农学院统一管理全州的农业科研、教育和推广工作；每一个州的农学院都设有由州政府官员、农业企业经理以及农业科研、推广专家等人组成的董事会，因此农学院的科研专家与政府部门、农业生产者、推广部门之间就有了密切联系；各州都有农业试验站并由农学院负责管理，全州各地又设有分站或分场，农业试验站和分站结合当地的农业生产实际开展农业科研和技术研发；农学院的教师有一半以上都参加试验站的研究工作，试验站的专业人员有 60%以上的人在农学院承担教学任务[27]；联邦、州和县政府拨款资助各州、县开展科研和推广工作，农业部和州农学院共同领导推广工作，但具体事务则由农学院负责[27]。农业部只对各州农学院的政府拨款使用情况进行监督和审核，以决定是否继续资助。总之，美国的农业科技创新体系是一个集农业科研、教育与推广于一体，实行统一管理，但各部分之间又相对独立、既有分工又有合作的网络型创新体系。

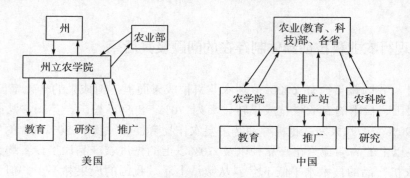

图 9-4　中美农业科技创新体系比较①

从美国的农业科研、教育和推广体系的设置和运行中，我们可以发现该体系的几个方面的优点：一是农学院和农业试验站都是重要的农业科研基地，而且科研密切联系农业生产实际，这不仅有利于农业科学新理论、新知识的快速应用，有利于农业新理论、新知识在农业生产者中得到快速普及，有利于针对生产实际需要开展科研工作，而且由于由农学院对科研、教育与推广进行统一管理，可以优化配置科研资源，避免了重复研究；二是美国的农业科技创新体系把基础研究、应用研究和推广工作紧密地结合在一起，既便于农业科研与推广的分工与合作，使应用研究和推广工作有了坚实的科学依据，又能够使推广工作中遇到的新问题得到及时解决或反馈，从而使科研选题更具针对性，更好地解决生产实际问题；三是教学、科研和推广紧密结合，这种运行模式可以及时地把最新的研究成果和推广工作中遇到的问题介绍给学生，使学生们在学习时能够做到理论和实际相结合，引导学生学以致用，培养学生的解决问题的能力，有助于使科研成果得到及时转化为技术，新的科研成果和技术能够及时得到推广和应用，并通过教育、培训使农民很快掌握新技术[28-29]。

我国现行的农业科技体制虽然促进了以杂交水稻育种为内容的农业技术变迁，促进了农业增长，但随着市场经济体制的逐步建立，农民对技术的需求已逐渐体现为由要素变化而引致的"派生需求"性质，即基于对生产要素及农产品的相对价格及市场前景等市场因素的理性判断而形成的主动需求[30]。而现行的农业科研体制很难满足农民对技术的新需求。

（二）现行农业科技创新体制产生的后果

我国的农业科研体制存在找不可调和的矛盾，表现为条块分割、各自为政，有人称之为"科研、推广"两层皮，其实准确地说应该是"科研、教育、推广"三层皮，表面上看有统一管理，但本质上看则是缺乏有效管理，缺乏应有的分工和合作关系、分工与专业化发展方式。由现行的技术创新体制所决定，从农业技术开发到应用的各环节在信息传递和反馈方面存在着严重的堵塞现象，对农业技术研发的不利影响表现在以下两个方面。

---

① 王思明. 中美农业发展比较研究[M]. 北京：中国农业科技出版社，1999：116.

1. 农业科研体制的条块分割

我国农学院、农科院都进行基础研究、应用研究，两者之间存在着过度竞争，但又相互封闭、相互排斥，不仅导致科研力量的分散，而且科研项目的申报又有不同的渠道，因此难免存在重复研发；由于相互封闭，科研体系相互独立，科研设备重复购置、大量闲置，浪费了有限的科研力量和科研经费。科研体制的分割、封闭运行，政府农业部门管不了农学院、科研院所，农技推广人员不了解技术特点、农业科研人员不了解农户的技术需求，导致政府部门、技术研发、推广人员对农民的技术需求认识存在偏差[31]①，致使科研人员的选题和技术开发与农民的需求相脱节，科研成果大多成了无效供给，白白浪费了有限的科研经费。政府领导对农民的需求在认识和行为上的偏差不仅造成决策失败，而且政府部门选择推广的技术也很难被农民接受，导致农业技术不受农民欢迎[32]。

2. 农学院、农科院和推广站之间缺乏内在统一性和协调性

由于农学院、农科院和推广站之间缺乏分工，也就缺乏合作，形成综合性的机构，导致农学院、农科院既研发又推广，研发方面又是基础研究、应用研究和试验发展都开展，而推广站主要从事推广工作。也就是说，农学院、农科院和推广站之间既缺乏专业化分工，更缺乏基于专业化科研的合作，导致三者之间难以相互理解，很难形成相互交流、相互合作与相互促进的良性发展格局。推广人员不参与教学、科研，对技术缺乏了解，增加了推广难度。

二、农业科研投入少

从全球比较来看，我国农业科研投入严重不足。我国农业科研(research and development)投入经费一直呈现增长趋势，由 1990 年的 16.90 亿元增加到 2014 年的 120.41 亿元，但农业科研经费占全部科研经费比重一直呈下降趋势，由 1990 年的 13.47% 下降到 2014 年的 0.93%；全部科研投资强度呈现不断提高趋势，但农业科研投入强度一直较低，且呈现下降趋势，1990 年为 0.33%，到 2014 年下降到 0.20%(表 9-27)。我国农业科研投入强度不仅低于大部分发展中国家 1%的水平，更低于发达国家的 2%～4%[33]。近年来，尽管从中央到地方都鼓励企业、科技研发机构、金融机构等支持农业科技研发，但收效不大，农业科研投入少的情况未见根本改观。由于投入少，农业科研成果也少，农业科研成果在总成果中所占的比例也较小(图 9-5 和图 9-6)。

我国农、林、牧、渔业科技成果在各类成果中所占比例也较低。2000 年共登记科技成果 32858 项，其中农、林、牧、渔业一共才占 15.61%②；到 2014 年，我国有登记成果

---

① 据调查，在高产技术和优质技术选择方面，有 80%的科研人员、81.1%的推广人员和 55.3%的政府领导认为，农民需要高产技术，但只有 69.4%的农民需要高产技术；在节约劳动型技术与节约资金型技术选择方面，有 63.3%的政府领导和 57.7%的推广人员认为，农民更需要节约资金的技术，但农民对这两种技术的需求比例基本相当。
② 2000 年度全国科技成果统计结果，http://www.gsstc.gov.cn/News_Notice/detail.php?n_no=403.

53140 项，其中农林牧渔业成果 7288 项，仅占 13.71%[①]。2010 年全国共登记科技成果 42108 项，其中基础理论成果中，第一产业占 10.47%；应用技术成果中，第一产业占 15.82%[34]；从东、中、西部地区看，第一产业的比例分别是 12.59%、21.33%、23.68%，中部和西部地区较为偏重农、林、牧、渔业。2011 年，我国登记的科技成果中，应用技术类有 39218 项，其中第一产业仅占 15.73%；基础理论成果 3083 项，属于农业的占 10.12%；软科学成果 1907 项，其中农业约占 9.15%，农业成果在各类成果中所占比例均不高[35]。

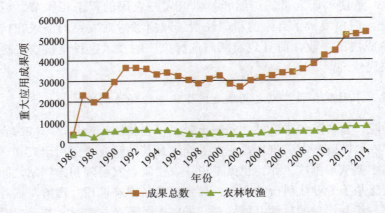

图 9-5　1986～2014 年我国重大科技成果总数与农林牧渔技术应用成果数量

资料来源：《中国科技统计年鉴》（历年）。

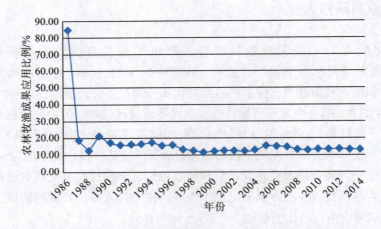

图 9-6　1986～2014 年我国农林牧渔科技成果在应用技术成果中所占比例

---

① 《中国科技统计年鉴》（2015 年）。

表 9-27　中国主要年份农业科研投入经费及其投资强度

年　份	全部科研经费总计/亿元	全部科研投资强度	农业科研经费/亿元	农业科研占科研经费比重/%	农业科研投资强度/%
1990	125.43	0.71	16.90	13.47	0.33
1995	348.69	0.57	41.18	11.81	0.34
2000	895.66	0.90	26.96	3.01	0.18
2005	2449.97	1.32	27.37	1.12	0.12
2010	7062.58	1.73	81.16	1.15	0.20
2011	8687.01	1.79	88.37	1.02	0.19
2012	10298.41	1.93	106.01	1.03	0.20
2013	11846.60	2.01	117.02	0.99	0.21
2014	13015.63	2.05	120.41	0.93	0.21

注：全部科研投资强度为全部科研经费占国内生产总值比重；农业科研投资强度为农业科研经费占农业增加值比重。

我国农业专业技术人员数量由 1978 年的 29.40 万人增加到 2013 年的 73.35 万人（图 9-7），但每千公顷耕地的农业技术人员平均仅由 92.3 人增加到 177.8 人，从农作物播种面积来看，1978 年每千公顷农作物播种面积有农技人员 1.96 人，2013 年仅增加到 4.46 人。农技人员少，提供各类农业服务的人就少。农业研究人员较少且学历层次较低。如 2014 年，农林牧渔及其服务业的研发机构有 1212 个，从业人员 95987 人，但研究人员合计占 53.84%，其中博士占 13.81%，硕士占 28.38%，本科占 38.18%（表 9-28）；农业研究人员全时当量占全部研究人员全时当量的比重仅为 12.17%，农业研究人员占全部研究人员的比重也仅占 10.18%（表 9-31）。在农业科技成果转化方面，很多是因为得不到持续投入而终止转化，导致农业科技成果转化率很低，大致为 30%左右，而且农业科技成果的实用性也较差[35]。在农业生产机械和农产品加工技术研发方面，由于投入少，研发机构和人员明显不足，导致大多需要进口，而自主开发的机械产品技术很落后。据农业部数据，我国 70%以上的先进农产品加工成套设备需进口[36]。

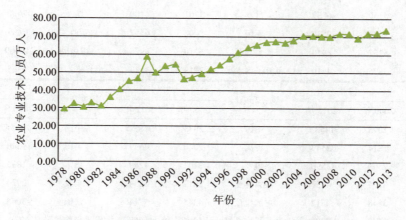

图 9-7　1978～2013 年我国农业专业技术人员数量变化

表 9-28　2014 年中国农林牧渔及其服务业科研人员构成

行业	机构数/个	从业人员/人	科研人员合计/人	博士毕业/人	硕士毕业/人	本科毕业/人
农业	571	53071	30382	3638	8900	11618
林业	190	11170	5301	799	1243	2407
畜牧业	81	7552	3948	589	1037	1415
渔业	59	4780	2496	468	761	933
农、林、牧、渔服务业	311	19414	9551	1640	2726	3355
农、林、牧、渔及其服务业小计	1212	95987	51678	7134	14667	19728
总计	3677	778861	423079	67702	137812	146886

资料来源：《中国农村统计年鉴》(2015)。

三、农业科研资源配置欠合理

农业科研资源主要包括经费、机构设置和科研人员等。长期以来，我国的农业科研资源主要由政府主导。政府高度重视粮食安全，因此主要把粮食增产作为农业科研的主攻方向，因此农业科研资源主要配置在粮食生产领域，而忽视了其他农业技术开发。从技术的产出效率看，也取得了较好的业绩，在世界各国中，我国农业处于中等或以上水平。2000 年和 2012 年，除棉花外，其他主要农产品的单产均高于世界平均水平；除小麦外，其他农作物单产均低于美国；我国各种农产品单产比世界最高单产水平低很多（表 9-29）；一部分经济作物特别是水果、畜产品的单产都低于世界平均水平。

表 9-29　中国主要农产品单产与世界平均水平及部分国家比较　　　　单位：千克/公顷

国家和地区	稻谷		国家和地区	小麦		国家和地区	玉米	
	2000 年	2012 年		2000 年	2012 年		2000 年	2012 年
中国	6272	6776.9	中国	3738	4986.9	中国	4598	5869.7
美国	7040	8349	美国	2824	3115	美国	8591	7744
日本	5330	6739	日本	3761	4100	埃及	7680	7772
埃及	9103	9530	英国	8008	6657	新西兰	10226	10865
澳大利亚	8257	8910	澳大利亚	6210	8925	以色列	12669	25556
世界平均水平	3875	4410	世界平均水平	2719	3113	世界平均水平	4325	4916
国家和地区	棉花		国家和地区	花生		国家和地区	大豆	
	2000 年	2012 年		2000 年	2012 年		2000 年	2012 年
中国	1093	1458.1	中国	2973	3598.5	中国	1655.7	1814.4
美国	1814	2349	美国	2740	4699	美国	1840	2117
巴西	2508	3596	埃及	3103	3288	日本	1832	2134
以色列	3935	4457	澳大利亚	2017	2234	埃及	2924	2618
澳大利亚	3848	4812	尼加拉瓜	4345	5714	法国	3046	2106
世界平均水平	1668	2206	世界平均水平	1494	1667	世界平均水平	739	806

资料来源：《中国农村统计年鉴》(2014)。

　　自 1990 年，这种配置方式虽然有所改变，但变化不大。从 1990 年到 2013 年，我国农业科研机构数先是增加，后出现减少，2013 年比 1990 年减少了 337 个；虽然农业机构数也在减少，由 1990 年的 743 个减少到 2013 年的 566 个，但占总机构数的比例仅由 1990 年的 47.87%下降到 2013 年的 46.58%；除农林牧渔服务业有所增加外，其他方面的机构数均在减少（表 9-30、表 9-31）。而美国的农业科研力量在产前、产中和产后的配置比例是 17.9∶12.1∶70。我国科研资源的配置虽然反映了政府对我国资源禀赋和市场需求的理性反应，但它也导致了农产品贮藏、保鲜、运输和深加工技术的供给严重不足，各种农产品（水果、蔬菜、牛奶等）因霉烂、变质而给农户造成损失的事每年都会发生。在饲料加工技术方面，由于起步晚、发展历史短，面临着技术水平低、成果和技术储备少等问题。如 20 世纪末期，我国批准使用的饲料添加剂品种仅 80 多种，而美国达 260种，日本有 110 种。

表 9-30　我国主要年份农业科研资源农业内部配置的变化

行业	1990 年			1995 年			2000 年		
	机构/个	人员/人	经费/亿元	机构/个	人员/人	经费/亿元	机构[①]/个	人员/人	经费/亿元
农业	743	94938	9.1	750	90788	22.2	709	64250	27.97
农、林、牧、渔机械推广应用	15.8	5582	0.5	100	—	—	59	—	—
林业	251	21742	1.7	153	17644	3.3	246	14003	5.1
牧业	129	12773	2.1	131	12843	6.3	124	9562	5.0
渔业	123	9416	1.2	123	8562	2.8	123	5484	3.4
水利	89	10573	1.6	93	11981	4.2	—	—	—
农、林、牧、渔业、水利服务业	59	4840	0.7	218	10470	2.3	62	15734	7.4
小计	1552	159864	16.9	1568	152288	41.1	1323	109033	48.87

注：①为 1998 年数据。

资料来源：《中国科技统计年鉴》（1991，1996，2001）。

表 9-31　2013 年我国农业科研资源农业内部配置

行业	科研课题数/项	投入人员/(人/年)	投入经费/万元	机构数/个	从业人员/人	科研人员合计/人
农业	11231	22649	338747	566	54526	30119
林业	1429	2860	35401	190	10849	5107
畜牧业	1410	2922	39629	79	7601	3988
渔业	852	1760	24986	63	4678	2330
农、林、牧、渔服务业	3479	6238	97900	317	19521	8984
小计	18401	36429	536663	1215	97175	50528
总计	85069	327466	12216646	3651	761963	409032

资料来源：《中国科技统计年鉴》（2014）。

　　从我国农业科研人员在农业内部的配置看，农业科研人员全时当量的 78.06%配置在种植业和农业服务业，农业科研人员全时当量在基础研究、应用研究和试验发展之间的比例为 9.90：19.86：70.24，农业科研内部经费支出方面，与人员的配置结构类似（表 9-32、表 9-33），因此我们农业基础研究很薄弱。基础研究不足，一方面不利于农业科学的进步，使农业技术研究、农业技术应用出现偏差；另一方面不利于农业科学、农业技术的可持续性发展。

表 9-32　　2013 年我国农业科研人员在农业内部和各类研究的配置　　　　单位：人/年

行业	科研人员全时当量	其中：			
		研究人员	基础研究	应用研究	试验发展
农业	26562	14592	2475	4845	19242
林业	4187	2083	328	879	2980
畜牧业	3448	1747	289	866	2293
渔业	2075	1273	307	596	1172
农、林、牧、渔服务业	7979	4549	981	1601	5397
小计	44251	24244	4380	8787	31084
总计	363691	235910	60852	129684	173155

注：一个全时当量就是一个人全年的工作量。
资料来源：《中国科技统计年鉴》(2014)。

表 9-33　　2013 年我国农业科研内部支出结构　　　　单位：万元

行业	科研经费内部支出	其中：		
		基础研究	应用研究	试验发展
农业	680335	69294	112549	498492
林业	91060	7541	19937	63582
畜牧业	93535	5767	22173	65596
渔业	69995	8856	18933	42206
农、林、牧、渔服务业	199811	19589	42873	137349
小计	1134736	111047	216465	807225
总计	17813972	2215884	5258360	10339728

资料来源：《中国科技统计年鉴》(2014)。

　　从与农业有关的农副食品加工业科研机构和人员配置情况看，不仅科研机构总量少，科研人员也少，研究人员也很少，其中基础研究人员只有 56 人(表 9-34)。2010 年我国农业机械科研机构仅有 77 个，从业人员 3123 人，其中科技人员(教师)2071 人。由于科研资源配置失调，农业及其关联产业的研发力量很薄弱，抑制了这些产业的发展，农业产业得不到有效扩展，这是我国农产品运输储藏、农产品加工业、食品工业等技术落后的重要原因，也是农业生产专用机械严重依赖进口的重要因素；这种科研资源配置也不利于各种农业资源的开发利用，不利于促进农林牧渔及其加工业的发展和，反过来也就阻碍了农业区域专业化发展。

表 9-34　2013 年我国与农业有关的制造业科研机构和人员配置情况

行业	机构数/个	从业人员/人	科研人员合计/人	科研人员全时当量（人/年）			
				研究人员	基础研究	应用研究	试验发展
农副食品加工业	37	2626	1305	1084	552	56	141	887
食品制造业	11	498	193	171	123	60	51	60
酒、饮料和精制茶制造业	2	172	34	31	12	1	22	8
烟草制品业	1	29	0	0	0	0	0	0
皮革、毛皮、羽毛及其制品和制鞋业	2	33	0	0	0	0	0	0
木材加工及木、竹、藤、棕、草制品业	2	215	217	202	105	18	58	126
制造业小计	357	28410	13435	11686	6561	1551	4332	5803
总计	3651	761963	409032	363691	235910	60852	129684	173155

资料来源：《中国科技统计年鉴》（2014）。

四、农业技术供给的"大众化"

在农业技术供给方面，由于我国农产品长期供不应求，农业技术研发以产量为目标，忽视了高品质农产品和地区特色品种的研发，致使农产品质量差、专用化程度不高[37]。据研究，我国 21 世纪初的农产品综合优质率仅为 15%左右，其中粮食为 10%左右；到 2010 年水稻、小麦、玉米、大豆四大粮食作物综合优质率达到 71.9%，比"十五"期末提高 19.9 个百分点。到 2014 年，我国主要农产品的良种率才达到 96%以上，而发达国家所有农产品均为 100%。

在农产品的专用化方面，更显得落后。以玉米为例，国外玉米品种的专用化发展十分迅速，如美国就有饲用高蛋白玉米、工业用高油玉米、食用甜玉米、蔬菜用玉米等多种玉米品种，而且都已实现了商业化种植，而我国专用化玉米品种选育工作到 20 世纪末才起步[38]。我国传统的专用玉米有甜玉米、糯玉米、爆裂玉米，已开发的专用玉米有优质蛋白玉米、高油玉米等[39]。在小麦、啤酒大麦、油菜、土豆等品种方面也是专用化程度低。在土豆品种开发方面，我国目前只有少数几个品种生产出的马铃薯能够用于全粉加工，目前用于油炸食品和全粉加工专用品种都是从国外引进的品种，种植成本高，适宜区域小，一般农户难以种植成功[40]。截至 2013 年，我国共育成了土豆新品种 430 多个，但全粉加工品种仅有 5～8 个，难以满足生产和主粮化加工需求[41]。2014 年我国宣布土豆将成为我国的第四大主粮，但如果土豆育种、种植和加工等技术跟不上，土豆将很难承担起第四大主粮的重任。

由于农产品品种所开发出来的大部分是大宗品种，因此各地的生产种类普遍相同，这不仅使各地不能有效地发挥区域比较优势，影响了产量和质量，而且在这种生产结构下的竞争必然是激烈的，导致农产品生产的蛛网现象，不利于农户增加收入和农业区域专业化发展。在畜牧业方面也存在这种情况。

五、农户的技术需求不足

从目前来看，我国农业生产自身存在的很多不利因素也制约着农业技术的推广应用，使科技对农业区域专业化发展的促进作用受阻。这些不利因素主要有农地经营规模小、农民组织化程度低、农业效益低，农民收入低，农户难以承担应用新技术的风险；农业劳动力较丰富和兼业化，机会成本高；农业劳动力文化水平低，农户选择和应用技术的能力有限，等等。

农户是农业生产的最重要参与者与承担者，也是经济上的理性人。由于经营规模小，技术进步对单个农户的增产、增收作用很小，加上农业效益较低，因此农民对农业技术推广、技术培训等普遍不感兴趣。当然，农民科学素养对农业生产的数量和质量都具有重要作用。20 世纪 80 年代以来，我国农民的文化水平有了很大提高，但与国外农民比较，我国农民的科学素养与文化程度仍然较低（表 9-34）。因此，大多数农户对农业技术的选择普遍呈现从众特征。加上技术推广体系的不健全，农户寻找技术的成本很高，农户的生产行为一般是凭经验而做决策。农民在农业耕作过程中只能操作一些简单工具，或者只是凭经验生产，因此农户对技术的需求程度低和技术应用能力差，也就制约了农业生产的专业化发展。

表 9-34　中国主要年份农村居民家庭劳动力文化状况统计（1985～2012 年）　　　　单位：人

指标	1985 年	1990 年	1995 年	2000 年	2011 年	2012 年	2012 年比 1985 年增减
平均每一百个劳动力中：							
不识字或识字很少	27.87	20.73	13.47	8.09	5.47	5.30	-22.57
小学程度	37.13	38.86	36.62	32.22	26.51	26.07	-11.06
初中程度	27.69	32.84	40.1	48.07	52.97	53.03	25.34
高中程度	6.96	6.96	8.61	9.31	9.86	10.01	3.05
中专程度	0.29	0.51	0.96	1.83	2.54	2.66	2.37
大专及大专以上	0.06	0.1	0.24	0.48	2.65	2.93	2.87

资料来源：根据《中国农村统计年鉴》有关数据整理。

六、农技推广投入少，体系不够完善

在计划经济时代，以粮为纲的我国为了促进粮食生产，从中央到乡镇建立了很完善的农技推广体系，几乎每个乡镇都建立了农机站。但改革开放后，随着社会经济的发展，特别是 20 世纪 90 年代以来，经济增长成为各级政府的主要目标，经济的重点转移到工业增长方面；进入 21 世纪后，经济增长的重点又转移到了房地产开发方面，在一定程度上忽视了农业发展问题，农技推广体系逐渐被轻视，特别是基层农技推广人员待遇差，离职的比较多，而新招聘的人员也很少，因此严重影响了农技推广和农技应用。虽然 1993 年我国通过了《农技推广法》，但在市场经济的发展过程中，随着粮食产量的不断增长，很多人认为我国的农业问题基本解决了，不需要农技推广了，或让农技推广工作放任自流；有的地方片面地认为，在市场经济条件下，农技推广工作和机构应推向市场和社会，或由农业产业化龙头企业、农民专业合作经济组织以及其他农业中介服务组织等新市场主体承担，这些想法和做法是不正确的，因为农技推广是一种公益性工作，在引导农业结构调整、防范农业危机、提高农民素质等方面具有战略性意义，因此仅仅依靠趋利的市场是办不好的[42]。受这些错误思想的影响，很多地方基层农技推广机构转制解体、农技人员被迫另谋出路。

党的十六大以来，特别是党的十八大以来，从中央到地方，各级政府对农业科研、农技推广工作高度重视。遵循中央的决策部署，全国各地加强了基层农技推广体系建设与改革，取得了很大成效，到 2011 年，全国县乡两级公益性推广机构中，有 82.5%的基层农技推广机构已列为财政全额拨款单位，农技人员工资保障有了明显改善，在公益性农技推广队伍中，50%的农技人员具有大专及以上学历，70%具有专业技术职称，推广人员素质有了明显提高[43]。各地切实加强基层农技推广运行机制创新，规范农技推广工作制度建设，目前有 70%的机构建立了人员聘用制度和工作考评制度，60%建立了推广责任制度，50%建立了培训制度[44]。我国农技推广方面存在的主要问题是投入少，推广体系不够完善。

1. 财政投入严重不足

农技推广的公益性决定了财政投入的必要性。财政投入不足是我国农技推广工作不佳的主要因素之一。农技推广工作主要由县乡两级农技人员承担。由于大部分县级财政不宽裕，乡镇财政更困难，而中央财政和省级财政的投入少，捉襟见肘的县乡财政不足以支持农业技术推广体系的正常运转，很多乡镇的推广工作也仅仅起到一种低层次管理的作用，更不用说提高推广质量了。

我国的农技推广投入强度（农技推广投入经费与农业增加值之比）一直较低，1981 年为 0.25%，1986 年为 0.41%，1990 年为 0.43%，1999 年达到 0.49%，2000 年为 0.51%，到 2005 年达到 0.81%[42]。近年来的投入情况有所好转。2009～2011 年，中央财政共安排专项资金 23.7 亿元，覆盖 800 个农业大县[45]。2014 年，中央财政安排基层农技推广体系改革与建设补助项目 26 亿元，基本覆盖全国农业县[46]；2009～2015 年中央财政总计安排资金 127.7 亿元以支持基层农技推广体系改革与建设，完善以"包村联户"为主要形式的工作机制和"专家+农业技术人员+科技示范户+辐射带动户"的服务模式，促进了农业科技成果转化，主导品种和主推技术的入户率和到位率均达到 95%以上[47]。但在农技推广投入强度方面，目前仍然维持在 0.8%[42]，我国的农技推广投入强度一直低于世界很多国家或地区，早在 20 世纪 80 年代初，113 个国家平均水平为 0.96%，低收入国家也达到了 0.44%[48]。

由于投入少，农技推广工作的软、硬件条件仍然很差，特别是乡镇基层推广站仍然存在基础设施薄弱、管理水平低、专业技术人员少、推广人员整体素质不高等问题。如广东省近 70%的乡镇农技站没有办公用房，90%没有仪器设备，80%没有专用电话和配备计算机等办公设备，很多地方推广工作经费严重不足[49]。

2. 农技推广人员学历低，整体素质低

由于财政投入少，待遇和工作条件差，基层推广机构不仅难吸引高学历人才，很多专业人员离职离岗，绝大部分推广机构的专业人员比例达不到《农技推广法》所规定的80%与 70%[50]。另一方面，现有的农技推广人员仍然存在学历层次低、知识老化、工作行程化等现象。如浙江省的大部分农技推广人员为 20 世纪 80 年代招聘的农民技术员，50 岁以上的占 40.9%，50%为中专及以下学历[51]。据调查，2011 年广东省有近 70%的乡镇农技人员学历在大专以下或非农专业，近五年有一半以上的乡镇农技人员没有接受过专业培训[49]。而且，我国农技推广人员还存在数量不足问题。虽然各地推广机构招聘了一批大专院校毕业生，但又存在专业不对口、缺乏理论功底、实践经验不足等问题[51]。但我国每年都有很多农学专业的大学本科及其以上学历的毕业生，如 2013 年，我国普通本科院校农学专业毕业生数为 58752 人，有在校生 259837 人；农学硕士和博士毕业生17464 人，在校生 63778 人，但实际中，有很多农学专业的毕业生找不到工作或从事其他工作。

3. 农技推广体制不够健全

我国农技推广体系包括从中央到乡（镇）共有五级，表面看很健全，很完善，但中央、省、市三级基本不具体推广，这种推广体系是计划经济的产物，是为了管理的需要，而非推广。农技推广任务主要由县、乡（镇）两级承担。乡镇级的推广工作主要由乡镇政府管理，而乡镇政府缺乏财力，加上农技推广难以产生及时、明显效益，因此出于理性考虑，乡镇政府不重视农技推广情有可原；近年来虽然实行了"县管"或"县乡共管"，截至 2011 年底，全国只有 42.3%的乡镇推广机构实行了"县管"，19.2%实行了"县乡共管"[52]，而且在农业县实行"县管"的意义不大，因为农业县的财政收入很少，据调查，占全国粮食总产量近四分之三的 800 个产粮大县中，国家级贫困县却超过百个，这种"粮财倒挂"现象严重挫伤了粮食生产积极性[53]。因此在这些产粮大县中实行"县管"也无济于事。

4. 农技推广条块分割，多头管理

目前我国的农技推广体系是按照行政管理要求设置的，虽然进行了改革，但体系基本没变。虽然农业科研、推广、教育、环保、能源 5 大领域都归农业部科教司管理，但省（自治区、直辖市）等要有对应的机构设置，因此长期存在条块分割、多头管理问题。种植业归农业行政部门领导，园艺站、果桑站等归园艺局、蚕桑局、林业局等领导，畜牧局、农机局、水产局等也参与农技推广工作；一般省级有六七个厅局管推广，设有土肥站、种子站、农干校、农广校等 6 个单位，还有林业、水利、农机等部门也参与农业推广，部门多达 20 来个[54]。农技推广的"九龙治水"现象降低了农技推广效率。

第四节　促进我国农业科技创新的对策

我们认为，有必要弄清楚科学与技术的概念及其关系。在我国，无论是口头语言还是书面语言，都把科学与技术合成为科技一词，并认为科学与技术是相同的或近似的概念。其实，科学与技术是两个完全不同的概念，分属不同的领域，差异性很大，在逻辑上，是由科学而技术，从科学到技术需要一个媒介的转化。科学是通过调查、分析、研究现象，形成或完善我们对于某一客观现象的知识。技术则是通过运用科学研究形成的知识，或通过实践和认识，对已有的知识或技术加以改进或综合，达成我们期望的目标。因此，科学侧重基础性、理论性研究，技术侧重应用性和实际操作；科学研究成果大多不能及时性地解决实际问题和产生经济效益，技术开发则主要考虑能不能解决实际问题、能不能带来经济效益；科学研究的成果主要体现为新思想、新理念和新方法；技术开发主要是应用科学知识并使之产品化和产业化，其成果主要体现为新设备、新产品[55]；科学研究的目的是探索自然、社会、经济等各领域的规律，推动人类社会的发展、进步与完善，推动社会经济发展，推动更好地开发利用自然，为人类造福。而技术开发是基于科学研究成果，研制新产品或对旧的产品进行改进、完善，技术开发的最终目的是提高生产效率，获得经济效益。科学进步需要知识、研究方法与思想的逐步积累，需要人的素质的提高，很难在短期内得到快速提高，而技术可以通过学习、引进和模仿在短期内获得提高；科学研究成果一般不涉及伦理道德，而技术开发则与伦理道德有关；科学研究成果大多具有多方面的作用和效应，而技术开发的成果所产生的作用范围要小得多。总之，科学研究为技术开发提供知识准备、原理支撑，重在揭示规律，技术开发则是使某些科学研究成果成为产品和产业。

对于技术创新来说，需求只是技术进步的一个方面，而且很可能是一个很小的方面。因为从技术创新历史来看，有需求不一定产生创新，需求仅仅是技术创新的必要条件，而非充分条件。如在我国，对很多技术都有需求，但技术进步则很少。例如，我国在发明火药后，虽然内外战事不断，但并没有出现枪支弹药的技术研发。对很多创新成果，如电话、电视等，并不是由消费者的需求导致的技术创新，因为在出现电话、电视等之前，人们并不知道这些东西。

因此，对于科研成果、科学工作者的评价是从学术的角度，而不管科研成果在短期内能不能转化为生产力、能不能被社会所接受，虽然长期来看，科研成果一般都能得到应用[55-56]。而对技术成果、技术工作者水平的评价，则取决于技术成果能否带来以及能够带来多大的经济利益，技术工作者所提供的解决方案是否有效率、效果，是否能够降低成本，以及是否具有"美感""能接受""可持续""符合社会正义"等特点。由此可见，科学工作者的工作，独立于社会价值和伦理价值。也就是说，他们可以自由地调查，形成相关现象的知识，哪怕这些知识被人视为不合伦理，不合道义。而技术工作者则需要解决特定的问题，并核算技术的成本与收益，在伦理、道德层次上还要对什么技术是可接受的、什么技术是不可接受的等做出抉择。通常情况下，这些伦理道德上的立场、标准所反映的是某个具体的组织、一国政府或是人类社会的意见、观点。

　　创新需要科研与技术开发并重。科学探求真，技术解决用。虽然科学与技术的关系很大，但科学与技术是两个具有很大区别的领域。例如，我国的火药发明，是从道家的炼丹过程中无意得到的产物，由于对火药的科学原理没有进行探究，因此并没有出现枪支弹药的技术研发和火药的进一步开发利用。因此，没有科学原理，就很难有技术创新。目前有很多人认为，现时期的技术创新主要为集成创新，不需要新的科学发展，只需要对已有科学成果的综合应用。这种看法很值得商榷，因为科学发展体现为科学知识的积累和劳动力科学素养的提高。没有人口与劳动力科学素养的提高，再先进的技术装备也是没用的。如我国在全面抗战爆发前期引进了大批德国的枪械制造设备，还有德国的技术顾问指导生产，但生产出来的武器合格率却很低。我国还有很多的技术引进失败案例。正因为如此，所以说技术可以通过引进解决，而科学不能通过引进解决，科学只能积累。

　　对农业科研和技术研发来说，主要有机械、生化、耕种与管理三大类。农业机械研发需要做到适用性、方便性和成本低，提高劳动生产率和降低生产成本；农业生物技术主要通过对动植物的生长规律、生长环境和生长机理的研究，揭示出农作物发育、生长的基本原理和理论，然后把这种基本原理应用于特定生态环境条件下某一农作物良种的培育，以提高单产；农业化学技术研发主要是提高农药、化肥等效力和针对性；农业耕种与管理技术研发主要基于自然生态条件，针对特定农作物的生长特点，找到最佳的种植方法，提高土地生产率。与工业技术的研发相比，由于农业生产具有地域性、生命性等特点，农业科技进步大多具有同时性、地域性和演化性等特点。

一、构建柔性专业化农业技术创新体制

　　从上面的分析可以看出，我国现行农业技术创新体制的最大弊端就是管理上的垂直一体化，由此产生了管理上的条块分割和政出多门，使农业院校和农科院所以及推广部门形成了独立、封闭的体系，因而这是一种非专业化的科研与推广体制。在科研方面重复研究多，既浪费了有限的财力，又分散了研究力量，科技资源浪费严重。由于农业院校不从事或很少从事推广工作，对农业生产中的实际问题不了解，因此研究选题常常脱离实际需要[56]；在农业教育方面，由于高校不从事或很少从事推广，教师与学生都不了解实际问题，使教、学不能致用，造成了大量学非所用、用非所学，也不利于农林院校根据市场需求调整专业设置和人才培养结构；由于农业科研院所的科研人员不从事教育与推广，研究选题也可能脱离实际需要。这是我国农业技术进步缓慢的重要原因，也是我国农业区域专业化发展水平不高的主要原因。虽然目前这种情况有了很大改变，农业科研院所也培养硕士、博士，也从事一些农技推广，农业院校也从事科研与推广，但农技推广机构基本不从事和很少参与科研，受经费、人才等条件的限制，推广机构也很少从事或参与技术开发。因此，加强农业科技创新，必须深入推进体制改革，加强统筹协调力度，避免"九龙治水"现象重复发生，着力构建农业科技协同创新联盟，发挥政府、农业院校、农科院所及农业企业等不同主体在农业科技创新体系中的协同创新作

用，重点搭建分工协作的农业科研新体制[57]。

从分工、专业化的角度看，我国农业科技体制改革的方向就是要树立大农业、大科技的观念，以市场为导向，以供给侧改革为核心，构建"激励、竞争、协作、联合"的科技创新体制，以适应农业科技自身发展规律，提高农业区域化、专业化、现代化发展水平。基于这一思路和农业科技进步对农业区域专业化发展的影响机制的分析，我们认为，借鉴柔性专业化①生产方式构建农业科技创新体系可能是一种有效的方式，因为柔性专业化是一种能最大限度地满足市场需求的生产方式。以此来衡量，美国的农业技术创新体系就是一种柔性、灵活的专业化创新体系。当然，中美国情不同，不能照搬，只能借鉴其思想。

以柔性专业化生产方式构建我国的农业科技创新体系的总原则是，破除农业科研、教育与推广部门的垂直一体化的体制，以各地的农业资源禀赋(包括土地、自然生态条件、人文条件、历史习惯等)和专业化农业发展方向为依据，对现有的农业科研资源进行调整和再布局，组建一个基于地方化的农业技术进步创新体系，提高农业科研、教育与生产之间的融合度和协调度，在增加科技成果有效供给的同时，又提高农业技术的有效需求，使农业技术在数量和质量方面达到供求平衡。因此，这种基于柔性专业化生产方式构建的我国的农业技术创新体系，符合供给侧改革思想，是农业供给侧结构性改革的重要内容。

具体来说，各省(自治区、直辖市)的农业科研院、所和推广机构及其人员要从农业和科技部门分离出来，与农业院校一起构建一个既有分工又有合作的科技创新体系，通过科研资源共享、相互协调行动，全面承担起农业科研、技术研发与推广等工作。在省一级，这一创新体系或者由农学院或者由农科院来负责协调各部门的工作。在省以下则以农业生产的自然生态区域和专业化发展方向设立区域推广机构，具体负责本区域的农业技术试验与推广工作，但不再设立独立的管理部门。或者以美国的农业科技体系为模板，把省(自治区、直辖市)、地级科研院所合并进入农学院，由各省的农学院统一协调农业科研、教育、推广工作。这一创新体系的资金由中央、省(自治区、直辖市)和市(地)的财政以及涉农经营公司的资助。这一创新体系的构建要求农业部门转变职能，即农业部门不再从事农业科技、教育和培训等事宜，而完全成为一个行政监督部门，在制定绩效评价指标体系的基础上，对这一创新体系的资金使用、科研开发和应用绩效等进行监督和评价。在人员和专业配备上，要适应各地专业化发展的需要，完善农技人员的专业结构和布局结构，即根据各地区农业专业化发展的实际情况，培养农技人员；以激励政策鼓励农技人员到基层工作，改变"上重下轻"的倒金字塔结构。这种创新体系可以实现各类科研设备、科研资料等科研资源形成共享、互动的发展格局。另外，要大量减少科研部门的行政人员，增加农业技术人员。我们认为，这种既有分工又密切合作的农业科技创新体系，可以提高农业科研、农技推广、农业教育的融合度和协调度，提高

---

① 柔性专业化(flexible specialization)，也称"柔性生产"(flexible production)或"精益生产"(lean production)。它最早由日本丰田公司在 20 世纪 80 年代所倡导的。目前这种生产方式已被制造业广泛采用，并成为培育企业核心竞争力的主要制度选择。其特点是企业的生产组织方式由垂直一体化转变为水平一体化，由企业内分工转向企业间的分工，其兴起缘于日益增加的市场不稳定性和技术的快速变化。这种柔性专业化生产方式具有地方化特点，能够对市场需求做出快速响应。

科研资金、推广经费的使用效率，提高不同地区的农业科研基础研究和应用研究水平，能有效地提高科研水平、技术开发与转化及推广效率，实现农业技术供给的"地方化"，避免农业技术供给的大众化，满足区域(农户)农业发展的技术需求。

二、增加并优化农业科研资金投入，提高科技成果有效供给

增加农业科研资金投入是提高科研水平的重要措施。当然，并不是说增加了资金投入，就能增加成果。这方面的一个例子是，美国科学界在 20 世纪 80 年代的豪言壮举，称投入数百万美元，争取在几年内攻克癌症。但钱花了不少，没有得到预期目的。在科研方面，需要遵循科学发展的路径，需要有献身科学的精神。特别是农业科研，大部分具有公益性，这就需要通过增加财政投入，切实提高科研人员的待遇，使他们安心科学研究。

增加农业科研的财政投入，需要进一步完善投入机制，主要是要使各级政府部门提高农业科研预算额，并将农业科技投入作为各级政府公共财政中的重点之一，同时构建农业科技投入的多元化与筹资机制，鼓励农业企业增加科研投入，吸引企业资本、社会资本投入农业科技研发[58]。从财政投入方面看，主要是国家和省级财政；在投入结构方面，一是要加强农业科学的基础研究和农业技术的推广与服务工作，当然也不能忽视应用基础研究和试验发展工作；二是减少研发机构的行政人员，通过增加投入，提高农业技术创新人员的工资待遇和工作条件，吸引高学历人才投身农业科学研究和农业技术研发，增加高学历技术推广人员；三是加强与国际农业研发机构的合作，促进基础研究水平的提高；四是农业科研投入与农业区域专业化发展相结合，提高农业机械技术、生物与化学技术、耕种与管理技术的全面有效供给水平；五是着眼农业产业的全产业链发展要求，加快农林牧渔业、农业机械制造工业、农业化学工业、农产品储藏与物流业、农产品加工业等各领域的自主创新，使农业技术创新贯穿于现代农业发展的各个环节[59]。

三、注重农业科技人才的培养和使用

农业科技人才的培养主要在农业院校。农业院校在教育实施过程中应将农业科技发展趋势与农业发展需求作为依据，对课程设置与教学内容不断调整、优化与完善，促进自身教学水平的不断提高，同时注重在实践中培养和选拔人才，为农业科技培养高素质的梯队人员队伍[60]。实现科技人才培养与实践激励机制的建立与完善，对优秀的农业科技人才进行发掘与激励[61-63]。对目前来说，最重要的是要提高农业科技人员的待遇，每年培养的农业本科生、研究生很多，但很多毕业生都没有从事农业技术工作。而招的人又缺乏农业理论基础，这是教育的浪费，也是农业的损失。

四、完善现有农技推广体系

在构建柔性专业化农业技术创新体系的基础上，还需要进一步完善农业技术推广体

系,以加强农业技术成果转化。因为高效的农技推广体系是现代农业发展的必要条件。目前全国各地已经探索出了很多模式,如以供销合作社作为主体的推广模式、以公司或企业作为主体的推广模式、以农村合作组织、农民技术协会为中心的推广模式、以农业科研、教育部门为主体的推广模式、政府主导型农业科技推广模式等[64]。近年来,我国基层农技推广体系进行了改革,正在逐步完善以"专家定点联系到县、农技人员包村联户"和"专家+试验示范基地+农技推广人员+科技示范户+辐射带动户"的技术服务模式[65]。在国外,也有多种模式,如美国的以农学院为中心的推广模式、以色列的以政府农业部门为主体的推广模式、荷兰的公私合作推广模式、日本的农民合作组织推广模式、法国的企业推广模式[66],等等。

不同的推广模式适合不同地区、不同类型技术的推广需要。由于基于柔性专业化生产方式的农业技术创新体系把农业科研、教育、推广整合为一体,因此这种技术创新体系可以进一步完善以"专家定点联系到县、农技人员包村联户"和"专家+试验示范基地+农技推广人员+科技示范户+辐射带动户"的技术服务模式,促进农业技术的集成创新和协同创新[65]。这种农技服务模式,可以进一步加强与农业企业、农户之间的联系,有利于进一步加强对农户、农业企业的农业实用技术培训,各种农业新品种、新技术及新成果等可以得到及时的展示与推广,从而进一步提高农业企业和农民的科学生产、科学决策、科学经营水平,促进农业发展与农民增收,为农业区域专业化发展提供技术支撑。

参 考 文 献

[1]新华社. 科技进步对我国农业增长贡献率达 53.59%[J]. 种业导刊, 2012(9): 34.

[2]刘娟. 石家庄市农业技术推广体系现状分析及对策研究[D]. 石家庄: 河北经贸大学, 2009.

[3]国际在线. 抓好十项工作 开创农业与农村科技新局面[J]. 北京农业: 中旬刊, 2012(17): 23-24.

[4]陈露, 杨思佳. 争议超级稻[J]. 农村. 农业. 农民(B 版), 2015(4): 19-22.

[5]袁隆平超级稻减产大面积绝收, 被下"逐客令"[EB/OL]. http://www. farmer. com. cn/xwpd/jsbd/201504/t20150409_1024418. html.

[6]秦志伟. 农业科技进步贡献率递增的背后[N]. 中国科学报. 2015-01-21(5).

[7]魏后凯. 市场竞争、经济绩效与产业集中[M]. 北京: 经济管理出版社, 2003: 181-192.

[8]姜鑫. 诱致性农业技术创新模型及中国农业技术变革的实证研究[J]. 财经论丛, 2007(3): 1-7.

[9]张宇萍, 韩一军. 国外农业增长方式转变的理论及经验[J]. 世界农业, 2007(5): 17-19.

[10]列宁. 列宁全集(第 4 卷)[M]. 北京: 人民出版社, 1975: 139.

[11]郑林庄, 刘振邦. 美法农业现代化过程中的专业化与一体化[C]//现代美国农业论文集. 北京: 农业出版社, 1980: 200-201.

[12]王德成, 张领先, 李安宁. 我国农业机械化宏观研究的态势分析[J]. 农机化研究, 2005(6): 1-5.

[13]黄勇, 付威, 吴杰. 国内外机采棉技术分析比较[J]. 新疆农机化, 2005(4): 18-20.

[14]新疆生产建设兵团统计局. 新疆生产建设兵团 2015 年国民经济和社会发展统计公报[EB/OL]. http://www. bingtuan. gov. cn/c/2016-05-06/2393505. shtml[2016-05-30].

[15]贺顺奎. 低碳农业：农业现代化的必然选择[J]. 贵阳学院学报（自然科学版）2010，5(3)：39-41.

[16]农业部有关负责人就化肥农药使用量零增长行动答记者问[J]. 农村经济与科技：农业产业化，2015(3)：27-28.

[17]王宇. 土地过"肥"的隐患[J]. 共产党员，2015(4)：58.

[18]记者王宇，于文静，潘林青等. 我国化肥使用量占全球三成凸显"肥"之烦恼[EB/OL]. http：//finance. ifeng. com/a/20150317/13560454_0. Shtml[2016-05-30].

[19]我国化肥用量已近临界点 增量有限[EB/OL]. http：//finance. sina. com. cn/nongye/nygd/20140527/093119235850. shtml[2016-05-30].

[20]农业部：我国农药化肥利用率 30%左右 有待提高[EB/OL]. http：//politics. people. com. cn/n/2015/0414/c1001-26843054. html[2016-05-30].

[21]农业部：我国良种覆盖率超 96%[EB/OL]. http：//news. xinhuanet. com/fortune/2014-05/21/c_126527954. htm[2016-05-30].

[22]于文静，王宇. 我国农业科技进步贡献率将超过 56%[EB/OL]. http：//www. amic. agri. gov. cn/nxtwebfreamwork/zz/ detail. jsp?articleId=ff80808151d2c2380151e7fbb2347686.

[23]我白人朴. 我国农机化十年巨变凸显四大特点[J]. 农机科技推广，2014(4)：4-7.

[24]翟金良. 中国农业科技成果转化的特点、存在的问题与发展对策[J]. 中国科学院院刊，2015，30(3)：378-385.

[25]余靖静，王政. 我国农业科技成果转化率仅四成左右[EB/OL]. http：//news. xinhuanet. com/politics/2011-11/08/c_111153743. html.

[26]黄季焜，明瑞法，张林秀，等. 中国农业科技投资[M]. 北京：中国农业出版社，2000.

[27]周建华，尤玉平. 中美两国农业科教体系的比较与启示[J]. 世界农业，2005(5)：52，54.

[28]发达国家农民教育的几种典型模式（一）[J]. 农家致富顾问，2009(6)：11.

[29]发达国家农民教育的几种典型模式（二）[J]. 农家致富顾问，2009(7)：12.

[30]姜法竹，高昂. 技术创新与农业经济系统协同演化机制分析[J]. 产业与科技论坛，2008，7(4)：149-152.

[31]周艳波. 农民技术选择行为的经济学分析[D]. 沈阳：沈阳农业大学，2001.

[32]张晶莹. 关于哈尔滨市农业科技成果转化情况的调查[J]. 科技创新与应用 2014(7)：265.

[33]李强. 中国农业科研的投入与回报分析[J]. 中国科技论坛，2012(5)：149-156.

[34]王敬华，杨闾，陈江涛，等. 农业科技成果转化政策与机制研究[J]. 湖南农业科学，2012(5)：141-144.

[35]张淑辉，郝玉宾. 农业科技成果低转化率的主要原因探讨[J]. 理论探索，2014(1)：98-101.

[36]李宾. 更渴求创新的农业[J]. 产品市场周刊，2012(6)：39-40.

[37]王启云. 大力调整农业结构，扩大农产品消费需求[J]. 消费经济，2005，21(3)：7-10.

[38]杜方岭，王同燕，巩东营，等. 食用玉米产业化开发进展[J]. 山东农业科学，2005(4)：70-71.

[39]宋儒，郭志有，张雪冬，等. 我国专用玉米及其产业化[J]. 农业科技通讯，2007(10)：5-6.

[40]王瑜，王澎，李国龙，等. 土豆变主粮 品种须先行[J]. 农村经济与科技：农业产业化，2015(1)：43-44.

[41]王瑜，王澎. 土豆变主粮 品种须先行[J]. 种子科技，2015(2)：11-13.

[42]张利庠，纪海燕. 试析我国农业技术推广中的财政投入[J]. 农业经济问题，2007(2)：55-62.

[43]82.5%基层农技推广机构已列为财政全额拨款单位[EB/OL]. http：//www. ce. cn/xwzx/gnsz/zg/201102/16/t20110216_22218928. shtml[2016-05-30].

[44]田鹏. 湖南省基层农业技术推广体系改革与发展研究[D]. 长沙：湖南农业大学，2012.

[45]石晶，肖海峰. 我国农业技术推广投资对农业经济增长的影响分析[J]. 科技与经济，2014，27(1)：41-45.

[46]佚名，农业部发布 2014 年深化农村改革等 50 条政策措施[J]. 中国农业信息，2014(6)：3-5.

[47]农业部产业政策与法规司. 2014 年国家深化农村改革、支持粮食生产、促进农民增收政策措施农产品市场周刊, 2014(18)：12-21.

[48]高启杰. 农业推广学[M]. 北京：中国农业大学出版社，2008.

[49]广东省农村财政研究会课题组. 健全公益性农业技术推广体系研究[J]. 当代农村财经，2013(2)：18-20.

[50]张国明，王泽彩. 关于我国农业科技推广财税政策的建议[J]. 当代农村财经，2014(1)：3-6.

[51]中国农村财经研究会调查组. 关于我国农业科技推广财税政策的建议[J]. 农村财政与财务，2014(1)：3-6.

[52]张桃林. 实施《农技推广法》开创农技推广新局面[J]. 农机科技推广，2012(9)：9-12.

[53]产粮大县如何富起来 国家级贫困县超过百个[EB/OL]. 新华网，http：//www. xinnong. net/news/20150824/1263970. html[2016-05-30].

[54]宋斌. 我国基层农业技术推广现状分析与对策研究[D]. 南京：南京农业大学，2005.

[55]邓立治，何维达. 基于知识创新的科技成果转化过程研究[C]//全国科技成果评价与转化学术研讨与经验交流会论文集，2010：181-187.

[56]刘春霞. 当前辽宁省社会科学成果转化问题研究[D]. 沈阳：东北大学，2009.

[57]关文怡，郝婧. 中美农业技术推广比较分析[J]. 世界农业，2013(6)：107-110.

[58]张峭. 加快农业科技创新需要现代金融支持和保障[J]. 中国科技论坛，2012(3)：6.

[59]郑良芳. 金融和财政"两轮驱动"，合力推动农业科技跨越发展[J]. 区域金融研究，2012(8)：15-19.

[60]戴小枫. 深化农业科技体制改革，加快建设国家新型农业科技创新体系[J]. 科技导报，2004(9)：35-37.

[61]李劼，强磊. 中国农业科技发展现状问题和对策[J]. 农业与技术，2015(3)：155-157.

[62]严巧玲，何榕，詹存钰，等. 关于培养农业科技创新人才的思考[J]. 农业科技管理，2003(2)：40-42.

[63]李军，刘益国，龚丽英，等. 知识经济与创新型农业科技人才培养模式[J]. 上海农业学报，2000(4)：93-96.

[64]刘燕娜，郑义，石德金，等. 基于受众本位论的农业技术推广模式评价——以福建省部分地区为例[J]. 福建农林大学学报：(哲学社会科学版)，2012，15(1)：32-36.

[65]中央财政下拨 26 亿元支持基层农技推广体系改革与建设[EB/OL]. http：//www. gov. cn/xinwen/2015-06/01/content_2871268. html[2016-05-25].

[66]袁方成，王明为，杨灿. 国外农业科技推广模式及其经验借鉴[J]. 江汉大学学报：社会科学版，2015(3)：19-24.

[67]彭家伟. 关于进一步加强青白江区农技推广体系建设的探讨[J]. 农技服务，2014(5)：164-165.

第十章　制度创新与农业区域专业化发展

农业区域专业化发展引起交易环节的增多，导致交易费用的增加，两者呈现反比关系；农业由于其特殊的生产过程和"小生产、大市场"的市场结构，农业生产者始终面临着自然、市场等风险，风险的发生对会使专业化生产的农户陷入血本无归的局面；专业化生产者还面临协调风险，因为农业区域专业化发展需要产前、产中和产后构成的全产业链的协调运行，任何一个环节发生问题，都不能获得分工与专业化经济。比如，一个远离城市的农户选择专业化种植玉米，该农户要实现销售、获得收入，就需要与收购方谈判、议价、签订合同等，需要知道玉米的市场供求、价格等信息，如果某个环节出问题，农户将遭受收入损失[1]。如果农户预期把全部土地用于玉米的专业化生产，最后可能被中间商欺骗，一年的辛苦可能会付诸东流，他就不会选择专业化生产方式，而采用多种经营的生产方式虽然收入较低，但不会有协调失败的风险，收入也就更有保障。因此，要促进农业区域专业化的发展，就必须加强政府部门对农业发展的宏观调控，通过制度创新，从硬件和软件两个方面降低各种风险。在前面的分析中，已就农村户籍制度改革、农业科研体制等进行了探讨。本章主要就农业区域专业化发展的一些其他制度性因素进行分析，如农产品交易与流通制度、农民组织化、农业投入、农业保险、农村金融和农业产业政策等问题。

第一节　市　场　交　易

一、农产品交易制度与交易费用

农产品交易就是把农产品从生产地运到消费者手中的全部过程。在传统农业中，由于生产与消费的自给性和地区性，更由于传统农业是一种非分工与专业化发展的农业，交易活动一般表现为即时的买卖活动或所有权的转移，交易费用比较低，而在现代农业中，分工与专业化程度高，生产与消费在地区上或国家间的分离、在时间上的延迟、在农产品形式上的转化，使得农产品在到达消费者之前必须经过地点、形式、时间等转换阶段，因此农产品交易也就包括了从收集、运输、贮藏、加工、包装、销售等一系列的经营活动。随着农产品交易链条的加长，如果没有一个有效制度的保障，交易费用就很高，交易效率就很低，使社会福利遭受损失。良好的交易制度可以使生产者以最低的成本获得满意的价格，消费者以最低的价格获得最大的效用，并在这一过程中引导资源的有效配置，从而使整个生产活动达到帕罗托最优。

农产品交易链条延长是现代农业中农产品交易的重要特征。随着人们收入水平的提高，农产品尤其是经过加工的农产品的市场范围将不断扩大，不仅覆盖全国，而且走出国门，从而引起农产品交易链条的不断延伸。专业化生产使交易环节增加，如果没有良好的交易制度予以保障，不仅引起交易费用的增加，而且可能使交易失败[2]。根据威尔科克斯等的计算，美国在 1945～1949 年的农产品交易成本占食品开支总额的比重为44.5%，1992 年提高到 77.9%，到 1997 年更高达 79%[3-4]（表 10-1）。一般认为，良好的交易制度意味着较低的交易费用，但美国的农产品流通体制虽然交易费用很高却又是被公认为最有效率的，而且随着交易成本的不断上升，美国食品的价格却并没有出现大幅上涨，因此，交易费用的高低并不能完全反映交易制度的好坏，较高的交易费用可能意味着消费者的福利水平或交易效率的提高。

表 10-1 美国食品开支中的交易成本

年份	食品开支总额/亿美元	农业价值/亿美元	交易成本/亿美元	交易成本占食品开支总额比重/%
1945～1949	365	165	201	44.5
1960	659	217	442	67.1
1968	868	309	659	68.1
1987	3750	900	2850	76.0
1992	4768	1053	3715	77.9
1997	5610	1200	4410	79.0

注：美国农产品交易成本包括工资成本、包装、运输、能源、利润、折旧、广告、租金、维修、税收等。
资料来源：见参考文献[3]。

当然，这并不表示交易费用越高越好，因为交易费用不仅仅是一种费用[5]。威廉姆森曾提出了由机会主义行为，如欺骗、不守诺、不遵守契约等，引起的内生交易费用与有形的外生交易费用的区别①，而且随着科技进步，外生交易费用呈现不断下降的趋势[6-8]，如互联网的发展就能大大减少通信、搜索信息等费用。美国农产品交易过程中的交易费用都是由运输、加工和销售等环节所产生的，因而都属于外生交易费用，这种费用有助于促进农业区域专业化发展，而内生交易费用是因为有些参与交易的人为了使自己能够获得更多的利益而以不遵守契约等损害别人利益。因此农业区域专业化的发展需要通过制度创新和法律、合同完善等降低内生交易费[9]。

新制度经济学代表人物之一的诺斯曾指出，西方富国与第三世界穷国之间的巨大差别不在于运输成本，而由交易费用决定，后者是阻碍一国获取财富的关键；他进而指出，在一个有着复杂分工与专业化的相互依赖的社会中，人们可能会利用欺骗、逃避等机会主义行为而获利，为了尽可能地降低由这些机会主义行为产生的交易费用，就必须设计一套复杂的制度来约束市场参与者，如正规契约、合同法、复杂的监督体系和有效

---

① 外生交易费用是指在交易过程中直接或间接发生的那些费用，包括运输、谈判、签约、协议执行与信息搜寻等直接费用和用于生产运输、通信以及交易过程中的交易设施（如计算机、汽车、交易场所等）等形成的间接交易费用，这些费用往往在交易进行之前就能大致估算。参见：曾祥凤，朱其鳌. 农业合作组织的演进——基于内生交易费用视角的考察[J]. 生产力研究，2008（17）：27-29.

的实施机制等，虽然这些制度的设计与执行要耗费资源，但同时也带来了生产率的更大提高[10-11]。

在设计和执行各种制度方面，政府具有市场机制不可替代的作用，因为它可以通过为全民提供各种服务，如国防、治安、法律、仲裁和公正的竞争规则等，降低交易费用，但政府具有强大的暴力潜能，如果不加约束，政府权力很容易越出合理的边界，成为经济发展的阻力。诺斯曾指出，经济发展没有国家是万万不能的，但国家权力的泛滥又往往成为经济发展的祸害，即著名的"诺斯悖论"。因此，如何约束政府权力就成为降低交易费用的关键。诺斯总结到，现代经济增长产生于制度及其发展，因为制度的发展可以使一个经济获得分工与专业化带来的利益。美国的农业发展实践表明，通过完善法律和制度，规范市场行为，就可以降低内生交易费用，提高交易效率[12]。

世界银行曾在《1997 年世界发展报告》中指出，经济发展的主要障碍是由于政府机会主义产生的内生交易费用[13]。从我国的经济发展历史看，确实是这样。由汉朝到清朝一直奉行的重农抑工商政策就是一种政府机会主义，由此产生了巨大的内生交易费用；在改革开放前，农产品强制收购政策、严格限制农民流动的户籍制度和通过工农业价格"剪刀差"对农业的"掠夺"等；在改革开放后，乡镇企业发展的"离土不离乡"、强调粮食生产的"米袋子"省长负责制、农村集体土地必须经过征收成为国有土地后才能进入市场交易，等等，都是由政府机会主义产生的政府行为。这些政策以牺牲农民利益来满足城市居民和政府的需要，促成并固化了社会经济"二元结构"，限制了农民分工，增加了市场不确定性，也阻碍了农业区域专业化发展[14]。

党中央提出的科学发展观、"四个全面"战略部署以及"创新、协调、绿色、开放、共享"发展理念①，将有助于降低这种由政府的机会主义所产生的内生交易费用。但要有效地降低这种内生交易费用，政府部门就必须彻底地转变职能，加快服务型政府、"效能型"政府建设，缩小政府管理经济的范围和权力②。

交易费用与农业区域专业化发展之间的关系可以简单地概括为，农业区域专业化发展有助于降低交易费用，而交易费用的降低也将有利于区域专业化的发展。农业分工与专业化的发展必然伴随着交易网络的扩大，这就要求制度的相应发展，以减少交易的不确定性。政府的制度创新虽然能够降低交易费用，但在知识和信息不充分的条件下，市场制度可能是一种更好的交易制度。杨小凯和黄有光已经证明，市场制度的最主要功能是发现有效的劳动分工与专业化水平、有效的市场结构、有效的合同和制度结构等[15]。

交易制度和交易效率对农业生产者避免市场风险、改善市场地位和保障收入水平等具有重要的意义，因而对农业区域专业化的发展更加重要。随着农业区域专业化的发展与深化，农业各环节和农业内外的分工和合作将不断加强，依存度将不断提高，形成一

---

① "五大理念"与百年梦想. 光明日报. http：//theory. people. com. cn/n/2015/1123/c40531-27843565. html[2016-06-01].

② 吴敬琏曾对中国政府经济职能概括为以下三个方面：一是收入再分配，即对由市场决定的收入分配进行调节，以避免收入两极分化；二是保持宏观经济稳定，以避免市场经济活动的过度波动；三是在"市场失灵"的情况下，干预资源配置，例如：对具有外部性的物品（如高污染产品、高社会效益产品和公共物品）的生产进行调节，执行反垄断、反不公平竞争立法，等等。参见：吴敬琏. 当代中国经济改革战略与实施[M]. 上海：上海远东出版社，1999. 刘华. 全能型政府职能模式的历史作用及其转型努力[J]. 河南师范大学学报（哲学社会科学版），2009，36（2）：40-43.

个相互依赖、相互依存又互为条件的社会化生产网络，缺少任何一个环节都会使农业区域专业化发展受阻。因此，交易制度和交易效率是关系到农业区域专业化发展进程、程度和效益的重要影响因素。在市场经济条件下，自由选择权是降低交易费用并提高经济绩效的关键，我国农村经济的发展和农民收入的提高正是因为农民在改革之后有了财产权利和自由选择权。

有效率的农产品交易体系建设包括交易方式、交易手段及交易相关法律等一系列因素，也包括交通运输、农产品交易市场等硬件设施。改革开放以来，我国交通建设成效斐然，四通八达（表 10-2），但流通成本却一直非常高，2001~2014 年的社会物流费用占 GDP 的比重为 18%左右，比美国、日本、德国高近 9.5 个百分点、比印度高 5 个百分点，也高于全球均值 6.5 个百分点[16]，物流成本高企的主要原因有物流市场的小、散、乱、杂，专业化、社会化程度低和条块分割严重、信息不对称等[17]。另一个是物流管理成本高。据中物联统计，中国的物流管理成本在 13%~15%，而美国仅是 3.5%~3.8%，我国物流管理成本高的一个很重要的原因就是行政性收费过多，因此应不遗余力地减少行政干预，通过市场行为形成互联互通、全国统一的物流机制和氛围[18]。

表 10-2　1978 年以来我国各类运输线路长度　　　　单位：万公里

年份	铁路营业里程	国家铁路电气化里程	公路里程	高速公路	内河航道里程	定期航班航线里程	国际航线
1978	5.17	0.10	89.02	—	13.60	14.89	5.53
1980	5.33	0.17	88.83		10.85	19.53	8.12
1985	5.52	0.41	94.24	—	10.91	27.72	10.60
1990	5.79	0.69	102.83	0.05	10.92	50.68	16.64
1995	6.24	0.97	115.70	0.21	11.06	112.90	34.82
2000	6.87	1.49	167.98	1.63	11.93	150.29	50.84
2005	7.54	1.94	334.52	4.10	12.33	199.85	85.59
2010	9.12	3.27	400.82	7.41	12.42	276.51	107.02
2014	11.18	3.69	446.39	11.19	12.63	463.72	176.72

资料来源：《中国统计年鉴》(2015)。

二、我国农产品交易与流通中存在的问题

改革开放以来，农产品交易制度建设取得了巨大成绩，各级政府对有形市场的建设也很重视，但提高交易效率的关键是有效的交易制度。创新交易制度必须加快农产品流通体制改革，创造一个充分竞争的农产品交易市场。一个充分竞争的市场可以通过加强同行竞争以减少交易中的不确定性[15]。在农产品市场中，如果有很多交易经纪人参与，农民就可以利用他们的竞争来提高交易的及时性，避免交易商的欺诈；如果市场竞争是充分的，交易价格信息公开，则农民能在一定程度上避免价格风险。我国农产品交易市场现在虽然已遍布城乡，农产品市场化程度日益提高，但农产品的交易成本一直非常高，显示我国农产品物流效率极其低下。我国粮食物流成本约占总成本的 40%左右，蔬

菜、水果等鲜活产品则占 60%以上[19]。由于"最后一公里"的物流问题没有解决,成本高企,新鲜蔬菜的零售价格要比批发价高出一倍以上,而美国的粮食物流成本一般为总成本的 10%~20%,鲜活产品物流成本也只有 30%左右,我国农产品物流成本为美国的 2 倍[20]。我国农产品物流成本高的原因,有以下几个方面。

（一）我国农产品物流环节多、损耗高

在物流环节中,农产品损耗高,损耗的成本自然就加入销售价格,成为推高农产品价格的重要因素。我国农产品在流通环节的损耗率平均为 30%,而美国、日本等发达国家仅为 3%及其以下,相差十倍以上[21]。由于我国缺乏冷链物流设备,水果蔬菜等鲜活农产品在采摘、运输、储存等物流环节上的损耗率高达 25%~30%[22],全国每年果蔬腐损 1.5 亿吨以上,直接经济损失几千亿元,而美国、日本及欧洲等有完善的冷链物流体系,鲜活农产品的冷链物流率在 80%以上,因此发达国家的果蔬损耗率大多控制在 5%以下,而美国仅有 2%左右[23]。

（二）生产经营规模小、成本高

我国 2 亿多农户生产的农产品在收购、运输过程中,需要付出信息收集、谈判、成交和运输等成本。我国传统的农产品流通模式经过多级批发、多级零售,每一个环节均至少加价 5%~10%,这些成本最终都会转嫁到零售价格中[24]①。此外,我国目前农产品物流主要依赖公路,而我国公路多为收费路[25]②,也是推高农产品价格的因素之一。由于中间环节加价多,导致农户种植农产品获利很少,而消费者也没有享受到低价农产品。有新闻报道说,从上海运产品到云南的运费,比从美国到云南的运费还高。

（三）农产品加工程度低、储存能力差

由于我国农产品生产标准化程度低,适合加工的专用农产品很少,农产品加工技术也落后,加上生产、流通成本高,因此农产品大多以初级产品销售,附加值小。发达国家农产品加工业发达,占制造业比重较大,如荷兰为 13%,美国为 9%,农产品加工业产值一般为农业产值的 2~4 倍,且农产品精深加工程度在 90%以上,如美国的农产品加工业产值是农业产值的 3.7 倍,而中国仅为 2.1 倍[26]。我国生产的农产品中,只有约 1%的产品进行了工业化处理,能冷藏储存的比例不足 20%,深加工比例不足 10%,而美国均在 50%以上[27]。美国是世界上农产品加工最先进的国家,美国玉米深加工产品多达

---

① 如大白菜从山东收购运到北京新发地农贸市场的流通成本是 0.23 元,但到超市的终端零售价格一般都在 1 元以上了；从京郊的新发地市场在北京丰台区方庄超市的直线距离不过 10 多公里,但大葱的价格却上涨了近 2 倍,其他鲜活农产品的价格也比批发环节贵 1 倍左右。参见我国农产品流通面临环节多成本高等问题[EB/OL]. 九九物流网, http：//www. 9956. cn/college/108498. Html[2016-06-02].另一方面,近年来,随着房地产价格的节节攀升,批发、零售市场摊位租金和普通生活用房价格、人工费用、汽柴油等成本也节节攀升。参见：宗绍白. 农产品流通"肠梗阻"[J]. 农经,2012(4)：36-39.

② 据统计,我国目前收费公路约有 20 万公里,占全国公路总里程的 4%-5%,而且费用高、频次多、密度大,调查显示,公路通行费占企业运输总成本的 20%,这些都推高了物流成本。参见：我国农产品流通面临环节多成本高等问题[EB/OL]. 九九物流网, http：//www. 9956. cn/college/108498. html[2016-06-02].

4000 多种，其资源利用率达到了 99%，处于世界领先水平；美国的大豆加工制品近 12000 种，在全球市场占有率 30%以上，广泛应用于食品、医药、化工等领域[26]。我国的大豆深加工技术目前仅能开发出两百余个品种[28]。

（四）农产品交易组织化程度低

改革开放以来，农业生产、农产品交易中先后出现了农业产业化经营、订单农业、各种协会、农业合作社、农民合作社等组织形式，但从实际运行来看，有些协会、合作社等组织有形式无内容，与农户的联系程度很低。我国农产品从生产、收储、运输、加工到销售，参与者虽然众多，但普遍存在规模小、技术低、协调性差、社会组织化程度低等问题[29]，不仅没有起到降低交易费用的作用，反而增加了物流成本。这些交易组织大多为生产领域的延伸，属于第二方物流，其从业人员也是农业生产者，农产品物流的非专业化发展，即第三方物流缺失，而且我国农业生产者及流通加工人员的学历层次低，制约了农产品现代物流发展①。

（五）信息化建设严重滞后

我国农产品市场信息化建设起步晚，发展水平很低。目前存在的问题有：一是农业信息网络覆盖面小。2010 年，我国登记注册的农业网站虽有 7672 家，但这些网络大多只覆盖到市县一级，只在经济发达地区才延伸到乡镇，广大农村则为信息化空白。二是很多农业信息网站形同虚设，真正及时更新市场行情及供求信息，能为农民起到切实指导作用的网站并不多。三是广大农村网民很少关心农产品信息，截至 2014 年，我国农村网民总量虽然有 1.78 亿，但农村网民占总网民数的比重仅为 27.5%，农村网民主要关注和应用的是娱乐类和商务类，而且农村网民的地区差异大，主要集中在经济发达的北京、上海、广东、江浙等地区，中西部的用户很少[30]。而美国拥有发达的农业信息系统，美国 85%的农民都能上网，农业电子商务占总电子商务的比率在各行业中位列第 5 位，各种农业网站的信息很多，包括各种各样的信息，而我国的农业网站信息量很少[31]。另外，美国的信息咨询公司也很多，成为广大农户获取信息的重要渠道。

电商交易是进入 21 世纪以来最重要的交易模式创新。随着互联网的发展，我国农村电子商务也获得了很大的发展，但对比发达国家的情况，我国则显得比较落后。据中国电子商务研究中心数据，2012 年我国进入流通领域的农副产品价值总额为 2.45 万亿元，但通过电商流通的农产品只占 1%左右[32]，因此农产品电商受到了很多人的关注。特别是李克强总理提出"互联网+"的概念后，我国各地大规模地鼓励发展农产品的网络交易，很多地方的创新、创业孵化器也把农产品电商作为重要的孵化项目，并把网络销售作为较低物流成本的希望[33]。从直观的认识来看，发展电商可以有效地减少农产品物流

---

① 美国的物流管理从业人员中拥有学士学位的占 92%，有硕士学位占 41%，有 22%的人拥有仓储工程师、配送工程师等职业资格证书，高素质人才成为美国高效物流的重要保障。参见：陈国. 从国外农产品物流的发展经验看我国农产品物流发展[J]. 知识经济，2014(6)：126.

环节多的弊端，但实际情况并不乐观，农产品电商的物流成本也很高。据攀枝花市统计局城调队抽样调查 11 家有电商销售经历的农户（农村合作社），调查结果显示物流成本占电商总销售额的 42.1%，电商的物流成本包括挑选、内外包装盒、人工、场地、快递等[34]。许多市场人士认为，生鲜市场是电商领域的蓝海，市场前景可观，包括乐视网、中粮我买网、顺丰等各路企业纷纷布局，但从运行效果看，并不理想[35]。这主要与冷链物流设备少和第三方物流缺失等有关（表 10-3）。

表 10-3　我国目前的农产品电商模式、物流方式与成本

	模式	物流方式	物流成本	备注
顺丰优先	购销电子商务	自建冷链	>40 元/单	全新冷链体系，质量有保障，成本高
淘宝生态农业	电子商务平台	商家自己解决	—	各种方法都有
中粮我买网	购销	自建普货体系	>25 元/单	需要时用冷链，无法保证质量
多利农庄	农场基地	外包冷链（黑猫）	25 元/单	亏本
京东	电子商务平台	商家自己解决		各种方法都有
其他农场	—	自送	>30 元/单	有的外包给普货体系

资料来源：丁辰灵.农产品电商三大疑难杂症：物流　标准　信任.[EB/OL]. http://www.100ec.cn/detail--6108126.html[2016-06-05].

我们认为，我国发展农产品电商，目前急需解决的最重要问题是食品安全问题。由于农产品电商交易不可避免地存在着购销双方严重的信息不对称问题，而且我国农产品生产缺乏生产、质量标准，也缺乏有效的监督机制，十几个"大盖帽"管不住一根有毒的豆芽、管不住一桶地沟油[36]；但更重要的原因是社会道德的大幅度滑坡，社会底线失守，种大米的自己不吃，种蔬菜的自己不吃，对于这种现象，被称为"易粪相食"[37-38]；2011 年 6 月，复旦大学研究生吴恒推出"掷出窗外"食品安全网站显示，2004 年全国有 4 个食品安全严重区域，2011 年上升到 11 个，长江以南地区全军覆没[39]，因此食品安全问题不能不引起高度重视。另外一个技术性问题是物流配送问题，这也是需要着力解决的当务之急，因为我国农村分布零散、农业区域专业化发展水平低，物流运输总量少，造成收集、运输、配送的成本很高，不解决农村物流配送问题，农村电商就很难发展。

三、提高我国农产品交易效率的对策

我国农产品物流成本高、损耗高及交易费用高，与生产的非规模化、非专业化有关。目前的生产是基于单个农户的生产，农产品收储、运输、销售也是单个农户或小型企业，在农产品的收、储、运、销各环节都需付出较多的时间、物流成本；如果农业区域专业化水平比较高，比较稳定，特别是农业生产中基于专业化的规模化经营程度比较高，则可以减少谈判、签订购销协议和收购、储存设施、运输等方面的费用；另一方面，农产品交易费用高，与农产品生产的非标准化和非品牌化有关。我国农产品品种繁多又缺乏生产标准，虽然农产品销售主要以产地为标志，但即使这样，在销售时，还是

需要分门别类地讨价还价，签订合同，等等。因此，为了加快农业区域专业化发展，用采取有效措施，降低交易费用。我们认为，无论是传统销售模式，还是电商销售模式，降低农产品的交易费用需要从多方面着手。

（一）大力推进农业规模化、专业化发展

美国等发达国家的经验表明，区域专业化发展是农产品标准化、品牌化发展的前提条件，是提升农产品质量的有效途径。因此政府部门要加快制订农产品生产标准、质量标准，实行区域专业化生产，并加强引导和监管，促进农产品标准化、品牌化生产[40]。在农产品标准化方面，虽然目前各类农产品的集中、连片生产区域很多，但由于主要以单个农户生产为主，在农产品生产的种植、管理等方面都由农户自己决策，缺乏标准化的生产技术准则，农产品也缺乏标准、品牌引导，不仅难以区分农产品质量，也增加了交易成本。因此，需要通过区域专业化发展，提高农产品生产工艺标准化、品质标准化和规格标准化，在标准化建设的基础上，提高农产品的品牌化程度[41]。我国农产品品牌的发展虽然早在20多年前就提出来了，但到目前为止，还没有一个像英国"立顿"茶那样的品牌，这是值得深思的问题。

（二）建设仓储设施，发展冷链物流，提升组织化水平

改革开放以来，虽然建立了很多农贸市场，但从农产品交易来看，主要是鲜活产品的交易，缺乏足够的储藏设施，如冷藏仓库、冷冻仓库，冷链物流设备也非常缺乏，冷链物流体系尚处于初步建设之中。而发达国家早就建立了完善的冷链物流体系，冷链物流设备既先进又充足，如日本有冷藏车32万台，约400人/辆；美国有冷藏车60万台，约500人/辆；而我国仅有冷藏车约4万台，按照美日标准，我国至少需要300万辆[42]；据统计，由于冷链设备却和冷链物流的不完善，我国果蔬损耗率高达25%～30%，年损失800亿元[43-44]。因此，我国需要加强农产品流通体系规划，加强仓储、冷链等设施建设[45-46]。此外，还要加强农产品交易组织建设，特别是要加快第三方物流发展，扩大交易组织规模，提升其层次和社会组织化程度，加快农产品物流人才培养，通过目前大量个体和小型农产品物流公司的整合，聚合交易组织，改变目前的散、乱、差现象，促进各类农产品物流公司的分工与专业化发展，促进农产品交易效率的不断提高。

（三）加快专用农产品发展和加工设备研发，提高附加值

农产品加工业与农业区域专业化发展相互影响、相互制约、相互促进。美国等发达国家的经验表明，发展农产品加工业，不仅可以提高农产品的附加值，还可以有效地缓解农产品卖难问题[47]，降低农产品运输、储藏等的损耗，但农产品加工率的提高需要专用农产品品种的研发和稳定的农产品原料生产基地以及农产品的标准化、专业化生产，因此，我国应加强专用农产品育种及其区域专业化生产[48]，同时要加强农产品加工机械设备的研发，使两者之间形成良性循环，相互促进，共同促进农产品附加

值的不断提高。

(四)加大农村电商人才培训

对于我国农产品电商的发展，目前急需解决的问题是食品安全保障问题，避免完全陷入"易粪相食"的绝境。因为农产品用于食用，农产品的品质、是否有害、农药污染等必须有得到有效监控，大家才能放心购买。对于同一地方的同一种农产品，可能有很多商家在卖，但谁家好谁家不好，消费者很难分辨，需要农产品产地的质量监管部门把好关，这些问题的解决需要社会在号召人人都做个好人的同时，更需要立法机关通过法律、制度、规则的制定，通过政府部门的严格执法等，为好人撑腰，让违法者付出惨痛代价[49-51]。其次，要加快农村电商人才的培养，主要通过加大对文化程度较高的农村劳动力的培训力度和电子商务知识的普及力度，使越来越多的人懂电商、会电商并把电商做好[52]。此外，还要着手解决农村物流配送问题，目前应该加快完善农村地区快递服务网建设，解决农村电商发展的"最后一公里"问题[53]。当然，如果技术发达了，未来也可以用无人机来解决这个问题①。

第二节　农民组织

在市场经济条件下，无论是发达国家还是发展中国家，作为个体的农民都是弱势群体，小生产无法抗衡，只能被动地适应市场，不可能影响市场，也无力与政府部门讨价还价，参与和影响政府政策的制定。在我国，由于农户经营规模很小、农民数量众多，这种情况更为严重，致使农民在市场中处于极不利的地位。

一、农业区域专业化是农民组织化的诱导因素

从国外的实践经验看，农民组织基本是合作组织。一般而言，目前国外的农民合作组织可以分为三种类型：一是综合性的组织，这种组织既是合作经济组织，又是行政辅助机构，同时又是代表农民政治经济利益的社会团体，具有半民间半官方性质，这类农民组织以日本的农协为代表[54]。二是专业性合作社，即在农业专业化发展的基础上建立起来的合作组织，而专业化组织是综合性组织的发展基础，这类组织广泛存在于欧洲国家；德国的合作社是专业性农业合作社的代表，因为加入合作社的单个农户分享到了农产品加工、仓储、运输和销售等各环节的利润；除了农业生产方面的业务外，德国的农业合作社还有各种形式的信用合作社，农户可以从信用合作社得到利率很低的优惠贷款[55]。三是以美国、加拿大为代表的跨区域合作社，美国很早就成立了全国农场主联盟、牧场主协会等组织，而且每一种农产品都有协会，但都是跨区域性组织，其任务是维护自身利益[56]。

---

① 刘强东. 未来以无人机送货降低农村物流成本[EB/OL]. http://www. 9956. cn/news/116717. html[2016-06-05].

我国和日本都是东亚以小规模经营为主，因此日本的经验可能更适用。日本的第一批农协组织就是在明治 10～20 年创立的生丝(或蚕丝)和茶叶贩卖组合，因为这些行业的专业化程度和商品率高，而一家一户的专业化经营农户在进入国内外市场时面临着很大的市场风险，因此农户迫切需要社会化的销售服务、生产资料供应和技术指导；如果不组织起来，就只能任凭中间商控制自己的命运；而以互助为原则组织起来，农民就可以在一定程度上避免市场风险；日本综合农协的基础是各种专业农协，而且按村落组织，所以农协组织与农民有很强的亲和力[57]。日本综合农协的业务包括技术推广、供销、信用贷款、保险等综合服务，并覆盖了全国农村地区和所有农民，从而在经济上、政治上都形成了巨大的势力，成为左右日本政治的重要力量[58]。由此可见，农民组织化是在市场主导的一种诱致性制度变迁，农业专业化发展就是诱导农民组织化的重要因素之一[59]，因为没有专业化生产就不会有社会化分工和合作需求。改革开放到 20 世纪末期，我国农民的组织化程度有所提高，形成了多种组织模式[60]，但由于农业专业化水平较低，农民组织化程度并不高，如我国的农业专业技术协会从 20 世纪 80 年代中期开始发展，但到 1998 年全国只有 13 万个，会员 580 万人，占农村人口的 0.07%，直接联系农户 1164 万户，占全国总农户的 5%；四川是我国的农业专业技术协会的发源地，但到 1998 年也只有 1.2 万户，占全省总农户的 4%[61]。进入 21 世纪后，特别是 2007 年"农民专业合作社法"实施后，全国各地制定政策予以扶持，农业生产合作社得到了快速发展。2013 年和 2014 年，各级财政扶持资金总额均达 54.7 亿元，2014 年共扶持合作社 3.5 万个，平均每个合作社获得扶持资金 15.5 万元，合作社当年贷款余额 106.0 亿元，比 2013 年增长 88.4%[62]。到 2014 年年底，全国有农民专业合作社 141.18 万家，在纳入统计调查的 113.8 万个农民专业合作社中，实有成员 5593 万个(户)，平均每个合作社实有 50 个成员，其中普通农户成员占 87.9%，专业大户及家庭农场成员占 3.2%；通过合作社带动非入社成员 6542 万户，在调查的农民专业合作社中，种植业占 50.6%，畜牧业占 25.0%，服务业占 8.2%，林业占 5.8%，渔业占 3.5%[62]；按服务内容划分，有 53.3%的合作社实行产加销一体化服务，有 28.0%的合作社以生产服务为主，而以购买、仓储、运销、加工和其他服务为主的合作社所占比重分别为 3.7%、0.9%、2.7%、2.0%和 9.4%[62]。

目前，农民专业合作社已成为我国农业农村改革发展的重要力量，既提高了农民组织化程度，也促进了农业的品牌化、专业化发展，提高了农产品质量，农民收入也因此提高了[62-63]。从全国来看，2014 年，农民专业合作社为成员提供的经营服务总值高达 10110 亿元，其中，合作社统一销售农产品价值达 7529 亿元，统一购买生产投入品价值达 2581 亿元，有 7.0 万个合作社拥有注册产品商标，有 3.7 万个合作社通过了产品质量认证；2014 年，全国合作社经营收入 5135.6 亿元，可分配盈余 907.0 亿元，平均每个合作社为 8.0 万元，其中 213.7 亿元已通过股金分配，515.7 亿元按交易量返还[62]。然而，在发展进程中也存在一些不足，由于中央对发展农民专业合作社非常重视，有些地方政府以建立合作社数量为政绩考核标准，因此出现了"大跃进"，重数量，轻质量，个别地方出现了不顾农民意愿，把农民"赶进"合作社，有的地方则仅仅为了获得政府的补助而组建合作社，因此很多农民专业合作社一直处于瘫痪状态[64]。

从国外的经验看，合作社或协会的发展基础是农业区域专业化生产，因为没有区域专业化发展，农户生产分散、生产行为变化大，既缺乏合作需求，导致交易成本高，也不利于组织化，因此，我国农民专业合作社的发展需要农业区域专业化水平的进一步提高。另外，我国农业合作社的发展还应进一步完善法律，鼓励农民在发展基层合作社的基础上，组建区域性、跨区域性合作社和全国性合作社，鼓励农民在发展专业合作社的基础上，扩大业务范围，促进综合性合作社的发展[65]。

二、农民组织化对农业区域专业化发展的影响

农民组织化程度的提高，特别是各种专业合作社的发展也有利于促进农业区域专业化的发展；专业性或技术性农协由从事同一类生产经营的农户组成，因此这种农协的发展可以从两个方面促进农业专业化的发展。一方面，专业性或技术性农协可以通过为农户提供生产资料和技术服务，降低生产成本，提高生产效率和增加收入[①]，同时这些协会还可以动员民间资本参与农业开发，如农业生产资料的购买，在无组织情况下，各个农户分散购买，就没有议价能力，但专业性或技术性农协建立后，协会把各农户的购买信息集中起来，然后由协会统一采购，可以在一定程度上缓解工商业资本对农民的盘剥；另一方面，专业性或技术性农协的发展，可以使农户以联合体的形式进入市场，提高谈判、议价能力，降低市场风险，使农民在发展专业化生产时有一个比较稳定的预期。20世纪90年代以来，成都市龙泉驿区的水果生产就是以各种水果种植技术成立水果技术协会，既推动了当地水果生产技术的扩散，通过大批量交易降低各种成本，促进水果的销售和水果产业的发展。农民专业合作社的发展还可以有效地促进农业生产的标准化、管理的规范化，更好地控制、提升农产品质量[66-68]。从宏观角度来说，基于农业区域专业化发展的农民组织化程度的提高，也有利于农户对农产品产量、价格等建立良好的预期，促进农产品生产向优势地区集中。

三、提高我国农民组织化的对策与建议

纵观德国农业合作社的发展历程，其成功运行离不开明确的法律基础、健全的农村金融体系、严格的审计制度、有机的联盟结构、科学的运营管理、适度的政府支持等特点。我国的农业合作社尚处于初步阶段，很多方面还需要进一步完善。在我国，虽然从中央到各级地方政府都很重视"三农"问题，也出台了一系列扶持农业发展的政策，如增加农业投入、减轻农民负担等，但总是雷声大雨点小。这一现象被人们称为"口号农业"。产生"口号农业"的根本原因在于我们忽视了这样一个普遍的事实：农民很少参与和影响农业政策的制订，他们缺乏与不同利益集团、政府部门的讨价还价的机会和能力，在各级政协、人大中农民数量很少。国外农业发展的经验表明，农业发展需要农民

[①] 国内外已有大量的研究表明，农民专业协会的发展有助于农业技术进步，参见：国鲁来. 农业技术创新中的农民专业协会分析[J]. 古今农业，2003（2）：10-20.

组织化并让农民组织参与农业政策的制订[1]。因此，建立健全我国农民合作组织及其体系仍然任重道远。

（一）改变观念，促进农民自我组织

我国农民组织化程度低的一个重要原因是观念和立法方面的滞后。虽然 2007 年开始实施《农民专业合作社法》，但实际中的农民专业合作社很多都是在有关部门的安排下成立的，而且法律只对内部社员的权利与义务进行了规范[2]，致使业务方面比较狭窄，在观念方面也比较保守，10 多年前就有人担心农民组织化程度提高会成为"压力集团"，与党和政府唱"对台戏"，因此不主张支持农民组织的发展[61]。现在仍然有这种担心。我们认为，这种担心是多余的，把农民组织作为党和政府的对立面看待的观点更是错误的。农民组织起来后，为了自己的利益而向政府部门或其他利益集团表达意愿、施加压力，与政府部门或利益集团讨价还价，应是市场经济的题中之意。

另一方面，由于我国农户经营规模很小，专业化水平较低，加入或不加入专业合作社，对农户的影响不是很大，因此合作社对他们没有吸引力，一般是种植大户比较积极，如湖北咸宁市农户参与专业合作社的比率只有 3%～4%[69]。我们认为，农民专业合作社应具有一定的社会经济职能，业务范围需要扩大，增强其权威性和对合作社内经营者的约束力，这是完善农民专业合作社发展的关键。另外，市场经济就是一种在竞争与合作中获得发展的经济体制，这是经济发展的动力源。我们认为，我国应该通过完善法律，制定有助于农民自我组织的法律，完善法律环境，提高合作社的自我组织、自我管理、自我负责的能力[70]。

（二）农民组织构建应自下而上

农民专业合作社是代表合作社内的所有社员利益的非营利性社团法人组织，在组建合作社的过程中，应当以自愿为前提，尊重农民的意愿，根据法律规定，自己制订章程，进行组织和管理；自上而下的组织或者由外部人来组织，虽然从表面看，提高了农民的组织化程度，但最多也是一种摆设，而且会产生相反的作用，这已为历史所证明[3]。目前，我国的农民专业合作社虽然已经遍布农村，但大多数是一种自上而下的组织，以前的很多农村组织，如技术协会、产品协会等都是政府组织的[4]，目前很多合

---

① 在宏观社会经济政策的制定中，有一个与政府充分对话、沟通的农民组织在国家经济、社会、政治事务中表达农民意愿，可以促使国家和地方各级政府制定和落实涉农方面的法律法规、政策措施时尊重农民的意见，减少政府的决策失误和政府的机会主义，确保农业政策能够体现农民的利益并得到有效的落实，从而保障农民的权益，这是世界农业发展的规律。参见：尹中立. 保护农业需要组织农民[J]. 中国改革：农村版，2004（4）：28-29.

② 全国人大常委会法工委经济法室　曹兵兵. 规范扶持农民专业合作社 促进农业与农村经济发展[EB/OL]. 中国人大网. http://www. npc. gov. cn/npc/xinwen/rdlt/fzjs/2006-11/02/content_353862. html[2016-06-07].

③ 在 20 世纪 50 年代，由于不尊重农民的意愿，以强迫命令方式进行了"合作化"和"人民公社"运动，结果给农村经济和整个国民经济带来了灾难，"合作化"运动是由上级主导的强制性制度变迁，从制度经济学的角度来看，这是一种典型的管理型制度，而不是农民自己的组织。参见：蒲文忠. 让农民组织起来——兼论转型期社会农民权益保障机制的建立[J]. 经济管理文摘，2004（4）：24-27.

④ 这是我们在农村调查中的发现。例如，在成都市龙泉驿区，在发展水果生产的基础上，先后组建了 40 多个农民果树专业技术协会，但这些协会是自上而下的组织，除政府部门偶尔组织一些专家讲课外，在技术服务、种子供应、水果销售等方面仍然以农户的单独行动为主，协会没有发挥多大作用。

作社中也是由这种协会转化而来，换个名称而已，也有一些是"公司+农户"组织转化而来。这样，合作社虽然建立了，但没有起到其应有的作用，也不可能起到其应起的作用。因此，要提高农民的组织化程度，应该让农民自愿参与、自我组织与管理，通过发挥其"自主、自治、自助"功能，由农民自己为自己谋福利，而政府的作用是立法规范，使各类农民组织依法规范运行[71]。政府部门虽然有必要加以引导，但绝不能越俎代庖，更不能官办。

第三节　农业投入

斯密曾指出，资本和机器的使用是分工发展的必要条件之一。国内外的经验和历史也业已表明，在农业生产中，增加资本投入，是现代农业发展的重要保障，对农业分工与专业化发展具有十分重要的作用。增加农业科研投入，可以强化农作物良种的培育、加强种植工艺与方法改良、优化化肥和农药施用，提高土地生产率、农产品品质；增加农业投入可以提高农民在机械、设备和运输工具等方面的投入，使农民摆脱"一根扁担、一把锄头、一头牛、一双手"的繁重体力劳动，提高劳动生产率，减少农业劳动力。在这里主要分析增加农业投入对抗、防水旱灾害的作用。

一、增加农业投入是农业发展的有效保障

我国农业发展的经验已表明，要提高农业综合生产能力就必须加大对农业基础设施的投入。我国几十年来粮食产量与有关投入的相关度分析表明，每增产 5000 万吨粮食，在其他措施配套的情况下，需要相应投入 1500 万吨化肥、130 万吨柴油和 100 千瓦·时。前面的分析已表明，增加化肥、农机等投入对区域专业化有显著影响。通过计算化肥施用量等与粮食、小麦、稻谷、玉米、大豆和薯类等总产量之间的相关系数可知，与粮食总产量的相关系数均在 0.66 以上，表明粮食总产量与这些投入指标均高度相关，小麦、稻谷总产量与这些投入指标的关系较弱，相关系数在 0.3～0.5 之间；玉米总产量与这些投入的关系很强，相关系数均在 0.85 以上，而大豆、薯类的总产量与这些投入指标呈现弱负相关关系(表 10-4)。

采用 Eviews 6.0 软件对各因素与粮食总产和主要粮食产量的回归分析表明，在 5%的显著性水平下，各因素对粮食总产的影响均显著，其中化肥、有效灌面的影响最显著[①]；对小麦的影响除农用柴油外均显著；对稻谷的影响除农用塑料薄膜、农用柴油外均显著，仍然是化肥最显著；对玉米的影响均显著，以有效灌面为最显著；对大豆的影响除农用塑料薄膜、农药和农用柴油外均显著；对薯类的影响，除农用塑料薄膜、农药和农用柴油外均显著，但统计显著性均一般(见表 10-5)。由此可见，化肥投入对粮食生产具有重要影响。从表 10-5 可知，增加 1 万吨化肥平均增产粮食 4.56 万吨，增加其他投入对

---

① 这与其他专家的计算结果一致。参见：吴振华. 我国粮食安全的政策选择——基于影响粮食供给因素的分析[J]. 乡镇经济，2009，25(10)：88-91.

粮食增产效果也很明显，因此增加投入是粮食增产的重要保障。由于投入对产出的影响具有滞后性，因此农业投入不能临时抱佛脚。

表 10-4　我国粮食总产和主要粮食产量与各项投入之间的相关关系分析

	粮食	小麦	稻谷	玉米	大豆	薯类
农村用电量	0.819	0.481	0.443	0.957	-0.366	-0.356
有效灌面	0.814	0.458	0.477	0.936	-0.314	-0.205
化肥	0.796	0.448	0.459	0.928	-0.302	-0.274
农用塑料薄膜	0.750	0.377	0.381	0.911	-0.259	-0.265
农药	0.787	0.460	0.476	0.909	-0.304	-0.294
农用柴油	0.661	0.292	0.294	0.847	-0.172	-0.297

数据来源：根据《中国农村统计年鉴》（历年）整理并计算。

注：农用塑料薄膜、农药使用量的数据为 1990~2013 年，农用柴油为 1993~2013 年；其他数据为 1978~2013 年。

表 10-5　我国各项投入对粮食总产和主要粮食产量的回归分析

被解释变量	解释变量					
	农村用电量	有效灌面	化肥	农用塑料薄膜	农药	农用柴油
粮食总产量	2.61 (9.66)	1.11 (11.79)	4.56 (15.99)	65.54 (6.11)	113.16 (6.51)	7.74 (3.84)
小麦	0.52 (5.48)	0.23 (6.39)	1.01 (8.86)	8.10 (2.38)	15.33 (2.76)	0.78 (1.33)
稻谷	0.45 (4.59)	0.20 (5.33)	0.89 (7.02)	6.30 (1.69)	12.32 (2.01)	0.84 (1.34)
玉米	1.72 (20.95)	0.70 (22.69)	2.71 (18.32)	55.75 (10.71)	92.30 (9.60)	7.29 (6.95)
大豆	0.06 (3.69)	0.03 (5.03)	0.14 (7.24)	0.97 (1.42)	2.00 (1.77)	-0.06 (-0.76)
薯类	0.05 (2.24)	0.03 (3.73)	0.13 (3.91)	0.73 (0.62)	1.63 (0.83)	-0.21 (-1.35)

数据来源：根据《中国农村统计年鉴》（历年）整理并用 Eviews 6.0 软件 Newey-west 稳健标准误方法估计，以消除序列相关；括号内有 t 统计量。

注：农用塑料薄膜、农药使用量的数据为 1990~2013 年，农用柴油为 1993~2013 年；其他数据为 1978~2013 年。

二、农业投入和水利设施建设对粮食生产的影响

我们还计算了各种农业资金投入和农田水利设施建设对粮食生产的影响，由表 10-6 可以看出，除水库数量外，各变量与粮食产量之间具有很高的相关关系；在 5% 的显著性水平下，除水库数量、除涝面积外，各因素对粮食产量的影响均显著，其中堤防长度的影响最显著，而有效灌溉面积的粮食产出弹性最大，为 0.98，即有效灌溉面积增加 1%，粮食总产平均增加 0.98%[72]。因此，加强农田基本建设非常重要。为了保障国家粮食安全和经济社会发展及造福子孙后代，2009 年在全国范围开展了高标准基本农田建设，

2013 年底，国务院提出到 2020 年建设 8 亿亩的高标准农田①，仅 2014 年，全国建设高标准农田 2818.6 万亩，中央资金投入近 223 亿元[73]，2015 年高达 700 多亿元，据初步统计，2011～2015 年各地累计建成高标准农田 4 亿多亩，项目区农业生产条件明显改善，抗灾减灾能力显著增强，粮食主产区亩均产能提高 10%～20%[74]。

表 10-6　我国各因素与粮食生产的相关关系和弹性分析

变量	参数	粮食产量		变量	参数	粮食产量	
		回归系数	相关系数			回归系数	相关系数
水利建设投资	α	10.21(88.85)	0.66	旱涝保收面积	α	3.78(2.42)	0.69
	β	0.09(5.00)			β	0.66(4.45)	
农业基建投资	α	10.15(80.21)	0.63	水库总库容	α	3.13(1.98)	0.76
	β	0.095(5.02)			β	0.89(4.81)	
农村金融贷款	α	9.92(103.12)	0.67	水土流失治理面积	α	6.39(8.82)	0.84
	β	0.10(7.60)			β	0.49(5.96)	
水库数量	α	6.14(0.86)	0.43	堤防长度	α	8.13(24.98)	0.92
	β	0.42(0.67)			β	0.81(7.88)	
除涝面积	α	9.92(5.67)	0.81	有效灌溉面积	α	0.08(0.02)	0.82
	β	0.13(0.57)			β	0.98(2.36)	

注：计算的各变量为对数，α 为截距项，β 为斜率项；样本区间为 1975 年到 2010 年，数据来自《中国统计年鉴》、《中国农业年鉴》和《中国农村统计年鉴》。括号内为变量显著性检验的 t 统计量，为了避免序列相关对参数估计的影响，采用最小二乘法的稳健标准误法估计参数。

三、我国农业水利设施建设中存在的问题与原因

实证分析表明，增加农业资金投入可以提高农业抗灾能力，对粮食生产有显著影响，对促进粮食生产、保障粮食安全有重要的意义[72]。但目前我国在农业资金投入和水利设施建设方面仍存在着一些问题，需要加以重视和解决。

（一）农业基建、水利建设投入力度仍然不够

随着经济增长，我国对农业基建、水利建设的投入总量虽然不断增加，但其占全国基建总投资的比重却是不断下降趋势，水利建设投资占农业基建投资比重 1980 年以后大部分年份在 60% 以下，1975 年为 66.8%，到 2010 年下降到 58.5%；1975 年水利建设投资占全国基建总投资的比重为 9.38%，2010 年下降到 1.43%[72]。

受水利体制的影响，我国灌区水利、小型水利主要由地方政府、农民投资建设[75]，因此，由于投入少、欠账多，多年来农田水利设施大多带病运行，利用效率低下，形成

---

① 国务院发布的《全国高标准农田建设总体规划》明确了高标准农田标准是"集中连片、设施配套、高产稳产、生态良好、抗灾能力强"，高标准农田建设内容包括土地平整、灌溉与排水、田间道路、农田防护与生态环境保持等，经过建设成为田成方、渠相连、旱能灌、涝能排的粮食生产基地。参见：国家发展与改革委"十三五"将大规模推进高标准农田建设[EB/OL]. 中国经济网，http: //finance. ce. cn/rolling/201602/19/t20160219_8947134. shtml[2016-06-08].

了"最后一公里"难通的"肠梗阻"现象。到 20 世纪 90 年代末，中央财政才设立专项资金对大型灌区进行节水改造，到 2010 年已对 255 个大型灌区的部分骨干工程和设施进行了更新改造，取得了明显灌溉效益。但大型灌区节水改造 10 多年来，仅完成规划投资的 37%左右，而且占现有灌溉面积一半以上的中小型灌区以及已经改造的大型灌区的末级渠系建设，却得不到资金投入，致使水利工程不能发挥最佳效益。近年来，一些地方政府主要追求 GDP 增长，也没有真正把加强农田水利建设纳入政府工作日程[76]；尽管中央财政恢复了对小型农田水利建设的补助，并要求地方财政给予资金配套，但受财力等各种因素影响，地方配套资金多数没有到位，此外建设资金多头管理、分割，难以形成合力[77]。有的地方投入巨资建设的水利工程由于设计存在缺陷成为"摆设工程"①，有的地方由于农田水利建设投入主体缺失，普遍存在"等、靠"现象；从农田水利设施建设投入看，农村劳动积累工和义务工的投入形式被取消后，每年减少 45 亿个工日，相当于每年减少 900 亿元的投入，极大地影响了小型农田水利的建设[76]。

（二）农田水利工程年久失修，老化严重，配套不完善

我国大部分农田水利设施建于 20 世纪 50～70 年代。改革开放后，受各种因素影响，水利建设基本处于停滞状态，而且缺乏计划经济时期的组织力，缺乏维修经费和有效管理，很多水利工程年久失修、老化严重、设备破损、病险率高，功能严重衰退，难以发挥抗灾效益[72]。从全国看，我国小型农田水利工程的完好率仅为 50%，实际灌溉面积远低于设计水平，大型灌区骨干工程的损坏率近 40%，中小型灌区干支渠完好率只有 50%，配套率不足 70%[78]。由于工程设施损坏报废等原因，"十五"期间年均减少有效灌溉面积 20.73 万公顷，2010 年全国旱涝保收面积占耕地面积的比重仅为 35.2%，其他耕地都是靠天吃饭。在全国 8.7 万多座水库中，有 4 万多座水库为病险水库，存在溃坝的危险[79]。如陕西省多个水利设施年久失修而荒废，导致大量耕地撂荒[80]。江西省目前已鉴定的病险水库 5777 座，占水库总数的 59.4%；水库的病险导致降低水位运行或空库度汛[81]，抗旱涝灾害能力低下，现有泵站中 60%的排灌机电设备老化，亟待更新改造，农田灌溉保障率不断下降，江西省 4000 多条圩堤中，已加固的不足 10%，绝大多数特别是中小河流建设的堤防防洪标准不足 5 年一遇[82]。由于年久失修，导致工程效益下降。据 2006 年我国百县农村水利情况调查结果，在 125 个县 477 个 667 公顷以上灌区中，有效灌溉面积 206.67 万公顷，但实际灌溉面积只有 135.67 万公顷，34.4%的面积不能灌溉。而且水资源浪费极为严重，据 2008 年测算，我国农业灌溉用水有效利用系数仅为 0.485。

---

① 湖北大旱考验农田水利设施 村民怒拆"摆设工程" [EB/OL][2011-06-02]. http：//www. sznews. com/rollnews/2011-06/02/content　1254843142. htm[2016-06-07].

（三）生态环境恶化，加重旱涝灾害

我国水旱灾害严重的主要原因是长期以来对自然资源的掠夺式开发利用所造成的，尤其是滥伐森林，致使生态环境恶化。我国水土流失呈日益严重趋势，新中国成立以来虽已治理 51 万公顷，但到 2010 年水土流失面积仍多达 356 万公顷，占国土面积 37%，年平均土壤侵蚀量高达 45 亿吨，损失耕地约 100 万亩，其中淤积在河道、水库、湖泊中的泥沙达 16.24 亿立方米[83]。不合理的围湖垦殖，湖泊面积日益缩小，调洪能力下降。据 2012 年公布的数据，近 50 年来，我国消失的面积大于 1 公顷的湖泊达 243 个[84]。湖泊面积的大幅度减少，大大削弱了调蓄洪水能力，导致小水大灾现象频发，也降低了抗旱能力，加大了旱涝灾害的危害程度[72]。

四、增加农业投入，提高抗灾能力的建议

实证研究表明，增加资金投入是提高我国农业抗灾能力的关键，加强农田水利设施建设是增加粮食产出、保障粮食安全的重要手段。为此，我们应从改革管理体制、加强农田水利建设和节水灌溉技术研发，切实提高水资源利用率，加强应对水旱灾害的能力[72]。

（一）改革管理体制，加大农田水利建设投入力度

要确保我国粮食安全，就必须通过增加农业资金投入，加强现有水利设施的维修，提高其调蓄、抗灾能力；大力开展农田水利设施建设，提高有效灌溉面积和旱涝保收面积，切实提高农业综合生产能力。加快水利建设与管理体制改革，加快构建农业水利投入的长效机制，体制改革方面，水利建设与管理部门应单一化、集中化，以便集聚人、财、物等力量，有效开展水利建设和维护；增加资金投入方面，首先应大幅度增加中央和地方财政专项水利资金，提高水利投资占固定资产投资的比重[85]；其次是加强对水利建设的金融支持，广泛吸引社会资金，多渠道筹集资金，还应以无息贷款等方式鼓励农户建设微型水利设施[86]。

（二）加强节水灌溉技术研发，提高水资源利用效率

我国水资源总体偏少且空间分布极不均匀，水旱灾害频发，除了加强水利设施建设外，对水资源极为短缺的华北、西北地区和一些缺水山区来说，还应加强抗旱良种的培育和种植技术的研究，增加科研投入，加强节水灌溉技术研发和节水设施、小型储水设施建设及水循环利用，扩大节水灌溉面积，提高农业灌溉用水的利用效率。

（三）根据影响效应，有序开展水利设施维护和建设

根据前面的实证研究结果，在进行农田水利设施建设时，应优先做好以下四方面的

工作：一是加强水资源综合利用、农业用水以及农田水利设施建设的规划，提高水资源的科学利用水平[87]。二是着力加强病险水库、带病运行的灌溉设施的维修加固，更新和增加排灌设备，并尽快疏通灌区"最后一公里"，有效增加旱涝保收面积。三是加强江河堤防工程的建设、维修和加固，提高防护能力，减轻洪涝灾害对耕地的侵害。四是加强环境生态的修复工作，提高水土流失治理水平，遏制水土流失，并加强退耕还林、还草、还湖工作，提高湖泊、水库的蓄洪调洪能力和抗旱防涝能力[72]。

第四节　农业保险

对农业生产者来说，无论是自然风险还是市场风险或协调风险，始终是被动的风险接受者，农业区域专业化发展使农户面临更大的风险。农业自然风险通常具有地域性，自然灾害不仅会给农业生产和农户带来损失，而且也会给消费者带来损失，影响其他产业的稳定发展；而如果发生严重的粮食危机等甚至会影响社会稳定。随着农业区域专业化的发展，农业的自然、市场和协调三种风险的区域性特征将更加明显，所造成的危害也将更大。降低这些风险的发生及其所带来的危害，一方面，要加快构建一个充分竞争的农产品市场体系、提高农民的组织化程度以及提高抗灾能力，另一方面，也是最重要的途径是加快发展农业保险。分工越复杂，专业化程度越高，面临的交易、协调风险也越大，因此农业保险的发展也是降低交易、协调风险的有效措施，但我国目前的农业保险发展远不能满足这种需要。

一、我国农业保险发展概况

我国农业保险的发展过程充满曲折。早在 20 世纪 50 年代，我国就有农业保险，1951 年农业保费收入有 1924 万元，当年赔付 138 万元，赔付率 7.6%，1953 年保费收入仅有 174 万元，赔付 1773 万元，赔付率高达 438.9%，此后受到各种因素的干扰，农业保险被取消，直到 1982 年才恢复，1982 年的保费收入仅有 23 万元。1982 年到 1993 年期间，大多数年份的赔付率在 95%以上，赔付率高导致农业保险萎缩，农业保险的险种数目由最多时候的 60 多个险种下降到 1993 年的不足 30 个，农业保险萎靡不振的状况一直持续到 2004 年[88]；2005 年后，农业保险才进入快速发展时期，保费收入由 2005 年的 7.5 亿元，快速增长到 2007 年的 53.3 亿元，2014 年达到 325.7 亿元（图 10-1）。

我国农业保险的快速发展利益于政策和资金的大力支持。2003 年以来，一系列政策、法规陆续出台和农业保险试点的展开[①]，促进了农业保险发展。2013 年我国主要农作物承保面积突破 10 亿亩、保险金额突破 1 万亿元、参保农户突破 2 亿户次、保

[①] 2004 年保监会颁布了发展农业保险的指导性意见；2006 年发布的《关于保险业改革发展的若干意见》中明确提出农业保险"三补贴"政策；2007 年中央财政划拨 10 亿元在四川等 6 省区开展政策性农业保险保费补贴试点，中国人保、中华联合和吉林安华 3 家保险公司参与试点，专业农险公司应运而生。参见：李继学. 支持农业保险发展的财政政策研究[J]. 经济研究参考，2007(69)：38-48. 2012 年我国首部农业保险法规《农业保险条例》出台；2014 年国务院又发布了《关于加快发展现代保险服务业的若干意见》和《加快发展农业保险发展的若干意见》，明确提出要大力发展"三农"保险，健全农业保险服务体系。

险赔款突破 200 亿元，承保的农作物品种近百个；水稻、玉米、小麦三大口粮作物的保险覆盖率分别达 64.9%、67.3%和 61.8%；畜牧业保险已覆盖全国；农业保险补贴品种已扩大至种、养、林 3 大类 15 个，补贴区域已扩大至全国，补贴比例也逐步提高[89]，农业保险在抗灾救灾和灾后重建中发挥了积极的作用①。

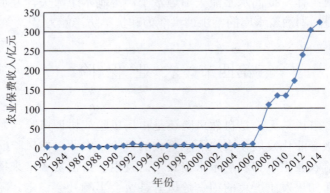

图 10-1　1982～2014 年我国农业保费收入增长趋势

目前，我国已成为仅次于美国的第二大农业保险大国，但发展水平仍然很低。2013 年我国农业保险密度仅为 48.71 元，保险深度为 0.54%，与发达国家相比，还有很大差距。政策性保险是农业保险的主要方面，2014 年各级财政的农业保险投入已达250.7 亿元，占农业保费收入的 76.97%，随着保费收入的增加，农业保险赔付率逐年下降（图 10-2）。总之，农业保险特别是政策性农业保险的发展，提高了农户的抗风险能力，有利于灾后快速恢复生产、稳定了农业生产，使农民不至于因灾而大幅度减少收入和陷入贫困，对促进粮食生产起到了重要作用[90]。我国农业保险虽然取得了不菲成绩，但仍然存在覆盖面窄，保障水平低、保险产品单一、保险补贴少等问题。

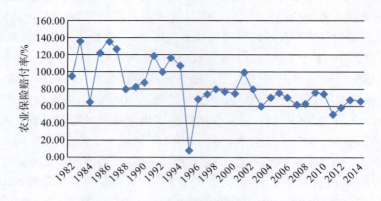

图 10-2　1982～2014 年我国农业保险赔付情况

---

① 到 2014 年底，全国共建立农业保险乡（镇）级服务站 2.3 万个，村级服务点 28 万个，覆盖了全国 48%的行政村，协保员近 40 万人；2007～2014 年，农业保险提供风险保障从 1126 亿元增长到 1.66 万亿元，年均增速 57.09%，累计提供风险保障 5.72 万亿元，向 1.68 亿户次的受灾农户支付赔款 958.62 亿元。参见：中国农村金融服务的现状和发展方向[EB/OL]. http://news.hexun.com/2015-07-28/177897137.Html[2016-06-09].

二、农业保险发展的经济影响分析

农业保险的目的在于防范、减轻因灾损失，促进农业稳定发展和农民持续增收。因此，农业保险发展对农产品生产和农民收入应该具有稳定和促进作用。

(一)协整关系检验

我们计算了我国农业保险保费收入与赔付对粮食产量、农民收入等的影响[91]。由各变量序列之间的相关关系计算结果可知，农业保费收入、赔付与各变量的相关系数在0.67~0.77，相关程度一般(见表 10-7)。对各变量序列进行的单位根检验结果(表10-8)表明，除农业经营人均纯收入序列为 0 阶平稳序列外，其他各序列均为 1 阶平稳序列；采用 Johansen 检验方法的检验结果表明，农业保费收入、赔付与粮食产量等各变量系列之间均存在协整关系(即长期稳定的关系)(表 10-9)。

表 10-7　我国农业保险保费收入、赔付与粮食产量等变量序列的相关关系分析①

	LY1	LY2	LY3	X1	X2	LY4
LY1	1					
LY2	0.9369	1				
LY3	0.9338	0.9975	1			
X1	0.7671	0.7041	0.6730	1		
X2	0.7589	0.6968	0.6663	0.9942	1	
LY4	0.9455	0.9825	0.9842	0.6715	0.6669	1

表 10-8　我国粮食产量、保费收入与赔付与农民各种收入序列的 ADF 检验

序列	检验形式(C T P)	ADF	5%临界值	判断
$\Delta LY1$	C 0 1	-4.7625	-2.9511	平稳，I(1)
$\Delta LY2$	C 0 1	-3.0612	-2.9511	平稳，I(1)
$\Delta LY3$	C T 1	-3.7852	-3.5485	平稳，I(1)
$\Delta Y4$	C t 0	-4.16579	-3.54428	平稳，I(1)
$\Delta X1$	C 0 1	-3.4336	-2.96397	平稳，I(1)
$\Delta X2$	0 T 1	-7.1640	-3.5684	平稳，I(1)

注：C、T、P 分别表示检验模型中的截距项、时间趋势项和滞后阶数。检验时，滞后阶数通过 AIC 指标的比较并以最小值来确定。Δ 表示一阶差分。

---

① 注：Y1 为粮食产量、Y2 为农业总产值、Y3 为农民人均纯收入、Y4 为农业经营人均纯收入，X1 和 X2 分别表示农业保险保费收入与赔付；LY1 表示为粮食产量的对数值，其他类推，下同。样本区间为 1982~2014 年，数据来自《中国统计年鉴》、《中国农业年鉴》和《中国保险统计年鉴》。

表 10-9　农业保费收入、赔付与粮食产量等序列的协整关系检验

模型	特征根	迹统计量	0.05 显著性水平	P	判断
保费收入与粮食产量	0.3097	13.158	12.321	0.036	存在协整关系
保费收入与农业总产值	0.2832	14.743	12.321	0.019	存在协整关系
保费收入与农业经营人均纯收入	0.1775	5.8635	4.1299	0.018	存在协整关系
保费收入与农民人均纯收入	0.3317	13.895	12.321	0.027	存在协整关系
保费赔付与粮食产量	0.4241	18.469	12.321	0.004	存在协整关系
保费赔付与农业总产值	0.3844	19.203	12.321	0.003	存在协整关系
保费赔付与农业经营人均纯收入	0.4044	21.718	12.321	0.001	存在协整关系
保费赔付与农民人均纯收入	0.5277	24.514	12.321	0.0003	存在协整关系

(二)协整模型与误差修正模型的建立

通过协整回归分析，建立保费收入、赔付与粮食产量、农业总产值、农业经营人均纯收入、农民人均纯收入之间协整回归方程(表 10-10)。由表 10-10 可知，保费收入、赔付对粮食产量等各变量序列的影响均显著，即保费收入增加 1 亿元，粮食产量平均增加 0.0012%，农业总产值平均增加 0.008%，农民人均纯收入增加 0.008%，农业经营人均纯收入增加 10.095 元；保费赔付增加 1 亿元，粮食产量平均增加 0.0018%，农业总产值平均增加 0.0126%，农民人均纯收入平均增加 0.0127%，农业经营人均纯收入平均增加 15.4 元。因此，从长期来看，保险赔付额对农业生产、农民收入的影响大于保费收入，而且保费收入、赔付对农业经营人均纯收入的影响最显著[91]。

表 10-10　各模型的协整回归分析结果

模型	被解释变量	常数项	解释变量		残差序列平稳性检验		结论
			X1	ADF	5%临界值		
1	LY1	10.696(317.82)	0.0012(6.398)	-2.683	-1.952		
2	LY2	7.038(22.95)	0.008(4.949)	-2.144	-1.952		残差序列平稳
3	LY3	9.438(28.08)	0.008(4.498)	-1.984	-1.952		
4	Y4	746.68(4.617)	10.095(13.477)	-2.616	-1.952		

模型	被解释变量	常数项	解释变量		残差序列平稳性检验		结论
			X2	ADF	5%临界值		
5	LY1	10.696(315.82)	0.0018(6.226)	-2.7065	-1.952		
6	LY2	7.037(22.79)	0.0126(4.826)	-1.8139	-1.61		残差序列平稳
7	LY3	9.437(27.896)	0.0127(4.381)	-1.9077	-1.61		
8	Y4	741.97(4.541)	15.463(13.91)	-2.366	-1.956		

注：括号内的数字为 t 统计量，采用稳健标准误方法估计以消除序列相关性影响。

表 10-11　误差修正模型的回归分析结果

模型 1		模型 2		模型 3		模型 4	
$\Delta LY1$		$\Delta LY2$		$\Delta LY3$		$\Delta Y4$	
常数项	—	常数项	—	常数项	0.074* (2.959)	常数项	—
$\Delta LY1(-1)$	0.688* (2.501)	$\Delta LY2(-1)$	0.917* (11.07)	$\Delta LY3(-1)$	0.436* (2.559)	$\Delta Y4(-1)$	0.126 (0.638)
$\Delta X1(-1)$	0.175 (1.336)	$\Delta X1(-1)$	-0.00005 (-0.188)	$\Delta X1(-1)$	-0.0008 (-1.211)	$\Delta X1(-1)$	6.892* (3.505)
误差修正项	-0.9088* (-2.745)	误差修正项	0.002 (0.144)	误差修正项	-0.014 (-0.762)	误差修正项	0.067 (0.820)
AIC=-3.43		AIC=-2.94		AIC=-2.32		AIC=13.19	

注：括号内的数字为 t 统计量。*表示在 5%显著性水平下显著。

通过建立误差修正模型，可以分析变量之间的短期影响（表 10-11 和表 10-12）。由表 10-11 可知，从短期看，保费收入仅对农业经营纯收入有显著影响，对粮食产量具有强修正作用，即促进粮食产量的稳定发展，而且影响程度比较大；由表 10-12 可知，在短期内，保费赔付对农业经营纯收入也具有显著的正影响，对粮食产量具有显著的反向调整作用，即促进粮食生产的稳定发展，而且调整影响比较大。

表 10-12　误差修正模型的回归分析结果

模型 5		模型 6		模型 7		模型 8	
$\Delta LY1$		$\Delta LY2$		$\Delta LY3$		$\Delta Y4$	
常数项	—	常数项	—	常数项	0.073* (2.804)	常数项	—
$\Delta X2(-1)$	0.0004 (0.675)	$\Delta LY2(-1)$	0.903* (11.45)	$\Delta LY3(-1)$	0.419* (2.403)	$\Delta Y4(-2)$	0.739* (2.553)
$\Delta X2(-2)$	0.00009 (0.126)	$\Delta X2(-1)$	0.0001 (0.257)	$\Delta X2(-1)$	-0.0006 (-0.814)	$\Delta X2(-1)$	6.243* (3.183)
误差修正项	0.203* (-2.005)	误差修正项	0.003 (0.189)	误差修正项	-0.013 (-0.721)	误差修正项	0.045 (0.594)
AIC=-3.36		AIC=-2.94		AIC=-2.28		AIC=13.09	

注：括号内的数字为 t 统计量。*表示在 5%显著性水平下显著。

（三）格兰杰因果关系检验

为了分析农业保险保费收入、赔付与农业生产、农民收入之间在时间上的先导与滞后关系，可以通过格兰杰因果关系检验来加以确定。经过检验，农业保费收入、赔付与粮食产量、农业总产值、农民人均纯收入之间均不存在格兰杰因果关系，而仅与农业经营人均纯收入之间存在格兰杰因果关系（表 10-13 和表 10-14）。由表 10-13 可以看出，从滞后 1 期到 3 期，均拒绝 X1 不是 Y4 的格兰杰原因，而不拒绝 Y4 不是 X1 的格兰杰原因，从滞后 4 期到 7 期，X1 与 Y4 互为格兰杰原因，滞后 8 期后均拒绝 X1 不是 Y4 的格兰杰原因，而不拒绝 $Y4$ 不是 $X1$ 的格兰杰原因。由表 10-14 可以看出，从滞后 1 期到 5 期，以及滞后 7 期和 9 期，均拒绝 $X2$ 不是 $Y4$ 的格兰杰原因，而不拒绝 $Y4$ 不是 $X2$ 的格兰杰原因，滞后 6 期和 8 期，$X2$ 与 $Y4$ 互为格兰杰原因。

表 10-13　农业保费收入与农业经营人均纯收入的格兰杰因果关系检验

原假设	滞后期	F 统计量	P 值	结论
$X1$ 不是 $Y4$ 的格兰杰原因	1	11.1719	0.0023	拒绝
$Y4$ 不是 $X1$ 的格兰杰原因		1.65456	0.2072	不拒绝
$X1$ 不是 $Y4$ 的格兰杰原因	3	3.45810	0.0330	拒绝
$Y4$ 不是 $X1$ 的格兰杰原因		2.81878	0.0615	不拒绝
$X1$ 不是 $Y4$ 的格兰杰原因	4	3.94269	0.0161	拒绝
$Y4$ 不是 $X1$ 的格兰杰原因		2.90533	0.0479	拒绝
$X1$ 不是 $Y4$ 的格兰杰原因	10	271.565	0.0037	拒绝
$Y4$ 不是 $X1$ 的格兰杰原因		1.09401	0.5681	不拒绝

表 10-14　农业保费赔付与农业经营人均纯收入的格兰杰因果关系检验

原假设	滞后期	F 统计量	P 值	结论
$X2$ 不是 $Y4$ 的格兰杰原因	1	7.75072	0.0094	拒绝
$Y4$ 不是 $X2$ 的格兰杰原因		2.43167	0.1298	不拒绝
$X2$ 不是 $Y4$ 的格兰杰原因	5	14.3846	0.0000	拒绝
$Y4$ 不是 $X2$ 的格兰杰原因		1.17720	0.3607	不拒绝
$X2$ 不是 $Y4$ 的格兰杰原因	6	9.66458	0.0003	拒绝
$Y4$ 不是 $X2$ 的格兰杰原因		2.97389	0.0435	拒绝
$X2$ 不是 $Y4$ 的格兰杰原因	7	6.55014	0.0032	拒绝
$Y4$ 不是 $X2$ 的格兰杰原因		2.03070	0.1412	不拒绝
$X2$ 不是 $Y4$ 的格兰杰原因	8	5.00736	0.0176	拒绝
$Y4$ 不是 $X2$ 的格兰杰原因		4.37902	0.0259	拒绝
$X2$ 不是 $Y4$ 的格兰杰原因	9	9.08741	0.0128	拒绝
$Y4$ 不是 $X2$ 的格兰杰原因		4.47708	0.0567	不拒绝

三、加快我国农业保险发展的建议

通过前面的实证分析，可以得到如下结论：①从长期来看，增加农业保费收入和赔付对农业生产、农民收入具有重要促进作用。②从短期来看，保费收入、赔付仅对农业经营人均纯收入有影响，重要的是农业保险对粮食生产具有重要的稳定作用[94]。③从农业保险发展与农业生产、农民收入的关系来看，农业保费收入、赔付是农业经营人均纯收入的格兰杰原因，在几年之后，农业保费收入、赔付与农业经营人均纯收入具有双向影响，这表明保险赔付增加可以提高农业经营人均纯收入，而农业经营人均纯收入提高又可增加保费收入。通过实证分析，我们认为应从以下几个方面加快农业保险发展。

（一）扩大承保范围，提高赔付标准

农业保险的发展对稳定农业发展以及增强粮食生产的稳定性、促进农民增收等具有重要的作用。从目前我国农业保险发展情况来看，虽然已推广到全国，但农产品的保险覆盖面还比较小，主要粮食作物的保险覆盖率只有六成。扩大保险范围和提高赔付标准，都需要增加保费收入，为此需要增加各级政府的财政投入，同时要制订政策，鼓励商业保险公司开展农业保险，并通过再保险方式，分散保险公司的经营风险。2014 年我国已成立了"中国农业保险再保险共同体"，应在此基础上，加快组建政策性农业再保险公司，进一步完善农业风险分散制度。

（二）增加财政投入，进一步扶持农业保险发展

农业生产的特点决定了农业保险的高风险性[92]，因此农业保险一般需要注册支持，需要财政投入，发展政策性保险。农业保险具有较强的公益性，在国外，很多国家都对农业保险给予很大的财政支持。目前我国农业政策性保险的种养业保险标的只有 19 个，而美国达 150 多个，1995 年保险面积占可保农作物面积的 82%，美国联邦政府提供的补贴约占纯保费的 30%；很多国家对农户的保费补贴都在 50%以上，目前我国政策性农业保险保费收入仅为农业产值的 3.2‰，覆盖面积仅占我国耕地面积的 25%，对农业生产的保障能力相对有限[93]，而且保险赔付很低，因此需要加大中央和省级政府对农业保险的财政支持力度，因为在农民收入很低的情况下，鼓励农民投保可能不会有任何作用，但首先要加大中央和省级财政的投入，扩大农产品保险覆盖面，提高赔付标准[94]；其次，我国应组建国家级的政策性农业保险公司并设立省级分公司，或以费用补贴、免税等方式，鼓励商业性保险公司开展农业保险；对关系国计民生的粮、棉、油等农产品实行强制保险，并给予较高的保费补贴。

（三）农业保险应与农业区域专业化生产相结合

我国很多市、县和经营大户是粮食、大豆、棉花、油菜籽等大宗农产品优势主产区，这些市、县和经营大户的农产品生产稳定对我国粮食安全战略等的实施具有重要影响，对农民收入也有重要的提升作用，因此，对粮食、大豆、棉花、油菜籽等主产区的农产品保险应以"保产量，保收入"为核心，把农业保险与农业区域专业化发展结合起来，对优质主产区给予更多的中央财政支持；除了提高粮食直补等的补贴额度外，还要切实落实 2014 年中央一号文件的农业保险政策①，使那些财力较差的产粮大县安心生产粮食，促进粮食生产，保障粮食安全。

---

① 2014 年的中央一号文件要求"提高中央、省级财政对主要粮食作物保险的保费补贴比例，逐步减少或取消产粮大县县级保费补贴"。参见：2014 年中央一号文件(全文)[EB/OL]. http://www.farmer.com.cn/uzt/ywj/gea/201601/t20160128_1176624.Htm [2016-06-08].

(四)加快农业巨灾保险的发展

农业自然灾害具有地域集中和黑天鹅性质。随着极端气候条件的增多,农业保险的经营风险增大,不利于商业保险公司开展农业保险。2007 年中央一号文件就提出建立农业保险大灾风险分散制度,但到目前仍然没有建立起相应的制度[95]。因此,应借鉴国外的经验,加强我国农业巨灾保险制度研究,尽快建立农业巨灾保险制度,以防范、分散和转移农业巨灾风险,保障农产品生产的稳定和农民收入的提高[96]。可考虑发行全国性或省级的农业巨灾债券,发展气象保险等[97],以加快农业巨灾保险的发展;并把农业巨灾保险纳入全国性的农业再保险范围。

第五节　农　村　金　融

长期以来,重工业优先发展战略使农村"失血"过多,改革开放后,随着城市经济的快速发展,农村资金仍然大量流出,致使农业发展条件较差。据统计,在 1952～1978 年间,从农业、农村中净流出资金达 4510 亿元,在 1978～2000 年,通过农村信用社农村资金净流出 4519.2 亿元[98]。21 世纪初期,各大商业银行相继撤出农村,农村资金供不应求,刺激了民间借贷的活跃,民间借贷涉及的范围越来越广,交易量越来越大,已成为农民借贷资金的主体,然而,民间借贷高利率对农民无疑是一个较重的负担;资金不足已成为当前农业生产结构调整中普遍存在的问题[99]。因此,加快农村金融体制改革,增加对农业和农村的金融支持已成为关系我国农业长期发展能力的关键[100]。

一、农村金融服务发展现状

改革开放后的很长一段时期里,农村金融服务十分匮乏,严重制约了农村发展;农村信用社一直都是农村金融的主力。2006 年以来,随着村镇银行、小贷公司等金融机构的成立,农村金融体系不断完善,服务范围不断扩大,金融产品不断增多,服务方式不断创新,有力地支持了"三农"发展。截至 2014 年末,全国县及县以下农村金融机构本外币贷款余额为 19.4 万亿元,占各项贷款余额的 23.2%,农户贷款余额 5.4 万亿元,占各项贷款余额的 6.4%,农林牧渔业贷款余额 3.3 万亿元,占各项贷款余额的 4.0%,全口径涉农贷款 23.6 万亿元,占各项贷款余额的 28.1%[101],但农户 87%以上的贷款仍来自农信社[102]。随着农户生活水平提高,消费贷款需求相应增大,而农村金融服务和产品的创新也刺激了农村消费,据统计,从 2010 年到 2015 年,农户消费贷款在贷款中的比重上升了 10 个百分点,而农业生产贷款占比则从 73.3%下降到 55.8%[103]。

(一)农村金融体系日趋完善

近年来,银监会与各金融机构认真贯彻党的农村金融政策,进一步完善了金融支农政策，促进了农村金融的深入发展，到目前已形成了比较完善的包括各类金融机构、覆盖面较广的农村金融服务体系，提升了农村金融服务水平；截至 2014 年末，全国已设立了 1296 家新型农村金融机构，其中村镇银行 1233 家，贷款公司 14 家，农村资金互助社 49 家，累计吸引各类资本 893 亿元，存款余额 5826 亿元，各项贷款余额 4896 亿元[104]。近年来，随着"互联网+"的普及，众筹、互联网金融点对点借贷平台（P2P）、移动支付等互联网金融已在农村获得了初步发展[105]。农村金融服务体系的完善，为农业、农村发展提供了较为充足的"血液"。

（二）农村金融服务覆盖范围不断扩大

农村金融机构的不断增多，服务范围得到了不断扩大，偏远农村地区也能够较便利地获得金融服务，截至 2014 年底，有 25 个省份实现了乡镇金融机构和乡镇基础金融服务双覆盖（含计划单列市），村镇银行已覆盖 54.57%的县和 52 万个行政村；2014 年，银监会启动实施基础金融服务"村村通"工程，力争在三至五年内实现基础金融服务行政村全覆盖[106]。

（三）农村金融产品和服务方式不断创新

党的十八大以来，农村金融机构贯彻落实十八大以来的中央精神，不断创新产品和服务机制，启动了农村承包经营权和农民住房财产权抵押贷款试点工作；在金融产品创新方面，已开发了集体林权抵押贷款、大型农机具抵押贷款、"信贷＋保险"产品、中小企业集合票据、涉农企业直接债务融资工具等产品；在加强金融产品、利率、期限、额度、流程、风险控制等创新的基础上，加大了对家庭农场、专业大户、农民合作社等新型农业经营主体的金融支持力度[107]。通过创新发展，有力地促进了农民增收和农村社会经济发展，也推动了农业区域专业化发展。

二、农村金融服务存在的问题

在加大农业供给侧结构性改革力度的大背景下，农村一、二、三产业融合发展势将日益深化，对多元化、多层次的金融产品和服务的需求将日益增强，但农村金融目前还难以满足农业区域专业化发展的需要，农村金融产品与服务创新发展仍然任重道远。

（一）金融产品和服务难以有效支撑区域专业化发展

目前农村金融只能满足"小额、短期、分散"的周转式需求，而区域专业化农业的经营特点是规模化、工业化和区域化，因此客观上需要金融机构提供"长期、大额、集中"的规模化服务；区域专业化农业发展不再局限于传统的农业生产，而是扩展到了产前、产中和产后的整个产业链和涉及一、二、三产业的价值链，需要整个产业链、价值链中的各个环节的协调发展，因此区域专业化农业发展对金融需求不再限于传统的融资，而是涉及融资、保险、期货、期权、证券等全面的金融服务[108]；由于区域专业化农业发展涉及产业链、价值链及其各个环节，因此对金融服务的信息化服务也提出了更多、更高的要求，因此农村金融产品和服务方式还有待进一步完善。

（二）农村金融体系仍有待进一步完善

目前农村金融机构数量、种类及服务功能等方面，仍难以满足多元化、多样化的农业农村发展需要[104]。农村金融产品和服务供给方面的缺陷有以下几个方面：一是政策性金融在广度和深度上均存在不足，如缺少政策性担保机构和机制；二是商业性金融层次不够，如缺少大型机构和微小机构，大部分金融机构处于同一层次；三是金融服务信息化发展不够，现代金融服务缺乏；四是农村投资环境、风险管理机制、公共基础服务设施等仍然很不完善。这些不完善之处，制约了农村金融资源的有效配置。

（三）农村金融服务的单一性与需求的多样性不匹配

从全国来看，农业经营主体、农村经济主体的多样性已成客观存在，不同的主体、不同的地区、不同的农业农村经济发展阶段，对金融产品与服务有不同的需求，具体表现为规模化融资与小额分散融资、银行贷款与直接融资、融资租赁、信用贷款与抵押担保等差异化需求，这就要求农村金融机构多样性、金融服务的差异化，但目前农村金融机构提供的主要是小额分散融资、银行抵押贷款，因此金融服务的单一性与需求的多样性存在很大的矛盾，而且农村金融发展客观上需要有效的风险管理机构与机制，但目前还是空白。

三、促进农业区域专业化发展的金融创新思路

农业区域专业化的发展涉及产业与社会经济的融合发展，更需要金融服务，另外，改善农业生产条件，实现农业可持续发展等，都需要相应的金融支持。因此，要加快农业区域专业化发展，农村金融在政策、产品和服务等方面都需要进一步创新发展。

（一）以专项贷款引导农业区域专业化发展

加强金融体制机制改革，深化大中型银行和政策性银行改革，以财政补贴方式鼓励大中型银行为农业和农村基础设施提供大额、长期、低利率的信贷，为农业区域专业化发展提供专项贷款，专项贷款涉及的使用范围包括专用农产品新品种引进与种养、土地整理与生态环境治理、农产品运输与储藏、农产品加工等与规模化、专业化发展有关的项目，以金融政策引导农业区域化、专业化、规模化、现代化发展；为粮食、棉花、油料等主要农产品的优势生产区域家庭农场、农户、农民合作社和农产品加工企业等提供低息、免息贷款，促进农产品生产进一步向优势区域集中。

（二）大力发展合作金融，使普惠金融落到实处

从美、德、日等国的经验来看，农村合作金融是农村和农业发展的主要资金来源。今后我国农村金融的发展需要在逐步理顺管理体制的基础上，按照合作金融组织的性质，建立在中央银行统一监管下，以中小银行为纽带的合作金融体系，实行多种经济成分并存、大中型金融机构配合的农村合作金融体系，解决当地农户和中小企业的资金困难，并把合作金融发展成为国农村金融的主力军，使普惠金融落到实处。在改革过程中，不能像农村合作基金会那样，出了问题就关掉，而应尽快制订并出台合作金融、合作金融监管等方面的法律法规，规范和维护农村金融市场的秩序。另外，在农民专业合作社发展的基础上，通过立法，使合作社内部可以开展金融服务业务，使其成为一个直接为农民提供金融服务的互助型或合作型金融机构。

（三）加强金融产品与服务创新

在制订和完善法律基础上，允许并鼓励农村金融机构开展信贷、租赁、期货、期权、保险、担保等金融服务，健全农村多层次金融市场、资本市场，创新金融产品和服务，为现代农业和区域专业化农业发展提供规模化、长期化的金融支持；进一步加强农村金融信息化服务网络建设，提高服务水平，建立健全农村金融风险管理机制，提高农村金融资源的配置效率，以加快现代农业、区域专业化农业发展。

（四）调整财政对农业的补贴领域和补贴重点

通过制订和细化农业补贴政策，进一步加大对粮棉油等主要农产品优势主产区的种养大户、家庭农场、农民合作社和农户等的直接补贴力度，全面建立"农产品产量（规模）、质量"相结合的补贴机制，即加大对种养大户、家庭农场等补贴额度，以差别补贴促进规模化经营；以政府购买服务方式，加强对农民转产转业的技能培训。此外，对进城务工的农民或举家落户城镇的农村家庭，如果他们放弃土地承包权等财产权益，应给予一定额度的补偿，或政府通过买（建）住房置换其农村的住房和土地承包权益，以加快农村劳动力和农村人口的有效转移。

参 考 文 献

[1]卢栎仁. 创立新兴古典经济学的华人学者杨小凯[J]. 产权导刊, 2010(8)：76-78.

[2]汪斌，董赟. 从古典到新兴古典经济学的专业化分工理论与当代产业集群的演进[J]. 学术月刊, 2005(2)：29-36.

[3]沃尔特·W. 威尔科克斯等. 美国农业经济学[M]. 北京：商务印书馆, 1987：153.

[4]T C Schroeder, DI Padberg, C Riston, et al. Agro-Food Marketing[J]. Food Policy, 1998, 80(4)：107-109.

[5]Y. 巴泽尔. 产权的经济分析[M]. 上海：上海人民出版社, 1997.

[6]奥利弗·E.威廉姆森.资本主义经济制度[M].段毅才,等译.北京:商务印书馆,2002.

[7]曾祥凤,朱其鳌.农业合作组织的演进——基于内生交易费用视角的考察[J].生产力研究,2008(17):27-29.

[8]蔡炳权.分工演进、交易效率与行业协会的生成机制[D].西安:西北大学,2009.

[9]王恩东.有效需求不足的制度经济学分析[J].福建论坛:(社科教育版),2003(2):11-13.

[10]道格拉斯·诺斯,罗伯特·托马斯.西方世界的兴起[M].2版,厉以平,等译.北京:华夏出版社,1999.

[11]道格拉斯·C.诺斯.经济史中的结构与变迁[M].陈郁,等译.上海:上海人民出版社,1994.

[12]金赛美.现代农产品市场体系的科学价值:利益原理与交易费用分析[J].商业研究,2007(11):144-147.

[13]付光明.内生交易费用高是制约湖北经济发展的突出问题[J].湖北经济,2002(10):9-10.

[14]李俊.中国城乡二元结构对农民公民权利影响研究[D].福州:福建师范大学,2009.

[15]杨小凯,黄有光.专业化与经济组织[M].张玉纲,译.北京:经济科学出版社,1999.

[16]张雪芹.我国现代物流业的发展现状与问题分析[J].全国商情:经济理论研究,2014(19):15-16.

[17]中国物流成本高企 应打造物流强国[EB/OL].http://money.163.com/15/0307/03/AK2UCTG000253B0H.html[2016-06-01].

[18]李景.中国物流与采购联合会副会长蔡进:物流业将进入"成本回落期"[N].经济日报,2014-11-22(06).

[19]黄向阳.我国鲜活农产品物流系统绩效评价指标体系构建研究[D].长沙:湖南农业大学,2009.

[20]雷蕾.我国农产品物流成本研究[D].北京:北京交通大学,2008.

[21]李玉清.我国农产品物流发展现状与对策研究[J].农业网络信息,2014(1):103-105.

[22]吴勇民,杜文龙,樊雪梅.国内外鲜活农产品物流系统比较及启示[J].商业时代,2008,(2):11-13.

[23]王桂英.山东果蔬农产品物流模式优化研究[D].青岛:中国海洋大学,2010.

[24]构建顺畅流通体系 建立农产品稳价长效机制[J].市场经济与价格,2012(6):1.

[25]孟凡胜.对优化我国农副产品物流系统的思考[J].商业研究,2008(7):178-181.

[26]李锐,郝庆升,高可,等.国外农产品加工业的发展经验及启示[J].黑龙江畜牧兽医,2015(2):4-6.

[27]刘志刚.农产品滞销的根源和解决办法[EB/OL].http://www.cuncunle.com/village-234201-article-1011427710040378-1.html[2016-06-03].

[28]刘运芹.中美农产品物流发展的主要差距及原因探析[J].对外经贸实务,2014(11):85-87.

[29]罗斌.我国农产品现代物流体系的改进问题研究[D].长沙:湖南农业大学,2009.

[30]杨文明,朱家顺.中国城乡"数字鸿沟"扩大 应用不足成软肋[J].决策探索月刊,2015(5):26-28.

[31]张琮.山东省农业信息网站建设与发展研究[D].泰安:山东农业大学,2011.

[32]李慧.农产品电商:做强做精之路在何方?[J].党政干部参考,2014(13):17-18.

[33]刘然,夏晓伦,韩长赋.农产品物流成本太高 望邮政电商发挥更大作用[EB/OL].http://finance.people.com.cn/n/2014/0306/c1004-24547232.html.

[34]2015攀枝花水果网络销售额度或破亿 物流成本占比高[EB/OL].http://www.sc.xinhuanet.com/content/2015-06/25/c_1115716449.htm[2016-06-05].

[35]杜海清,王珂,王倩.生鲜电商,路在何方[N].人民日报,2014-09-05.

[36]李长健,徐丽峰.农产品质量安全监管存在的问题及对策[J].湖北职业技术学院学报,2010,13(1):58-63.

[37]李月亮.这就是事故发生的原因[EB/OL].http://finance.ifeng.com/a/20150820/13921089_0.Shtml[2016-06-05].

[38]林剑萍.食品安全的前世今生[J].中国对外贸易,2012(7):38-40.

[39]吴恒.有毒食品网"掷出窗外"创始人[J].今日科苑,2012(10):6.

[40]杨汉明,李铜山,等.论中国农业标准化体系建设[J].中州学刊,2001(4):46-50.

[41]苏秋芬. 杨凌农业标准化发展研究[D]. 杨凌：西北农林科技大学，2009.

[42]马小军. 农业电子商务现状及发展对策[J]. 中国商论，2013，(27)：97.

[43]谢如鹤. 我国冷链物流现状及发展对策[J]. 物流成本，2014(21)：1-3.

[44]丁辰灵. 农产品电商三大疑难杂症：物流 标准 信任[EB/OL]. http：//www. 100ec. cn/detail--6108126. html[2016-06-05].

[45]王珂. 农村电商，美了老乡[N]. 人民日报，2015-03-05.

[46]罗本平，秦勇，寇敏芳. 物流成本高 农产品电商之路如何破解？[N]. 四川日报，2015-06-25(18).

[47]涂同明. 发展农产品加工业是农民增收的有效途径[C]//武汉首届学术年会，2004：16-18.

[48]李苏，黄成亮. 发展农产品加工促进农村经济增长[J]. 商业经济，2004(11)：29-31.

[49]曾于里. 如何改变"易粪相食"的时代？[EB/OL]. http：//www. infzm. com/content/111484.

[50]肖红. 我国冷链物流发展中存在的问题与对策[J]. 物流工程与管理，2014(11)：6-7.

[51]李学工. 我国农产品冷链物流现状及发展趋势[J]. 综合运输，2010(4)：45-49.

[52]海川. 代表委员建言农村电商[J]. 新经济导刊，2015(4)：26-32.

[53]简真瑜. 当前发展农村电子商务的思考[J]. 决策导刊，2015(1)：39-42.

[54]肖洪安，伍桂清，王永清，等. 四川水果产业农民专业合作经济组织模式比较分析[C]//2007 年全国中青年农业经济学者
    年会论文集，2007：270-274.

[55]德国：农业合作社为农解忧[J]. 科技致富向导，2007(10)：43.

[56]阙巍. 美、日、法农业利益集团的比较研究及其启示[J]. 南京工程学院学报：社会科学版，2006，6(1)：32-36.

[57]廖卫东，池泽新. 发挥市场中介组织的作用——关于日本农协发挥中介组织的启示[J]. 农林经济管理学报，2005，4(2)：
    14-17.

[58]新经济组织是农村社会管理创新的重要依托[J]. 理论参考，2012(7)：18-19.

[59]王勇. 中国农民组织化问题研究[D]. 长春：东北农业大学，2004.

[60]陈晖涛. "合作社＋农户"：当前农业产业化经营的理想模式[J]. 理论观察，2009(3)：97-99.

[61]林凌. 建立农业产业协会，应对 WTO 的挑战[J]. 农村经济，2003(5)：2-3.

[62]2014 年农民专业合作社发展情况[EB/OL]. [J]. 农村经济管理，2015(6)：41-42.

[63]李方芳，蔡小娥. 农民专业合作社在转变农业发展方式中的作用[J]. 大江周刊：论坛，2010，(8)：20-22.

[64]吴琦. 政策诱变与调适：农民专业合作社"空壳化"的成因与治理[J]. 大理学院学报，2015，14(1)：36-40.

[65]赵新宇. 农民专业合作社治理结构若干法律问题研究[D]. 长春：长春工业大学，2011.

[66]石曦. 推行农产品产地准出制度保证农产品质量安全水平[J]. 吉林农业，2014(3)：2.

[67]鞠立瑜，傅新红. 四川省农民专业合作社的农业标准化生产能力研究——基于对四川省 147 个种植专业合作社的调研[J].
    南方农村，2010，26(4)：55-59.

[68]高锁平，裴红罗. 农民专业合作社：控制农产品质量安全的有效载体——以浙江临海市上盘西兰花合作社为例[J]. 农村
    经济，2011(1)：127-129.

[69]周立. 咸宁市农户参与专业合作社意愿的影响因素研究[D]. 武汉：湖北大学，2010.

[70]佚名. 完善农民经济权益保障的组织途径[J]. 四川社科界，2011(5)：53-54.

[71]胡波. 新农村建设视域中的农民政治组织发展研究[D]. 长沙：湖南师范大学，2007.

[72]姚寿福. 我国农业资金投入对抗灾能力的效应分析[J]. 农业现代化研究，2012，33(2)：161-165.

[73]梁敏. 多省数百亿资金布局高标准农田建设[EB/OL]. 新华网，http：//news. xinhuanet. com/fortune/2015-
    01/15/c_127389809. htm[2016-06-08].

[74]国家发展改革委．"十三五"将大规模推进高标准农田建设[EB/OL]．中国经济网，http：//finance. ce. cn/rolling/201602/19/t20160219_8947134. shtml[2016-06-08]．

[75]贾术艳，颜华．发达国家农田水利建设与管理的特点及其经验借鉴[J]．中国农村水利水电，2014(3)：150-153．

[76]赵鸣骥．认真贯彻落实中央一号文件精神　大力支持农田水利基础设施建设[J]．农村财经与财务，2008(6)：14-17．

[77]田德刚．浅析农田水利工程建设发展的现状与改革措施[J]．大观周刊，2012(31)：314．

[78]李小卜．重点中型灌区节水改造效益评价及改造模式研究[D]．保定：河北农业大学，2012．

[79]杨兴国，沈翀．湖北大旱考验农田水利设施村民怒拆"摆设工程"[EB/OL]．http：//topies.gmw.cn/2011-06/02/content_2043538htm.[2016-06-07]．

[80]陕西水利设施荒废导致大量耕地撂荒[EB/OL]．http：//news. xinhuanet. com/fortune/2011-08/02/c_121757652. htm[2016-06-07]．

[81]肖欢欢．江西遭遇50年罕见春旱　重灾区打50米深井方见水[EB/OL]．http：//finance. people. com. cn/nc/GB/14427022. html[2016-06-07]．

[82]蔡福津．江西水利工程老化失修　农田基础设施依然薄弱[EB/OL]．http：//news. 163. com/11/0125/16/6R8OSB2H00014JB5. html[2016-06-07]．

[83]高云才．我国水土流失面积达356万平方公里占国土37%[EB/OL]．http：//news. qq. com/a/20090730/000094. Htm[2016-06-07]．

[84]佚名．我国50年243个湖泊消失　长江流域本土鱼类濒危[J]．地理教学，2012(6)：61．

[85]王海锋，庞靖鹏，李勤，张旺．中央水利投资不确定性分析[J]．中国投资，2011(8)：103-105．

[86]王峰．浅析我国金融支持水利建设存在的问题及对策[D]．太谷：山西农业大学，2013．

[87]杨勇．政府应为农业农民撑起"保护伞"[J]．农产品市场周刊，2006(27)：1．

[88]张大龙，王梅．我国农业保险发展问题研究[J]．青海金融，2007(10)：32-35．

[89]佚名．我国农业保险7年赔付744亿　农险市场全球第二[J]．吉林畜牧兽医，2014(9)：63．

[90]沈发昌．我国农业政策性金融改革问题研究[D]．兰州：兰州商学院，2010．

[91]姚寿福，马理瑶，梁晓凤．关于加快农业保险发展的思考——基于我国农业保险经济效应的实证研究[J]．西部经济管理论坛，2016，27(1)：33-38，70．

[92]王凤山，王永文．促进和完善我国的农业保险事业[J]．金融理论与实践，2005(2)：70-72．

[93]郑洁，翟胜宝．我国农业保险的现状及发展路径[J]．西部经济管理论坛，2011，22(1)：85-88．

[94]潘勇辉，刘飞．多层面探析农业保险财政支持政策——基于中国与西班牙的比较[J]．地方财政研究，2010(2)：11-16．

[95]江逸．我国农业保险法律机制研究[D]．重庆：重庆大学，2013．

[96]洪宗华．农业巨灾保险风险管理机制研究[D]．福州：福建师范大学，2009．

[97]郭建林．农业巨灾保险基金制度设计及费率厘定研究[D]．济南：山东大学，2011．

[98]肖玉珍，张雪．绸控制农村资金外流是加快建设新农村的重要举措[J]．江苏商论，2009(3)：21-22．

[99]唐勇智，张文秀，郑循刚，等．试论政府在农业生产结构调整中的作用[J]．农村经济，2003(6)：19-21．

[100]韩俊．推进全面的农村金融改革[N]．中国经济时报，2003-06-09(03)．

[101]中国农村金融服务报告(2014)(摘要版)[EB/OL]．http：//www.gov.cn/foot/2015-03/25/eontent_2838248.htm.[2016-06-08]．

[102]邓华宁．农村金融出现三种新变化[EB/OL]．人民网，http：//finance. people. com. cn/n1/2016/0523/c1004-28369917. html.

[103]我国农村金融出现三种新变化[EB/OL]．网易．http：//news. 163. com/16/0527/10/BO2KVK2K00014AED. html[2016-06-08]．

[104]中国人民银行农村金融服务研究小组．中国农村金融服务的现状和发展方向[EB/OL]．和讯网．http：//news. hexun. com/2015-07-28/177897137. html[2016-06-08]．

[105]林笑. 农村金融：互联网巨头的下一个战场[J]. 农经，2015，288（5）：42-44.

[106]叶纯敏. 农村金融的新时代[J]. 金融科技时代，2015，23（3）：22-29.

[107]佚名. 央行：做好家庭农场等新型农业经营主体金融服务[J]. 营销界（农资与市场），2014（8）：66-69.

[108]《中国农业金融业发展报告 2015》主报告. 农村金融服务面临的新形势与金融服务创新[EB]OL]. http：//www.
hainanbank. com. cn/html/2016/czzj_0519/15950. html[2016-06-08].

后　记

　　本书是国家社会科学基金项目"中国农业区域专业化发展研究"（编号：10BJY067）的研究成果。本书以农业区域专业化发展为主线，以农业供给侧结构性改革战略和"五大发展理念"为指引，对我国农业区域专业化发展问题进行了比较系统、深入的研究。

　　本书的研究内容既有理论研究，也有实证研究；既有发达国家经验的总结，也有中国的历史分析，主要内容有：农业区域专业化与农业现代化、机械化等及农业供给侧结构性改革的关系；发达国家农业区域专业化的发展经验；我国农业区域专业化发展历程及影响因素；区域比较优势、农村劳动力转移、规模经营、科技进步、制度创新与农业区域专业化发展。我们认为，发展农业区域专业化是促进传统农业向现代农业转变的重要催化剂，是加快农业机械化、促进农业产业化经营的基础条件之一，对推进和深化农业供给侧结构性改革具有重要意义，有利于加快农业的去库存、调结构、转方式，提高农产品的有效供给，有利于加快构建现代农业产业体系、生产体系和经营体系。从国外发达国家或地区的农业现代化历史看，发展农业区域专业化是实现农业现代化的重要抓手和切入点。在国家实施乡村振兴战略中，产业振兴是关键，加快农业区域专业化发展是产业振兴、促进乡村振兴的重要途径。

　　在研究过程中，我们得到了以下重要观点：马克思的"专业化就是生产力"和习近平的"生态就是生产力"的精辟论断对农业区域专业化发展具有重要的指导意义；专业化生产是农业现代化的本质特征，农业区域专业化是加快现代农业发展、实现农业供给侧结构性改革战略目标的重要手段；农业生产经营规模扩大是农业区域专业化发展的前提条件，而农村富余劳动力转移又是农业规模化经营的前提，也是农业区域专业化发展的根本；科技进步是提高农业效率与效益的重要条件，对加快绿色和加工专用农产品生产、促进农业提质增值增效具有重要意义，是农业区域专业化发展的内在动力；提高农民组织化程度、发展农产品加工业是加快农业区域专业化发展的重要引导力；农业立法与政策是农业区域专业化发展的稳定器。

　　本书系统地分析了农业区域专业化与农业机械化、现代化、供给侧结构性改革、区域比较优势、规模化经营、农村劳动力转移、农业科技进步等之间的关系及其作用机理，从理论上阐明了农业区域专业化发展的条件及其对现代农业发展的作用机制，使农业区域专业化理论系统化，进一步完善了农业区域专业化理论，对加快农业区域专业化发展、深入推进农业供给侧结构性改革、保障粮食安全和提高农产品有效供给等具有一定的理论指导和参考借鉴价值。从实证的角度，采用统计、计量经济方法分析了区域比较优势、农村劳动力转移、规模化经营、农业科技进步与农业区域专业化发展之间的关系，以及各主要因素对农业区域专业化发展的影响程度，理论分析与实证研究密切结合，提高了结论的可靠性、科学性和对策建议的可行性，对深入推进我国农业区域专业化发展具有重要的参考价值。基于实证研究，提出的一系列对策建议，对加快我国农村劳动力转移、农业科技进步和提高农业适度规模经营，以及进一步加快我国农业现代化步伐、深化农业科技体制改革、强化农业供给侧结构性改革等具有一定的实践指导作用。

在本研究项目结题之时，党的十九大召开了。党的十九大提出的乡村振兴战略是我国社会经济发展进入新时代后"三农"工作的总抓手，为进一步解决我国"三农"问题指明了方向。2018 年的中央一号文件对乡村振兴战略的实施进行了具体部署，这必将有力地加快我国全面建成小康社会、全面建设社会主义现代化国家的步伐。乡村振兴战略的关键和重点是产业振兴，我们认为，农业区域专业化发展是乡村产业振兴的一个重要的契合点，因为发展农业区域专业化，有助于构建现代农业产业体系、生产体系和经营体系，深化农业供给侧结构性改革，提升农业产业链、利益链、价值链的整合和优化。

国家社会科学基金项目"中国农业区域专业化发展研究"自 2010 年 7 月批准立项后，课题组成员立即开展了资料收集与研究工作，经过几年的努力，终于完成了全部研究项目，并顺利结题(结题证书号：20170827)。在研究过程中，课题组成员发表了 10 多篇文章，并获得了一项四川省社科联资助项目《农业专业化发展研究——以成都市为例》，该项目的研究成果已于 2013 年出版，并获得了四川省人民政府"第十六次社会科学优秀成果奖三等奖"。

《中国农业区域专业化发展研究》主要由西华大学经济学院姚寿福教授、张华教授和王伦强副教授、袁春梅副教授完成，在项目研究和出版过程中，西华大学马克思主义学院罗钰和经济学院研究生陈蜜也提供了一些协助。在项目完成过程中，得到了全国哲学社会科学规划办公室、四川省哲学社会科学规划办公室和西华大学科技处等有关部门的大力支持；在研究报告初稿完成后，四川省农业科学院党委书记、经济学院博士、教授、博士生导师、四川省农经学会副理事长及学术委员会主任吕火明，四川大学社会发展与西部开发研究院副院长、经济学院博士、教授、博士生导师杨明洪，西南财经大学金融学院信用管理系主任、经济学博士、教授、博士生导师张迎春等仔细审读了初稿并提出了宝贵意见；在课题研究阶段，得到了经济学院一些老师和研究生的帮助，在出版过程中，得到了科学出版社编辑侯若男的大力协助，在此一并表示衷心的感谢。

专家评审意见摘录

《中国农业区域专业化发展研究》对中国农业的专业化和区域化问题进行了翔实的研究，具有重要的理论意义和现实意义。该书提出了许多前人没有讲过的新观点，对中国农业的进一步发展将起到指导作用。但在专业化与区域化发展中，如何进一步促进农业现代化，进一步实行农业的选择性机械化还可以作更多的一些研究。

——四川省农业科学院党委书记、经济学院博士、教授、博士生导师、
四川省农经学会副理事长及学术委员会主任　吕火明

该课题研究成果坚持四项基本原则，无政治问题。该书内容丰富，既从要素方面研究农业区域专业化发展问题，又从主要农作物品种方面研究农业区域专业化发展，还研究了农业区域专业化发展的前提条件及保障条件，结论合理，逻辑性强。该研究具有重要的现实意义和学术价值。但资本作为生产要素，没有进行深入的分析。

——四川大学社会发展与西部开发研究院副院长、经济学院博士、教授、博士生导师、
民建四川省委副主委、四川省政协常委、民建中央财政金融委员会副主任　杨明洪

在我国发展现代农业、确保国家粮食安全和重要农产品有效供给的大背景下，该报告研究中国农业区域专业化发展，有较强的现实意义和理论意义。该书在提出问题及文献综述基础上，介绍了农业区域专业化发展的国外经验，然后分析了我国农业区域专业化发展，重点从区域比较优势、规模经营、农村劳动力转移、科技进步四个方面分析了农业区域专业化发展问题。报告思路清晰，逻辑性强，材料翔实，理论分析与实证检验相结合，论证充分。但实证检验中有些地方可改正，可多考虑一些控制变量。

——西南财经大学金融学院信用管理系主任、经济学博士、
教授、博士生导师、成都市政协委员　张迎春